suhrkamp taschenbuch 367

10|81   (2-12/)

7. bu/11

Die Studie *Das Rätsel Ulysses* verdankt ihre Entstehung einer Anregung von James Joyce. Stuart Gilbert, der Autor, ein enger Freund von Joyce, war sich jederzeit der vollen Unterstützung seiner Arbeit durch Joyce sicher. Nach dem Besuch der Colleges von Cheltenham und Hertford entschied sich Gilbert für den Staatsdienst, verbrachte einige Zeit in Indien und ging dann nach Burma, wo er den *Ulysses* zum ersten Mal las. Nach seiner Rückkehr aus dem Fernen Osten ließ er sich in Paris nieder und machte dort die Bekanntschaft von James Joyce, der ihn aufforderte, zusammen mit zwei bekannten französischen Schriftstellern den *Ulysses* ins Französische zu übersetzen. Gilbert und Joyce trafen sich häufig in Paris und reisten auch zusammen *en famille*. Gilbert wurde bekannt als Übersetzer zahlreicher französischer Schriftsteller wie Saint-Exupéry, Martin du Gard, Paul Valéry, Georges Simenon und André Malraux. Gilbert starb 1969.

Seit der ersten Auflage dieses aufklärenden Buches, das noch unter Mitwirkung von James Joyce geschrieben wurde, gilt sein Autor als der gründlichste Kommentator des *Ulysses,* des Werkes, das die heutige Literatur revolutionär beeinflußte. Gilbert geht in seiner Analyse Schritt für Schritt vor. Auf dem Hintergrund genauer Kenntnis sowohl des Joyceschen Gesamtwerkes als auch der wesentlichen Literatur zu Joyce legt er – behutsam in der Argumentation und in den Folgerungen – Schicht um Schicht frei, zeigt Voraussetzungen, Zusammenhänge, Querverbindungen, Entsprechungen. Der Leser gewinnt Einblick in differenzierte Einzelprobleme und behält trotzdem die Übersicht über den Fragenkomplex. Besonders wichtig ist die plausible Darstellung der Beziehungen zu Homer.

Stuart Gilbert
Das Rätsel Ulysses

Eine Studie

Suhrkamp

Erweiterte Neuausgabe
Nach der »Revised Edition« des Verlages Faber &
Faber, London
Ins Deutsche übertragen von Georg Goyert
Für die Taschenbuchausgabe neu durchgesehen
und mit Zitaten
der Frankfurter Joyce-Ausgabe: *Dubliner,* aus dem
Englischen von Dieter E. Zimmer; *Ein Porträt des
Künstlers als junger Mann,* deutsch von Klaus
Reichert; *Ulysses,* aus dem Englischen von Hans
Wollschläger; *Kleine Schriften,* aus dem Englischen
von Hiltrud Marschall und Klaus Reichert

suhrkamp taschenbuch 367
Erste Auflage 1977
© 1960 by Rhein-Verlag AG, Zürich
Alle Rechte vorbehalten durch Suhrkamp Verlag
Frankfurt am Main
Suhrkamp Taschenbuch Verlag
Satz: IBV Lichtsatz KG, Berlin
Druck: Nomos Verlagsgesellschaft, Baden-Baden
Printed in Germany
Umschlag nach Entwürfen von
Willy Fleckhaus und Rolf Staudt

Inhalt

Erster Teil: Einleitung

  I. Inhaltsangabe des Ulysses   9
 II. Der Rhythmus des Ulysses   26
III. 1. »Mit ihm zig Hosen«   35
     2. Das Siegel Salomonis   43
     3. Der Omphalos   50
     4. Vaterschaft   55
 IV. 1. Dubliner-Wikinger-Achäer   61
     2. Ulysses und die Odyssee   70
  V. Das Klima des Ulysses   77

Zweiter Teil: Die Episoden

  1. Telemachos   89
  2. Nestor   96
  3. Proteus   102
  4. Calypso   114
  5. Die Lotophagen   123
  6. Hades   131
  7. Äolus   145
  8. Die Lästrygonen   158
  9. Scylla und Charybdis   165
 10. Die Irrfelsen   176
 11. Die Sirenen   187
 12. Der Cyklop   199
 13. Nausikaa   212
 14. Die Rinder des Sonnengottes   222
 15. Circe   236
 16. Eumäus   260
 17. Ithaka   273
 18. Penelope   284

Anmerkungen   300

Die Zahlen in eckigen Klammern sind Seitenhinweise auf die Frankfurter Ausgabe. Im einzelnen beziehen sich:

Zahlen ohne vorangestellten Buchstaben auf *Ulysses*

Zahlen mit vorangestelltem P auf *Ein Porträt des Künstlers als Junger Mann (Porträt)*

D = *Dubliner*

KS = *Kleine Schriften*

Erster Teil · Einleitung

Inhaltsangabe des Ulysses

Ulysses ist der Bericht eines einzigen Tages, des 16. Juni 1904. Dieser Tag war ein ganz gewöhnlicher Tag; keinerlei wichtiges Ereignis kennzeichnete ihn; er war für die Dubliner, die im *Ulysses* auftreten, weder ein Unglücks- noch ein Freudentag. Eine lange Trockenheit erreichte an diesem Tage ihren Höhepunkt, und die vielen Wirtshäuser der irischen Hauptstadt beanspruchten den größten Teil der freien Zeit und des Geldes der Dubliner für sich; freie Zeit gab es wie gewöhnlich reichlich, Geld dagegen war wie immer nur spärlich vorhanden. Am Morgen wurde ein Mitbürger beerdigt, kurz vor Mitternacht wurde ein Kind geboren; um dieselbe Zeit schlug das Wetter um, starker Regen brach los, ein wilder Donnerschlag begleitete ihn. Und während in den Wirtshäusern die Dubliner Guinness, Power oder »J. J. u. S.« in sich hineingossen, sprachen sie eifrig über die irische Politik, berauschten sich an Liebes- und Vaterlandsliedern, verloren ihr Geld beim Ascot-Rennen. Gegen 4 Uhr nachmittags wurde in der Wohnung des Annoncenakquisiteurs Leopold Bloom ein Ehebruch vollzogen. Wirklich, ein ganz gewöhnlicher Tag.

Die Struktur des *Ulysses* ist, wie die aller epischen Erzählungen, episodisch. Er hat drei Hauptteile, die wieder in Kapitel oder besser in Episoden eingeteilt sind; diese sind nicht nur stofflich, sondern auch stilistisch und technisch voneinander durchaus verschieden.

Der erste Teil (drei Episoden) ist das Vorspiel zu dem Hauptthema, dem Bericht über Blooms Tag. Er kann als Brücke zwischen dem früheren *Porträt*[1] und dem *Ulysses* betrachtet werden.

Die drei Episoden dieses ersten Hauptteils handeln von Stephen Dedalus, dem Helden des *Porträt,* seinem Tun und Lassen von 8 Uhr vormittags bis zur Mittagsstunde. Stephen ist immer noch der anmaßende junge Mann, der in sein Tagebuch schrieb: »Als Millionster zieh ich aus, um die Wirklichkeit der Erfahrung zu finden und in der Schmiede meiner Seele das ungeschaffne Gewissen meines Volkes zu schmieden... Urvater, uralter Artifex, steh hinter mir, jetzt und immerdar.« [P 533] In der Zeit, die zwischen dieser Anrufung des ersten Künstlers der hellenischen

Welt, des Schöpfers des Labyrinths von Cnossos und der goldenen Honigwabe, und seiner Teilnahme an Blooms Odyssee liegt,
hat Stephen ungefähr ein Jahr in Paris zugebracht; seine Kenntnis
von der Realität der Erfahrung hat er nur wenig bereichert, denn
solche Kenntnis bedeutet vor allem Anpassungsfähigkeit, Anerkennung seiner Umgebung. Immer noch ist er der intellektuelle
Verbannte, der sich stolz von der Mittelmäßigkeit seiner Zeitgenossen fernhält, immer noch zeigt er spöttische Verachtung für
ihre unechte Begeisterung, Vorliebe für »Abstrusitäten«, für
scholastische Dialektik und haarscharfe Definition –, Folgen seiner jesuitischen Erziehung.

In der ersten Episode haust er mit Buck Mulligan, einem zynischen, lästerlichen Mediziner, und dem etwas albernen Oxforder
Studenten Haines in seiner Wohnung, einem unbenutzten Martello-Turm, der die Dubliner Bai überschaut. Um 10 Uhr vormittags unterrichtet er in Deasys Schule – in der er, wie Deasy richtig
vermutet, nicht lange mehr tätig sein wird – römische Geschichte;
wir gehen dann mit ihm über den Dubliner Strand, hören seine
Selbstgespräche über sichtbare und unsichtbare Dinge, folgen
dem rastlosen Strom seiner assoziativen Gedanken, die die stei-
gende Flut symbolisiert. Zwischen Stephen und Bloom, dem
Ulysses dieser modernen Odyssee, besteht ein enger Zusammenhang; die geistige Verwandtschaft dieser zwei scheinbar voneinander getrennten Pole ist eines der Leitmotive des Buches. Die
detaillierte Darstellung der geistigen Haltung Stephens bildet einen wesentlichen Teil des psychologischen Hintergrunds des
Ulysses.

Auch Blooms Tag beginnt um 8 Uhr vormittags. Um diese Zeit
bereitet er in seiner Wohnung, Eccles Street 7, den Morgentee
für seine Frau. Er hat den Wasserkessel aufs Feuer gesetzt und
verläßt für kurze Zeit das Haus, um sich zum Frühstück eine
Niere zu kaufen. Als er zurückkehrt, liegt im Flur die Post. Er
reicht seiner Frau ihre Briefe ins Schlafzimmer, geht in die Küche
und holt das Tablett mit dem Tee. Frau Bloom ist in Dublin als
die Sängerin Marion Tweedy besser bekannt. Sie ist eine über-
reife, lässige Schönheit von südlichem Typus (sie hat spanisches,
jüdisches und irisches Blut in den Adern), ist so ganz nach dem
Geschmack Blooms, der auch jüdischer Abstammung ist. Leider
befriedigen Marion Bloom die Aufmerksamkeiten ihres reifen
Gatten nicht, der ihre Untreue (die er wohl sehr bedauert), duld-

sam ihrem »spanischen Blut« zuschreibt. Unter Marions Briefen befindet sich einer von einem gewissen »Blazes« Boylan, einem jungen Dubliner Gent, der für sie eine Konzert-Tournee »arrangiert« und augenblicklich ihr Geliebter ist; er will heute nachmittag um 4 Uhr zur Besprechung des Programms zu ihr kommen. Den ganzen Tag läßt der Gedanke an dieses Zusammensein Bloom nicht los. Wenn er Boylan trifft oder seinen Namen hört, wird der gemächliche Strom seines inneren Monologs jäh unterbrochen; vergeblich versucht er dann, sich auf den ersten besten Gegenstand zu konzentrieren, doch hält ihn der Alp gepackt.

Um 10 Uhr beginnt Bloom seine Tagesarbeit. Er ist verträglichen Charakters und ängstlich darauf bedacht, nirgendwo anzustoßen; als Annoncenakquisiteur hat er Beziehungen zu vielen Klassen der Dubliner, zu Kaufleuten, Redakteuren, allerlei zahlungskräftigen Kunden. Wie in den meisten kleinen Hauptstädten macht auch in Dublin der Gutartige Geschäfte, und wer als »netter Kerl« bekannt ist und mit seinen Landsleuten gut steht, hat vor einem unfreundlichen, selbst maßgebenderen Konkurrenten immer etwas voraus. Blooms erster »Besuch« hat einen durchaus romantischen Zweck. Von einem Nebenpostamt holt er einen Brief ab, den ihm die vertrauensselige Typistin Martha Clifford unter dem Decknamen Henry Flower geschrieben hat. Angesichts des »spanischen« Temperaments seiner Frau kann man Bloom kaum Vorwürfe machen, wenn auch er kein Muster ehelicher Treue ist; doch sind seine Sünden eher Gedanken- als Tatsünden. In der Hoffnung, etwas Musik zu hören, betritt er jetzt nachdenklich die All-Hallows-(St. Andrew's) Kirche und wohnt dem Schluß einer Abendmahlsfeier bei. Dann bestellt er bei einem Drogisten ein Gesichtswasser für seine Frau und besucht eine Badeanstalt.

Die nächste Episode beschreibt eine Beerdigung, an der Bloom mit Dedalus senior und anderen Bekannten teilnimmt. Dignam, der Verstorbene, war mit Bloom befreundet. Als nach der Beerdigung für die Witwe gesammelt wird, zeichnet Bloom einen für seine Verhältnisse ansehnlichen Betrag. Gegen Mittag besucht er wegen einer Annonce ein Redaktionsbüro. Kurz nach Bloom kommt Stephen in dasselbe Büro; Deasy hat ihm sein Gehalt ausgezahlt, und er kann so den Redakteur und dessen Freunde zu einer Runde in eine benachbarte Bar einladen. Bloom und Stephen laufen aneinander vorbei. Inzwischen ist die Frühstückszeit

gekommen, Bloom verspürt quälenden Hunger. Er wirft einen
Blick in ein besuchtes Restaurant, doch ekelt ihm vor der »Fütterung der Raubtiere«. In David Byrnes Wirtshaus stillt er dann
den ärgsten Hunger durch ein Sandwich und ein Glas Burgunder.
Eine öffentliche Bibliothek, in der zwischen Stephen Dedalus
und einigen literarischen Berühmtheiten Dublins ein quasi-pla-
tonischer Dialog beginnt, liefert jetzt den Schauplatz. Auch hier
erscheint Bloom für kurze Zeit (er muß eine Annonce in einer
alten Nummer des Kilkenny People einsehen), trifft jedoch wieder nicht mit Stephen zusammen. Die nächste Episode besteht
aus achtzehn fragmentarischen Szenen aus dem Dubliner Leben
und endet mit einem Schlußkapitel, das den Zug des Vizekönigs
durch Dublin beschreibt. Jedes Fragment ist mit den andern und
dem ganzen Buch thematisch verbunden. Es ist jetzt 4 Uhr;
Blooms Hunger läßt sich nicht länger verleugnen. Verspätet ißt
er mit Stephens Onkel, Richie Goulding, im Ormond-Hotel, wo
Dedalus senior und andere der Dreiheit Wein, Weib, Gesang
huldigen. Um 5 Uhr nachmittags ist Bloom in Barney Kiernans
Wirtschaft, wohin ihn mitleidige Sorge um Dignams Witwe
führte. Der Fremdenhaß eines betrunkenen Nationalisten, des
»Bürgers«, veranlaßt seinen eiligen Rückzug aus der Höhle des
Patrioten.

   Müde und wegwund nach langer Wanderung, beschließt Bloom
jetzt, sich am Sandymount-Strand auszuruhen. Die letzten Strahlen der untergehenden Sonne sehen, wie er den Verführungskün-
sten Gerty MacDowells, eines frühreifen Dubliner Mädchens,
erliegt; die letzten Konsequenzen aus seiner Eroberung zieht er
jedoch nicht. Um 10 Uhr abends besucht er die Entbindungsanstalt, um sich nach seiner Freundin, Frau Purefoy, zu erkundigen,
die in Kindsnöten liegt. Hier zecht Stephen mit einigen Medizinern. Jetzt endlich kommen er und Bloom in Berührung. Stephen
wird allmählich betrunken; Bloom, der sich zu dem jungen Mann
hingezogen fühlt, beschließt, ihn unter seine Fittiche zu nehmen.
Als die Zechbrüder hinausstürmen und Stephen sich in die Dubliner Nachtstadt aufmacht, folgt ihm Bloom, um väterlich über
ihn zu wachen. Die nächste Szene, die im Dubliner Bordellviertel
spielt, ist eine der bemerkenswertesten im ganzen *Ulysses*. Stephen, der unter dem Einfluß des Alkohols steht, und Bloom, der
durch seine tagelange Odyssee erschöpft ist, geraten ganz in die
Gewalt der sinnverwirrenden Umgebung und erleben, daß ihre

geheimsten Wünsche, Ängste, Erinnerungen vor ihren Augen Gestalt annehmen, lebendig werden und sich bewegen. Diese Szene (die der Circe-Episode der Odyssee entspricht), wird allgemein als die Walpurgisnacht oder das Pandämonium des *Ulysses* bezeichnet.

Die drei letzten Episoden schildern Blooms Heimkehr. Stephen will nicht in den Martello-Turm zurück, den er mit Mulligan teilt; er begleitet Bloom. Auf ihrem Wege nach der Eccles Street rasten sie in einer Kutscherkneipe, wo sie eine Tasse Kaffee trinken. Hier treffen sie neben andern exotischen Nachtfahrern einen Matrosen, der der Gesellschaft ein langes Garn spinnt, seine Abenteuer in fremden Ländern erzählt. In Blooms Küche vergleichen sie später bei einer Tasse Kakao ihre Erfahrungen; in der katechetischen Form von Frage und Antwort werden Blooms Persönlichkeit, sein Vorleben und seine Vergangenheit wissenschaftlich seziert. Als Bloom endlich neben seiner Frau schläft, erlebt man deren langen, interpunktionslosen inneren Monolog, der die raffinierte Quintessenz gemeinster Weiblichkeit darstellt. Über diese Episode schrieb Arnold Bennett: »Nie habe ich etwas Besseres gelesen und bezweifle, je etwas gelesen zu haben, das ihm gleichkommt.«

Dem Durchschnittsleser fällt bei der ersten Lektüre des *Ulysses* vor allem der verblüffende psychologische Realismus der Erzählung auf. Diesen Eindruck schreibt er gern der hemmungslosen Selbstenthüllung der Personen und dem Gebrauch von Worten zu, die sonst nur in dezenter Verkleidung auftreten oder durch Sternchen ersetzt werden. In dieser »Wortfreiheit« aber erschöpft sich der Realismus des *Ulysses* bei weitem nicht; neben der fast wissenschaftlichen Genauigkeit im Gebrauch der Worte stellen vor allem zwei Faktoren den *Ulysses* in eine besondere Klasse, die selbst mit dem peinlich genausten Realismus nichts zu tun hat:

1. Der Standpunkt des Dichters seinem Thema gegenüber, der ungewöhnliche Winkel, unter dem er seine Geschöpfe sieht.

2. Der innere Monolog als Ausdrucksmittel nicht nur der inneren und kaum bewußten psychologischen Reaktionen seiner Gestalten, sondern der Erzählung selbst.

In den meisten Romanen wird das Interesse des Lesers durch die Darstellung dramatischer Situationen, die Behandlung von Problemen erweckt, die sich aus dem Verhalten, dem Charakter und den Reaktionen der erdichteten Personen untereinander ergeben; hierdurch allein wird seine Aufmerksamkeit wachgehalten. Die Personen des *Ulysses* sind nicht erdichtet, seine wahre Bedeutung liegt nicht in Problemen, die sich aus dem Verhalten oder dem Charakter ergeben. Nach der Lektüre des *Ulysses* fragt man sich nicht: Hätte Stephen Dedalus das tun sollen? Hätte Bloom das sagen müssen? Hätte Frau Bloom sich beherrschen müssen? Alle diese Menschen sind so, wie sie sein müssen; sie handeln nach irgendeiner lex aeterna, unter einem unentrinnbaren Zwang ihres Daseins. Sie sind keine Puppen in der Hand der Notwendigkeit, nicht wie Hardys »Tess of the d'Urbervilles« Opfer eines spöttischen Olympiers. Das Gesetz ihres Seins wirkt in ihnen, es ist ein persönliches Erbe, ist unveräußerlich und selbstherrlich. Die »Bedeutung« des *Ulysses* ist nicht nur ein photographischer Lebensausschnitt, darf nicht in einer Analyse der Taten des Helden oder der geistigen Haltung der Charaktere gesucht werden; sie ist in der Technik der verschiedenen Episoden, in den sprachlichen Nuancen und den vielen, vielen Beziehungen und Anspielungen des Buches begründet. Der *Ulysses* ist in seinem Endziel weder pessimistisch noch optimistisch, weder moralisch noch unmoralisch im gewöhnlichen Sinn dieser Worte; er gleicht eher einer Formel Einsteins, einem griechischen Tempel, einer Kunst, die grade durch ihre Ruhe so intensiv wirkt. *Ulysses* ist die vollendete Darstellung einer zusammenhängenden und vollständigen Deutung des Lebens, ist statische Schönheit nach der Definition des Aquino: ad pulchritudinem tria requiruntur integritas, consonantia, claritas[2].

Es ist seltsam, wie wenige Autoren mit wirklicher Loslösung und nur im Hinblick auf das von Aquino aufgestellte Ideal geschrieben haben. Der Romandichter kann nur selten seine Gefühlsreaktion verbergen (oft will er das natürlich auch gar nicht), seine Gleichgültigkeit ist meist nur erheuchelt. Schreibt er zum Beispiel über das Leben einer Prostituierten, dies ewig beliebte Thema, sieht er diese sicher nicht mit der Klarheit und Ehrlichkeit, sagen wir einer klugen Geschäftsfrau, das heißt als die unverbesserliche, vielleicht reizende, aber parasitäre Schlampe, als das gemeinste Frauenzimmer der mittelviktorianischen Zeit oder, wie eine kluge Französin sich ausdrückte, als »une bonne manquée«, eine Magd, die ihren Beruf verfehlt hat. Nein, in seinen Händen wird sie eine Maya, eine Hohepriesterin der Illusion[3], eine

»Dame aux camélias«, eine Thaïs. Der unsentimentale Dichter
ist sehr selten. John Galsworthy verbirgt in seinen Romanen und
Schauspielen unter seiner einstudierten Unparteilichkeit kaum
sein tiefes Mitleid und seine Gefühlsreaktion gegenüber den Leiden anderer. Anatole France verbarg scheu seine geistige Verwandtschaft mit Tolstoj unter klassischerer Form und größerer
Gelehrsamkeit. Auch die Realisten und Freudianer verfolgen
Privatinteressen, sie zeigen das Häßliche und Abnormale in einer
Flut strömender Katharsis auf. Viele sind natürlich nur Porno-
graphen oder junge Leute, denen es Freude macht, den Spießer
aus seiner Ruhe aufzuschrecken.

Heitere Loslösung bestimmt die Haltung des Dichters des *Ulysses* seinen Personen und ihrem Tun gegenüber; alles ist Korn für
seine Mühle, und diese mahlt, wie die Mühle Gottes, langsam,
aber unendlich fein. Wenn ein göttlicher Hauch seine schöpferische Drüse schwellt, bis sie gefüllt ist wie die Windschläuche, die
Äolus dem Odysseus auf die Fahrt gab, dann sticht er sie auf mit
einem scharfen Wort, der »Lanzette seiner Kunst« [12]. Diese absichtliche Gefühlsdeflation wird in dem Kapitel über Metempsychose und bei der Besprechung eines Zitats aus dem Höhepunkt
der Circe-Episode besonders behandelt. Auch in seinem letzten
Werk, *Finnegans Wake,* ist Joyce dieser Methode treu geblieben.
Kein Bewunderer der früheren Werke Joyces sollte auf dieses
wegen seiner sprachlichen und anderer Schwierigkeiten oder wegen seiner angeblichen Unverständlichkeit verzichten.

Alle geistigen oder materiellen, erhabenen oder lächerlichen
Tatsachen besitzen für den Künstler denselben Wert. Dies heißt
aber nicht, daß sie für ihn bedeutungslos sind oder daß er als Be-
richterstatter die Erfahrung nur wörtlich aufzeichnet. Die Persönlichkeit des Künstlers geht, wie Stephen Dedalus bei Besprechung der epischen Form der Literatur bemerkt, in die Erzählung
selbst über, umgibt Personen und Handlung wie ein lebendiges
Meer. Der Künstler ist Komponist, nimmt die Tatsachen, wie Erfahrung sie ihm bietet, bringt sie derart in Einklang, daß sie ihre
Lebendigkeit und Vollständigkeit nicht verlieren, zueinander
passen und ein harmonisches Ganzes bilden. Diese Loslösung,
die genauso absolut ist wie die Gleichgültigkeit der Natur ihren
Geschöpfen gegenüber, ist wohl eine der Ursachen des anschei-
nenden »Realismus« des *Ulysses*.

Eine weitere Neuerung ist die weitgehende Verwendung des

ungesprochenen Selbstgesprächs oder stummen Monologs, der
eine genaue Wiedergabe des individuellen Bewußtseinsstromes
darstellt und an eine unretuschierte photographische Platte erinnert; er ist von andern mit einem laufenden Film verglichen worden. Die oberflächliche Unordnung der Grübeleien Blooms und
Stephens, das häufige Aufwallen unterbewußter Erinnerungen
und die Vergliederung von Gedanken durch Assonanz oder
Wortanalogie bilden den Teil eines genauen Schemas. Dieses
Selbstgespräch ist nicht neu; Shakespeare kannte es gut; der Einfluß Shakespeares, besonders der tragischen Geschichte Hamlets, des edelsten aller Soliloquisten, läßt sich durch den ganzen
Ulysses verfolgen. Wie Hamlet, von dem Mallarmé schrieb: Il se
promène, lisant au livre de lui-même, gehen auch Bloom und Stephen ihre Wege, und jeder liest in sich. Der »monologue intérieur« (wie Valery Larbaud dieses ungeäußerte, undramatische
Selbstgespräch treffend genannt hat), wurde in neuerer Zeit zuerst von dem französischen Dichter Edouard Dujardin angewandt, dessen »Les lauriers sont coupés« 1887 erschien und dreißig Jahre später, das heißt zwei Jahre nach dem Erscheinen des
Ulysses, mit einer Einleitung von Valery Larbaud neu herausgegeben wurde. In dieser Einleitung äußert sich der ausgezeichnete
französische Kritiker und Dichter über den stummen Monolog,
wie ihn Dujardin und Joyce anwenden, folgendermaßen:

»Von März 1918 bis August 1920 veröffentlichte die mutige
New Yorker ›Little Review‹ den größeren Teil des *Ulysses,* des
fünften Werkes des irischen Dichters James Joyce. Der Einfluß
dieses Werkes auf die jüngeren Dichter englischer Zunge
zeigte sich sehr bald. Schon vor Erscheinen des ganzen *Ulysses*
in Buchform ahmten sie gewisse technische Methoden des
Ulysses nach, oder, besser gesagt, sie machten sich diese zunutze. Durch ihre Neuheit und Kühnheit, durch die Aussicht
auf eine schnelle und starke Darstellung jenes geheimen und
selbstherrlichen Gedankenstromes, der sich jenseits der
Grenze des Bewußtseins zu bilden und der zusammenhängenden Rede vorauszugehen scheint, zog eine Methode besonders
die Aufmerksamkeit auf sich. Sie wurde in Frankreich als ›monologue intérieur‹ bekannt. Sie befähigte den Dichter, die geheimen Tiefen des Ich zu erforschen, die Gedanken im Augenblick des Entstehens einzufangen, und mußte natürlich die

Dichter besonders fesseln, denen Kunst Nachfolge der Natur bedeutet.

1920 las ich den Teil des *Ulysses,* der in der ›Little Review‹ erschien; kurz darauf, Joyce war mit dem Abschluß seines Buches beschäftigt, durfte ich mit dem Dichter mehrere lange Gespräche über den *Ulysses* führen. Eines Tages erwähnte er, der ›monologue intérieur‹ sei als fortlaufende Form der Erzählung bereits in ›Les lauriers sont coupés‹ von Edouard Dujardin verwendet; dieses Buch sei in der Blütezeit der symbolistischen Bewegung, dreißig Jahre vor dem *Ulysses,* erschienen. Nur der Titel des Buches war mir bekannt; die meisten meiner literarischen Generation kannten das Buch ebensowenig; ein anderes Buch Dujardins, ›L'initiation au péché et à l'amour‹, war damals bekannter; in ihm allein sah man den Hauptbeitrag Dujardins zur Literatur Frankreichs. In ›Les lauriers sont coupés‹, so sagte mir Joyce, wird der Leser von der ersten Zeile an in den Geist des Helden versetzt; die fortlaufende Entfaltung seiner Gedanken ersetzt die gewohnte objektive Erzählung, beschreibt seine Handlungen und Erfahrungen. Ich rate Ihnen, ›Les lauriers sont coupés‹ zu lesen.«

Verschiedene Kritiker haben den stummen Monolog im *Ulysses* angegriffen. Wenn ich nicht irre, war es Wyndham Lewis, der darauf hinwies, daß Gedanken nicht immer ans Wort gebunden sind, daß wir auch ohne Worte denken können; deshalb sei die Technik des stummen Monologs irreführend. Demgegenüber kann mit demselben Recht behauptet werden, daß es ohne Worte keine Gedanken[4] gibt, demgegenüber steht die unentrinnbare Tatsache, daß wir, wenn wir auch nicht in Worten denken, so doch in ihnen schreiben müssen.

E. R. Curtius meinte (vor allem bezüglich der Sirenen-Episode), die Wortfragmente des stummen Monologs seien an sich sinnlos und würden erst in ihrem objektiven Zusammenhang verständlich. Hierzu genüge vorläufig der Hinweis, daß letzten Endes alle disjecta membra im Geiste des Lesers zusammengefaßt werden, daß die Natur ihre Geheimnisse dem synthetischen Auge eines Darwin oder Newton genauso fragmentarisch enthüllte. Der hervorragende französische Kritiker Auguste Bailly bemerkt hierzu in der Zeitschrift »Candide«:

»Joyce hat erkannt, was psychologisch richtig, aber nicht neu
ist, daß unser geistiges Leben ein ununterbrochener innerer
Monolog ist, der sich zwar im allgemeinen dem Objekt unserer
Tätigkeit oder dem augenblicklichen Hauptgedanken anpaßt,
beide aber aufgeben und ins Weite abschweifen kann, wobei
er andern Einflüssen, Zerstreuungen von innen oder außen
nachgibt und manchmal durch fast mechanische Assoziationen
beeinflußt wird. Wir können auf diese innere Stimme lauschen,
können sie aber nicht kontrollieren... Sie arbeitet ganz asso-
ziativ. Will der Dichter eine vollständige und genaue Darstellung des Geistes eines seiner Charaktere geben, darf er nicht
länger nach der klassischen Methode die Gedanken analysie-
ren und sezieren, nicht länger versuchen, ihre Schattierungen
durch bewußtes Außerachtlassen ihrer chaotischen Bewegung
zu betonen; sein Ziel ist vielmehr Formgebung dieser Bewegung, ihrer Gärung, ihrer wilden Werdung mit all ihren Weiten
und Engen, ihren Wirbeln und selbst ihren Unzulänglichkei-
ten... Soll eine Kunstform nicht technisches Experiment sein,
muß sie nach ihrem Wert, ihrer Wahrhaftigkeit beurteilt werden. Ihr Wert soll nicht diskutiert werden: de gustibus... Aber
Wahrhaftigkeit ist etwas anderes. Ich meine: der stumme Monolog ist ebenso falsch und künstlich wie die analytische Methode, die vielleicht eine zum Teil falsche oder künstliche Darstellung des Bewußtseinsstromes gibt. Will der Dichter den
Bewußtseinsstrom durch Worte und Sätze wiedergeben, muß
er ihn als ununterbrochene horizontale Linie darstellen. Eine
Prüfung unseres inneren Bewußtseins zeigt uns aber, daß diese
Darstellung grundsätzlich falsch ist. Wir denken nicht in einer,
sondern in vielen Ebenen zugleich. Die Annahme, wir folgten
nur einer Gedankenkette, ist falsch; mehrere Gedankenketten
sind vorhanden, und zwar liegt eine über der andern. Im allgemeinen kommen uns die Gedanken mehr zum Bewußtsein, die
auf der höheren Ebene Form annehmen; doch werden wir uns
auch eines Gedankenstromes auf den niederen Ebenen mehr
oder weniger dunkel bewußt. Wir folgen einer Gedanken-
oder Bilderreihe oder bekennen uns zu ihr; doch merken wir
dauernd das Vorhandensein anderer Reihen, die auf dunkle-
ren Bewußtseinsebenen abrollen. Zuweilen greifen diese Reihen ineinander über, brechen ineinander ein, berühren einander unvermutet. Der Gedankenstrom auf einer niederen

Ebene bricht plötzlich in das Bett eines Stromes, der auf der höchsten Ebene des Bewußtseins fließt. Durch unsern Willen können wir ihn zurückdämmen; er versinkt wieder, besteht aber weiter. In jedem Augenblick des bewußten Lebens bemerken wir diese Gleichzeitigkeit und Vielfältigkeit der Gedankenströme.

Das Leben des Geistes ist eine Symphonie. Es ist falsch oder doch zum mindesten eine willkürliche Methode, die Akkorde zu trennen und ihre einzelnen Teile auf eine Linie, auf eine Ebene zu bringen. Eine derartige Methode gibt eine ganz falsche Vorstellung von dem Umfang unseres geistigen Vermögens. Die Art und Weise, in der Licht mit größerer oder geringerer Helligkeit auf jedes Element fällt, zeigt allein die relative Wichtigkeit der verschiedenen Gedankenströme für uns, unser Leben und Tun. Im stummen Monolog, wie er von Joyce in Worte gefaßt wird, scheint nun jedes Element gleich wichtig, die Hilfs- und Hauptthemen werden als gleichwertig behandelt, gleiches Licht fällt auf die Teile, die von vornherein in helles Licht gerückt wurden, und auf jene, die im dunklen Gedankenhintergrund blieben. Ich ziehe die analytische Methode vor, die zweifellos einen Teil der Wirklichkeit, aber wohl nur den überflüssigen, ausschaltet, nur das vernachlässigt, was vernachlässigt werden kann.«

Bei genauer Betrachtung dieser tiefschürfenden Kritik der Joyceschen Methode ergeben sich gleich zwei Einwürfe: erstens sind die stummen Monologe Stephens und Blooms trotz ihrer augenscheinlichen Verwirrung der Werte nach einem logischen Plan angelegt; sie sind genauso zusammenhängend und ausgeglichen wie die einzelnen Teile eines Bilderrätsels, die nach ihrer Zusammensetzung ein naturgetreues Bild ergeben, und sind in bezug auf das Detail nicht gleichgültiger als das Weltall selbst. Zweitens ist es vom Standpunkt des Autors des *Ulysses* aus (ipse dixit!) kaum von Bedeutung, ob diese Technik wahrheitsgetreu ist oder nicht; sie war für ihn eine Brücke, über die er seine achtzehn Episoden herüberbrachte. (Hat er seine Truppen am anderen Ufer, können die Feinde ruhig die Brücke in die Luft sprengen.)

Die ganze Handlung des *Ulysses* spielt in Dublin oder in dessen Nähe; die Einheit des Ortes ist, wie die der Zeit, durchaus gewahrt; vielfach wird auf charakteristische Merkmale von Dubli-

ner Straßen, auf Tatsachen und Persönlichkeiten des Dubliner
Milieus vor ungefähr fünfundzwanzig Jahren hingewiesen, die
für die meisten Leser heute unverständlich sind oder es im Laufe
der Zeit, selbst für Dubliner, noch werden. Ein Fehlen dieser
persönlichen Züge, dieser Schattierungen vergänglicher Lokalfarbe, hätte den Realismus der stummen Monologe gemindert; sie
sind aber für den *Ulysses* unentbehrlich. Es war ein glücklicher
Zufall, wenn man derartige Verkettungen Zufälle nennen darf,
daß der Schöpfer des *Ulysses* seine Jugend in einer Stadt wie Dublin verlebte, das heißt in einem modernen Stadt-Staat von fast
hellenischer Art[5], der nicht klein genug war, um als Gemeinde
angesprochen zu werden, aber auch nicht so groß, daß ihm Zusammenhang gemangelt hätte, wodurch jenes Gefühl menschlicher Vereinsamung entsteht, das dem Bürgersinn so vieler Groß-
städter Abbruch tut. Im Dublin des Jahres 1904 war eine
derartige Vereinsamung ganz unmöglich. Städtische und nationale Politik spielten damals im Dubliner Leben eine große Rolle,
lauerten im Hintergrund fast jeder Unterhaltung. Im *Porträt* endet Stephens erstes Weihnachtsessen elendiglich zwischen den
zusammenschlagenden Felsen von Politik und Religion. Seine
Mutter ruft: »– Um alles und nochmal alles in der Welt, wir wollen uns doch nicht ausgerechnet an diesem einen Tag im Jahr um
die Politik streiten.« [P 282] Nachdem aber Parnell und der Verrat
der Priester erwähnt wurden, gibt es für die erregten Gäste kein
Halten mehr.

   Der Hintergrund des *Ulysses* ist mit Politik geschwängert; oft
wird sie im Gefüge der Erzählung oder der Selbstgespräche sichtbar. Der Verrat Parnells ist eines der Themen des *Ulysses*, der
außerdem noch viele Hinweise auf nationale Führer wie O'Connell, Emmet, Wolfe Tone enthält. Doch zeigt der Verfasser des
Ulysses auch hier keinerlei Voreingenommenheit. Er führt politische Themen ein, weil sie von Dublin als Schauplatz untrennbar
sind und eines der Motive des *Ulysses,* den Verrat oder die Nie-
derlage des mutigen Mannes durch den hydraköpfigen Haufen,
illustrieren. Soweit man seine Einstellung zu diesen Dingen erra-
ten kann, bestimmt sie ein Gefühl des Ekels. »Irland ist die alte
Sau, die ihre eigenen Ferkel frißt.« [P 477] »– Nie hat ein ehrlicher
und aufrichtiger Mann... euch sein Leben hingegeben und seine
Jugend und seine Liebe, von den Tagen Wolf Tones bis zu denen
Parnells, ohne daß ihr ihn nicht an den Feind verkauft oder im

Stich gelassen in der Not oder gelästert und um eines andern willen verlassen habt.« [P 476]

Es wäre jedoch gefährlich, aus diesen bitteren Aphorismen des
jungen Stephen Dedalus bündige Schlüsse bezüglich der späteren
Einstellung des Dichters zur Politik zu ziehen. Beide Zitate sind
aus dem *Porträt;* der Stephen Dedalus des *Ulysses* ist nur ein Jahr
älter; seinen Groll und seine Enttäuschungen hat er noch nicht
überwunden. Im Jahre 1904 ist er erst zweiundzwanzig Jahre alt;
Ulysses wurde 1914-1921 in Triest-Zürich-Paris geschrieben, als
sein Verfasser zeitlich und räumlich von den Erfahrungen seiner
Jugend Abstand gewonnen hatte und die Loslösung üben konnte,
die in Entfernung wurzelt. Die Zyklop-Episode illustriert diese
ironische Gleichgültigkeit großartig; in ihr wird durch maßlose
Übertreibung jeder Chauvinismus bis zum Siedepunkt und darüber hinaus erhitzt, bis er platzt und seine innere Leere zeigt. Das
Gegengewicht gegen den Fanatismus der meisten Dubliner und
die Bitterkeit des jungen Stephen, der seinem Lande oder der
Kirche nicht verzeihen kann, daß er den Glauben an beide verlor,
bilden die friedlichen Auslegungen des gefühlvollen Bloom, dessen zaudernde Ansicht dahin zu gehen scheint, im allgemeinen sei
eine Regierung so gut oder so schlecht wie die andere.

Über die »Obszönität« des *Ulysses* ist seit dem Tage – und das
ist heute viele Jahre her – an dem eine beliebte Rennzeitung
durch ihren denunziatorischen Anschlag:

Der Skandal des Ulysses

England die Schamröte ins Gesicht trieb, so viel geschrieben
worden, daß es wohl angebracht erscheint, kurz auf die Haltung
des Dichters den Dingen gegenüber einzugehen, an denen so
viele Leser und Kritiker augenscheinlich ein Interesse nehmen,
das zu ihrer Wichtigkeit kaum im richtigen Verhältnis steht. Dieses »Interesse« hat im »Fall Ulysses« zu seltsam unglücklichen
Ergebnissen geführt: die Bedeutung des Werkes als genaueste
Wiedergabe des Lebens – seine Form ist realistisch, seine Tatsachen sind nach einem subtilen Rhythmus, der ihnen esoterische
und symbolische Universalität verleiht, gelagert und angeordnet
– wurde vielen Lesern durch jene gelegentlichen Stellen verdunkelt, die konventionell nach Darstellung oder Sprache unmöglich
sind.

Ulysses ist die Geschichte eines Tages im Leben eines Dubliners, der sich durch keinerlei Tugend oder Laster besonders hervortut; er ist ein gutmütiger, mäßig gebildeter, durchschnittlich sinnlicher, nicht einmal wirklich gewöhnlicher, kleiner Geschäftsmann, der im Laufe dieses Tages einer gewissen Menge von fröhlich geschwätzigen Personen, deren Zungen der Alkohol löste, meist in Wirtshäusern begegnet, in die ihn sein Geschäft oder das Bedürfnis nach Erfrischung führt. Um Mitternacht landet er in einem Bordell, weil er den jungen Mann schützen will, für den er väterliche Besorgnis empfindet. Infolge ihrer Ermüdung, beziehungsweise Trunkenheit, geben sich beide ganz der Umgebung hin und gehen wie die homerischen Wanderer teilweise ganz in der »tierischen« Atmosphäre der Spelunke Circes auf. Diese Episode enthält Stellen, die durchaus in den Rahmen, in den teilweisen Zusammenbruch aller Hemmungen passen; in ihnen wird die tierische Natur des Menschen in einer in der Literatur bisher nie gewagten Weise bloßgelegt. Doch ist diese Episode nirgendwo unanständig. Ist die Erklärung des Unanständigen durch die irische Zensur richtig – diese bezeichnet als unanständig, was die geschlechtliche Begierde erregt –, dann sind diese Stellen nicht unanständig. Sie sind durchaus kathartisch und eher dazu angetan, die geschlechtlichen Instinkte zu beruhigen als sie zu reizen. In der letzten Episode kommt durch den Mund der Frau Bloom Gea-Tellus zu Wort, die Große Mutter, die Göttin, die die Römer mit zur Erde gesenkten Händen anriefen. Ihre Funktion kleidete Hermes Trismegistos in folgende Worte: »Die Pflicht der Zeugung, die Gott der universalen Natur für immer allen Wesen auferlegt hat und mit der er höchstes Mitgefühl, Freude, Entzücken, Sehnsucht und göttliche Liebe verband[6]; und nichts ist für sie gemein oder unrein.« Wie für Hamlet nichts gut oder schlecht ist, sondern durch den Gedanken erst dazu gemacht wird, so macht auch Frau Bloom kurzen Prozeß mit solch zerebralen Unterschieden. Sie schafft Leben, kennt keine Anstandsregeln; sie formt die Spieler des Spieles, schreibt ihnen aber die Gesetze ihrer Entwicklung nicht vor; sie kümmert sich nicht um kategorische Imperative oder ursächliche Spekulationen. »Ich habe Angst vor diesen großen Worten«, sagt Stephen, »die uns so unglücklich machen.« [45] Auch Frau Bloom verabscheut derartige »große Worte«, bei denen man sich die Zunge zerbricht; sie zieht die einsilbigen Worte vor, die knapp, roh, obszön sind.

Der Hinweis, auch die Natur sei obszön, kann natürlich keine
Verteidigung des Obszönen sein; Obszönität hat im Plan der
Dinge ihren Platz, und ein Bild des Lebens, in dem dieses Element außer acht gelassen oder unterdrückt würde, wäre unvoll-
ständig. Die realistische Darstellung der Lebensaspekte, die die
zivilisierten Völker nicht ans Licht zerren, hat selten irgendwel-
chen künstlerischen Wert. Fast alle großen Werke, die das Universum als Ganzes behandeln und einen inneren Zusammenhang
in allen Werken Gottes entdecken, enthalten in der Darstellung
der Phänomene des Lebens irgendeine Obszönität. In der Bibel
zum Beispiel ist eine gewisse Obszönität nicht nur künstlerisch
gerechtfertigt, sondern sogar notwendig. Im *Ulysses* sind die obszönen Stellen notwendig, wie auch für den lebendigen Organismus gewisse »obszöne« Körperteile notwendig sind. Die Episoden des *Ulysses* entsprechen in einer Hinsicht den Organen des
menschlichen Körpers.

Es kann nicht stark genug betont werden, daß der Dichter des
Ulysses ein ästhetisches Bild der Welt, eine Sublimierung dieses
»cri de cœur« geben wollte, mit dem der Akt der Schöpfung beginnt.

»Die Persönlichkeit des Künstlers, erst ein Schrei oder eine Kadenz oder eine Stimmung und dann ein fluides und flackerndes
Erzählen, sublimiert sich aus der Existenz hinaus, entpersönlicht
sich gewissermaßen... Das Mysterium der ästhetischen Schöpfung ist vollbracht wie das der materiellen. Der Künstler, wie der
Gott der Schöpfung, bleibt in oder hinter oder jenseits oder über
dem Werk seiner Hände, unsichtbar, aus der Existenz hinaussub-
limiert, gleichgültig, und maniküert sich die Fingernägel.« *(Porträt)* [P 490]

Ästhetische Erregung ist statisch. »Der Geist wird gefangenge-
nommen und über Verlangen und Abscheu erhoben.« [P 479] »Die
Gefühle, die durch uneigentliche Kunst erregt werden, sind kine-
tisch, Verlangen oder Abscheu. Verlangen drängt uns, zu besitzen, zu etwas hinzugeben; Abscheu drängt uns, aufzugeben, von
etwas fortzugehen. Dies sind kinetische Empfindungen. Die
Künste, die solche erregen, pornographische oder didaktische,
sind darum uneigentliche Künste.« [P 479] Diese Auffassung von
der Funktion des Künstlers beherrschte die Schöpfung des *Ulysses.*

»Der Moment, da diese höchste Qualität der Schönheit, die

klare Ausstrahlung des ästhetischen Bildes, leuchtend wahrge-
nommen wird vom Geist, der von seiner Ganzheit gefangenge-
nommen und von seiner Harmonie fasziniert worden ist, ist die
leuchtend stumme Stasis des ästhetischen Wohlgefallens, ein
geistiger Zustand, der jener Herzverfassung sehr ähnlich ist, die
der italienische Physiolog Luigi Galvani, mit einem Ausdruck,
der fast so schön ist wie der Shelleys, die Entrückung des Herzens
genannt hat.« [P 488]

Des Künstlers Ziel ist es also, aus dem Geist des Lesers kinetische Gefühle zu bannen. Im *Ulysses* ist die ideale stumme Stasis
des Künstlers fast erreicht, ist seine Persönlichkeit fast entpersönlicht. Fast – doch nicht ganz. Das Gefühl des Verlangens, das
uns treibt zu besitzen, fehlt; nirgendwo auch nur die leiseste pornographische Lockung; der Widerwille aber, der uns treibt aufzugeben, jener Ekel vor dem Schmutz, der aus Stephen Dedalus
in seiner Heimat einen Verbannten machte, ist an gewissen Stellen fühlbar latent. Im *Ulysses* spürt man den Einfluß Swifts, des
großen Hassers seiner Art, auf den oft angespielt wird. Die Stellen, die gewisse körperliche Vorgänge oder sinnliche Begierden
bis ins kleinste beschreiben, sind wahrscheinlich Anlehnungen an
Swift. Hierzu äußert sich ein französischer Biograph des Dekans
von St. Patrick treffend:

> »Lüstern grinsende Sinnlichkeit ist seinem Werk fremd, ist für
> ihn nur ein Gegenstand des Spottes, wenn er sie auf dem Ge-
> sicht eines andern entdeckt. Erotische Themen werden kopro-
> logisch, werden absichtlich ekelerregend, ganz unsinnlich wir-
> kend dargestellt. Dies erkennt man deutlich auf der letzten
> Seite seines ›Discourse concerning the Mechanical Operation‹;
> hier werden Liebe und Erregung eines Liebhabers mit einem
> Realismus und einer heiteren Unanständigkeit beschrieben,
> die nur aus allertiefster Verachtung entstehen konnten. Die
> allzu freien Stellen der ›Digression‹ sind peinlich realistische
> Studien, die durch die Kraft der Schmähworte den tiefsten
> Ekel, die satirische Wirkung des Werkes großartig erhöhen.« [7]

Der Streit zwischen bewußter Gleichgültigkeit (Stasis) und Widerwillen (Kinesis) ist im ganzen *Ulysses* erkennbar.

Diesen Widerstand in Stephen Dedalus' Geist sieht der Dichter

des *Ulysses* sehr wohl. Darf die Angleichung ihrer Persönlichkeiten auch nicht zu weit getrieben werden, ist doch der Hinweis nötig, daß Stephen »geistig morbider Ästhet« und »Embryonalphilosoph« [590] genannt wird; und Bloom beobachtet in der
Entbindungsanstalt nach einer für Stephen charakteristischen
Rede über die ungebührlichen Wege der göttlichen Vorsehung
»auf dem Antlitz vor ihm den langsamen Rückgang jener falschen Ruhe, die, wie es schien, wohl Gewohnheit nur darauf gelegt oder irgendein eingelernter Trick, einen Rückgang auf Worte
hin, die so von Erbitterung durchdrungen, daß sie ihren Sprecher
einer inneren Ungesundheit, eines *flair* für die roheren Dinge des
Lebens ziehen«. [593] Zweifellos wird hier Stephens Geist von
außen, das heißt »bloomisch«, gesehen; diese parodistischen
Stellen darf man nicht zu ernst nehmen. Im *Porträt* und *Ulysses*
erkennt man deutlich, daß es Stephens Ehrgeiz war, die Welt mit
der Loslösung des Künstlers zu betrachten, daß aber religiöse und
materielle Enttäuschungen die Gesamtheit, die Harmonie und
das Strahlen seiner Vision trübten. Durch alle Gefühlsdeflation
und Verneinung der Werte im *Ulysses* klingt leise Verzweiflung:
Ikarus, der sonnwärts steigt, kann seinen Flug nicht vollenden.
Vielleicht hat der Dichter des *Ulysses* nie ganz die Bitterkeit des
jungen Helden des *Porträt* überwunden. Vielleicht aber wurde
grade aus dieser Disharmonie die siedende Vitalität des Dubliner
Epos geboren; die Wasser der Bitternis nähren den Strom seines
Lebens.

II

Der Rhythmus des Ulysses

Durch den Mund des Stephen Dedalus definiert Joyce in seinem autobiographischen Roman *Porträt* die Eigenschaft, die ästhetische Schönheit nach seiner Ansicht einem Kunstwerk verleiht:

»Sie erweckt, oder sollte erwecken, bewirkt, oder sollte bewirken, eine ästhetische Stasis, ideales Mitleid oder ideale Furcht, eine Stasis, die hervorgerufen, ausgedehnt und schließlich aufgelöst wird durch das, was ich den Rhythmus der Schönheit nenne.

– Was ist das exakt? fragte Lynch.

– Rhythmus, sagte Stephen, ist das erste formalästhetische Verhältnis der Teile zueinander in jeglichem ästhetischen Ganzen oder eines ästhetischen Ganzen zu seinem Teil oder seinen Teilen oder jedes Teils zum ästhetischen Ganzen, dessen Teil es ist.« [P 480]

Ulysses ist ein Komplex solcher Beziehungen, die bei einer ersten flüchtigen Lektüre nur undeutlich erkannt werden; aufmerksameres Studium aber läßt ihre Zahl, ihre Durchdringungen allmählich klar erkennen.

Das Auftreten von Fragmenten eines Gedankens, einer Anspielung an verschiedenen Stellen des Werkes bedeutet einen der einfacheren Aspekte dieser Technik, die trotz all ihrer Künstlichkeit der Methode der Natur durchaus entspricht. Will der Leser vollständiges Verständnis erzielen, muß er diese Fragmente im Geiste assimilieren.

»Es ist eine ewige Wahrheit«, sagt Herbert Spencer, »daß regellos angehäufte Tatsachen gleich irgendwelche Ordnung zeigen, wenn sie unter einer bestimmten Voraussetzung betrachtet werden.« Im *Ulysses* sind in den Wirrwarr angehäufter Tatsachen mit geschickt verborgener Kunst viele solche Voraussetzungen eingeordnet. Außerdem schildert Joyce, und hierin folgt er wieder den Methoden der Natur, in schnell dahinströmenden Bildern nur die gegenwärtige Zeit und den gegenwärtigen Ort der vergehenden Zeiten und Orte. »Halt dich ans Jetzt, ans Hier, durch das alle Zukunft sich in die Vergangenheit stürzt.« [262]

Aufgabe des Lesers ist es, die Fragmente zu sammeln und die einzelnen Bilder zu einem Bildstreifen zu verbinden.

Oft ist der Gedanke des Augenblicks, der durch einen äußeren Anreiz an die Oberfläche des Geistes dringt, nur das Echo eines Namens, eines Satzfragmentes. Nur dieses schreibt Joyce dann nieder. Aber früher oder später stößt der Leser auf einen Umstand, einen Gedanken, der die Anspielung erklärt, die in dem Namen oder Satzfragment enthalten ist.

Ehe sich Bloom auf seine Tageswanderung begibt, untersucht er seinen Hut.

»Die durchschwitzte Legende im Oberteil seines Huts unterrichtete ihn stumm: Plastos prima Qualitäts-Hu. Er spähte rasch hinter das lederne Schweißband. Ein weißer Streifen Papier. Vollkommen sicher da.

Auf der Türschwelle tastete er in seiner Gesäßtasche nach dem Hausschlüssel. Nicht da. Wohl in den Hosen, die ich ausgezogen habe. Brauch ihn aber. Die Kartoffel hab ich.« [79 f.] Erst in einer späteren Episode erfährt man, was dieser »weiße Streifen Papier« bedeutet. »Seine rechte Hand kam nieder in die Höhlung seines Huts. Behende fanden seine Finger eine Karte hinter dem Schweißband und überführten sie in seine Westentasche.« [100] Dann geht Bloom ins Postamt.

»Er reichte die Karte durch das Messinggitter. – Sind vielleicht Briefe für mich da? fragte er.« [101]

Auf der Karte steht: Henry Flower; unter diesem Namen korrespondiert Bloom mit Mártha Clifford. In einer späteren Episode verabschiedet sich Bloom von Richie Goulding. »Also, bis dann. Qualitäts. Karte steckt, ja.« [397] Diese Fragmente würden einem Leser, der die früheren Stellen vergessen hat, sinnlos erscheinen; die Satzbrocken ordnen sich erst, »wenn sie unter einer Voraussetzung betrachtet werden«. Die Worte »Kartoffel hab ich.« werden dem Leser erst klar, wenn er bis zur Circe-Episode vorgedrungen ist, in der er erfährt, daß die Kartoffel ein Andenken an die arme Mama, ein »Kartoffelschutz gegen Seuche und Pestilenz« [665] ist. Nach dem Mittagessen denkt Bloom: »Der Wunderwirker da, wenn ich den hätte.« [400] Dieses heimliche Bedauern wird viele Seiten später erklärt; der Wunderwirker ist ein »thaumaturgisches Mittel« [917], das bei postprandialen Störungen »prompte Erleichterung« bringen soll.

Abgesehen von diesen kleinen, vereinzelten Beziehungen, tre-

ten im *Ulysses* viele Themen immer wieder auf, vor allem aus den
Episoden, die die Morgenstunden Stephens und Blooms behandeln. Einige von ihnen betreffen esoterische Theorien; andere leben sowohl in Stephen als auch in Bloom (mehrere Beispiele
dieses dauernden, wenn auch unbewußten Austausches von Gedanken und Eindrücken zwischen beiden werden im Laufe dieser
Studie kommentiert); die meisten aber betreffen persönliche Erfahrungen, Bemerkungen und Ereignisse, die ihren Geist irgendwie beeindruckt haben. So genügt später ein zufälliges Wort, der
flüchtige Anblick eines anscheinend ganz nebensächlichen Ge-
genstandes, ein plötzlicher Wirbel im Bewußtseinsstrom, die damit verbundene Erinnerung wachzurufen. Die gelegentliche Unverständlichkeit des stummen Monologs Stephens oder Blooms
beruht zum Teil auf der Plötzlichkeit und Kürze solcher Hinweise. In der Episode, die Blooms verspätete Mahlzeit im Or-
mond-Restaurant beschreibt – sie ist ganz musikalisch komponiert und von Anfang bis Ende von musikalischen Formen und
Rhythmen beherrscht –, findet sich ein Bruchstück eines stummen Monologs, das einem Leser, der die für diesen Monolog
wichtigen Stellen früherer Episoden vergessen oder überschlagen
hat, ganz unsinnig erscheinen könnte. Während Bloom im Ormond ißt, singt Dedalus (Stephens Vater) am Klavier des Hotels
das Lied: »*Als ich ihr lockend Bild zum erstenmal erblickte.*« [379]
Dann heißt es: »Tenöre kriegen die Frauen schockweise. Erhöht
ihren Fluß. Werfen ihm Blumen zu Füßen, wann werden wir uns
treffen? Da kann einen glatt ja. Verzücktes Klingeling. Für steife
Zylinder kann er nicht singen. Glatt ja der Schwündel. Parfümiert
für ihn. Was für ein Parfüm benutzt Deine? Muß das wissen.
Kling. Halt. Klopf. Letzter Blick in den Spiegel, immer bevor sie
zur Tür geht. Der Flur. Dort? Wie geht's denn? Ganz gut. Dort?
Was? Oder? Phiole mit Cachous, und Kußkonfekt, in ihrem
Ränzchen. Ja? Hände tasteten nach den üppigen.« [379f.]

Die Satzfragmente dieses Monologs Blooms enthalten mehrere
indirekte Hinweise auf Blazes Boylan, der seine Geliebte, Frau
Marion Bloom, um vier Uhr in ihrer Wohnung besuchen will.
Bloom widerstrebt es, den Namen Boylans zu nennen. Es ist jetzt
etwas nach vier Uhr. Nach kurzem Schäkern mit den Bar-Sirenen
(»Hat er's vergessen?« [368] fragt sich Bloom) ist Boylan in einem
klingelnden Jauntingcar zum Rendezvous gefahren. Dieses Klingeln des Wagens echot dauernd in Blooms Hirn, vermischt sich

mit der Stimme des Sängers, der amoroso trillert: »Voller Hoffnung und Entzücken.« Bloom denkt an der Tenöre »Glück in der
Liebe«; Boylan ist Sänger und Impressario, wenn er auch »für
steife Zylinder... nicht singen« kann. Sie »kriegen die Frauen
schockweise«. Der Sänger Bartell d'Arcy war auch einmal Frau
Blooms Verehrer. »Da kann einen glatt ja.« Mit der Morgenpost
hat Bloom von seiner Tochter Milly einen Brief erhalten. »Es gibt
hier einen jungen Studenten, der manchmal abends vorbeikommt... und der singt Boylans (also jetzt hätt ich doch beinah
Blazes Boylans geschrieben) Lied über die Strandmädchen« [93]
Nachdem Bloom den Brief gelesen hat, summt er den Refrain des
»Boylan-Liedes«:

>*»Soviel Locken und Grübchenbacken,*
>*Da kann einen glatt ja der Schwindel packen.«* [94]

»Strandmädchen. Zerrissener Umschlag. Die Hände in den Ho-
sentaschen, ein Droschkenkutscher, singend, hat seinen freien
Tag. Freund der Familie. Der Schwündel, sagt er...

>*Die Mädchen, ja, die Mädchen, ja,*
>*Die reizenden Mädchen vom Strand.* [94]

In Bloom hat der Gedanke an die Vernarrtheit der Frauen in Tenöre über Millys Bemerkung und seine Erinnerung an den aufgerissenen Umschlag auf dem Bett (Boylans Brief) das Schreckbild
Boylan heraufbeschworen.« »Verzücktes Klingeling.« [379] Die
Worte, die Dedalus singt, gehen über in die Vision von einem
aufgeblasenen Don Juan auf seinem klingelnden Wagen. »Glatt
ja der Schwündel« [379] (»Der Schwündel, sagt er« [94]). »Parfümiert für ihn.« Im Laufe des Morgens hat Bloom für seine Frau
ein erotisches Buch mit dem Titel: »Süße der Sünde« besorgt. Er
warf einen Blick in das Buch und las: »– *Alle Dollarnoten aber,
welche ihr Gatte ihr schenkte, wurden in den Geschäften für wunderbare Kleider und die teuerste Spitzenunterwäsche ausgegeben.
Für ihn! Für Raoul!*
...

Titel	Schauplatz	Stunde	Organ
1. Tele-machus	Turm	8 Uhr vorm.	—
2. Nestor	Schule	10 Uhr vorm.	—
3. Proteus	Strand	11 Uhr vorm.	—
4. Kalypso	Haus	8 Uhr vorm.	Niere
5. Loto-phagen	Bad	10 Uhr vorm.	Genitalien
6. Hades	Kirchhof	11 Uhr vorm.	Herz
7. Äolus	Zeitung	12 Uhr mitt.	Lunge
8. Lästry-gonen	Lunch	1 Uhr nach-mittags	Speiseröhre
9. Scylla und Charybdis	Bibliothek	2 Uhr nach-mittags	Gehirn
10. Irrfelsen	Straßen	3 Uhr nach-mittags	Blut
11. Sirenen	Konzert-saal	4 Uhr nach-mittags	Ohr
12. Cyklopen	Kneipe	5 Uhr nach-mittags	Muskel
13. Nausikaa	Felsen	8 Uhr nach-mittags	Auge, Nase
14. Rinder des Sonnen-gottes	Hospital	10 Uhr nach-mittags	Gebärmutter
15. Circe	Bordell	12 Uhr Mit-ternacht	Bewegungs-apparat
16. Eumäus	Kutscher-kneipe	1 Uhr vorm.	Nerven
17. Ithaka	Haus	2 Uhr vorm.	Skelett
18. Penelope	Bett	—	Fleisch

Kunst	Farbe	Symbol	Technik
Theologie	weiß, gold	Erbe	Erzählung (jung)
Geschichte	braun	Pferd	Katechese (persönlich)
Philologie	grün	Flut	Monolog (männlich)
Ökonomie	orange	Nymphe	Erzählung (reif)
Botanik, Chemie	—	Eucharistie	Narzißmus
Religion	schwarz, weiß	Friedhofswärter	Inkubismus
Rhetorik	rot	Redakteur	Enthymem
Architektur	—	Polizisten	Peristaltik
Literatur	—	Stratford, London	Dialektik
Mechanik	—	Bürger	Labyrinth
Musik	—	Barmädchen	Fuga per canonem
Politik	—	Fenier	Gigantismus
Malerei	grau, blau	Jungfrau	Tumeszenz, Detumeszenz
Medizin	weiß	Mütter	Embryonale Entwicklung
Magie	—	Hure	Halluzination
Schiffahrt	—	Seeleute	Erzählung (alt)
Wissenschaft	—	Kometen	Katechese (unpersönlich)
—	—	Erde	Monolog (weiblich)

– *Ihr Mund klebte auf dem seinen in einem lustvoll wollüstigen
Kusse, während seine Hände nach den üppigen Formen in ihrem
Déshabillé tasteten.*« [328] Das »*für ihn*« in Blooms Selbstgespräch ist eine Erinnerung an dieses Meisterwerk des Lüstern-
Wollüstigen. »Parfümiert« (ein Hinweis auf Frau Blooms phil-
aromatische Neigung; auch ihr Gatte hat eine Nase für Düfte)
weckt einen anderen Gedankenstrom: sein harmloses Spiel als
Folge von Marions Untreue, der Brief, den er von Martha Clif-
ford erhalten hat. (Dazu ist das Lied, das Dedalus singt, aus der
Oper »Martha«. »*Martha* ist das. Koinzidenz. Wollte doch grade
schreiben.« [380] Bloom erinnert sich jetzt wörtlich ihres Briefes.
Sie schrieb: »Sag mir doch was für ein Parfüm benutzt Deine
Frau. Ich muß das wissen.« [109] Der Wagen hält mit klingelndem
Ruck vor Blooms Haus. »Ruck zuck ruckte, hielt.« [391] Auch
hier betont ein martellato Rhythmus Boylans herrisches Häm-
mern gegen die Tür der Dame. Bloom ist nun nicht mehr Herr
seiner Gedanken, er sieht, wie seine Frau Boylan empfängt, erlebt ihre herzliche Begrüßung im Flur. Der Monolog endet
bezeichnenderweise mit einem Satz aus der »Süße der
Sünde«.

Viele derartige Beispiele, die das Ineinandergreifen der achtzehn Episoden des *Ulysses* zeigen, die dartun, daß Kenntnis eines
jeden Teils zum Verständnis des Ganzen notwendig ist, werden
später noch aufgezeigt. Hoffentlich wird dann der Leser auch die
anderen Gründe, die den Autor diese ungewöhnliche Methode
wählen ließen, klar erkennen. Für die Zwecke des vorliegenden
Kapitels möge eine kurze Beschreibung der formalen Symmetrie
des Werkes genügen, wobei die homerischen Entsprechungen
vorläufig ohne weitere Diskussion festgestellt seien. Jede Episode des *Ulysses* hat ihren Schauplatz und ihre Stunde, entspricht
(abgesehen von den drei ersten Episoden) einem bestimmten
Körperorgan[1], bezieht sich auf eine gewisse Kunst, hat ihr besonderes Symbol und ihre besondere Technik, einen Titel, der einer
Person oder Episode der Odyssee entspricht. Einige Episoden
haben außerdem ihre besondere Farbe (nach Valery Larbaud
handelt es sich hierbei um eine Beziehung auf die katholische Liturgie). Die einzelnen Beziehungen zeigt die Tabelle auf Seite
30/31.

Für die ersten Episoden wird kein entsprechendes Körperorgan
genannt. Die Erklärung hierfür liegt wahrscheinlich darin, daß

diese Episoden ausschließlich Tun und Gedanken des Stephen
Dedalus berichten, der unter den drei Hauptpersonen des *Ulysses* (Bloom, Frau Bloom, Stephen) das geistige Element darstellt;
die letzte Episode, die ganz der Meditation der Frau gewidmet
ist (ihr Symbol ist die Erde), hat keine entsprechende Kunst, weil
Frau Bloom eine Manifestation der Natur selbst ist, und diese ist
eine Antithese der Kunst. Wie die besonderen Symbole, Künste
usw. mit Thema und Technik jeder Episode verbunden sind, wird
sich bei Besprechung der einzelnen Episoden ergeben. Vorder-
hand genügt es, die Symmetrie der technischen Struktur aufzuzeigen: ein Vorspiel (Telemachie der Odyssee) aus drei Episoden: 1. Erzählung (jung); 2. Katechese (persönlich); 3. Monolog
(männlich); ein Mittelteil (die eigentliche Odyssee) thematischer
Entwicklung. Er endet mit dem Höhepunkt des Werkes, der dramatischen Bordell-Szene. Es folgt das Finale (Nostos oder Heimkehr), das mit seinen drei Episoden dem Vorspiel entspricht: 1.
Erzählung (alt); 2. Katechese (unpersönlich); 3. Monolog (weiblich). Die Mittelepisode (die Irrfelsen) ist wieder in achtzehn
kurze Abschnitte geteilt, die trotz ihrer Verschiedenheit in
Thema und Behandlung eine eigentümliche technische Methode
eng miteinander verbindet; sie reproduzieren im Kleinen die
Struktur des Ganzen.

Jede Episode hat ihren eigenen Rhythmus; besonders bemerkenswert ist in dieser Hinsicht die wie eine Fuge komponierte Sirenen-Episode. Die dauernd wachsende Vitalität in der Episode
der Rinder des Sonnengottes – ihr Stil ist ein sprachliches Gegenstück zur Entwicklung des Embryo – endet in einem Worttanz
verstümmelter Sätze, in Flüchen und Ausrufen aus der Diebs-
sprache. Sie ist der locus classicus einer »ungehörigen« Unterhaltung, an der der Dekan von St. Patrick seine helle Freude gehabt
hätte. Es wäre durchaus abwegig, wollte man James Joyces Werk
mit dem der Surrealisten vergleichen, zu denen einige der besten
der jüngeren französischen Schriftsteller gehören oder gehörten.
Die Behauptung, das Unterbewußte könne am besten durch direkte Wirkung des Unterbewußten wiedergegeben, Trunkenheit
könne nur vom Betrunkenen selbst richtig beschrieben werden,
ist eine zu naive Auffassung.

James Joyce ist der Fortsetzer der mit Homer beginnenden
klassischen Tradition; wie seine Vorgänger unterwirft er sein von
wildem Leben sprühendes und scheinbar ungeordnetes Werk ei-

ner Disziplin, die der der griechischen Dramatiker nicht nachsteht. Die »Einheiten« des *Ulysses* zum Beispiel sind viel umfas-
sender als die klassische Dreiheit; sie sind mannigfach und
symmetrisch wie das labyrinthartige Netzwerk der Nerven und
Adern, die den lebendigen Organismus durchziehen.

»Mit ihm zig Hosen«

Die Kalypso-Episode, die den ersten Teil von Blooms Tag schildert, enthält mehrere Themen, die im weiteren Verlauf des *Ulysses* wieder auftauchen; für die Joycesche Methode ist es durchaus charakteristisch, daß eins der wichtigsten dieser Leitmotive gleichsam nebenbei und spaßhaft dargestellt wird. Frau Bloom hat im Bett das ›kinetische‹ Kunstwerk »*Ruby: der Stolz der Arena*« [⁹⁰] gelesen. Sie fragt ihren Mann, was das im Buch vorkommende »Mit ihm zig Hosen« bedeutet.

»Er beugte sich nieder und las neben ihrem polierten Daumennagel.
– Metempsychose?
– Ja. Wie sieht der Kerl im Hemd aus?
– Metempsychose, sagte er, die Stirn in Falten. Das ist griechisch: aus dem Griechischen. Es bedeutet die Transmigration der Seelen.
– Ach du dickes Ei! sagte sie. Kannst du das nicht noch etwas schwieriger erklären?« [⁹⁰]

Bloom erklärt: »Manche Leute glauben, sagte er, daß wir nach dem Tode in einem andern Körper weiterleben, daß wir vorher auch schon gelebt haben. Sie nennen das Reinkarnation. Daß wir alle schon vor tausenden von Jahren auf Erden gelebt haben oder auf einem anderen Planeten. Sie sagen, wir haben es nur vergessen. Manche behaupten, sie erinnern sich sogar an ihr früheres Leben.« [⁹¹]

Als Bloom später am Morgen den Zeitball auf dem Ballast office beobachtet, kommt ihm das Wort Parallaxe (»Genau hab ich das ja nie verstanden« [²¹⁴]) in den Sinn, es ist eins der vielen Worte, die ihn den ganzen Tag nicht loslassen, und seine eigene Unkenntnis erinnert ihn »Mit ihm zig Hosen nannte sies, bis ich ihr von der Seelenwanderung erzählt hab dann. Ach du dickes Ei! ... Imgrunde hat sie ja durchaus recht. Bloß dicke Worte für ganz gewöhnliche Sachen, des Klanges wegen.« [²¹⁴] Mehrere Mal wird auf dieses »dicke Wort« hingewiesen, zum Beispiel in der Sirenen-Episode: »Mit ihm zig Hosen. Philosophie. Ach du dickes Ei« [³⁹⁴], dann in der Nausikaa-Episode: »Metempsychose.

Sie glaubten, man könnte in einen Baum verwandelt werden vor
Kummer. Trauerweide.« [528] In der Entbindungsanstalt grübelt
Bloom über das »wundervoll ungleiche Vermögen der Metempsychose, das diesen Menschen eignet, also daß das Dormitorium
der Kindbettinnen und der Seziersaal können zu Seminaren solcher Frivolität werden, daß die bloße Erwerbung akademischer
Titeln hinreicht, diese Jünger der Leichtigkeit im Handumdrehen
in beispielhafte Practici einer Kunst zu verwandeln...« [574] In
der Circe-Episode erscheint Bloom der Geist des Paddy Dignam,
der ausruft: »Die Stimme ist Esaus Stimme«, und auf die Frage:
»Wie ist das möglich?« antwortet: »Durch Metempsychose.
Spuk.« [643]

Diese Stellen zeigen, wie fest der Gedanke oder besser das Wort
Metempsychose in Blooms Gedächtnis haftet[1]. Doch wird die
Lehre von der Reinkarnation nicht nur als einer von Blooms vor-
herrschenden Gedanken erwähnt. Direkte oder indirekte Hin-
weise hierauf sind häufig; da sie tatsächlich ein Hauptthema des
Buches darstellt, ist es wohl angebracht, gewisse wichtige
Aspekte dieser alten Unsterblichkeitslehre aufzuzeigen.

»Wir treten mit einer Seele in das physische Leben, folgen ihr
durch die Lebenserfahrungen, die all die unzähligen Erinnerungen, Zuneigungen und Gedankenassoziationen entwik-
keln, die die fragliche Person oder Persönlichkeit (ein Etwas,
das natürlich von dem Körper, ihrem Gefäß, ganz verschieden
ist), ausmachen. Diese Persönlichkeit trachtet zunächst danach, eine geistige Existenz zu genießen (die zeitlich unendlich
viel größer ist als die Spanne des physischen Lebens), kehrt
dann in ein neues Erdenleben zurück, wo sie neue Erfahrung
sammelt.«[2]

»Mancher wird wahrscheinlich nicht verstehen, daß ein jetzt
lebender Mensch, dessen Erinnerung nur bis in seine Kindheit
zurückreicht, dasselbe Individuum sein soll wie das Geschöpf
einer ganz anderen Nationalität, einer ganz anderen Epoche,
das vor Tausenden von Jahren lebte oder nach einer ebensol-
chen Zeitspanne unter vollständig neuen Bedingungen in der
Zukunft erst erscheinen soll. Aber das Gefühl ›ich bin ich‹ ist
das gleiche während dieser drei und all der Hunderte von Leben; denn es wurzelt tiefer als das Gefühl ›Ich bin John Smith,
bin so groß, so schwer, habe so und soviel Vermögen‹. Ist es

als Vorstellung unfaßbar, daß John Smith, der die Gabe des
Tithonus erbte, von Zeit zu Zeit seinen Namen ändert, ungefähr jede zweite Generation neu heiratet, jetzt sein Vermögen
verliert, dann wieder zu Geld kommt und sich im Laufe der
Zeit für allerlei interessiert, ist es unbegreiflich, daß ein solcher
Mensch in ein paar tausend Jahren alle Umstände des gegenwärtigen Leben des John Smith so vergißt, als wären sie nie gewesen? Und doch wäre das ›Ich‹ das gleiche. Wenn dies alles
in der Imagination faßbar ist, was kann dann bezüglich der
individuellen Fortdauer eines unterbrochenen Lebens unfaßbar sein, das in regelmäßigen Zwischenräumen unterbrochen
und erneuert wird, das mit Durchgängen durch eine reinere
Existenz abwechselt?«[3]

Das Vergessen vergangener Leben, der teilweise oder vollständige Verlust der in ihnen erworbenen Kenntnisse, wird durch
diese Perioden der Ruhe erklärt, die die Seele zwischen den Erdenleben genießt; diese Perioden können Tausende von Jahren
umfassen.

Wie die Seele eine rhythmische Reihe von Tagen und Nächten
des Brahma, Perioden der Tätigkeit und der Ruhe (*manvantara*
und *pralaya* nennen sie die Theosophen) durchläuft, werden auch
Nationen und Kulturen geboren, sterben, erscheinen und verschwinden wieder.[4]

Im Leben einer Nation spiegelt sich das Leben eines Individuums; und wie die individuelle Seele kann auch der Geist eines
Volkes sich in neue Verhältnisse, in neue Heimat reinkarnieren.
(Wenn Zeit und Universum unendlich sind, muß natürlich jede
endliche Reihe von Bedingungen, zum Beispiel unsere heutigen,
auf unserem eigenen kleinen Planeten, irgendwo, irgendwann
genau reproduziert werden. Hierauf verweisen vielleicht Blooms
Worte: »Daß wir alle schon vor tausenden von Jahren auf Erden
gelebt haben oder auf einem anderen Planeten.« [91]

Wie wichtig diese Begriffe und ihre Folgerungen in der verwik-
kelten Struktur des *Ulysses* sind, wird bei der Behandlung der
homerischen Entsprechung und historischen Ähnlichkeiten
klar.[5] Im *Ulysses* wird sehr oft auf die ewige Wiederkehr von Persönlichkeiten und Dingen hingewiesen, und viele seiner dunkeln
Stellen werden sofort verständlich, wenn man diese Tatsache
nicht vergißt. *Ulysses* ist als Bericht eines Tages im Leben eines

Menschen eine synthetische Illustration »des kurzen Lebens«,
der Zeit zwischen zwei Perioden der Dunkelheit und der Ruhe.
Es ist ein Gemeinplatz der esoterischen Lehre, daß wir im Schlafe
mit jenem höheren Plan in Verbindung stehen, auf dem sich nach
dem Tode das Ich ausruht und erneuert, ehe es wieder ins Fleisch
herabsteigt. Die Beziehung zwischen Wachsein und Leben,
Schlaf und Tod ist sicher mehr als eine poetische Analogie (*pace
tua,* Dr. Freud), denn schließt man die Kategorien des Raums
und der Zeit aus, findet man, daß alle Phasen des Bewußtseins
zugleich bestehend sind.

In den stummen Monologen Stephens tritt dieser Glaube, oft allerdings mit charakteristischer Ironie, zutage, beispielsweise als
er die theosophische Gewohnheit, Anfangsbuchstaben als Namen zu verwenden, parodiert: »Dunlop, Judge, der beste Römer
unter allen, A. E., Arval, der Unaussprechliche Name, in Him-
melshöhn, K. H., ihr Meister, dessen Identität kein Geheimnis ist
den Adepten… Das esoterische Leben ist nicht für gewöhnliche
Menschen. G. M. müssen zuerst das schlechte Karma abbüßen.«
[261] An einer anderen Stelle liest man eine burleske Beschreibung einer spiritistischen Séance und hört die dröhnenden Pali
Polysyllaben der Adepten.

Er »stellte… fest, er befinde sich zurzeit auf dem Pfade der
prālāyā oder Rückkehr«, »ihre Behausungen« seien »mit jeglichem modernen Wohnkomfort ausgestattet…, als da wäre fālā-
fānā ālāvātār, hātākāldā, wātāklāsāt« … er »ermahnte… alle, so
noch auf der falschen Seite der Māyā sich befänden, den wahren
Pfad zu erkennen, denn es werde in devanischen Kreisen berichtet, daß Mars und Jupiter auf Unheil aus wären im östlichen Winkel, allwo der Widder die Macht hat« [417].

»Yogibogihokuspokus in Dawson Chambers. *Die entschleierte
Isis.* Ihr Pali-Buch haben wir versucht zu versetzen. Kreuzbeinig
unter einem Schattenumbraschirm thront er, ein aztekischer Logos, tätig auf Astralebenen, ihre Überseele, mahamahatma.«
[269]

Tradition, Gottheit, Esoterik – alle diese »Abstrusitäten« werden von Stephen roh, spöttisch abgetan; doch schlummert latente
Angst hinter diesem Spott. Gelegentlich eines Gespräches mit
Cranly[6] über die Eucharistie sagt er einmal ganz aufrichtig: »– Ich
stell mir vor, sagte Stephen, daß es eine unheilvolle Realität gibt
hinter den Dingen von denen ich sage ich fürchte sie.« [P 522] Er

gibt Cranly gegenüber zu, daß Gotteslästerung ihn verletzen kann; und weil sein Glaube weiterlebt (einmal Katholik, immer Katholik), hat die schwarze Messe in der Circe-Episode solch tragische Virulenz, haben Stephens Lästerungen solche Intensität. »Die Geschichte«, sagt Stephen, »ist ein Alptraum, aus dem ich zu erwachen versuche.« [49] Gott ist für ihn »ein Gebrüll auf den Gassen« [50], der Hammerwerfer: die Hypostasis des unbenennbaren »Bürgers« der Cyclop-Episode[7]. Auch dem ›Teufelchen der Hypostasis‹ gegenüber ist Stephen wachsam. Gegen all diese Gefahren der Seele, seien sie nun theokratisch, esoterisch, historisch, will er sich durch einen Panzer glänzender Verachtung schützen. Sein »Spottspiegel« [40][8] verzerrt das Transzendentale; je größer die Wahrheit, desto größer die Parodie. Stephen beobachtet die Flut am Dubliner Strand: »Unter der aufschwellenden Flut sah er den sich windenden Tang: Wesen, die schlaff sich erhoben und widerwehrende Arme schwangen, hoch hissend die Unterröcke, schwenkend und aufrichtig züchtige Silberne Wedel in wisperndem Wasser. ... Mein Gott, sie sind müde: und flüstert man leise sie an, so seufzen sie auf. Das hat der heilige Ambrosius gehört, Seufzen von Blättern und Wellen«. [71] Diese Stelle hat eine absichtlich falsche Note: ein Fragment des wilden Refrains, den Buck Mulligan runterleierte, als er Brot zum Frühstück absäbelte:

> »– *Die Mary Ann, oho,*
> *Die ist ja gar nicht so:*
> *Wenn die mal ihre Röcke hißt...«* [21]

Ähnliche Gefühlswidersprüche zeigt die Stelle, in der ein Fragment aus Boylans Lied (die reizenden Mädel vom Strande) und das rote Dreieck auf dem Etikett der Bass-Bierflaschen in eine himmlische Vision, das »Wunder der Metempsychose, sie ist es, die ewigwährende Braut« [582], der Konstellation Virgo, die vom leeren Himmel leuchtet, verarbeitet werden.

Stephen ist sich der Fortdauer seines Selbst unter der Bedingtheit zeitlicher Formen bewußt. »Aber ich, Entelechie, Form der Formen, bin ich kraft Gedächtnis, weil unter immer sich ändernden Formen.« [266] Er vollendet den Satz nicht, doch spielt er auf die von Sinnett beleuchtete Theorie an: »das Gefühl, Ich bin Ich, ist das gleiche... durch alle Hunderte (von Leben).«

Es darf nicht vergessen werden, daß für Joyce ästhetische Schönheit Stasis ist; kinetische Kunst, pornographische oder didaktische, ist für ihn untaugliche Kunst. Der Künstler will nicht wie der Rhetoriker überzeugen, belehren oder Ekel erregen. Er behandelt seinen Stoff, sei er nun grotesk oder transzendent (oder auch beides zugleich) wie er ihn findet. Für ihn steht der Wert der Tatsachen oder Theorien nur in geringer oder keiner Beziehung zu ihrem moralischen Inhalt oder ihrer letzten Gültigkeit (falls eine solche vorhanden sein sollte). *Ulysses* ist keine theosophische Abhandlung.

In der Shakespeare-Episode orakelt A. E. (der irische Dichter George Russell) aus seinem Dunkel: »Die Kunst hat uns Ideen zu offenbaren, formlose geistige Essenzen. Die oberste Frage an ein Kunstwerk ist, aus wie tiefem Leben es geboren ward.« [260] Russells Orakelspruch steht der Auffassung Joyces bezüglich ästhetischer Schönheit diametral gegenüber. Wildes »alle Kunst ist vollkommen nutzlos« kommt Joyces Standpunkt wahrscheinlich viel näher. Wenn also das esoterische Gerüst des *Ulysses* manchmal verhöhnt oder lächerlich gemacht wird, ist ästhetische Notwendigkeit wahrscheinlich die Erklärung für diesen scheinbaren Widersinn. Der Autor verfolgt keine philosophischen Privatinteressen, er hat nur starken Sinn für Humor. Wahrheit ist nicht immer unbedingt Schönheit; auch darf der wahre Künstler in seinem Bemühen, zu überzeugen, nicht in die Rolle des Propagandisten verfallen.

Wie Shakespeare huldigt auch der Dichter des *Ulysses* der Komik. Außer den ästhetischen Gründen, die den absichtlichen Übergang vom Erhabenen zum Lächerlichen an gewissen Stellen im *Ulysses* erklären, liegt die Rechtfertigung für das Lächerliche und Obszöne (beide liegen und lagen immer dicht nebeneinander) darin, daß sie symbolisch ebenso wichtig sind wie zum Beispiel die »edlen Erregungen« durch das keltische Zwielicht, in dem so viele irische Dichter und Kritiker gerne ihre poetischen Träume träumen. Die Idee der Reinkarnation kann durch den Verdauungsprozeß ebensogut symbolisiert werden wie durch die universalen Zyklen des pralaya und manvantara unseres vegetativen Universums, das sich gleich einer Blume aus der Erdenmitte erschließt, in der Ewigkeit ist.

Diese Theorie von der Wiederkehr in allen Dingen der Menschen und Nationen ist den mystischen Denkern nicht eigentümlich; sie findet sich eher als empirische Deduktion aus den Tatsachen der Geschichte, als ein A-priori-Dogma in den Werken des italienischen Philosophen *Vico,* dessen *Scienza Nuova* vor etwa 200 Jahren erschien. Die Theorie Vicos ist von besonderem Interesse für jene, die Joyce über den *Ulysses* hinaus bis zu seinem *Finnegans Wake* gefolgt sind, der zum Teil auf den historischen Spekulationen Vicos basiert. Kurz, diese Theorie ist eine weite und fast wörtliche Anwendung des Satzes: Geschichte wiederholt sich, und der Worte des Predigers Salomonis:

»Geschieht auch etwas, davon man sagen möchte: Siehe, das ist neu? Es ist zuvor auch geschehen, in den langen Zeiten, die vor uns gewesen sind...

Der Wind gehet gen Mittag und kommt herum zur Mitternacht, und wieder herum an den Ort, da er anfing.

Alle Wasser laufen ins Meer; doch wird das Meer nicht voller; an den Ort, da sie herfließen, fließen sie wieder hin.«

Vico meint, wie in der Bewegung der Gestirne herrsche auch im menschlichen Fortschritt ewige Wiederkehr. Gesellschaften fangen an, dauern fort und enden nach unentrinnbaren, universalen Gesetzen. Jede Nation durchläuft drei Alter: das göttliche, das heroische und das menschliche. Vorspiel und Nachernte jeder Periode ist vollständige Auflösung als Folge der Undisziplin und des Egoismus in den Schlußstadien eines »menschlichen« régime. Die Entdeckungen der vorhergehenden zivilisierten Epoche werden fast vernichtet, der Mensch verfällt in tierischen Zustand, bis er wieder die Stimme Gottes hört, des Hammerwerfers, der im Donner redet, und wieder den Anfang aller Weisheit lernt. Das Ziel menschlichen Strebens ist Lösung des Konflikts zwischen Gut und Böse; nach jeder Epoche der Auflösung und des Wiedererstehens bleibt ein Teil des eben erreichten Fortschritts bestehen, denn langsames Steigen beherrscht die menschliche Geschichte, und der Kampf ist nicht vergebens. Vico beabsichtigte die Darstellung einer idealen und zeitlosen Geschichte, in der die ganze Geschichte aller Nationen enthalten sein sollte. (*Finnegans Wake* verwirklicht in einem seiner vielen Aspekte Vicos Plan.) Nationalhelden waren für Vico nicht sosehr besonders hervorragende Individuen, die zufällig aus ihrer Zeit geboren waren, als vielmehr die Verkörperung gegenwärtiger Tendenzen ihrer Nationen als Ganzen. Sie waren eher Geführte als Führer. Da Vergangenheit sich erneuert, Kulturen entstehen und vergehen, werden die Gestalten des Altertums mutatis mutandis reproduziert. Daraus ergibt sich natürlich nicht, daß jede Verkörperung eines »Helden« aus sagenhafter Zeit dieselbe Bedeutung erreicht. Ein Nestor kann als ältlicher Pädagoge, eine Circe als »Madame« eines kleinen Bordells wiedererscheinen. Und beim Kreislauf der Geschichte fällt das Licht des Ruhmes bald auf die eine, bald auf die andere Facette. Aber immer wird es eine substantiell genaue Reproduktion, eine Zurückrufung einer Reihe schon dagewesener Umstände und jener Persönlichkeiten geben, die in ferner Vergangenheit den Geist ihrer Zeit besser zum Ausdruck brachten als ihre Zeitgenossen. In dem Kapitel über frühirische Geschichte und homerische Zeit (IV) wird darzutun versucht, daß im *Ulysses* neben dem Metempsychose-Motiv der Keim jener letzten Anwendung der Vicoschen Hypothese schlummert, auf der Joyces *Finnegans Wake* aufgebaut ist.

Das Siegel Salomonis

Es wurde darauf hingewiesen, daß die Joycesche Methode, geistige Haltung und Vergangenheit jeder Person im *Ulysses* fragmentarisch zu enthüllen, der Methode der Natur bezüglich ihrer Erkenntnis durch den Menschen entspricht. Die Konsequenzen des Weltgesetzes liegen in scheinbarer Unordnung vor uns. Da die meisten Menschen ihr Interesse auf das unmittelbar Praktische beschränken, versuchen sie kaum, diese Tatsachen zu ordnen oder ihr Geheimnis zu ergründen: primum vivere... Nur der erkenntnisdurstige Philosoph beobachtet und verzeichnet sie auf den Tafeln der Erinnerung oder, der größeren Sicherheit halber, in dicken Büchern. Man kann den *Ulysses* lesen, wie die meisten von uns das Buch des Lebens lesen, d. h. unkritisch, vergeßlich, indem man durchaus der Linie des geringsten Widerstandes folgt; jedenfalls erntet der Leser den Lohn, der seinen Bemühungen entspricht.

Ulysses ist ein Buch des Lebens, des Lebens eines Mikrokosmos, einer verkleinerten Wiedergabe des Universums, und die Methode, die zum Verständnis desselben führt, bringt auch Licht in die Dunkelheiten des *Ulysses*. Es kann als wahr angenommen werden, unsere Kenntnis des Makrokosmos basiere auf der Assoziation von Ideen; tatsächlich ist der logische Schluß nichts anderes. In ihrer rohesten Form führen derartige Assoziationen, die als Basis einer Kosmogonie dienen, in das Reich der Magie. Letzten Endes ist alle Erkenntnis magisch, denn sie kommt aus unerklärlichen Tatsachen, den Gesetzen der Uniformität und Ursächlichkeit. Frühe Beobachter erkannten einen Zusammenhang zwischen den Gezeiten und der Bewegung des Mondes, des »feuchten Gestirns«, auf dessen Einfluß das Reich Neptuns beruht, und folgerten eine magische Sympathie zwischen der Mondgöttin und dem Beherrscher der Meere. Später wird dann nach der materialistischen Methode, das obscurum per obscuris zu erklären, diese »Sympathie« Anziehung[1] genannt. Aber welche Erklärung auch bei den augenblicklichen Magiern in Gunst steht, immer basiert sie auf dem Wunder der Wiederkehr und einer empirischen Folgerung aus der scheinbaren

Uniformität der Erfahrung.

Unser Glaube, daß sich das Wunder ewig erneuert, beruht auf der größten aller Folgerungen, dem Gesetz der Ursächlichkeit. Dieses Gesetz und seine Folgen sind von der Lehre des esoterischen Buddhismus und der mittelalterlichen Mystiker bis zu ihrer modernen Entwicklung in der Theosophie die als wahr behauptete Basis aller mystischen Philosophie. Man kann unmöglich die Bedeutung des *Ulysses,* seine Symbolik, den Sinn seiner Lebensmotive erfassen, wenn man die esoterischen Theorien nicht kennt, die dem Werke zugrunde liegen. Man muß unter den Oberflächenrealismus, die genauen Einzelheiten der »Lokalfarbe«, die Gemeinheit und gelegentliche Obszönität seiner Charaktere sehen, will man einen Schlüssel zu dem Geheimnis, einen Faden der Ariadne finden, der einen modernen Theseus durch die verschlungenen Pfade seines Labyrinths leitet.[2]

Will man das verborgene Ziel der langen Selbstgespräche des Juden Bloom und seines geistigen Sohnes Stephen Dedalus erkennen, muß man vor allem ihre häufigen Hinweise auf den Osten, seine okkulten Wissenschaften und die östlichen Quellen jeder Religion beachten.

In der Episode, in der Bloom zum erstenmal auftritt, leitet ein ewiger Drang nach Osten seine Gedanken. Als er durch die Straßen Dublins wandert, sieht er sich »irgendwo im Osten: früher Morgen: Aufbruch bei Dämmerung, dann rundum immer vor der Sonne her reisen«, [80] Später am Morgen sinnt er: »Der ferne Osten. Wunderbares Fleckchen muß das sein: der Garten der Welt, große träge Blätter, auf denen man sich treiben lassen kann... Blumen der Faulheit... Wasserlilien.« [100] Die ganze zweite Episode von Blooms Odyssee ist »die Lotophagen« betitelt und von der symbolischen, narkotischen und religiösen Bedeutung der Lotosblume durchtränkt.

Die Lotosblume, die heilige Blume der Ägypter und der Hindus, ist das Symbol des Horus und des Brahma. An jedem Tempel in Tibet und Nepal sieht man sie; die Bedeutung dieses Symbols ist ungeheuer suggestiv. Die Lilien in der Hand des Erzeugers, der auf den Bildern der »Verkündigung« sie der Jungfrau Maria darbietet, haben in ihrer esoterischen Symbolik die gleiche Bedeutung.[3]

Es ist eine Eigentümlichkeit des Lotos, daß sein Samen schon vor der Keimung vollständig geformte Blätter, die vollkommene

Pflanze en miniature, enthält; die Samen phaenogamer Pflanzen, die echte Blüten haben, enthalten ein schon geformtes Embryopflänzchen. So ist der Lotos eine natürliche Darstellung der Worte des Paracelsus: »Alle Farben, alle Elemente sind in jedem gegenwärtig«, oder der Shelleys: »Alles ist in jedem enthalten.«

Dem östlichen Zug der Gedanken Blooms wird man noch öfters begegnen. Stephen Dedalus, dessen Intellekt immer wach ist und der, im Gegensatz zu Bloom, der nur selten den Inhalt seiner Gedanken analysiert, auf Assoziationen achtet, weiß, daß der Ruf des Ostens die Stimme der Gottheit ist; der Osten ist die Geburtsstätte der »Kenntnis der Drogen«, des Averroes und des Moses Maimonides; hier lag die Gartenstadt Edenville, die Heimat der Heva, der nackten Eva. »Bauch ohne Fehl, schwanger schwellend, ein Rundschild aus strammem Velin, nein, weißgehäuftes Korn, aufstrahlend und unsterblich, dauernd von Ewigkeit zu Ewigkeit« [54].[4]

Die Struktur des *Ulysses* ist mit mystischer Religion durchsetzt, und für Leser, die den Irrgarten dieser »allumfassenden, mischmaschigen Chronik« [595] erforschen und ihre Feinheiten erkennen wollen, ist Bekanntschaft mit der Kosmologie, auf der sie basiert, unerläßlich.

Die »Smaragdene Tafel« des Hermes Trismegistos ist einer der ältesten und maßgebendsten Berichte über Okkultismus. Die Inschrift beginnt:

»Das aber ist das Wahrste und Sicherste von allen Dingen. Was oben ist, ist wie das, was unten ist, und das, was unten ist, ist wie das, was oben ist, das eine Wundervollste zu vollenden . . .«

Dieses Axiom wird figürlich durch zwei ineinander verschlungene Dreiecke, von denen das eine nach oben, das andere nach unten zeigt, das Siegel Salomonis, dargestellt. »Es bedeutet, daß alles, was existiert, vom kleinsten vorstellbaren Atom an, alle Elemente, den vollständigen Prozeß des Weltalls in sich enthält.[5] Man kann in der Natur nicht trennen zwischen wichtigen Dingen, auf die man wegen ihrer Gesetze achten soll, und anderen, die man wegen ihrer Unwichtigkeit gern unbeachtet ließe. Die Anziehung der Erde wirkt in gleicher Weise auf eine Mikrobe und ein Mastodon, und die chemische Verwandtschaft, die die Ele-

Karma

mente des Ozeans zusammenhält, darf den kleinsten Tautropfen nicht vernachlässigen.«[6] »Menschliche Angelegenheiten sind so eng ineinander verwoben, daß man fast sagen muß – alles oder nichts; entweder muß jede, selbst die kleinste Tat automatisch und unvermeidlich sein, oder es gibt überhaupt keinen vorher bestimmten Ablauf von Ereignissen, keine regelmäßige Vollendung des Karma.«[7] Das Gesetz der Bestimmung, eine Anwendung des Gesetzes der Ursächlichkeit, ist ein Grundsatz der esoterischen Lehre. Ähnlich hat das verwandte Gesetz der Erhaltung der Energie auf dem physischen Plan sein Gegenstück in einem Gesetz der Erhaltung der geistigen Kräfte oder Persönlichkeiten. Denn die Seele ist, ebenso wie die Materie, unzerstörbar. Was existiert, hat schon existiert und wird immer existieren; Schöpfung und Zerstörung sind beide unmöglich; ewige Wandlung durchflutet das All, doch nie kann ihm etwas hinzugefügt oder etwas weggenommen werden. Wenn also die menschliche Persönlichkeit, die Seele, existiert, da ex nihilo nihil fit, muß sie immer existiert haben, kann nie aufhören zu existieren. Stephen Dedalus bemerkt: »Vor der Äonen Anbeginn hat Er mich gewollt und wird nicht hinweg mich wollen jetzt noch jemals. Eine *lex aeterna* bleibt um ihn.« [54] Für esoterische Denker ist diese lex aeterna das Gesetz des Karma.

»Es ist der Schlußstein des Gebäudes, die Erklärung und Rechtfertigung des Geheimnisses des Lebens. Was ist denn nun das Gesetz des Karma? Das Gesetz schlechthin, das das All beherrscht, vom unsichtbaren, unwägbaren Atom bis zu den Sonnen; von den Infusorien bis zu den höchsten Göttern der himmlischen Hierarchie oder Evolution, Makrokosmos unserer menschlichen Hierarchie und Evolution; und dieses Gesetz lautet: jede Ursache hat ihre Wirkung, es ist unmöglich, diese Wirkung zu verschieben oder auszuschalten, sobald die Ursache zu wirken beginnt. Überall herrscht das Gesetz der Ursächlichkeit. Karma ist das unvermeidliche Glied zwischen Ursache und Wirkung; auf das menschliche Schicksal angewandt, heißt das: jeder erntet, was er gesät, nicht mehr und nicht weniger, jeder erntet in seinem irdischen Leben jedes Korn dieser Ernte, Unkraut oder Korn, Nesseln oder Rosen… Wir mögen der Vorstellung von einem freundlichen, nachsichtigen Gott zujubeln, den unsere Tränen und Gebete rühren, der uns unsere Sünden vergibt oder unsere Wünsche erfüllt, wenn wir ihm nur willfährig sind. Aber einen solchen Gott gibt es nicht... Niemand entgeht seinem Karma.«[8]

Diese Lehre enthält nicht notwendigerweise den Glauben an persönliche Fatalität oder Determinismus, denn in unserem gegenwärtigen Leben können wir durch Streben nach Besserung, durch unsere persönliche Haltung dem Karma gegenüber, dem wir nicht entrinnen können, Verdienste für spätere Leben erwerben. Wenn der Gerechte in seinem gegenwärtigen Leben leidet, liegt die Ursache in einem vergangenen Leben, und sein Verdienst in diesem Leben wird sich bestimmt in seiner nächsten Inkarnation auswirken. Die Reinkarnations- und Karma-Theorie ist ein starker Ausdruck des menschlichen Gerechtigkeitsideals, denn eine »Ewigkeit des Wehs« scheint selbst für die schlimmsten Verbrechen eine zu schwere Strafe, wie »ewige Freude« eine unverhältnismäßig hohe Belohnung für kurzes, tugendhaftes Leben darstellt.

Das Gesetz der Ursächlichkeit ist allmächtig und überall wirksam. Kein Sperling fällt vom Dach... »Nichts«, sagte Eliphas Lévi bei Behandlung der Astrologie, »ist in der Natur gleichgültig; ein Kiesel mehr oder weniger auf dem Wege kann die größten Männer, das größte Reich zu Fall bringen oder von Grund auf anders gestalten. Um so weniger kann die Stellung eines besonderen Sternes für das Geschick des Kindes, das geboren werden soll und durch seine Geburt in die allgemeine Harmonie der sideralen Welt eintritt, gleichgültig sein.« Dieser Satz wird nicht zur Rechtfertigung der Astrologen angeführt, er soll nur die extreme Ansicht gewisser okkulter Denker bezüglich der sogenannten Zufälle illustrieren. Einleuchtender ist die Hypothese einer festen Beziehung zwischen Mikro- und Makrokosmos, Blakes' »Sandkorn«[9] und dem Weltall oder Eckharts: »Das geringste Ding, in Gott geschaut – könnte zum Beispiel jemand eine Blume verstehen, wie sie ihr Sein in Gott hat –, wäre ein Größeres denn die ganze Welt.«

»Was unten ist, ist das, was oben ist.« Nichts ist gemein oder unrein, erst das Denken macht es dazu.[10] *Ulysses* ist wie ein großes, vom Himmel herabgelassenes Netz, das in seinen Maschen das Gewaltige, das Kleine, das Heilige und das Obszöne enthält; alles dies ist untereinander verbunden, hat gegenseitig symbolische Bedeutung. In der Geschichte eines Dubliner Tages liest man das Epos der Menschheit. Die exakte und wissenschaftlich angewandte Symbolik des *Ulysses* findet am ehesten eine Parallele in den prophetischen Büchern Blakes. Graf Keyserling sagt: »Alle Wahrheit ist letzten Endes symbolisch.« Das bedeutet sicher nicht, daß der Künstler gerechtfertigt ist, der zur Belebung seiner Kosmologie eine willkürliche Reihe von Symbolen aufstellt. Wie der Lotossamen oder das Sandkorn muß der kleinste Teil der Schöpfung das Geheimnis der ganzen in sich tragen. Überall wirken die Gesetze der Ursächlichkeit, Evolution, Metempsychose. Der Teil ist ein Muster des Ganzen, in der Entwicklung eines Embryos erkennt man die der Rasse. »Die Qualitäten der Dinge erkennen und prüfen wir an ihrer Ähnlichkeit.«

Ähnlichkeiten sind nicht zufällig; was wir Zufälle nennen, sind Teile der Wirksamkeit des kosmischen Werdens und genauso wesentlich wie seine normalen Vorgänge. Stephen Dedalus bemerkt, als er von den »Irrtümern« Shakespeares, des »größten Schöpfers nach Gott«, spricht: »Ein Genie macht keine Fehler. Seine Irrtümer geschehen willentlich und sind die Pforten der Entdeckung.« [267][11] In den Abweichungen vom Normalen erkennt man am besten das Ziel schöpferischer Entwicklung. Die Deutung dessen, was willkürlich, irrtümlich oder zufällig erscheint, die wissenschaftliche Anwendung sogenannter unwissenschaftlicher Methoden sind die Tore der Erkenntnis.

An einer anderen Stelle bemerkt Stephen wieder in bezug auf Shakespeare: »Nach einem Leben der Abwesenheit kehrt er an den Fleck Erde zurück, da er geboren ward und wo er immer gewesen, Mann und Knabe, ein stummer Zeuge,... Maeterlinck sagt: *Wenn Sokrates heute sein Haus verließe, er fände den Weisen auf seiner Schwelle sitzen. Wenn Judas heute nacht fortginge, es wäre Judas, zu dem seine Schritte ihn führten.* Jedes Leben besteht aus vielen Tagen, immer einem nach dem andern. Wir schreiten durch uns selbst dahin, Räubern begegnend, Geistern, Riesen, alten Männern, jungen Männern, Weibern, Witwen, warmen Brüdern. Doch immer imgrunde uns selbst.« [297/298][12]

Bloom denkt: »So kommt das wieder. Da denkt man, man ist entwischt, und läuft sich selber über den Weg. Der längste Umweg ist der kürzeste nach Hause.« [528] Später (in der Circe-Episode) erklärt der halb betrunkene Stephen, der eine Reihe leerer Quinten auf dem Bordell-Klavier spielt, die rituelle Vollkommenheit der Quinte: »Die Ursache ist die, daß Grundton und Dominante durch das größtmögliche Intervall getrennt sind,

das... Die größtmögliche Ellipse darstellt, die. Noch vereinbar ist
mit. Der letzten Wiederkehr. Der Oktave. Die... Was da ging bis
ans Ende der Welt, sich nicht selbst zu durchqueren. Gott, die
Sonne, Shakespeare, ein Handlungsreisender, hat sichs in Wirklichkeit einmal selbst durchquert, so wird's dieses Selbst. Warte
mal einen Moment. Warte doch mal, bloß eine Sekunde. Verdammt, was der Kerl für einen Krach macht auf den Gassen.[13]
Dieses Selbst, das zu werden er selber unausweichlich vorbedingt
war. *Ecco!*« [670] Der längste Umweg ist der kürzeste nach
Hause. Um uns selbst zu finden, müssen wir erst unseren Weg
verlieren. So kann das Werden der Seele, der Prozeß der Selbst-
verwirklichung letzten Endes eine Folge der Irrtümer des Individuums, seiner »Wachstumsschmerzen« sein.

Nichts in der Schöpfung ist belanglos; unsere Irrtümer sind mehr
als die automatische Geste irgendeines instinktiven Begehrens;
sie bilden einen Teil des Planes aller Dinge, sind Ereignisse auf
dem langen Weg rum, den wir gehen müssen, um uns selbst zu
begegnen; sie sind, um ein anderes Lieblingswort Stephens zu gebrauchen: unausweichlich. Einige Kritiker des *Ulysses*, die das
Werk als Ganzes anerkennen, weisen auf Mängel dieser oder jener Stellen hin, auf Mängel in der Technik dieser oder jener Episode und machen dem Autor zum Vorwurf, er habe den Leser
unnötige Umwege geführt; und doch ist der Text oft gerade an
den beanstandeten Stellen so ungeheuer bezeichnend. Denn
keine Stelle, kein Satz des *Ulysses* ist belanglos; in diesem »Sandkorn«, diesem banalen Tag im Leben eines unbekannten Dubliners, findet man eine ganze Synthese des Makrokosmos und ein
zwingendes Symbol der Geschichte der Menschheit.

Der Omphalos

Die Alten verlegten die Astral-Seele des Menschen, die ψυχῆ oder sein Selbst-Bewußtsein, in die Magengrube. Die Brahmanen teilten diesen Glauben mit Plato und anderen Philosophen... Der Nabel war für sie der Sonnenkreis, der Sitz inneren göttlichen Lichts.[1] Ähnlich glaubte Hermes Trismegistos, die Mitte des Weltkörpers liege genau unter dem Himmelszentrum, und Robert Fludd hat geschrieben: »Mundi circularis centrum est terra: humana vero rotunditas punctum centrale est secundum quosdam in umbilico.« Der Nabel wurde, teils aus symbolischen Gründen, von esoterischen Autoren mit der Quelle prophetischer Inspiration verbunden; so wurde Pythia ventriloqua vates genannt. Im *Ulysses* spielen die Tatsache der Geburt, ein Glied in der Kette des Lebens, und ihre Begleitumstände eine bedeutende Rolle, denn sie sollen ja bei der Reinkarnation die Rückkehr der individuellen Seele ins Bewußtsein symbolisieren. Die Frage der Erblichkeit wird in dem Kapitel Vaterschaft behandelt; es mag der Hinweis genügen, daß die Tatsache körperlicher Verwandtschaft keinerlei zuverlässiges geistiges Glied zwischen Vater und Sohn schafft, worauf auch im *Ulysses* an verschiedenen Stellen nachdrücklich hingewiesen wird. Die wiedergeborene Seele ist geistig von den Eltern des Kindes verschieden; ein stärkeres Band als Geburt und Atavismus verbindet sie mit ihren früheren Inkarnationen, einer ununterbrochenen Kette von Leben auf dem geistigen Plan. In der Proteus-Episode, die für das Verständnis des esoterischen Gehaltes des *Ulysses* wohl die wichtigste aller Episoden ist, steht in Stephens stummem Monolog folgende Stelle: »Aller Schnüre laufen rückwärts zusammen, duchtenverflechtendes Kabel allen Fleisches. Darum die mönchischen Mystiker mit ihrer. Wollt ihr sein wie Götter? Beschaut euren Omphalos. Hallo. Hier Kinch. Verbinden Sie mich mit Edenhausen. Aleph, alpha: null, null, eins.

Gemahlin und Gehilfin des Adam Kadmon: Heva, nackte Eva. Sie hatte keinen Nabel. Schau. Bauch ohne Fehl, schwanger schwellend, ein Rundschild aus strammem Velin, nein, weißgehäuftes Korn, aufstrahlend und unsterblich, dauernd von Ewigkeit zu Ewigkeit.« [54]

Der halb spöttische, halb eindringliche Ton dieser Stelle ist charakteristisch für die Gespräche und Monologe des Stephen Dedalus, des »Kinch, die Messerklinge«, der selbst seinem Skepti-
zismus gegenüber skeptisch ist. Sie zeigt auch den Strom seiner
Gedanken, der eher eine Folge von Assoziationen als von Folgerungen ist (obwohl Stephen, wenn er will, es mit den besten Dia-
lektikern aufnimmt). Der Anblick zweier Hebammen, die nach
dem Meere zu gehen, läßt diese Gedanken in Stephen entstehen.
Die Gedankenfolge ist: Nabel-Nabelschnur-Kabel-Telephon.
Das Nabel-Telephon führt rückwärts nach Eden, zu Eva der Na-
bellosen und ihrem Gatten, Adam Kadmon (der kabbalistische
erste Mensch). Das Bild des Schildes aus strammem Pergament
ist eine homerische Assoziation, denn die Schilde der Achäer waren mit weißgehäuften omphaloi (Nabeln) geschmückt.

> »Auch umblinkten ihn zwanzig von Zinn gewölbete Nabel,
> Weiß, und der mittlere war von dunkler Bläue des Stahles.«²

Die Erwähnung des ersten Paradieses läßt Stephen an eine Stelle
aus dem Third Century des silberzungigen Mystikers Thomas
Traherne denken:

> »Das Korn war östlicher und unsterblicher Weizen, der nie ge-
> erntet werden sollte, nie gesät wurde. Ich dachte, es stünde von
> Ewigkeit zu Ewigkeit. Der Staub und die Steine der Straße waren
> so wertvoll wie Gold: die Tore waren zuerst das Ende der Welt.
> Als ich die grünen Bäume zuerst durch eines der Tore erblickte,
> erfreuten und entzückten sie mich, ihre Süße und außerordentli-
> che Schönheit ließen mein Herz hüpfen und brachten mich fast
> von Sinnen vor Entzücken, so seltsam und wundervoll waren sie.
> Knaben und Mädchen tummelten sich auf der Straße und spiel-
> ten, und sie waren sich bewegende Edelsteine. Ich wußte nicht,
> daß sie geboren waren oder sterben mußten; denn alle Dinge
> blieben ewig wie sie waren. Ewigkeit offenbarte sich im Lichte
> des Tages, und hinter jedem erschien etwas Unendliches: das
> sprach mit meiner Erwartung und erregte mein Begehren. Die
> Stadt schien in Eden zu liegen oder im Himmel erbaut zu sein.«

In der Proteus-Episode durchlebt Stephen ähnliche Augenblicke des Entzückens, wenn er sich in dumpfer Erinnerung dem

Unendlichen hinter jedem »beinähert«.

Stephens groteske Vorstellung von einer Nabel-Telephon-Ver-
bindung von Dublin Bay mit 001 Edenville ist eine sehr moderne
Anwendung des orientalischen Glaubens vom Sitz der prophetischen Gabe im Nabel. So heißt es in einer indischen Hymne:
»Höret, o Söhne der Götter, einen, der durch seinen Nabel
spricht, denn er ruft euch in seine Wohnung.« Nach dem Glauben
moderner Parsen soll den Eingeweihten eine mystische Flamme
im Nabel glühen, die ihnen die geistige Welt erleuchtet; diese
Flamme heißt das »Licht der Eingeweihten«.

Die Idee eines Kabels, eines Taus, das die Generationen der
Menschheit »vergliedert«, ist esoterischen Denkern durchaus
vertraut. »Wenn sich auch die Persönlichkeiten dauernd ändern,
ist doch die Lebenslinie, auf der sie aufgereiht sind wie Perlen,
ununterbrochen die gleiche.«[3] »Ende oder Ziel des irdischen Lebens liegt nicht innerhalb dieses Lebens, das nur ein Glied einer
Kette ist, die, wie alle Schöpfung, nach beiden Seiten ins Ewige,
Absolute und Unendliche geht, woher alles kam, wohin sich alles
bewegt und sich in einer Reihe von Wandlungen entwickelt.«[4]

In seiner interessanten Analyse der Struktur des *Ulysses*[5] bemerkte Ernst Robert Curtius, daß »das dauernde Auftreten des
Omphalos-Komplexes im *Ulysses* die Geburt deutlich als eines
der Hauptthemen des Buches erkennen läßt«. Das Wort findet
sich zum erstenmal in Stephens fragmentarischem Selbstgespräch
(es wird durch die Bemerkung Mulligans, daß er und Stephen Irland »hellenisieren« könnten, und eine Anspielung auf Arnold
Matthew angeregt): »Für uns[6] selbst... neues Heidentum... omphalos.« [[13]] Stephen assoziiert den Martello-Turm, in dem er
und Mulligan wohnen, mit dem Sitz des Delphischen Orakels,
dem Omphalos der Welt. Einige Seiten weiter nennt Mulligan
den Turm ausdrücklich den echten Omphalos aller Türme, die
Billy Pitt baute, und schlägt später in anderem Zusammenhang
vor, auf eigene Rechnung »ein nationales Befruchtungs-Gestüt«
aufzutun und zu verwalten, »welches *Omphalos* heißen und zum
Wahrzeichen einen Obelisken erhalten solle, gemeißelt und er-
richtet nach der Art Egyptens« [[565]]; so verbindet er das Turm-
und Nabelmotiv.

Auch Bloom beginnt seine Wanderung von einem Omphalos
aus, denn in der ersten Szene seiner Odyssee (Calypso) ist seine
Wohnung in der Eccles Street, 7, mutatis mutandis, eine Wieder-

holung der Insel Ogygia, auf der Calypso wohnte (siehe das Kapitel »Calypso« in diesem Buch); ein »Nabel des Meeres«, wie Homer sie nennt. Victor Bérards Theorie bezüglich des homerischen Gebrauchs des Wortes erklärt vielleicht die zuerst ziemlich überraschende Assoziation zwischen dem Martello-Turm und dem Omphalos-Motiv im *Ulysses*. »Ich übersetze«, sagt Bérard, »›Omphalos‹ durch ›höchster Punkt‹ und νήσω ἀμφιρύτη, ὅϑι τ' ὀμφαλός ἐστι ϑαλάσσης durch ›Insel im Wasser, aus dem sich ein Nabel des Meeres erhebt‹.« Die gewöhnliche Übersetzung von Omphalos ist Mittelpunkt, und man glaubt, daß nach des Dichters Auffassung die Insel der Calypso ein Nabel, ein Mittelpunkt des Meeres war, wie später Delphi für die Griechen der Nabel der Erde wurde. Es ist hier nicht der Ort, die Gründe, die die Griechen dazu führten, Delphi so zu bezeichnen, oder ihre Deutung des Wortes Nabel zu diskutieren. Name und Deutung gehören einer nachhomerischen Zeit an. In der Ilias und Odyssee bedeutet Omphalos runde Erhebung, Schwellung. Die homerischen Schilde haben auf ihrer Oberfläche nicht einen, sondern zehn oder zwanzig omphaloi. Kreta hatte auf seinem oberen Plateau die Nabelstadt. Die Bibel spricht von Völkern, die von den Gebirgen, den Nabeln der Erde, herniederstiegen[7].

Die Turm-Anspielungen im *Ulysses* sollten deshalb direkt mit dem Nabel-Motiv assoziiert werden, denn sie stehen in keinerlei Beziehung zu dem Lieblings-Wild der Symbol-Jäger, dem Phallus-Emblem. Das Turm-Motiv ist meistens mit der Idee der Geburt oder Reinkarnation verbunden. So grübelt Bloom über die endlose und eintönige Kette menschlicher Generationen. »Jede Sekunde wird irgendwo eins geboren. Und jemand anders stirbt dafür jede Sekunde … Städteweise sterben sie hin, städteweise kommen sie neu und sterben ebenfalls wieder hin: weitere kommen an, gehen ab. Häuser, reihenweis Häuser, Straßen, Meilen von Pflaster, gestapelte Ziegel, Steine. Von einer Hand in die andere. Jetzt gehörts dem, dann jenem. Der Hauswirt stirbt nie, sagt man. … Sklaven. Die Chinesische Mauer. Babylon. Nur noch große Steine übrig. Rundtürme.[8] … Eintagshäuser, aus Schlacke gebaut. Obdach für die Nacht.« [[236]] Der nie sterbende Besitzer kann mit der Seele verglichen werden, die zwar ihre sterbliche Hülle ändert, doch ewig unsterblich bleibt; es ist bezeichnend, daß sich Bloom in diesem Zusammenhang runde Türme vergegenwärtigt.

In der Circe-Episode, in der die geheimsten Gedanken Stephens und Blooms gespenstisches Leben erhalten, folgt auf den Höhepunkt des Pandämoniums eine phantastische schwarze Messe. In der Bühnenanweisung heißt es: »*Auf einer Anhöhe, dem Mittelpunkt der Erde, erhebt sich der Feldaltar der Heiligen Barbara.* [9] *Schwarze Kerzen ragen auf Evangelien- und Epistelseite. Aus den hohen Schießscharten des Turms fallen zwei Lichtpfeile auf den rauchverhüllten Altarstein. Auf dem Altarstein liegt nackt Mrs. Mina Purefoy, Göttin der Unvernunft, gefesselt, auf dem geschwollenen Bauch einen Kelch.*« [747] In dieser Stelle werden alle Verzweigungen des Omphalos-Themas verbunden. Die nackte Eva, »Bauch ohne Fehl, schwanger schwellend« [54], wird durch Frau Purefoy, die fruchtbare Mutter, personifiziert, die gerade wieder einem Kinde das Leben geschenkt hat. Die Vision der hohen Schießscharten des Turms, aus denen zwei Lichtpfeile auf den rauchgeschwärzten Altarstein sausen, ist eine genaue Erinnerung an die Szene im Martello-Turm, in dem Stephen frühstückte. »Zwei Pfeile sanften Taglichts fielen aus den hohen Schießscharten über den Fliesenboden: und wo sich ihre Strahlenhelle traf, flutete quirlend eine Kohlenqualmwolke und schwadiger Dampf von gesottenem Fett.« [18] Der Kelch, der auf dem Bauch der nackten Frau steht, ist eine Verwandlung des Rasierbeckens, das Buck Mulligan, auf dem Dach des Turmes stehend, spöttisch hochhebt, wobei er »würdevoll dreimal den Turm, das umliegende Land und die erwachenden Berge« [7] segnet und anstimmt: »Introibo ad altare Dei.« So ist der Omphalos zugleich ein Symbol der Geburt (das Platzen von weißem, fruchtbarem Korn, östlich und unsterblich), des Taus, das Generation mit Generation rückwärts »vergliedert«, und einer legendären östlichen Insel, die als Nabel aus einem glatten Meerschild ragt, ein verlorenes Paradies, das unverderbte Eden der Verzückung Trahernes.

Vaterschaft

Eines der interessantesten, doch schwierigsten Probleme bietet
der Deutung des *Ulysses* die Beziehung zwischen dem jungen
Stephen Dedalus und dem reifen Bloom. Den Strom der Ereignisse, den der Dichter Stunde um Stunde jenes denkwürdigen 16.
Juni 1904 beobachtet und berichtet, beherrscht unverkennbar
eine dauernde Bewegung auf ein festes Ziel: die Begegnung zwischen Stephen und Bloom; nachdem diese Wirklichkeit geworden ist, nimmt die Bewegung ab und verebbt langsam in der
schläfrigen, rückschauenden Atmosphäre der Kutscherkneipe
(Eumäus), der zersetzenden Analyse der Ithaka-Episode und der
Eintönigkeit von Frau Blooms Schlummerlied. Blitzartig hat sich
der Stromkreis geschlossen, die Dynamik ist verausgabt. Stephens Gebaren im Bordell symbolisiert dieses Ende. Mit beiden
Händen hebt er seinen Eschenstock und zerschlägt den Leuchter.
»*Der Zeit bleifahle Schlußflamme springt auf, und in der folgenden Finsternis Untergang allen Raums, zerschmettertes Glas und
stürzendes Mauerwerk.*« [734] Manches in früheren Episoden hat
diese Katastrophe ahnen lassen (die Circe-Episode, in der sie
dann erfolgt, ist der Form nach dramatisch; wie so oft im griechischen Drama folgt die Katastrophe auf ein »Erkennen« in früheren Episoden). Es wurde schon darauf hingewiesen, daß zwischen
Stephen und Bloom vor ihrer Begegnung eine oft unterbrochene
telepathische Verbindung besteht; die von ihnen ausgehenden
Ströme durchsickern sie langsam; als dann das Ereignis eingetreten ist, scheinen sie verschiedene Sprachen zu sprechen, die auf-
gespeicherte Energie verpufft in einer »bleifahlen Schlußflamme«.

Welches ist denn nun die Beziehung[1] zwischen diesen beiden
sich ergänzenden Typen, dem intellektuellen und dem instinktiven, und was beabsichtigte der Dichter, als er Bloom zum geistigen Vater des Stephen Dedalus machte? Vor allem muß scharf
zwischen Elternschaft im gewöhnlichen Sinne des Wortes und der
geistigen »Vererbung« der neugeborenen Seele unterschieden
werden. »Körperliche Eltern können nicht die Erzeuger des
geistigen Keims des Kindes sein, denn dieser Keim ist das Pro-

dukt einer vorherigen, geistigen Entwicklung.«[2] Diese Entwicklung wird bis ins kleinste vom Gesetz des Verdienstes beherrscht.

> »Die Verschiedenheiten des menschlichen Geschickes sind
> nicht das Spiel hirnlosen Zufalls, werden nicht durch das, was
> wir so dumm den Zufall der Geburt nennen, bestimmt. Es gibt
> keinen Zufall ... Mit der gleichen unvermeidlichen Sicherheit,
> mit der diese Kraft auf dem geistigen Plan die Verbindung der
> Moleküle der Materie beherrscht – gerade dieser Aspekt der
> Kraft verwirrt den Geist, wenn er versucht, ihr Wirken zu ver
> folgen –, wirkt auch die bei weitem erhabenere Kraft, die den
> elementaren Naturgesetzen in der moralischen Welt Wirkung
> verleiht, und zwar mit einer Genauigkeit, die keine chemische
> Reaktion erreichen kann.«[3]
>
> »Auf dem Plan körperlicher Entwicklung werden körperliche
> Formen mit oft bemerkenswerter Ähnlichkeit vom Vater auf
> den Sohn übertragen; in solchen Fällen ist Vererbung nicht die
> Ursache, sondern begleitet die Attribute, die sich durch den
> Sohn offenbaren. Sein unabhängiges Seelenkarma erfordert
> eben die Hülle, die der Mann, der sein Vater wird, körperlich
> zu erzeugen imstande war. Aus der Natur könnte man viele
> Beispiele aufzeigen, die dartun, wie ihre verschiedenen Kräfte
> und Gewalten in dieser Weise Hand in Hand arbeiten.«[4]

Wäre so etwas wie »ein Irrtum« in der geordneten Weiterentwicklung der Seele möglich, böte der Fall von Kindersterblichkeit
ein Beispiel. Als Bloom Dignams sterblichen Resten auf den
Kirchhof folgt, sieht er »einen winzigen Sarg vorbeiblitzen« [135].
»Ein Zwergengesicht, malvenfarben und runzlig, wie das des
kleinen Rudy war. Ein Zwergenkörperchen, schwächlich wie
Kitt, in einer weißgefütterten Spanschachtel. Begräbnis zahlt die
Friendly Society. Einen Penny die Woche für einen Fleck Rasen.
Unser. Kleines. Bettel. Kindchen. Hat nichts bedeutet. Fehler der
Natur.« [135]
  Schon als Schüler erkannte Stephen seine geistige Unabhängigkeit von seinem konsubstantiellen Vater und dessen Freunden:
»Schicksal oder Temperament trennte ihn von denen abgrundtief. Sein Bewußtsein kam ihm älter vor als ihrs: es schien kalt auf
ihre Reibereien und ihre Glücklichkeit und ihre Enttäuschungen

wie ein Mond auf eine jüngere Erde.« [P 353] Manche Stelle im
Ulysses läßt deutlich erkennen, daß Stephen endgültig auf die
Fiktion der Vaterschaft verzichtet hat: »In Schoßes Sündendun-
kel lag auch ich, erschaffen, nicht gezeugt.« [54] »Ich habe mich
unter ihnen bewegt auf der gefrorenen Liffey, jenes Ich, ein
Wechselbalg, unter den sprühenden Harzfeuern.« [65] »Er
spürte, daß er schwerlich dasselbe Blut hatte wie diese, sondern
eher in der mystischen Verwandtschaftsbeziehung der Adoptiv-
schaft zu ihnen stand, Adoptivkind und Adoptivbruder.« [P 356]
»Vaterschaft kann durchaus eine Legal-Fiktion sein. Wer ist
schon der Vater irgendeines Sohnes, daß irgendein Sohn ihn lieben könnte oder er irgendeinen Sohn?« [290 f.] »Ein Vater ... ist
ein notwendiges Übel.« »Vaterschaft, im Sinne der bewußten
Zeugung, ist dem Menschen unbekannt. Sie ist ein mystischer
Zustand, eine apostolische Nachfolge, von einzig Erzeuger zu
einzig Gezeugtem.« [290] Eine Stelle in der Sirenen-Episode
zeigt, daß selbst der alte Dedalus sich dunkel des Abgrunds bewußt war, der sie trennte, daß Stephen ein »Wechselbalg« war.

»Er grüßte Mr. Dedalus und erntete ein Nicken.

– Grüße vom berühmten Sohn eines berühmten Vaters!

– Wer mag das sein? fragte Mr. Dedalus.

Lenehan öffnete höchst muntere Arme. Wer?

– Wer das wohl sein mag? fragte er. Da können Sie noch fragen? Stephen, der jugendliche Barde!

Trocken.

Mr. Dedalus, berühmter Vater, legte die Pfeife beiseite, trok-
ken, gestopft.

– Ich verstehe, sagte er. Ich wußte nur in der Schnelle nicht,
wen Sie meinten.« [363 f.]

Es ist klar, daß Vaterschaft in der körperlichen Bedeutung des
Wortes mit dem Zentral-Thema des *Ulysses,* der »Einswerdung«
Stephens, des ewigen Verneiners, mit dem Positivisten Bloom,
der Entladung (sie wird durch den Donner, der ihre Begegnung
im Hause der Geburt begleitet, symbolisiert) eines hochgespann-
ten Stromes zwischen negativen und positiven Polen, unvereinbar
ist. »Aber alle Wahrheit ist letzten Endes symbolisch.« »Was ist
Natur?« fragt Novalis und antwortet: »Ein systematischer enzy-
klopädischer Index oder Plan unseres Geistes.« Über und jenseits
der körperlichen Verwandtschaft besteht eine mystische Verwandtschaft, die man wie das Geburtmotiv in fast jeder Religion

findet, sei sie nun populär oder esoterisch, katholisch oder heidnisch. Im *Ulysses* finden sich Hinweise auf die großen Streitigkeiten bezüglich der Beziehungen von Vater, Sohn und Heiligem Geist, die die Einheit der frühen Kirche zerschlugen, die viel umstrittene Frage der »Herkunft« des Heiligen Geistes filioque.

»Eine Horde von Irrlehren, fliehend mit schiefen Mitren: Photius und die Brut der Spötter, deren Mulligan einer war, und Arius, sein Leben lang im Krieg gegen die Konsubstantialität des Sohnes mit dem Vater, und Valentinus, der Christi irdischen Leib verwarf, und der spitzfindige afrikanische Häresiarch Sabellius, der die These vertrat, daß der Vater Selbst Sein eigener Sohn sei.« [31]

»Vor der Äonen Anbeginn hat Er mich gewollt und wird nicht hinweg mich wollen jetzt noch jemals. Eine *lex aeterna* bleibt um ihn. Ist das dann die göttliche Substanz, darin Vater und Sohn konsubstantiell sind? Wo ist der arme gute Arius, daß er's mal damit versuchte? Hat sein Leben lang Krieg geführt gegen die Kontransmagnificundjudenpengtantialität.« [54]

Stephen, der eins werden will mit dem Vater, ist die zweite Person der Trinität des *Ulysses*. Wenn auch die in diesen Worten enthaltene Analogie orthodoxen Ohren ketzerisch klingt, so enthält eine solche Idee nichts Beleidigendes für den Mystiker.[5]

Das Wachsen der Seele zielt auf Einswerdung, ist eine Rückkehr, die Oktave. In der Circe-Episode spricht Ehrwürden Elias Dowie zu der Gesellschaft im Bordell: »Seid ihr von Gott oder kotzverdammt bloß Schrott? Wenn mal plötzlich der zweite Advent nach Coney Island kommt, sind wir dann auch fertig und bereit? He, Florry Christ, Stephen Christ, Zoe Christ, Bloom Christ, Kitty Christ, Lynch Christ, jetzt ist's an euch, die kosmische Kraft zu spüren.« [672] Auf die Christus-Stephen-Verbindung weisen deutlich gewisse Stellen der Scylla und Charybdis- und der Rinder des Sonnengotts-Episode hin.

Das menschliche Leben ist ein Prozeß der Anpassung, ein Streben nach Einswerdung mit einem erhabenen Vater; vollkommene Anpassung würde persönliches Vergehen bedeuten, und doch ist dies das Ziel, auf das sich alle Schöpfung zu bewegt. Im Weltall herrscht ewige Gleichmachung, herrscht ein langsames Vergehen von Individualitäten, die wie Gebirge langsam zerfressen werden, in Gleichförmigkeit versickern, verschmelzen. »Aber wohin gehen wir?« fragt Novalis und antwortet: »Immer nach Hause.« Diese Rückkehr wird in der Odysseus-Sage, in tausend andern Sagen aller Völker symbolisiert; sie findet ihr biblisches Beispiel in der Heimkehr des verlorenen Sohnes. So schmäht sich Stephen im Bordell: »Den Bauch gefüllt mit Trebern, die die Säue aßen. Zuviel davon. Ich will mich aufmachen und zu meinem.« [683] Er spricht das Wort Vater nicht aus, vielleicht, weil die Begegnung mit seinem »geistigen Vater« schon stattgefunden hat. Stephen sieht sich dazu verurteilt, die Reste zu essen, die die begüterten Freunde Mulligan und Haines übriggelassen haben. »Was wir übriggelassen haben, hast du ja wohl alles weggeputzt« [26], sagt Mulligan nach dem Frühstück zu ihm. Stephen erinnert sich später an diese Bemerkung. »Komm, Kinch, was wir übriggelassen haben, hast du wohl alles weggeputzt. Schön, dann will ich dir jetzt deine Reste und Abfälle servieren.« [300] Gegen Ende des *Ulysses* fragt Bloom Stephen: »Warum haben Sie Ihres Vaters Haus verlassen?« [769], und als er ihn bei der Zecherei mit den Medizinern beobachtet, wird er sehr bekümmert »umb des willen das diser lüderlich lebte in sauß vnde brauß mit dise tagdiep vnd verschlang sein gut mit hurn.« [548] In einer früheren Episode denkt der Jude Bloom an die Szene eines religiösen Spiels nach dem Alten Testament, in der der alte blinde Abraham Nathans Stimme erkennt und seine Finger auf sein Gesicht legt. »– Nathans Stimme! Seines Sohnes Stimme! Ich höre die Stimme Nathans, der da ließ seinen Vater sterben vor Kummer und Elend in meinen Armen, der da verließ seines Vaters Haus und verließ den Gott seines Vaters.« [107]

Ein bekannter Kritiker des *Ulysses* hat darauf hingewiesen, daß Stephens Haltung seinem konsubstantiellen Vater gegenüber verächtlich ist (während er seine Mutter achtet). Stephen sieht tatsächlich nur die Tragik der Mutterschaft und die Komik der Vaterschaft. In Wut fluchen die Italiener »putanna madonna« und sind doch das Volk, das Europa den Madonnenkult aufzwang. So ist auch für Stephen »Vertraulichkeit« nicht gleichbedeutend mit Verachtung. In der Circe-Episode ist selbst Shakespeare, der für Stephen der »größte Schöpfer nach Gott« ist, grotesk; er zeigt sein »Bordell-Selbst« und stammelt sinnloses Zeug. Selbst das tragische Erscheinen der toten Mutter Stephens (in derselben Episode) ist stellenweise lächerlich – hier handelt es sich wieder um jene Gefühlsdeflation, auf die schon hingewiesen wurde. Dedalus senior ist einer der sympathischen Charak-

tere des *Ulysses,* und tief empfindet Stephen seine eigene Einsamkeit. Seinen geistigen Vater behandelt er mit der gleichen
Fremdheit und Ironie.

  Die letzten Seiten des Jugendbildnisses sind eine Anrufung der
Vaterschaft; aber es ist schwer zu sagen, ob der Künstler Dedalus
oder der himmlische oder ein irdischer Vater angerufen wird:
vielleicht weiß Stephen es selbst nicht. Die Begegnung mit Bloom
ist für ihn keine Erlösung von seiner hoffnungslosen Suche aus
seiner nutzlosen Einsamkeit. Stephens Haltung ist die der Verzweiflung; nicht hat er wie Telemachos einen Vater verloren, er
kann nie einen Vater finden.

Dubliner-Wikinger-Achäer

Das Buch von Ballymote ist eins der ältesten Dokumente der irischen Geschichte; um 1391 wurde es von mehreren Schreibern in Ballymote aus früheren Berichten zusammengestellt. Es enthält die Genealogien aller hauptsächlichen Familien Irlands, Erzählungen über irische Könige, die Übersetzung einer Argonautica und eine Geschichte des Trojanischen Kriegs.[1] Unter den Völkern, die vor Troja gekämpft haben sollen, erscheint der Name Trapcharla, ein beurkundeter irischer Ortsname (Limerick), der entweder aus torf-karl = Torfstecher oder thorp-karl = kleiner Bauer abgeleitet sein soll.

Die sagenhafte Verbindung der alten Iren mit den Achäern oder ihren Nachbarn findet sich nicht nur in einer zufälligen Bemerkung im Buch von Ballymote. Die folgenden Auszüge aus P. W. Joyces »Concise History of Ireland« zeigen, daß irische Chronisten fest an den griechischen Ursprung des irischen Volkes glaubten. Die Handschriften erwähnen fünf Kolonisationen. 1. Die Parthalonier: die erste Kolonie, anno mundi 2520. Der erste Mensch, der nach der Sintflut in Irland kolonisierte, war ein Häuptling mit Namen Parthalon, der mit seinem Weib, seinen drei Söhnen und 1000 Gefolgsleuten aus Griechenland kam. 2. Die Nemedier: die zweite Kolonie, a. m. 2850. Die Gefolgsleute eines gewissen Nemed kamen aus Skythien. Sie sowohl als auch die Parthalonier erlagen größtenteils einer Seuche. 3. Die Firblogs, die dritte Kolonie, a. m. 3266, kamen unter der Führung der fünf Söhne des Dela aus Griechenland nach Irland. Die Brüder teilten das Land in fünf Provinzen: Ulster, Leinster, Connaught und die beiden Munster. 4. Die Dedanner, die vierte Kolonie, a. m. 3303, kamen auch aus Griechenland und waren wegen ihrer Geschicklichkeit in magischen Dingen bekannt.

Die Dedanner wurden später zu Göttern erhoben, sie wurden Side (Shee) oder Elfen, die die alten Iren anbeteten. 5. Die Milesier: die fünfte Kolonie, a. m. 3500. Sie wanderten von Skythien, ihrer ursprünglichen Heimat, zuerst nach Ägypten, wo sie zu der Zeit lebten, als Pharao und sein Herr im Roten Meer ertranken. Nachdem sie dann viele Generationen hindurch durch Europa gewandert waren, kamen sie nach Spanien, wo sie lange Zeit blieben, und erreichten dann schließlich mit einer Flotte von dreißig Schiffen unter Führung der acht Söhne des Helden Milèd oder Milesius Irland. Fünf der acht Brüder kamen um; von den übrigen drei machte sich einer, Eremon, zum alleinigen König von Irland.

Milesius wird im *Ulysses* erwähnt, als der Bürger von der alten irischen Flagge spricht, »die älteste Flagge auf See, die Flagge der Provinz Desmond und Thomond, drei Kronen in blauem Feld, die drei Söhne des Milesius« [455]. An einer anderen Stelle heißt es: »Kehre denn umb, kehre umb, Clan Milly: vergiß mein nit, o du Milesierin.« [552]

Wichtig ist es, daß die Milesier lange in Spanien gelebt hatten, ehe sie weiter nach Norden zogen. Von der Dreiheit der Personen, die den *Ulysses* beherrscht, ist eine, Frau Bloom, mütterlicherseits spanischer Abkunft, sie wurde in Gibraltar geboren.

Ein seltsamer Vorfall, der die frühen Einwohner Irlands mit Spanien und der gegenüberliegenden afrikanischen Küste in Verbindung bringt, wird in einem der »Three fragments of annals« berichtet, die in der Burgundischen Bibliothek in Brüssel aufbewahrt werden. Es scheint, daß früh im neunten Jahrhundert ein Teil der Lochlanns[2] durch das Cantabrische Meer fuhren, bis sie Spanien erreichten, wo sie viel mordeten und plünderten. Später fuhren sie durch die Meerenge von Cadiz und schlugen eine Schlacht gegen die Mauretani (Mauren). Sie schleppten ein großes maurisches Heer gefangen nach Irland, und diese Mauren wurden die »blauen Männer« von Irland. Lange lebten tatsächlich diese blauen Männer in Erin.

In seiner »Histoire des expéditions maritimes des Normans« berichtet Depping gelegentlich dieser Expedition, daß die Skandinavier »den Guadalquivir hinaufsegelten und nach Besiegung der Mauren, die ihnen bei Sevilla entgegentraten, die Stadt plünderten, sich auf ihre Schiffe zurückzogen, wobei sie viel Beute und eine Menge Gefangene mitnahmen, die vielleicht nie wieder den schönen Himmel Andalusiens erblickten.«

Die Bezeichnung »Blaue Männer«, die diesen Mauren beigelegt wurde, stammt von den skandinavischen Wikingern, für die Afrika das »Blauland hit Mikla« oder Großblauland war.[3] Die Mauren werden im *Ulysses* sehr oft erwähnt: der Maure Othello, der Maurentanz, Kobolde der Phantasie der Mauren, der Neun-Männer-Maurentanz mit Kappen aus Exponenten[4], die maurischen Augen der Frau Bloom, die nach ihrer Ehe mit Leopold Bloom nie wieder den schönen Himmel Andalusiens erblickte. So weit dieser kurze Überblick über die sagenhaften Zusammenhänge zwischen Altirland und Mittelmeer; weniger genau, dafür aber vielleicht authentischer, ist die Übereinstimmung zwischen der Geschichte Dublins und den Verhältnissen des homerischen Zeitalters, wie sie in der Odyssee beschrieben werden.

»Daß Dublin seine Bedeutung, wenn nicht seinen Ursprung, den Normannen verdankt, kann aus dem fast vollkommenen Stillschweigen der Historiker und Chronisten über die Stadt in den Jahren vor den skandinavischen Einfällen gefolgert werden. Wahrscheinlich stand dort, wo die große Straße von Tara nach Wicklow, Arklow und Wexford den Liffey kreuzte, zum Schutze der Furt ein Fort (der alte Name für Dublin war Baile-atha-Cliath, die Stadt der Furt), doch scheint es in der Geschichte erst nach der Befestigung durch die Normannen, im Jahre 840, eine Rolle gespielt zu haben. Im 9. und 10. Jahrhundert wurde das Königreich Dublin – die Skandinavier nannten es Dyflinarski – eins der mächtigsten Reiche im Westen. Die Dubliner Könige heirateten in königliche Familien in Irland, England und Schottland und herrschten zwischen 919 und 950, wenn auch mit geringen Unterbrechungen, als Könige von York.«[5]

Das frühe Aufblühen Dublins war eine Folge vieler Einfälle aus dem Norden. Die Ostmannen (oder Dänen, wie die Iren sie nannten) schlossen Ehen mit den Eingeborenen, und die Vermischung der Rassen war so gründlich, daß es zweifelhaft ist, ob man im 11. Jahrhundert die Könige von Dublin als Iren oder Skandinavier bezeichnen muß. Im 9. und 10. Jahrhundert heirateten die Eindringlinge oft die gefangengenommenen Frauen, und die herrschenden Klassen beider Nationen stärkten ihre Bündnisse durch Heiraten. Die ersten in Irland verwendeten Münzen wurden während der Regierung des Sitric Silken-Beard geprägt, der gemischter Abstammung war. Viele der im *Ulysses* erwähnten Ortsnamen – Howth (a. n. hofuth = Kopf), Ireland's Eye (a. n. ey = Insel), Leixlip (a. n. Laxhleypa = Lachsprung) sind nordischer Herkunft.

Die versittlichende Wirkung der Mission des Sankt Patrick auf Irland hatte noch lange nach seinem Tode fortgedauert, und vor den oben erwähnten Einfällen der Normannen hatten viele Heilige und Gelehrte Irland den stolzen Titel insula sanctorum

et doctorum erworben. Aus allen Teilen Europas, ja sogar aus
Ägypten, wie berichtet wird, strömten Studenten nach Irland, um
von den weisen irischen Ollavs zu lernen. Es gab Ollavs der ver-
schiedensten Berufe, genau wie wir Doktoren der Medizin, des
Rechts, der Philosophie usw. haben. Bei Tisch saß der Ollav neben dem König oder dem Häuptling. Wenn die Einfälle der Wikinger auch die Weiterentwicklung der scholastischen Kultur
hinderten, förderten sie dafür die Pflege der Saga. »Gegen Ende
des 10. Jahrhunderts stand das Erzählen von Geschichten in Irland in hoher Gunst, und der berufsmäßige Geschichtenerzähler
konnte nicht nur jede der großen historischen Erzählungen rezi-
tieren, er konnte auch, falls sich hierzu Gelegenheit bot, improvi-
sieren.«

»Die Wichtigkeit Dublins als skandinavische Kolonie zeigt sich
deutlich in seiner Verbindung mit anderen Kolonien der Normannen. Von diesen war eine der berühmtesten Island.« Von allen Saga-Dichtern waren die Isländer die erfahrensten. »Isländi-
sche Dichter wurden nicht nur in Norwegen, sondern auch überall
anderswo, beispielsweise in England oder Irland, mit Ehren aufgenommen. Die Normannen, ihre Söhne und Nachkommen
brachten nach ihrer Niederlassung in Island aus dem alten Lande
neue Erzählungen mit, die sie auf ihren jährlichen Reisen nach
Norwegen als Händler und sonstwie kennengelernt hatten. Aus
diesen schufen sie dann Sagas oder Erzählungen; oder die Skalden, die berufsmäßigen ›mündlichen‹ Chronisten, rezitierten sie
bei Festmahlen oder in öffentlichen Versammlungen, wobei sie
zur Ausschmückung oder Belebung ihres Vortrags Fragmente alter Verse einflochten. Dieses Verfahren lernten sie wahrscheinlich in Irland.« Und es ist bezeichnend, daß »einige der ersten
Männer des heroischen Zeitalters in Island, besonders die Dichter, irische Namen trugen; diese sollen meist ›dunkle Männer‹ gewesen sein«. Ein Zusammenhang zwischen den irischen Ollavs
und den isländischen und skandinavischen Barden ist durchaus
erwiesen. Nach dem Book of Leinster mußte der Dichter, der den
Rang eines Ollav erreicht hatte, für seinen Vortrag vor Königen
und Häuptlingen 250 große und 100 kleinere Erzählungen kennen, was auch von einem norwegischen und isländischen Skalden
verlangt wurde. Betrachtet man den schnellen kulturellen Fortschritt der irischen Nation kurz nach der Mission Sankt Patricks
und die engen Beziehungen zwischen Island und Irland selbst vor

den Einfällen der Wikinger, scheint es wahrscheinlich, daß das nördliche Epos eine Weiterentwicklung der ursprünglichen irischen Saga war.

Frühzeitig wurden die irischen Sagas in Prosa niedergeschrieben; schon im siebten Jahrhundert wurden mündlich erhaltene Prosa-Sagas von den File oder Berufssängern in Irland vorgetragen, wohingegen sich die Prosa-Saga in Island erst im Laufe des zehnten Jahrhunderts entwickelt zu haben scheint. Diese Prosa-Erzählungen waren ausführlich und sorgfältig durchgearbeitet; die Sänger dieser Zeit müssen über ein erstaunliches Gedächtnis verfügt haben. Es ist bedeutsam, daß auch der *Ulysses* im Berichte von Tatsachen und in seinen zahlreichen historischen und literarischen Echos ausführlich und sorgfältig durchgearbeitet ist. Wie seine Vorgänger hat auch Joyce ein wunderbares Gedächtnis und kennt nicht die moderne Abneigung gegen sorgfältige Durcharbeitung und Ausführlichkeit der Darstellung.

Zweitausend Jahre vor dem irischen Zeitalter der Ollavs reihten die Rhapsoden der griechischen Kolonien an der kleinasiatischen Küste ihre Epen aneinander, und der blinde Vater der Poesie schuf seine unsterblichen Hexameter. Zwischen dieser Periode der griechischen Kultur und der Frühgeschichte Dublins bestehen auffallende Ähnlichkeiten: die Verbindung zwischen dem Epos Blooms und den Abenteuern der achäischen Helden ist stärker und feiner, als sie die erwähnte vage Rassensage aufzeigt.[6]

Nach alter Überlieferung dauerte der Trojanische Krieg von 1220-1210 v. Chr. »Nach 1210«, so meint Bérard, »verfiel langsam die phönizische Thalassokratie, die im östlichen Mittelmeer ungefähr drei Jahrhunderte bestanden hatte, und verlor ihr Handelsmonopol durch die erfolgreichen Einfälle und Niederlassung der Seevölker im Archipel des Ägäischen Meeres, die uns aus ägyptischen Berichten bekannt sind. Daß wir von diesen Völkern die Achäer am besten kennen, verdanken wir den homerischen Epen, besonders der Odyssee. Vor der Ankunft dieser verhältnismäßig barbarischen nordischen Völker beherrschte die ägäo-levantinische Kultur das ganze östliche Mittelmeer; ihren Ursprung schrieben die Hellenen dem Phönizier Minos, dem Sohne der Europa, dem Tyrener Cadmos, dem Ägypter Danaos zu; ihnen verdanken sie das Alphabet, die geschriebenen Gesetze, das Pferd, den Wagen und das Schiff mit fünfzig Rudern.«

»Die Achäer des homerischen Epos sind diese nordischen Barbaren[7]; die Überlieferung verlegt ihren Ursprung mehrere Generationen vor den Trojanischen Krieg. Die Helden der Epen, die auf pelasgischem Gebiet wohnen, sind die ›Söhne der Achäer‹; diesen Titel verlangen sie stolz als Ehrentitel; denn ihrer Ansicht nach verleiht er ihnen einen Adel von göttlicher Herkunft und die Vorrechte einer Kaste; diese langlockigen, blonden ›Göttergleichen‹, diese ›Adoptivkinder des Zeus‹ und ihre ›göttlichen‹ Weiber zwangen in dem Lande, das sie eroberten, ein Volk von Sklaven oder Versallen unter eine Feudal- oder Ritter-Herrschaft.«

Die achäischen Ruderer des homerischen Schiffes waren alle freie Männer. Ritter des Ruders, die für sich königlichen, ja selbst göttlichen Ursprung in Anspruch nahmen. Theoretisch besteht vollkommene Gleichheit zwischen all diesen Kameraden, Gesellen, Genossen, deren königliches Blut harte Arbeit am Ruder adelte.

Unter den Wikingern führten unzählige Männer den Königstitel.[8] Fuit hoc inter pirates more receptum, si regibus nati exercitui praeessent, ut hi reges appellarentur, etsi nullas haberent terras ditioni suae subjectas.[9] Der Anspruch der Iren, sie seien alle Söhne von Königen, wird oft im *Ulysses* in pathetischem oder ironischem Zusammenhang erwähnt. Stephen Dedalus denkt an berühmte Prätendenten: »Thomas Fitzgerald, seidiger Ritter, ... Lambert Simnel, mit einem Troß von Küchenmädchen und Marketendern, ein gekrönter Küchenjunge. Lauter Königssöhne. Paradies der Prätendenten einst und jetzt.« [65] »Steak, Niere, Leber, Mantsch: beim Mahl wie für einen Fürsten saßen Fürst Bloom und Fürst Goulding. Fürsten beim Mahl, hoben und tranken sie Power und Apfelwein.« [376] »Zwei Handlungsreisende« spendieren bei Jammet Sekt. »wie die Fürsten, ungelogen!« [751] »Und Helden reisen von fern herbei, sie zu freien, ... Fürsten, die Söhne von Königen« [407] Wie die Wikinger waren die achäischen Fürsten, die Verehrer des Ruders, Kaufleute und Piraten. Der Cyklop fragt Odysseus nach seiner Beschäftigung:

»Woher durchschifft Ihr die Woge?
Ist es vielleicht um Gewerb, ists wahllos, daß Ihr umherirrt
Gleichwie ein Raubgeschwader im Salzmeer, welches umherschweift,
Selbst darbietend das Leben, ein Volk zu befeinden im Ausland?«

Nestor[10] stellt an Telemach die gleiche Frage. Nachdem Odysseus Troja verlassen hat, ist Raub sein erstes Abenteuer.

>»Gleich von Ilios trug mich der Wind zur Stadt der Kikonen,
Ismaros. Dort verheert ich die Stadt und tilgte die Männer.
Aber die blühenden Frauen und großen Besitzungen nehmend
Teilten wir gleich, daß keiner mir leer ausginge des Gutes.«

So plünderten die Wikinger bei ihrer ersten Landung an der irischen Küste (795 a. D.) die Stadt Recru oder Lambay Island, in der Nähe von Dublin. Für die Achäer und Wikinger war Räuberei ein ehrliches Gewerbe.

Die isländischen Berichte erwähnen einen gewissen Thorer: piraticam facere consuevit; interdum vero mercaturam per varias regiones exercebat; hinc magnam multis in locis rerum hominumque notitiam habuit. So erwarb er eine große Kenntnis von Dingen und Menschen an vielen Orten. Die Ähnlichkeit dieser Stelle mit dem Anfang der Odyssee ist auffallend... »den Mann, den vielgewandten, der vielfach umgeirrt... vieler Menschen Städte gesehen und Sitte gelernt hat.« Eine gelegentliche Räuberei war für den Achäer oder Wiking, der große Kenntnis fremder Menschen und Sitten erwerben wollte, unerläßlich.

Eine höfliche Bitte um Unterkunft und Nahrung war oft nutzlos; so hielt sich denn der kluge Reisende, falls er es nicht mit einem kultivierten Volk wie die Phäaken zu tun hatte, ohne weiteres an den Vorräten eines Schiffes schadlos und kehrte dann schleunigst auf sein »tapferes« Schiff zurück.

Wie die Wikinger hatten auch die homerischen Helden berserkerhafte Wutanfälle.

>»Auch den Melanthios führten sie über die Flur und den Vorhof.
Ihm dann Nase und Ohren hinweg mit grausamem Erze
Schnitten sie, rissen zum Fraß für zerfleischende Hunde die Scham aus,
Haueten Händ' auch und Füße vom Rumpf mit ereiferter Seele.«

>»Am Ende des elften Jahrhunderts lebte Eric, der König von Dänemark, ein Muster an Frömmigkeit und Weisheit. Er pilgerte

nach Rom, ans Grab der Apostel. Er baute Kirchen, gründete
Klöster und war den Gesetzen Gottes gehorsam. Nach seiner
Rückkehr von Rom speiste Eric eines Abends im Freien; da kam
ein berühmter Sänger, der sich rühmte, durch die Lieder seiner
Harfe die Gäste zu berserkerhafter Wut reizen zu können… In
kluger Vorsicht wurden alle Waffen aus dem Palast entfernt…
Der Sänger begann zu spielen, und allmählich wurden alle von einem seltsamen Irrsein befallen und erhoben großen Lärm. Die
Leibwache versuchte vergeblich, den König zurückzuhalten. Mit
seinen mächtigen Händen erwürgte er vier seiner treuesten Ritter
und wurde erst bezwungen, als er unter einem Haufen von Kissen
halb erstickte.«

Die Söhne Arngrims, des Königs von Helgeland, »erschlugen in
ihrer Wut die Gefolgsleute, zerschmetterten ihre Schiffe und ließen ihre Wut an Bäumen und Felsen aus.«

In der Cyklop-Episode des *Ulysses* begegnet Bloom einem dieser Berserker, der ihn kreuzigen will, und ihn tatsächlich wild an-
fällt.

Beredsamkeit stand bei Normannen und Achäern in hohem
Ansehn. Der große Mann war fast immer ein großer Redner. Beredsamkeit hat im Werden der irischen Geschichte immer eine
große Rolle gespielt. Ein gutes Beispiel typisch irischen »Gere-
des« sind die Worte des Odysseus zu Nausikaa:

> »Flehend nahe ich dir, Hohe, der Göttinnen oder der Jung-
> frauen!
> Bist du der Göttinnen eine, die hoch obwalten im Himmel,
> Artemis gleich dann acht' ich, der Tochter Zeus, des Erhabe-
> nen,
> Dich an schöner Gestalt, an Größ' und jeglicher Bildung.«

Kein Wunder, daß Nausikaa ihren schönlockigen Mädchen ge-
steht: »Wär mir doch ein solcher Gemahl erkoren vom Schicksal.«

Die Achäer »schätzten einen guten Läufer, der mit einem
schnellen Wagen Schritt halten oder ihn gar überholen konnte.
Sie zogen das Stadt- dem Landleben vor, sie waren Männer der
Agora, des öffentlichen Platzes, des Marktes, waren Redner,
liebten den Lärm, die Wortgefechte und feinen Worte. Sie be-
wunderten vor allem den, der Lieder, Gedichte und wohlge-

formte Sätze schaffen konnte. Findigkeit, selbst wenn sie Verschlagenheit wurde, erfreute sie immer. List und prahlerische Worte wie die, durch die Odysseus der Athene Herz für immer gewann, fanden bei ihnen jede nur denkbare Nachsicht.« Der Leser des *Ulysses* wird bei den von Joyce geschilderten Dublinern all diese Eigenschaften wiederfinden. Der edelste »Achäer« unter ihnen ist vielleicht Simon Dedalus, Stephens Vater.

Ulysses und die Odyssee

Ein neapolitanischer Kritiker hat gesagt, der wahre Held des *Ulysses* sei weder Bloom noch Stephen, sondern die Sprache. Joyces Virtuosität in der Handhabung der Sprache ist derart, daß man, besonders seit dem Erscheinen von *Finnegans Wake,* dazu neigt, »das Wort des Wortes wegen« für sein ästhetisches Credo und einziges Bemühen zu halten. Eine flüchtige Lektüre des *Ulysses* scheint diese Ansicht zu rechtfertigen. Er enthält viele charakteristische Stellen, die Echos aus Dichtern aller Völker und Zeiten sind; er enthält eine ganze Episode, die man als »Kapitel der Parodien« bezeichnet hat, eine andere, die in der Sprache des »Kränzchens« geschrieben ist, und in der Cyklop-Episode werden in die Haupterzählung, die in der Sprache eines Dubliner Bummlers geschrieben ist, viele Brocken aus dem Whitechapel-, Wardour- oder Fleet-Street-Englisch eingeflochten. In der Ithaka-Episode ist die Struktur katechetisch, sind Fragen und Antworten so trocken genau und ad nauseam klar wie die aristotelische Haarspalterei eines mittelalterlichen Theologen. Immer hat der Autor aus triftigen und besonderen Gründen einen Stil gewählt, der dem behandelten Gegenstand angepaßt ist; le style c'est le thème.

Die im Text zahlreich vorhandenen »Echos« werden durch den stummen Monolog bedingt. Stephen Dedalus ist ein junger Mann, der viel gelesen und nichts vergessen hat; der Strom seiner Gedanken nährt sich reichlich aus literarischen Quellen. Wie der Altertumsforscher Hugh C. Love, der in Begleitung der »großen Geraldines« durch die Straßen Dublins wandert, verlassen auch Stephen seine Begleiter nie: Swift, Shakespeare, Blake, Thomas Aquino und eine bunte Schar mittelalterlicher Philosophen. Blooms literarische Gewohnheiten färben auch auf seine Selbstgespräche ab; sie sind ein wildes Durcheinander von Annoncenfetzen, Populär-Wissenschaft, Varieté-Refrains. Dazu hinterläßt jeder Stimmungsumschwung, jede Anspielung eine Spur in der plastischen Prosa der Erzählung. Die Eumäus-Episode zum Beispiel, die die Rückkehr Blooms und Stephens nach der Orgie in der Entbindungsanstalt, bei Burke und im Bordell schildert, ist

in einem Stil geschrieben, der die halbtrunkene Erschöpfung
Blooms durchaus wiedergibt.

Ulysses enthält Beispiele fast jedes bekannten Dialekts oder
Patois der englischen Sprache, wobei natürlich irische Formen am
häufigsten sind. Es finden sich ganz unvermittelte Übergänge
vom literarischen Idiom zur Umgangssprache, vom patristischen
Ernst zur Wirtshaussprache.

»Homers Wortschatz zeigt einige auffallende Anomalien.
Neuere Forschungen haben zwar unsere Kenntnis der verschiedenen griechischen Dialekte beträchtlich gefördert, doch wurde
bisher nirgendwo ein Beispiel des homerischen Dialekts gefunden. Er enthält jonische, aeolische, cyprische und sogar attische
Elemente; der Philologe ist über seine phonetische Veränder-
lichkeit und die Verschiedenheit der grammatischen Formen be-
stürzt. Zur Erklärung dieser Anomalien sind verschiedene Theorien aufgestellt worden. Man hat vermutet, daß der Rhapsode
den Dialekt, in dem er vortrug, dem seiner Hörer anglich, daß in
die endgültige Redaktion Elemente der verschiedenen Transpo-
nierungen, die das Gedicht erfuhr, aufgenommen wurden. Diese
Theorie hat allerlei für sich. Doch muß die Gewohnheit, den Dialekt des Gedichts mit Rücksicht auf die Zuhörerschaft zu trans-
ponieren, sehr alt gewesen sein und zur Schaffung einer gemisch-
ten epischen Sprache geführt haben, aus deren veränderlichem
Wortschatz der Rhapsode mit Rücksicht auf seine jeweilige Zuhörerschaft schöpfen konnte. Dieser gemischte Dialekt wurde die
offizielle Sprache der Epen. Genau so verfaßten zwei Jahrhunderte lang die Troubadours ihre Gedichte in einem Dialekt, der
aus dem Limousinischen mit Beimischung von provenzalischen,
katalonischen und italienischen Formen bestand.«[1]

»An der kleinasiatischen Küste«, bemerkt Bérard, »kamen An-
gehörige verschiedener Rassen in enge Berührung; hierhin
brachten Händler-Abenteurer von Übersee die Idiome ihrer
Länder, so daß eine derartige Vermischung von Dialekten ganz
natürlich war. In keinem anderen Teil der griechischen Welt
setzte sich eine solche Mischsprache so erfolgreich durch, nirgends siegte sie gründlicher über den Widerstand peinlicher
Sprachreiniger.«

Bérard vermutet, daß die homerischen Epen in Milet in Kleinasien entstanden.

»Milet war ein von levantinischen Kauffahrteischiffen oft besuchter Anlegeplatz; phönizische, kilikische, ägyptische und andere Händler legten hier Magazine an oder grenzten sogar Niederlassungen ab, die sogenannten ›Lager‹[2]. Wie das von Herodot beschriebene Memphis, hatte auch Milet ein tyrisches oder sidonisches ›Lager‹. Dieses Phönizier, die ihre Vorherrschaft als Kauf- und Seeleute zum Teil verloren hatten, waren weiterhin Vermittler. In dem ›Lager‹ hatten sie eine dauernde Niederlassung, in deren Mitte ein nationaler Tempel stand.[3] Hier pflegten sie ihre religiösen Bräuche und Sitten, hier sprachen sie ihre Muttersprache, lasen oder sangen ihre nationalen Gedichte. Die Kadmäer dienten als Vermittler zwischen den Phöniziern des ›Lagers‹ und den Hellenen der Stadt. Diese Kadmäer, die sich ihres phönizischen Ursprungs rühmten, lehrten letztere, die Erzeugnisse, Sitten, Künste und die Wissenschaft des überlegenen, des ›göttlichen‹ Volkes bewundern, dessen Söhne sie sich nannten. Vielleicht sprachen sie sogar die ›Sprache der Götter‹, auf die der Dichter der Odyssee anspielt… Für mich ist es mehr als wahrscheinlich, daß um 900 oder 850 v. Chr. am Hofe der Neleidischen Könige und unter dem Schutz einer kadmäischen Aristokratie dieses herrliche Gedicht verfaßt wurde, das Meisterwerk eines großen Künstlers, des gelehrten und geschickten Dichters, dem spätere Zeiten den Namen Homer gegeben haben.«

Jener große Künstler war nicht, wie eine oberflächliche Beurteilung seiner Werke leicht glauben machen könnte, nur der Erfinder von Sagen, der müßige Sänger eines leeren Tages. »Eine eitle Erzählung, die nur aus Sagen besteht«, sagt Strabo, »wäre dem homerischen Geist durchaus entgegen.«[4] »Homers Erzählungen sind genauer als die seiner Nachfolger«, fährt Strabo fort. Er war kein Erzähler von Wundermärchen, sondern verwendete seine Allegorien, seine Kunstgriffe, seine volkstümlichen Verse, besonders in dem Bericht über die Irrfahrten des Odysseus, als Mittel zur Förderung der vorhandenen Kenntnisse.

»Die Odyssee«, bemerkt Bérard, »ist keine Sammlung von Erzählungen; sie ist ein geographisches Zeugnis, das in poetischer Form, doch ohne jede Fälschung, eine Mittelmeerwelt beschreibt, die ihre eigenen nautischen Gebräuche, ihre eigene Geodäsie und Navigationstheorie, eine eigene Sprache, eigenen Handel besaß. Hat man dieses Binnenmeer der Phönizier erforscht, versteht man den allgemeinen Umriß des Odysseischen Abenteuers und seine Episoden. Odysseus ist dann keine mythi-

sche Gestalt mehr, die durch Sagennebel in phantastische Mär-
chenländer wandert; er wird der Kaufmann und Abenteurer, der
Küsten besucht, die den Händlern von Sidon wohlbekannt waren.
Die Ungeheuer, denen er begegnet – zum Beispiel die gräßliche
Scylla, die sich aus ihrem Schlupfwinkel auf alle stürzt, die in eine
Meerenge einfahren –, waren den Phöniziern bekannt und in ih-
ren Leitfaden der Schiffahrtskunde verzeichnet.«

Die ungeheure Genauigkeit des *Ulysses* ist besonders auffallend. Die meisten, wenn nicht alle Personen, sind durchaus nach
dem Leben gezeichnet, einige werden sogar mit ihrem wirklichen
Namen genannt. Eine Fälschung der Tatsachen der Wirkung zu-
liebe gibt es nicht, nirgends findet man eine Spur »eitler Erzählung«.

In seiner eingehenden Studie über homerische Ursprünge legt
Bérard dar, daß dem Dichter der Odyssee ein phönizischer Bericht über Fahrten im östlichen und westlichen Mittelmeer, ein
präachäischer »Seespiegel« zugängig gewesen sein muß, den er
genau studierte. Ein großer Teil der Ortsnamen in der Odyssee
ist semitischen Ursprungs; unter diesen Namen wurden die Orte
den frühsten griechischen Seefahrern bekannt. Letztere übersetzten dann die Namen in ihre Sprache, und so hatte jeder Ort
zwei Namen: den phönizischen und den griechischen. Circes Insel
zum Beispiel heißt Aiaie. Die »Insel der Circe« ist eine genaue
Übersetzung des semitischen Kompositums Ai-Aie = Insel des
Habichts. Das hebräische Wort für Habicht ai'a ist immer weiblich; das griechische kirkos ist eine männliche Form, die sowohl
für den männlichen als auch für den weiblichen Habicht gebraucht wird. Der Dichter hat Kirkos eine weibliche Endung gegeben. Der Name Scylla ist die hellenisierte Form der semitischen
Wurzel S-K-L (skoula), die Fels bedeutet. Der Dichter hat das
semitische Original durch »Scylla die Felsige« wiedergegeben.
Andere Beispiele dafür, wie der griechische Dichter die semitischen Namen oder Worte, die er in phönizischen Berichten fand
und auf denen seine Erzählung basierte, seinen Zwecken anpaßte, werden bei Behandlung der einzelnen Episoden des *Ulysses* aufgezeigt. Leider gestattet der zur Verfügung stehende
Raum nicht, die vielfachen Gründe des längeren darzulegen, aus
denen Bérard den phönizischen Ursprung der Odyssee herleitet.
Es ist aber klar, daß der Dichter des *Ulysses* bei seiner Bezug-
nahme auf die homerische Vorlage diesen orientalischen Hinter-

grund wohl berücksichtigte. Bérard kam auf Grund seiner Forschungen zu folgenden Schlüssen:

»Die Odyssee scheint ein phönizisches Logbuch zu sein, das
nach gewissen sehr einfachen und typisch hellenischen Prinzipien
in griechische Verse und eine poetische Sage transponiert wurde.
Diese Prinzipien waren: anthropomorphe Personifikation von
Gegenständen, Vermenschlichung von Naturkräften, Hellenisierung[5] des Rohmaterials. Durch diese Methoden, denen die Griechen so viele ihrer Mythen und Sagen verdanken, wurde das typisch griechische Meisterwerk, die Odyssee, auf starken, wenn
auch groben, semitischen Kanevas gewebt.« »In der Odyssee
spielt Phantasie nur eine geringe Rolle. Ordnen und Logik waren
der Anteil des Dichters an dem Werk; er entlehnt seinen Stoff,
formt ihn aber nach griechischer Art, verleiht ihm anthropomor-
phes Leben; vor allem ist er sorgsamst darauf bedacht, aus seinen
Informationen ein einheitliches Ganzes zu bilden. Der Hellene ist
vor allem ein geschickter Ordner.« »Der Dichter erfindet nichts.
Er benutzt die Tatsachen, die er im Logbuch vorfindet. Aus einer
Reihe Skizzen schafft er ein Bild, und dieses Bild ist eine genaue
Wiedergabe der Natur, wenn auch einige seiner Teile in Schatten,
andere in grelles Licht gestellt werden. Das Bild ist vollkommen;
der Dichter verzichtet auf keine einzige Tatsache, die er in den
Berichten vorfindet.«

Ersetzt man »Berichte« durch »Gedächtnis des Dichters«,
wurde das Bild, das Joyce von Blooms Tag schuf, in ganz derselben Weise komponiert.

»Das Epos ist unverkennbar das Werk eines Griechen, wohingegen das Logbuch durchaus der Bericht eines semitischen Reisenden ist. Der Dichter – Homer, wenn man will – war Grieche,
der Seefahrer – Odysseus, wie wir ihn kennen – war Phönizier.

James Joyce, der Dichter des *Ulysses,* ist Ire; Bloom, sein wandernder Held, ist Jude.

Bei der »Hellenisierung« des Logbuches über Blooms Reise
durch Dublin hielt sich der Dichter nicht nur an die homerischen
Vorlagen bezüglich der sorgfältigen Anordnung seiner Data, die
er in strenge Logik zwang (so zieht der westliche Mensch aus den
Runen orientalischer Intuition Schlüsse), sondern verwandte
auch die anthropomorphen Methoden seines Vorgängers.

Abgesehen davon, daß man in den Beziehungen zwischen den
Hauptpersonen des *Ulysses* die Dramatisierung gewisser theolo-

gischer und metaphysischer Abstraktionen erkennt, daß an verschiedenen Stellen abstrakte Ideen anthropomorph dargestellt
werden, zeigt sich eine der Eigentümlichkeiten der Joyceschen
Technik in der Behandlung lebloser Gegenstände oder Körperteile, als führten diese ein unabhängiges, persönliches Leben.
Bloom beobachtet eine Druckmaschine bei der Arbeit:
»Sllt. Fast menschlich, die Art, wie sie sllt einen aufmerksam
macht auf sich. Tut redlich, was sie kann, um sich mitzuteilen...
So spricht ein jedes Ding auf seine Weise. Sllt.« [171] Stephen
kommt am Maschinenhaus vorbei, hört die Dynamos: »Wesenlose Wesen. Halt! Sie pochen immer außerhalb von einem, und
das Pochen ist trotzdem stets drinnen. Dein Herz, davon du singest...« [336]
    Die wackelnde Scheibe »äugelt« am Ende der Nut die Zu-
schauer an: ein Hemd, das auf einer Leine hängt, ist »gekreu-
zigt«, wachsende Hopfen sind »Schlangen«, die sich an langen
Stangen emporwinden. Die Belebung des Leblosen erreicht ihren
Höhepunkt in der Circe-Episode, in der ein zusammengeklappter
Fächer einen unanständigen Tadel stottert, Seife singt, eine
Kappe ihren Eigentümer ins Kreuzverhör nimmt und das Ende
der Welt Purzelbäume schlägt.
    Genau so neigten die Griechen dazu, die ganze Natur, selbst ihre
Kunstwerke oder Gebrauchsgegenstände als lebende Wesen auf-
zufassen. Für sie war eine Säule ein lebendiger Organismus, ein
Mensch; das Kapitäl war der Kopf, und der Teil, der es mit dem
Sockel verbindet, der Hals; je nach ihrer Art war die ganze Säule
männlich oder weiblich.
    Schon im Altertum gab es, wie Strabo berichtet, zwei Schulen
homerischer Forschung. Die eine, darunter Eratosthenes, behauptete, der Dichter sei nur ein Erfinder von Sagen, deshalb sei
es müßig, unter der oberflächlichen Schönheit seines Werkes eine
tiefe oder dauernde Bedeutung zu suchen. Die andere Schule
aber, die »homerischer« eingestellt war, prüfte den Text genau,
folgte den Worten und entdeckte, daß der Dichter der Pionier
geographischer Forschung, daß seine Erzählung wahrheitsgetreu
war. Hinter einer glänzenden Fassade von Symbolen und An-
thropomorphismen erkannten sie den Palast der Wahrheit, eine
kosmische Apokalypse, die den stolzen Titel »Bibel der Griechen« für die homerischen Epen rechtfertigte. Wenn in dieser
Studie die Methode der »homerischeren« Gelehrten, wie sie

Strabo nannte, bevorzugt wird, ist uns folgendes Epigramm des
Fähigsten aller modernen Homerforscher: ›il n'est jamais inutile
de bien comprendre pour mieux admirer‹ Schutz und Schild.

V

Das Klima des Ulysses

Das Interesse, das heutzutage dem Privatleben hervorragender
Schriftsteller entgegengebracht wird, mag oft übertrieben oder
gar indiskret erscheinen. Für die restlose Bewertung des Werkes
eines Dichters aber ist es oft wünschenswert, Genaueres über seinen Hintergrund zu wissen, vor allem, wenn dieser Hintergrund
im Ablauf der Zeit langsam im Dunkel versinkt. Was Joyce an-
geht, so wird dieses Wissen immer schwieriger werden, da die
Generation, zu der er gehörte, ausstirbt und das Dekor seiner
Bildungsjahre immer mehr dem eines »Zeitstückes« gleicht, dessen anscheinende Seltsamkeit und überholten Bräuche, dessen
nicht mehr geltenden oder unannehmbar gewordenen Lebensauf-
fassung ihm den verblichenen Glanz eines Museumsstücks verleihen. Denn wenn das Meisterwerk auch sein Vorhandensein
primär einem Ausbruch aus dem Unterbewußtsein verdanken
mag (um mich des Ausdrucks von F. W. H. Myers in seinem hervorragenden Werk *Human Personality* zu bedienen), so verdankt
es die Form – und die Form ist das halbe Meisterwerk – doch der
kulturellen Erfahrung des Künstlers, und die Quelle, aus der es
aufsteigt, ist durch seine Umgebung bedingt. In seiner *»Psychologie der Kunst«* lenkt André Malraux gelegentlich der Prüfung
der Bedingungen, unter denen ein Kunstwerk entsteht, die Aufmerksamkeit auf einen Umstand, der bei der Betrachtung eines
wirklich echten Genies oft außer acht gelassen wird. »Ein Dichter«, sagt Malraux, »führt seine Berufung auf das Lesen eines
Gedichtes oder eines Romans (oder vielleicht auf einen Besuch
im Theater) zurück; ein Musiker auf ein Konzert, das er hörte;
ein Maler auf ein Bild, das er einmal sah. Nie hören wir von einem
Menschen, der sozusagen aus heiterem Himmel heraus den
Zwang verspürt, einer Szene oder einem Ereignis ›Ausdruck‹ zu
verleihen. ›Auch ich will Maler werden!‹ Dieser Ausruf könnte
vielleicht das leidenschaftliche Vorspiel jeder Berufung sein. Es
wird berichtet, Cimabue habe voller Bewunderung dem Hirten-
jungen Giotto zugesehen, der Schafe skizzierte. Aber nach ein-
deutigen Berichten haben Schafe niemals einem Giotto die Liebe
zur Malerei eingeflößt. Das tat vielmehr die erste Begegnung mit

den Bildern eines Malers wie Cimabue. Was den Künstler macht
ist der Umstand, daß er in seiner Jugend durch den Anblick von
Kunstwerken tiefer erregt wurde als durch den der Dinge, welche
sie darstellen. »Dies«, fügt Malraux in einem späteren Kapitel
hinzu, »ist der Grund dafür, daß die Laufbahn jedes Künstlers mit
der Nachahmung beginnt.«

Joyce bildete keine Ausnahme. Im Alter von zwanzig Jahren
veröffentlichte er in der Dubliner Zeitschrift *St. Stephen's* einen
Aufsatz über den großen irischen Dichter J. C. Mangan, worin
sich folgende Stelle befindet:

»Wenngleich selbst in den besten Sachen Mangans manchmal
die Gegenwart fremder Emotionen zu spüren ist – die Gegenwart
einer imaginativen Persönlichkeit, die das Licht der imaginativen
Schönheit widerspiegelt, ist noch lebhafter zu spüren. Ost und
West begegnen sich in dieser Person (wir wissen wie); Bilder ver-
flechten sich dort wie weiche, durchsichtig schimmernde Tücher,
und Worte klingen wie strahlende Rüstungen, und ob das Lied
von Irland oder Istanbul singt, es hat denselben Refrain, das Gebet, daß der Friede wieder einkehren möge bei ihr, die ihren Frieden verloren hat, der mondweißen Perle seiner Seele, Ameen.
Musik und Düfte und Lichter sind um sie gebreitet, und er suchte
im Tau und im Sand, um ihr Gesicht mit einer weiteren Glorie
umgeben zu können. Eine Landschaft und eine Welt sind um ihr
Gesicht gewachsen, wie um jedes Gesicht, das Augen in Liebe
angeschaut haben. Vittoria Colonna und Laura und Beatrice –
auch sie, über deren Gesicht viele Leben jene schattige Zartheit
geworfen haben, als grüble sie fernen Schrecken und ausschwei-
fenden Träumen nach, und jener fremdartigen Stille, vor der die
Liebe schweigt, Mona Lisa – sie alle verkörpern eine ritterliche
Vorstellung, der nichts Sterbliches anhaftet, tragen sie tapfer
über die Unfälle der Lust und der Treulosigkeit und der Ermüdung hinweg. Und sie, deren weiße und heilige Hände die Heil-
kraft zauberkundiger Hände haben, seine jungfräuliche Blume
und Blume aller Blumen, ist kaum weniger als diese die Verkörperung jener Idee.« [KS 47f.]

Daß hier Pater nachgeahmt wird, unterliegt keinem Zweifel; der
Hinweis auf Mona Lisa bestätigt es außerdem. Der Aufsatz erschien im Mai 1902, und im Herbst des gleichen Jahres begab sich
Joyce zum erstenmal nach Paris. Als er seinen Aufsatz schrieb,
hatte er das Bild im Louvre noch nicht gesehen, und seine Be-

wunderung ist nur das Echo der Bewunderung Paters.

»Poesie«, schreibt Joyce an einer anderen Stelle dieses Aufsatzes (und unter Poesie versteht er meines Erachtens jedes schöpferische Schreiben), »erstattet daher keinen Bericht über die Geschichte, die von den Töchtern der Erinnerung erdacht wurde, sondern wertet jeden Augenblick, der kürzer ist als der Pulsschlag einer Arterie, den Zeitraum, in dem ihre Eingebungen entstehen, und in Dauer und Wert ist er ihr gleichbedeutend mit sechstausend Jahren.« [KS 50] Die Ähnlichkeiten mit der berühmten ›Conclusion‹ von Paters »*The Renaissance*« (die zu wiederholen wir aus Joyces Generation niemals müde wurden, sie war das Credo des Ästheten) springen in die Augen. »Nicht die Frucht der Erfahrung, sondern die Erfahrung selbst ist das Ziel. Nur eine bestimmte Zahl von Pulsschlägen eines wechselvollen, dramatischen Lebens ist uns beschert. Wie können wir in ihnen all das sehen, was in ihnen nur von den feinsten Sinnen gesehen werden kann? Wie sollen wir in höchster Eile von Punkt zu Punkt jagen, um stets jenem Brennpunkt nahe zu sein, in dem sich die größte Zahl vitaler Kräfte in ihrer reinsten Energie vereinen?... Immer mit dieser harten, leuchtenden Flamme brennen, immer diese Ekstase aufrechterhalten, das ist Erfolg im Leben... Während alles unter unseren Füßen schwindet, greifen wir vielleicht nach einer hinreißenden Leidenschaft, nach einem Beitrag zur Erkenntnis, der durch seinen weiten Horizont den Geist für einen Augenblick zu befreien scheint, oder nach einer Erregung der Sinne, nach seltsamen Tönungen, seltsamen Farben und seltsamen Düften oder nach dem Werk aus der Hand des Künstlers oder nach dem Gesicht eines Freundes. Wer nicht jeden Augenblick bei denen, die uns umgeben, eine leidenschaftliche Haltung und im Leuchten ihrer Gaben eine tragische Teilung der Kräfte unterscheidet, der schläft an diesem kurzen Tag von Frost und Sonne ein, bevor es Abend geworden ist.« Diese scharfen Eindrücke, diese ganz besonderen Augenblicke sind mit dem identisch, was Joyce »Epiphanien« nannte und auf die im Verlauf von Joyces Werk immer wieder hingewiesen wird. Hierzu zitiert Dr. Theodore Spencer in seinem ausgezeichneten Vorwort zu »Stephen Hero« eine lustige Stelle aus Dr. Gogartys Autobiographie: »*As I was walking down Sackville Street.*« »Gogarty verbringt den Abend mit Joyce und anderen: Joyce sagt: ›Entschuldigt mich‹ und verläßt den Raum. ›Daß über mich geschrieben wird,

ist mir einerlei‹, schreibt Gogarty, ›aber daß ich zu seinen Epiphanien gegen meinen Willen beitragen soll, ist ärgerlich.‹« (In
der Joyce-Ausstellung in Paris und London war ein Teil dieser
Epiphanien ausgestellt.)

Wenn auch in *Chamber Music* der Einfluß der Elisabethaner
deutlich zu erkennen ist, so strebte Joyce in seinen Gedichten
doch vor allem – und oft mit höchstem Erfolg – nach jener
lateinischen Eleganz, die er in Horazens eleganter Einfachheit,
in Vergils leuchtenden Sätzen und im Werk gewisser französischer Dichter der zweiten Hälfte des 19. Jahrhunderts sah. In seinem Buch: *James Joyce and the making of Ulysses,* den faszinie-
renden Erinnerungen an Joyce während seines Aufenthalts in
Zürich (1915-1919), zitiert Frank Budgen eine Bemerkung von
Joyce, nachdem ihm ein Freund die Anfangsverse von Verlaines
Spleen

> Les roses étaient toutes rouges,
> Et les lierres étaient tout noirs.
> Chère, pour peu que tu te bouges,
> Renaissent tous mes désespoirs.

vorgelesen hatte.

»Das«, sagte Joyce, »ist höchste Vollendung. Nie wurde ein
herrlicheres Gedicht geschrieben.«

Joyce erzählte mir öfters voller Anerkennung von der Ausbil-
dung, die er im Belvedere College, einer Jesuiten-Schule in Dublin, erhielt. Er war elf Jahre alt, als er in das College eintrat, das
ihm nicht nur, wie alle guten Schulen der damaligen Zeit, die An-
fangsgründe der alten Sprachen, sondern auch Kenntnisse im
Französischen und Italienischen vermittelte, die ihm in seinem
späteren Leben gute Dienste leisteten. Flaubert ist einer der drei
oder vier Dichter, von denen Joyce, wie er behauptet, jede Zeile
gelesen hat (er war auch ein großer Bewunderer einiger der kür-
zeren Romane Tolstois), und die *Dubliners (Dubliner),* eine No-
vellensammlung, die 1914 erschien und, oberflächlich betrachtet,
manchen von Maupassants und Tchekovs Erzählungen gleicht, ist
in ihrer ganzen Struktur eher Flaubert verwandt.

Das *Portrait of the Artist as a Young Man (Porträt)* (1916) wahrt
die Tradition der autobiographischen Romane der europäischen
romantischen Bewegung. In seiner ersten Fassung (ein Fragment

derselben wurde unter dem Titel *Stephen Hero* veröffentlicht)
tritt diese Verwandtschaft noch deutlicher zutage. Hier finden wir
wieder Spuren von Paters (und Merediths) Einfluß, und das Bild,
das Joyce von sich selbst in seiner Jugend gibt, hat viel gemeinsam
mit dem von Paters Marius, der Epikuräer, der »an einen Stuben-
gelehrten erinnert und gern den anerkannten Gelehrten spielte.
Wenn das auch nie den ›frischen und heiteren Ton‹ des römischen
gentleman beeinträchtigte, so äußerte es sich doch durch einen
interessanten Seitenblick, der manche, die ihm an Alter und Rang
gleich waren, verscheuchte. Schon tadelte er instinktiv in seinem
Werk und in sich selbst, was Jugend so selten tut, alles, was nicht
einen langen und gründlichen Prozeß der Läuterung durchge-
macht hatte. Die glückliche Redewendung oder der glückliche
Satz war die genaue Wiedergabe eines bis ins Letzte durchdach-
ten Gedankens. Die nüchterne Zurückhaltung seiner Gedanken,
seine stets gleiche Gewohnheit der Meditation, der Sinn für jene
negativen Schlüsse, die ihn befähigten, sich voll und ganz auf das,
was ihn unmittelbar umgab, zu konzentrieren und in es unterzu-
tauchen, verlieh ihm eine besondere Art intellektuellen Vertrau-
ens, als wäre er in ein großes Geheimnis eingeweiht.« Diese
Schilderung paßt in fast jeder Einzelheit auf den jungen Joyce,
auf den Eindruck, den er auf seine Freunde machte, und auf seine
Arbeitsmethoden. Denn *Stephen Hero* – das »Werk eines Schul-
jungens«, wie Joyce ihn streng nannte – erreichte erst nach langem und gründlichem Läuterungsprozeß die stilistische Virtuosität des *Porträt*.

Aber neben diesen individuellen Einflüssen steht ein allgemei-
nerer, der leicht übersehen wird, obwohl er viel zur Formung des
Geistes des Verfassers des *Ulysses* und des *Finnegans Wake* bei-
trug. Ich meine das Klima seiner Bildungsjahre: das Fin de siècle
und den Anfang des 20. Jahrhunderts. Man hat das irische Element in Joyces Werk zu sehr betont, weil er, aus übrigens offen-
sichtlichen Gründen, immer wieder Dublin als Schauplatz seiner
Erzählungen wählte. In Wirklichkeit aber war er stets darauf bedacht, europäischer Autor zu sein, und in seinen größeren Werken verband er das lokale Thema mit weiteren Beziehungen zu
Raum und Zeit. Und ähnlich steht der Ulysses in der Avantgarde
der englischen Literatur. Stilistisch (und das Wort: »Der Stil ist
der Mensch«, paßt genau auf Joyce) hat nichts oder nur wenig mit
der bewußt irischen literarischen Bewegung gemeinsam, die von

so vielen von Joyces Dubliner Zeitgenossen so geschickt gefördert wurde. Außerdem bestand eine viel größere Ähnlichkeit, als
es heute von vielen seiner Leser erkannt wird, zwischen Joyces
Dublin und den größeren englischen Städten, eine Ähnlichkeit,
die ich als Joyces Zeitgenosse, der seine Jugend in einer ziemlich
großen Stadt Westenglands verbrachte, bezeugen kann. Das Gerede in den Wirtshäusern, in denen man hinter jedem Schanktisch
eine Miss Douce oder eine Mina Kenedy sah, war ziemlich das
gleiche; das Repertoire der Operetten, Pantomimen, der Songs
in den Music-Halls und der »Salon-Balladen« (von denen so
manche im *Ulysses* und in *Finnegans Wake* vorkommen) war genau dasselbe. Ich erinnere mich sogar eines etwas unheimlichen,
aber doch harmlosen Gesellen, der, genau wie die Hauptgestalt
in *An Encounter,* Knaben, die ihm begegneten, ansprach. Es gab
auch viele »Schwindsüchtige Häuser«, in denen ehrenwerte, aber
verarmte vornehme Leute wohnten, die bessere Tage gesehen
hatten und versuchten, ihr Gesicht zu wahren. Im großen und
ganzen war die Zeit, die dem Bloomsday voranging, wenn auch
kein goldenes Zeitalter, so doch eine Zeit eines gewissen Wohl-
stands, und trotz mangelnden großen Vermögens genoß das Milieu, in dem wir unsere Jugendjahre verbrachten, die wertvollste
der Freiheiten – die Freiheit von der Angst vor großen Katastro-
phen.

So konnten die Dichter der neunziger Jahre – und sie taten es
auch – ihre Aufmerksamkeit der Kunst zuwenden, und sie erkannten Gautiers Forderung an, nach der Schönheit vollendete
Form ist. Sie wollten die vollendete Lyrik schaffen – einigen,
Dowson zum Beispiel, gelang es – genau wie die Kriminalschrift-

steller der nächsten Generation das vollendete Verbrechen zu-
sammenbrauen wollten. Wilde schuf die vollkommene moderne
Komödie, und Morris mit seinem Kelmscott Chaucer das vollendete Buch. Wie für die zeitgenössischen französischen Maler war
auch für die Schriftsteller der damaligen Zeit die Achtung vor
dem Stoff ihrer Kunst oberstes Gesetz; und wie die Maler es ab-
lehnten, in der Idealisierung der gesehenen Dinge, im Spiel mit
Gefühlen oder in der Herausstellung einer Moral die Aufgabe ihrer Kunst zu sehen, waren die Schriftsteller darauf bedacht, durch
das Medium des Wortes etwas zu schaffen, das formvollendet und
durch diese Vollendung von Dauer war.

Es braucht nicht besonders darauf hingewiesen zu werden, daß

dieses Bemühen um die Form den Inhalt nicht als nebensächlich
behandelte. Die jungen Leute hatten allerlei zu sagen, und sie
sagten es kühn. Osbett Burdett hat in seinem Buch: *The Beards-
ley Period* (von den vielen Büchern über die neunziger Jahre er-
faßt es vielleicht besonders gut den Geist jener Zeit) aufgezeigt,
daß sie einen rücksichtslosen Realismus anstrebten, zu dessen
Hauptvertretern der Ire George Moore gehörte, der aus seinen
fortschrittlichen Ideen kein Hehl machte. »Die gesunde Schule
hat in England ausgespielt; was gesagt werden konnte, wurde gesagt; die Nachfolger von Dickens, Thackeray und George Elliot
haben kein Ideal und folglich auch keine Sprache... Die Gründe
für diese Gedankenschwere sind die gesperrten Aussichten, der
Mangel an neuen Stoffen. Deshalb stagnierte die Sprache des
englischen Romans. Sollten aber die Realisten in England Fuß
fassen, dann könnte die englische Sprache vor der Auflösung bewahrt bleiben, denn ihre neuen Themen würden neue Formen
der Sprache im Gefolge haben.« Was er in seinem Zitat sagt, pro-
phezeite vielleicht den *Ulysses*.

Für den Zeitabschnitt war die Beschäftigung mit der Sünde
ebenfalls charakteristisch. Ob ein Jemand oder ein Niemand, sie
fesselte die jungen Menschen ebensosehr, wie sie ihre Eltern er-
schreckte. Schriftsteller und Künstler dieser vergangenen Zeit
hatten denen der heutigen Generation gegenüber den Vorteil,
daß es fest ummauerte moralische Vorschriften gab, auf die sie
ihre Brandbomben abwerfen konnten, und der daraus entste-
hende Brand füllte sie und ihre Bewunderer mit boshafter
Freude. Sie freuten sich, wenn ihre Werke als dekadent oder
krankhaft bezeichnet wurden. Als Joyce seinem Verleger Grant
Richards die Vollendung der *Dubliners* ankündigte, sprach er
von dem »besonderen Duft der Korruption, der, wie ich hoffe,
meine Geschichten umweht«. Diese Hoffnung war für die neunziger Jahre typisch.

Typisch für diese Periode war auch ein fast großer katholischer
Autor, dessen erstes Werk im *Yellow Book* erschien: Fr. Rolfe
(»Baron Corvo«), dessen Laufbahn das Thema eines »geistvollen
Versuchs einer Biographie«, »*The Quest for Corvo*« von dem
verstorbenen A. J. A. Symons war. Wäre das Schicksal etwas
freundlicher gewesen, hätte sich dieses unglückliche Genie, wenn
auch auf etwas niedrigerer Ebene, parallel mit Joyce bewegt. Ni-
colas Crabbe, der Held von Rolfes letztem Roman: *The desire*

and pursuit of the whole, hatte vieles mit Stephen Dedalus gemein, und die folgende Schilderung Crabbes wird – mutatis mutandis – auch im Stil den Kennern von Joyces Frühwerk vertraut
klingen.

»Er war sehr langmütig, er zögerte entsetzlich; aber wenn er
dann in den Krieg zog, hielt er auch durch. Recht, Unrecht, Erfolg, Mißerfolg, Schicklichkeit, Unschicklichkeit hatten für ihn
dann keine Bedeutung. Er hielt zäh und idiorhythmisch durch.
Wenn man ihm den Schädel einschlug und seine grimmigen Zan-
gen zerbrach, ihm die Fühler ausriß und die Krallen, auf einmal
oder eine nach der anderen, mit bedachter, christlicher Grau-
samkeit oder Barmherzigkeit (die Worte sind synonym und der
Effekt beider ist identisch), dann lag er ganz still da – wenn er es
konnte, er hinkte oder schleppte seine verstümmelten Reste in irgendeine Spalte –, und ihm wuchs neue Rüstung, mit der er rück-
sichtslos den Kampf fortsetzte.«

Rolfes Gefühl für das Ritual und seine tiefe Kenntnis desselben
(es war der Ehrgeiz seines Lebens, Priester zu werden) zeigen sich
deutlich in dem außergewöhnlichen und wieder zum Teil autobiographischen Roman *Hadrian the Seventh* (Rolfes Hadrian ist
der imaginäre Nachfolger des berühmten Hadrian, des einzigen
Engländers, der jemals Papst wurde; in der Episode »Rinder des
Sonnengottes« wird auf ihn angespielt), über den D. H. Lawrence
schrieb: »Wenn etwas davon Kaviar ist, dann kam es wenigstens
aus dem Bauch eines lebendigen Fisches.« Manche von Rolfes
Kadenzen und Wortbildern sind in joycescher Art, zum Beispiel
in der folgenden Schilderung eines Totenbettes: »Schon waren
seine Lippen fahl; sie enthüllten die Reinheit fest aufeinanderge-
bissener und dauernd knirschender Zähne... Blühte die abhomi-
nable, unverkenntliche Blässe auf der Stirn, wo das weiche, cäsa-
rische Haar feucht war vom Tau des Todesatems.« Mit Joyce
teilte Rolfe die Vorliebe für ausgefallene Worte (Tolutiloquenz,
eine neue Wortprägung von Sir Thomas Browne aus dem Lateinischen tolutim). Wer mit der englischen und französischen Literatur und Kunst dieses Zeitabschnitts bekannt ist, hat sicher Verwandtschaften mit Joyces früher Technik und mit der Telemachie
des Ulysses festgestellt. Die Kombination aus Naturalismus,
Symbolismus und tektonischer Genauigkeit, denen wir zum Beispiel in Seurats Kunst begegnen, hat im Ulysses und vor allem in
Finnegans Wake ihr literarisches Gegenstück. Die Struktur des

Wake ist (genau wie die Methode seiner Komposition) durchaus pointillistisch.

So interessant es auch sein könnte, bei dem Hintergrund des Ulysses und dem Klima der Bildungsjahre seines Verfassers zu verweilen – sie fielen mit einer der fruchtbarsten Perioden unserer Literatur zusammen: genannt sei nur einer ihrer größten Autoren: Henry James –, dürfen wir doch nicht das Maß der Beeinflussung Joyces durch seine Umgebung übertreiben. Genie ist notwendigerweise einzigartig, ist das Privileg eines außergewöhnlichen Individuums, das (wie Henry James) nicht in die ihm eigene Zeit geboren wurde. Oder genauer, nicht von seiner Generation gebührend geschätzt wurde. Im Frühwerk und in den Anfangs-Episoden des Ulysses erkennen wir zweifellos die Einflüsse des Fin de siècle in der Behandlung der Themen und im Stil, aber sie sind nur charakteristisch für den Künstler als jungen Mann. Sobald die eigentliche Odyssee beginnt (das heißt, sobald Bloom in Erscheinung tritt), zeigen Stil und Behandlung eine noch nie dagewesene Freiheit. Daß die drei ersten Episoden in einer Art dargestellt werden, welche derjenigen der früheren Werke gleicht, darf nicht bedeuten, daß Joyce hier eine literarische Form angewendet hat, die persönlicher war oder seinem Wesen eher entsprach. Er spiegelt in dem Stil nur die Persönlichkeit des Stephen Dedalus im Jahre 1904 wieder, den ernsten, narzistischen, jungen Ästheten, genau wie der Stil der Zyklop-Episode die Persönlichkeit des gewinnenden Banausen, des Erzählers, spiegelt.

Während bei den meisten großen Dichtern die Reife eine Kristallisation, eine Meisterschaft zeitigt, die das instinktive Drängen kontrolliert und durch bestimmte Kanäle leitet, hatte Joyces Genie bis zu dem erstaunlichen Höhepunkt, dem *Finnegans Wake*, eine Geschmeidigkeit, eine Erfindungskraft, eine Gabe der Wandlung, die, wenn wir auch in dem Werk einiger großer Maler (Picasso ist ein offensichtliches Beispiel) Analogien sehen, in der Literatur wohl einzigartig sind.

Zweiter Teil · Die Episoden

1. Telemachos

Schauplatz: Der Turm
Stunde: 8 Uhr vormittags
Kunst: Theologie
Symbol: Erbe
Technik: Erzählung (jung)

Die drei ersten Episoden des Ulysses (sie entsprechen der Telemachia der Odyssee) bilden eine Brücke zwischen dem *Porträt* und dem Bericht über Blooms Abenteuer an jenem denkwürdigen 16. Juni 1904. Die Schlußzeilen des *Porträt* (Auszüge aus dem Tagebuch des Stephen Dedalus) werfen nicht nur grelles Licht auf Stephens Charakter, sondern enthalten auch Hinweise auf gewisse Motive, die für das Verständnis des *Ulysses* bedeutsam sind.

»*26. April:* Mutter bringt meine neuen altgekauften Kleider in Ordnung. Sie betet jetzt, sagt sie, daß ich in meinem eignen Leben und fern von Zuhaus und Freunden lernen möge, was das Herz ist und was es fühlt. Amen. So sei es. Willkommen, Leben! Als Millionster zieh ich aus, um die Wirklichkeit der Erfahrung zu finden und in der Schmiede meiner Seele das ungeschaffne Gewissen meines Volkes zu schmieden.

27. April: Urvater, uralter Artifex, steh hinter mir, jetzt und immerdar«. [P 533]

So ruft Stephen für die gewaltige Aufgabe, die er sich gestellt hat, Beispiel und Schutz des Erbauers des Labyrinths, des ersten Künstlers, an, der die Realität der Erfahrung dem Ritus der Kunst[1] anpaßte, den ersten fliegenden Menschen, den Lehrer »transzendentaler Geheimnisse« und der Astrologie[2].

Vor etwa einem Jahr machte Stephen diese Eintragungen in sein Tagebuch. Während dieser Zeit hat er etwas von der Realität der Erfahrung kennengelernt: er lernte das Pariser Leben kennen, wurde durch den Tod seiner Mutter tief erschüttert und mußte sich durch verhaßte Arbeit (als Lehrer an einer kleinen Schule) seinen Lebensunterhalt verdienen. Aber ganz besonders »realistisch« ist vielleicht seine tägliche Berührung mit »Buck« (Malachi) Mulligan, einem zynischen Studenten der Medizin, der betont unmanierlich ist, dauernd rohe Witze und lästerliche Verse

auf Lager hat. Stephen wohnt mit Mulligan in einem unbenutzten
Martello-Turm, der die Dubliner Bucht überschaut; Stephen bezahlt die Miete, Mulligan aber will den Schlüssel haben.

Der Anfang des *Ulysses* spielt auf der Plattform dieses Turms.
Mulligan kommt vom Austritt am oberen Ende der Treppe »ein
Seifenbecken in Händen, auf dem gekreuzt ein Spiegel und ein
Rasiermesser lagen« [7].

Er hebt das Becken hoch und stimmt an:
»Introibo ad altare Dei.«

So beginnt *Ulysses* wie ein Ritus mit dem Gesang eines Introitus
auf einem runden Turm und dem Hochheben eines Rasierbek-
kens, das das Heilige Zeichen trägt.

Beim Frühstück im Wohnzimmer des Turms treffen Stephen
und Mulligan den jungen Engländer Haines, der mit ihnen zusammen wohnt. Haines ist ein »literarischer Tourist«, der keltischen Witz und keltisches Dämmerlicht sucht. Mulligan führt bei
der nun folgenden Mahlzeit den Vorsitz.

Während sie frühstücken, kommt die alte Milchfrau, Stephen
»sah ihr zu, wie sie zuerst in das Maß, dann in den Krug die fette
weiße Milch goß, nicht ihre. Alte verschrumpelte Titten. Sie goß
ein zweites Maß, gab noch ein Quentchen zu. Alt und heimlich
war sie eingetreten aus einer Morgenwelt, vielleicht eine Botin...
Kauernd neben einer geduldigen Kuh bei Tagesanbruch im safti-
gen Feld, eine Hexe auf ihrem Giftpilz, die verrunzelten Finger
behend an den sprudelnden Zitzen. Sie umbrüllten sie, die sie
kannten, tauseidiges Vieh. Seide der Kühe und arme alte Frau,
Namen, ihr einst vor Zeiten gegeben. Eine ewige Schlumpe,
niedrig Gehäus' von Unsterblichem, ihrem Eroberer dienend und
ihrem heiteren Verräter, ihre gemeinsame Bettgenossin, eine
Botin aus dem heimlichen Morgen. Zu dienen oder zu schelten,
was davon, konnte er nicht sagen: doch er verschmähte es, um
ihre Gunst zu buhlen« [21]. »Seide der Kühe« und »arme alte
Frau« sind alte Bezeichnungen für Irland. In der alten Milchfrau
sieht Stephen eine Personifikation Irlands, und in seinen Gedanken erkennt man seine Haltung der »dunklen Rosaleen« Schule
gegenüber. Er verschmäht es, den engstirnigen Patrioten seiner
Umgebung zu schmeicheln und den Sentimentalismus auszubeu-
ten, der bei der literarischen Gruppe Dublins in Gunst steht. Als
Stephen Mulligan beim Rasieren beobachtet, hält dieser ihm einen geborstenen Spiegel hin. Stephen bemerkt bitter: »Symbol

der irischen Kunst. Der geborstene Spiegel eines Dienstmäd-
chens.« [12]

Stephen ist die Zentral-Figur dieser und der beiden folgenden
Episoden. Trotz seiner Begegnungen mit der »Realität der Erfahrung« ist er immer noch der junge Mann, den wir aus dem in
der Hauptsache zweifellos autobiographischen *Porträt* kennen.
Auch diese Episode hat eine durchaus persönliche Note. Doch
verkörpert Stephen Dedalus nur eine Seite des Dichters des
Ulysses: Unnachgiebigkeit, die keine reifere Erkenntnis beeinflußt. Das Gleichgewicht wird durch die hauptsächlich »bedacht-
same« Persönlichkeit Blooms hergestellt, der der eigentliche
Held des Buches und viel sympathischer ist als Stephen. Stephens
fast aufreizende Unnachgiebigkeit, sein immer wiederkehrender
Hinweis auf die Knechtschaft Irlands, der irischen Kunst, alles
Irischen, seine fanatische Weigerung, am Totenbett seiner Mutter niederzuknien, das alles zeigt deutlich seine Unreife, die etwas
ganz anderes ist als die duldsame Gleichgültigkeit des Dichters
allem, nur nicht ästhetischen Problemen gegenüber. Der Stephen
Dedalus des *Porträt* und dieser ersten Episoden des *Ulysses* hätte
kaum einen Leopold Bloom, dieses lebendige Meisterwerk rabe-
laisischen Humors und reicher Erdgebundenheit schaffen können. Nach dem, was man von dem »Helden« des *Ulysses* erfährt,
hätte viel eher ein durch ausgiebiges, wenn auch eklektisches
Studium der Philosophie, Logik, Metaphysik aufgeklärter und
geläuterter Leopold Bloom, der sich außerdem sein wunderbares
Gedächtnis zunutze gemacht hätte, der Schöpfer des Stephen
Dedalus, seines geistigen Sohnes sein können.

Wenn auch in dieser und den beiden folgenden Episoden die homerischen Beziehungen weniger deutlich sind als in den späteren
Kapiteln, die Blooms Abenteuer berichten, lassen sich doch
leicht einige allgemeine Entsprechungen in der Darstellung des
Charakters Stephens und den Ereignissen in dieser Episode mit
der Telemachia, dem Vorspiel der Odyssee, aufzeigen.

Die beiden ersten Bücher des griechischen Epos berichten von
der mißlichen Lage des Telemachos in seines Vaters Palast in
Ithaka, in dem die Freier seiner Mutter die Herren spielen, sein
Gut verprassen und seiner Hilflosigkeit spotten. »Telemachos«,
sagt der Freier Antinous, »daß nur nicht dir Kronion die Herrschaft unseres Eilands anvertraue, die zwar durch Geburt dein

väterlich Erb' ist.« So spielt auch Buck Mulligan im Martello-
Turm den Herrn: Stephen bezahlt die Miete, Mulligan aber hat
den Schlüssel. »Buck« ist augenscheinlich viel reicher als Stephen, und doch muß Stephen ihm zwei Pence für einen Schoppen
geben, auch verlangt er, daß Stephen, der an jenem Morgen sein
Gehalt bekommt, ihm nicht nur ein Pfund leiht, sondern auch die
Kosten eines beabsichtigten Gelages trägt. In seinen Gesprächen
mit Stephen schlägt er gewöhnlich den bevormundenden, prahle-
rischen Ton des Antinous Telemachos gegenüber an. Im *Porträt*
erklärt Stephen, er wolle zu seiner Verteidigung nur die Waffen
gebrauchen, die zu gebrauchen er sich selbst erlaubt: »Schweigen, Verbannung, List.« [P 526] Das waren auch die einzigen Waffen des Telemachos, der schutzlos war unter den übermütigen
Freiern der Penelope.[3] Wie Stephen, »Japhet auf der Suche nach
einem Vater« (wie Mulligan von ihm sagt), zieht Telemachos von
Ithaka nach Pylos, seinen Vater Odysseus zu suchen, der schon
zehn Jahre fern der Heimat ist.

Jede Person der Odyssee hat ihr bestimmtes Beiwort; wenn sie
spricht, wird ihre Rede meist durch eine feststehende Formel eingeleitet. Homer gebraucht (im Gegensatz zu modernen Schriftstellern) das einleitende »er sagte«, »er fragte«, »er erwiderte«,
wenn eine seiner Personen spricht: Das tut auch Joyce. Die Formel für Telemachos lautet: Τὸν δ'αὖ Τηλέμαχος πεπνυμένος
ἀντίον ηὔδα – und der verständige Jüngling Telemachos sagte
dagegen. Diese Übersetzung gibt die eigentliche Bedeutung von
πεπνυμένος nicht genügend wieder. Bérards Übersetzung: »Bedächtig sah Telemachos ihn an und sagte« ... scheint genauer,
auch wird die volle Bedeutung des homerischen ἀντίον besser zum
Ausdruck gebracht. Telemachos spielt wie Hamlet eine schwierige
Rolle. Er weiß mehr als sonst junge Leute seines Alters und hat gelernt, bedächtig zu handeln und zu sprechen, zu überlegen, ehe er
spricht, seine geheimen Gedanken hinter Zweideutigkeit und
Verschwiegenheit zu verbergen.

Ein Kritiker hat einmal in einer glänzenden (doch, wie mir
scheint, ungerechtfertigten) Kritik der Persönlichkeit des Dichters des *Ulysses,* wie sie sich im Charakter des Stephen Dedalus
zeigt (oder zu zeigen scheint), Stephens Gewohnheit, »ruhig« zu
antworten (diese Gewohnheit zeigt sich besonders in dieser Episode), und die müde Bedächtigkeit seiner Bewegungen lächerlich
gemacht, ohne jedoch zu erkennen, daß diese »Gewohnheiten«

mit Stephens Hamlet-Telemachos-Rolle im Einklang stehen. Sie
sind die Waffen eines Charakters, der sich gegen ein Meer von
Wirrsalen nicht verteidigen kann und doch seine Persönlichkeit
angesichts der Verachtung und Feindschaft retten will. Auch Telemachos »kämpft von ferne« ist au-dessus de la mêlée.

Die alte Milchfrau, »Hexe auf ihrem Giftpilz«, in der Stephen
eine Personifikation Irlands sah, erscheint als die Alte Gummy
Granny wieder in der Circe-Episode:

» *(Die alte Gummy Granny erscheint mit Zuckerhuthut, auf ei-*
nem Giftpilz sitzend, die Todesblume der Kartoffelpest an der
Brust.)

STEPHEN Aha! Ich kenne dich, Oma! Hamlet, Rache! Die alte Sau,
die ihre eigenen Ferkel frißt![4]

DIE ALTE GUMMY GRANNY *(hin und her schaukelnd):* Irlands Lieb-
ling, des Königs von Spanien Tochter, alanna. Fremde in meinem
Haus, schlechte Manieren ihnen! *(Sie wehklagt im Banshee-*
Wimmerton) Ochone! Ochone! Seide der Kühe! *(Sie jammert)*
Der alten Heimat Irland bist du begegnet hier – nun sag, wie
stehts mit ihr?

STEPHEN Sie steht mir bis hier. Alles fauler Zauber! Wo steckt die
dritte Person der Heiligen Dreifaltigkeit? Soggarth Aroon?
Hochwürden Aaskrähe« [744].[5]

Als ein betrunkener britischer Soldat Stephen niederschlagen
will, gibt ihm Gummy Granny einen Dolch in die Hand: »Laß ihn
abfahren, acushla. Um 8 Uhr 35 wirst du im Paradiese sein und
Irland ist frei.« [748]

Sie erinnert an Mentor oder besser Athne, die »Botin aus dem
geheimen Morgen«, die »Mentor'n gleich in Allem, sowohl an
Gestalt wie an Stimme«, sich Telemachos nahte, ihm zu dienen
und ihm Vorwürfe zu machen, und ihn mit beflügelten Worten
anfeuerte, ihm befahl, weder zaghaft noch vernunftslos zu sein,
wenn er einen Tropfen vom Blute seines Vaters und einen Teil
seines Geistes hätte.

Das Symbol dieser Episode ist »der Erbe« (ein deutlicher Hin-
weis auf Telemachos); mit ihm treten schon hier die Themen der
Mutterliebe (vielleicht, wie Stephen anderswo sagt, »das einzige
Wahre im Leben« [290]) und das Geheimnis der Vaterschaft auf.
Haines spricht von der Vater-und-Sohn-Idee. Der Sohn, der eins
werden will mit dem Vater, und Stephen grübelt über gewisse
Ketzereien der Kirche, die sich auf die Lehre von der Konsub-

stantialität beziehen.

Wie Antinous und die andern Freier möchten auch Mulligan
und seinesgleichen den Sohn seines Erbes berauben oder ihn ver-
bannen.« Eine Stimme, wohlklingend und getragen, rief ihm von
der See. Als er um die Wegkrümmung bog, winkte er mit der
Hand. Und wieder rief's. Ein glänzender glatter brauner Kopf,
eines Seehunds, weit draußen auf dem Wasser, rund.

Usurpator.« [34]

Der Erbe verbindet vergangene und zukünftige Generationen,
wie diese Episode das *Porträt* mit Blooms späterer Odyssee verbindet.

Stephens Gewissensbisse darüber, daß er den letzten Wunsch
seiner sterbenden Mutter nicht erfüllen wollte, treten in dieser
Episode als Thema zum erstenmal auf. Die Vision des Totenbetts
seiner Mutter läßt seine Gedanken bei Tage nicht los und füllt
seine Träume bei Nacht.

»Still, im Traum, war sie zu ihm gekommen nach ihrem Tode,
ihr ausgezehrter Leib in seinen losen braunen Grabkleidern einen
Duft verströmend von Wachs und Rosenholz, ihr Atem, der sich
über ihn gebeugt hatte, stumm, vorwurfsvoll, ein schwacher Duft
von feucht gewordener Asche.« [10] »Ihre verglasenden Augen,
anstarrend aus dem Tode, um meine Seele zu erschüttern und zu
beugen. Nur mich allein. Die Geisterkerze, die ihrem Todeskampf leuchtete. Gespenstisches Licht auf dem gequälten Antlitz. Ihr heiser lautes Atmen, rasselnd voll Grauen, während alle
auf den Knien beteten. Ihre Augen auf mir, mich niederzuzwin-
gen. *Liliata rutilantium te confessorum turma circumdet: iubilantium te virginum chorus excipiat.*

Ghul! Leichenkauer!« [17]

Dieser Ausruf ist charakteristisch. Für Stephen ist Gott der
Spender des Todes, »den die allerrömischsten Katholiken *dio
boia* nennen, Henkergott« [298]. Seine Lästerung ist der Schrei
panischer Angst. Angst vor dem Mörder, dessen Schwert blitzt;
diese Angst erreicht ihren Höhepunkt in der Episode der Rinder
des Sonnengottes, als ein »Hackschlag« [553] die Zecherei im
Hause der Geburt unterbricht.

Das sakrale Rasierbecken, das Mulligan[6] spöttisch hochhebt,
wird ein Symbol des Opfers und verbindet sich in Stephens Geist
mit dem Tode seiner Mutter und der runden Bai, auf die er vom
Gipfel des Turmes herabsieht. »Der Ring aus Bai und Horizont

umschloß eine träge trübgrüne Masse Flüssigkeit. Ein Becken aus weißem Porzellan hatte neben ihrem Totenbett gestanden, darin die grüne zähe Gallenmasse, die sie unter lautem Stöhnen in Brechanfällen ihrer verfaulenden Leber entrissen hatte.« [11] Als eine Wolke langsam vor die Sonne zieht und die Bai in tieferes Grün taucht, heißt es: »Da lag es hinter ihm, ein Becken voll bitterer Wasser. Fergus' Lied: ich sang es allein im Hause, dehnend die langen dunklen Klänge. Ihre Tür stand offen: sie wollte meine Musik hören. Still vor Scheu und Mitleid trat ich an ihr Bett. Sie weinte auf ihrem Elendslager. Um dieser Worte willen, Stephen: der Liebe bittres Rätsel.« [16]

> *»Und nimmer geh beiseit' und sinn'*
> *Der Liebe bitterm Rätsel nach,*
> *Denn Fergus lenkt die erz'nen Wagen...«* [15]

2. Nestor

Schauplatz: Die Schule
Stunde: 10 Uhr vormittags
Kunst: Geschichte
Symbol: Pferd
Technik: Katechese (persönlich)

Es ist 10 Uhr vormittags, Stephen unterrichtet in Deasys Schule
Geschichte. Die Arbeit macht ihm keine Freude: Geschichte, die
»Kunst« dieser Episode, scheint ihm ein Alp, ein Incubus aus
dem Beinhaus, wie der Geist des ermordeten Dänemark, der der
Gegenwart, dem bißchen Zeit, in der der Mensch er selbst sein
kann, das Herzblut aussaugt. Stephen hört seinen unaufmerksa-
men Schülern die Aufgabe ab.

Es ist für Stephen durchaus charakteristisch, daß er für sich das
Problem des »Wenn« der Geschichte aufwirft. Eine Lösung dieses Problems findet er in der Aristotelischen Definition der Bewegung.

»Wäre Pyrrhus nicht von einer alten Vettel Hand in Argos gefallen und Julius Caesar nicht zu Tode gemessert worden? Sie
sind nicht fortzudenken. Die Zeit hat sie unauslöschlich gezeichnet, und gefesselt sind sie nun untergebracht im Raum der unbegrenzten Möglichkeiten, die sie ungenutzt gelassen haben. Aber
können die denn überhaupt möglich gewesen sein angesichts dessen, daß sie niemals waren? Oder war allein das möglich, was sich
auch wirklich begab? Webe, Weber des Winds... Es muß dann
wohl eine Bewegung sein, eine Aktualität des Möglichen als einer
Potentialität.« [36]

Jemand ruft »Hockey«, und die Knaben stürmen aus der Klasse
ans Spiel. Nur Cyril Sargent bleibt zurück; ein häßlicher, geistig
langsamer Junge; er hat seine arithmetischen Aufgaben nicht ge-
löst und muß sie auf Deasys Befehl noch einmal machen. Während Stephen ihm bei der Lösung hilft, flitzen durch sein Hirn
Gedan jene östliche Welt, in der dunkle Männer als erste
das Geheimnis der Zahl untersuchten und eine magische Wissenschaft prägten.

»Über die Seite bewegten sich die Symbole in gravitätischem
Mohrentanz, im Mummenschanz ihrer Lettern, putzige Kappen

tragend aus Quadraten und Kuben. Händereichen, Traverse, Verbeugung vor der Partnerin: so: Kobolde maurischer Phantasie. Auch sie von der Erde verschwunden, Averrhoes und Moses Maimonides, dunkle Männer in Weise und Bewegung, die in ihren Spottspiegeln die obskure Seele der Welt aufblitzen ließen, eine Finsternis, leuchtend im Licht, doch vom Licht nicht begriffen.« [40]

Zur selben Zeit wenden sich auch Blooms Gedanken (siehe: Lotophagen) ostwärts; er will gerade die »Bädermoschee« [121] betreten. Die Themen: Der »Mohrentanz« der Exponenten, die »Spottspiegel« östlicher Mystiker tauchen in *Ulysses* öfters auf. Die Circe-Episode, in der so viele der Abstraktionen und Symbole des *Ulysses* Gestalt annehmen, bringt einen ernsten, feierlichen »Mohrentanz«, und Bloom betrachtet sein Bild in einem »Spottspiegel«.

Endlich erlöst Deasy Sargent und ruft Stephen wegen einer kleinen »finanziellen Regelung« in sein Studierzimmer. Während er Stephen das Gehalt auszahlt, gibt er ihm allerlei kluge Ratschläge über Sparsamkeit und äußert seine Ansichten über anglo-irische Geschichte und den Einfluß der Juden in England.

»Old England«, sagt er, »liegt im Sterben... Im Sterben, wenn es nicht bereits tot ist.« [48] Seine Worte erwecken in Stephens Geist ein Blakesches Echo:

Der Hure Schrei, der Unzucht Fluch,
Sie weben Englands Leichentuch. [48]

Die Atmosphäre von Deasys Studierzimmer ist »historisch«. Stephen empfindet in ihr so etwas wie »dasselbe alte Lied« von der zyklischen Wiederkehr, wie sie Vico dargelegt hat. Es ist bezeichnend, daß der Name Vico in dieser Episode vorkommt, und zwar gelegentlich einer Erwähnung der Vico Road, Dalkey.

Deasy hat ein starkes Gefühl für Bürgerpflicht; augenblicklich beschäftigt ihn sehr der Ausbruch der Maul- und Klauenseuche in Irland. Während Stephen wartet, braut er einen diesbezüglichen Brief für die Zeitungen zusammen, für dessen Veröffentlichung, wie er hofft, Stephen seine »literarischen Freunde« mobil machen wird. »In jedem Sinne des Wortes den Stier bei den Hörnern packen. Danke Ihnen für die Gastfreundschaft in Ihren Spalten.« [48]

Stephen übernimmt den Auftrag.

Als er geht, läuft Deasy hinter ihm her, um ihm eine letzte Frage zu stellen.

»– Eins wollte ich nur noch sagen, sagte er. Irland hat, sagt man, die Ehre, das einzige Land zu sein, das niemals die Juden verfolgt hat. Wußten Sie das? Nein. Und wissen Sie, warum?

Die klare Luft brachte ein strenges Runzeln auf seine Stirn.

– Warum, Sir? fragte Stephen und begann zu lächeln.

– Weil es sie nie hereingelassen hat, sagte Mr. Deasy feierlich.« [51/52]

Vierzehn Stunden später nimmt Bloom, falscher Messias, der ungarische Jude, den ein irischer Patriot verfolgte, Stephen, der bei Circe vergiftet wurde, väterlich unter seine Fittiche.

Manches in der Beschreibung des alten Schulleiters Deasy erinnert an den alten Nestor, in dessen Palast Telemachos auf seiner Suche nach Odysseus zuerst haltmacht. Athene sagt dem Jüngling, Nestor sei ein Mann, der »nie Täuschung meldet; denn ein viel zu Verständiger ist er. Er ist einer, der vor allen Gerechtigkeit kennet und Weisheit.« Die Homerische Formel γερήνιος ἱππότα Νέστωρ wird gewöhnlich übersetzt durch: der gerenische reisige Nestor; γερήνιος ist aber wahrscheinlich[1] eine adjektivistische Form von γέρων, was »der alte Mann« bedeutet. Wie Nestor ist auch Deasy ein ziemlich wichtigtuender alter Herr (sein Alter wird immer besonders betont: »Er hob den Zeigefinger und hieb damit jedesmal ältlich in die Luft« [48]; seine Augen sind »tot«, bis sie in einem Sonnenstrahl »blaues Leben« erhalten; er ist konservativ in seinen Ansichten und immer bereit, der Jugend weise Ratschläge zu erteilen).

Nestor ist ein Held, ein Rossebändiger, die Neleiden, seine Vorfahren, waren alle Rossebändiger. Deasy sagt:

»ich bin ein Nachfahre von Sir John Blackwood, der für die Union stimmte. Wir sind alle Iren, lauter Königssöhne ... *Per vias rectas* ... war sein Wahlspruch. Er stimmte mit Ja und zog sich die Stulpenstiefel an und ritt eigens dazu nach Dublin, von den Ards of Down!« [45]

Er stampft einher auf »Gamaschenfüßen« [41]. Rennbilder zieren die Wände seines Zimmers. Das Symbol dieser Episode ist das Pferd, das edle »Houyhnhnm« (Swift: Gullivers Reisen), das den gemeinen Yahoos dienen mußte. Auch Stephen trägt nur widerwillig das pädagogische Joch.

»– Ich sehe schon kommen, sagte Mr. Deasy, daß Sie nicht sehr
lange bei dieser Arbeit hier bleiben werden. Sie sind nicht eigent-
lich zum Lehrer geboren, glaube ich. Natürlich kann ich mich ir-
ren.
– Zum Lernenden eher, sagte Stephen.
Und hier, was willst du hier noch lernen?
Mr. Deasy schüttelte den Kopf.
– Wer weiß? sagte er. Zum Lernen muß man demütig sein.
Aber der große Lehrer ist das Leben.« [50]
Pylos, die wohlgebaute Stadt des Neleus, die Stadt des Tores
(das Tor der Deasyschen Schule war imposant, auf den Pfeilern
Löwen mit erhobenem Kopf), lag in der Nähe der Mündung des
Flusses Alpheus. Die semitische Wurzel A-L-P, aus der das Wort
abgeleitet ist, bedeutet Ochse; A-L-P ist auch die Wurzel des er-
sten Buchstabens Aleph des hebräischen Alphabets und des ent-
sprechenden griechischen Buchstabens Alpha – des »Ochsen-
buchstabens«. Der Fluß Alpheus kommt in vielen Ochsensagen
vor; er spielt eine Rolle in den Sagen vom Stall des Augias, den
Herden des Apollo und dem Vieh des Melampos. Ein berühmter
Viehmarkt wurde in der Nähe des Alpheus abgehalten. Getreu
der Tradition der Neleiden hat Deasy starkes Interesse für Vieh.
»Unser Viehhandel… Bekannt als Kochsches Präparat. Serum
und Virus. Prozentsatz der immunisierten Pferde. Rinderpest…
Allwichtige Frage.« [47/48] Im Verlauf des *Ulysses* wird auf diesen
Brief Deasys öfters angespielt, und Stephen ahnt, daß Mulligan
ihm einen neuen Spitznamen geben wird: »der ochsenfreundliche
Barde« [51]. Auf Bullen, irische und andere, wird vielfach hingewiesen, und zwar besonders in der Episode der Rinder des Sonnengottes, wo der Stier, ein Symbol der Fruchtbarkeit, mit dem
Geburtsthema verbunden wird, in dem E. R. Curtius den geome-
trischen Punkt sieht, in dem sich alle Grundmotive des *Ulysses*
schneiden. Alpha, der Anfang von allem – Adam hat nach Stephen die Telephonnummer: Aleph, Alpha, null, null, eins – wird
bei Erwähnung des Sternes Alpha ausdrücklich mit dem Stier
verbunden: »Alpha, ein rubinen und dreieckig Zeichen auf der
Stirne des Taurus.« [583]
In dieser Episode werden, was im *Ulysses* äußerst selten ist, eine
Gestalt der Odyssee und ihr moderner Gegenspieler nebeneinander erwähnt. Deasy erinnert an die verhängnisvollen Frauen
der Geschichte: »Durch ein Weib kam die Sünde in die Welt. Um

ein Weib, das nicht besser war als sein Ruf, Helena, die entlaufene Frau des Menelaos, führten die Griechen zehn Jahre lang
Krieg gegen Troja. Ein treuloses Weib brachte erstmals die
Fremden an unsere Küste hier, die Frau MacMurroughs mit ihrem Buhlen O'Rourke, dem Fürsten von Breffni. Ein Weib auch
brachte Parnell zu Fall.« [50]
   Die Helena-O'Shea-Verbindung ist hier klar. Mit diesen Worten kann man Nestors lange Erzählungen über den Verrat der
Klytemnästra[2] vergleichen. Noch einen anderen Helden der irischen Geschichte, den großen Daniel O'Connell, erwähnt Deasy.
»Sie halten mich sicher für einen alten Kauz und einen alten Tory,
sagte seine gedankenvolle Stimme. Aber ich habe drei Generationen gesehen seit O'Connells Zeit. Ich habe die große Hungersnot erlebt. Wissen Sie, daß die Orange-Logen schon zwanzig
Jahre vor O'Connell für die Wiederaufhebung der Union agitiert
haben, zwanzig Jahre bevor die Prälaten Ihrer Vereinigung ihn
als Demagogen anschwärzten?« [45] So hatte Nestor, von dem
berichtet wird, daß er über drei Generationen herrschte, in seiner
Jugend den Helden Herakles als Freund (der in vielen Sagen mit
dem Alpheus in Verbindung gebracht wird); in einer späteren
Episode werden der starke Mann aus Griechenland und der
starke Mann des irischen Nationalismus in Parallele gestellt. Ne-
stor selbst war kein gewöhnlicher Kämpfer, war selbst im hohen
Alter noch vor allen anderen ausgezeichnet als Rossebändiger
und Feldherr.
   »Ich bin ein Kämpfer jetzt am Schluß meiner Tage«, sagt Deasy.
»Doch werde ich fechten für das Recht bis ans Ende.« [50]
   Nestor hatte viele Söhne, die beim Mahl neben ihm saßen, als
Telemach erschien; einen von diesen, Peisistratos, beauftragte er,
Telemach zu begleiten. So bleibt, als die andern zum Hockeyspiel
gehen, auf Anordnung des Schulleiters einer aus der Klasse, Cyril
Sargent, mit Stephen zurück.
   Wie in der Telemach-Episode das Symbol des Beckens immer
wiederkehrt, so in dieser das der Münzen-Muscheln. Deasy sam-
melt Münzen und Muscheln. Während Stephen auf die Auszah-
lung seines Gehaltes wartet, fuhr seine »verlegene Hand über die
Muscheln, die in dem kalten Steinmörser gehäuft waren: Kink-
hörner und Kauri-Geld und Leopardmuscheln: und die hier, gewunden wie ein Paschaturban, und die dort, die Kammuschel des
Heiligen Jakob. Schätze, die ein alter Pilger gehortet, toter Be-

Nestor 101

sitz, hohle Muscheln.«[43] Wie die meisten Historiker und Schul-
meister liebt Deasy vor allem Ordnung; er hütet sein Geld in einer kleinen »Sparbüchse« mit einem besonderen Fach für die
verschiedenen Münzen und rät Stephen, sich auch eine solche an-
zuschaffen. »Meine wäre oft leer«, sagte Stephen. Muscheln sind
für Stephen Symbole der Schönheit und Macht; Münzen sind
durch Gier und Elend beschmutzte Symbole. Als sich Deasy am
Tor von Stephen verabschiedet und in die Schule zurückgeht,
»warf ... auf seine weisen Schultern ... durchs Fachwerk der Blätter die Sonne flitterndes Gold, tanzende Münzen.«[52]

In der nächsten, der Proteus-Episode, in der einige der esoterischen Motive des *Ulysses* erstmalig vorkommen, finden sich immer wieder Hinweise auf »Muscheln«. Esoteriker gebrauchen
das Wort Muschel zur Bezeichnung des entseelten Körpers, der
leblosen Behausung der Seele. Die »Facta« der Geschichte, ihre
Daten, Schlachten, Märsche und Rückmärsche, Aufruhr und
Feldzüge sind Muscheln, leere Muscheln, in die der Historiker
vergeblich das Leben seiner eigenen lebendigen Phantasie zu gie-
ßen versucht. Das Leben, das sie scheinbar gewinnen, ist erdichtet; ihr eigenes ist vorbei und kann nicht zurückgerufen werden.
Der wilde Kampf der Geschichte, Tjost des Lebens³, treibt immer
vorwärts an neue Fronten, hinterläßt auf dem verlassenen
Schlachtfeld einen Trümmerhaufen nutzloser, leerer Schalen.

3. Proteus

Schauplatz: Der Strand
Stunde: 11 Uhr vormittags
Kunst: Philologie
Symbol: Flut
Technik: Monolog (männlich)

Diese Episode ist ohne eigentliche »Handlung«. Es ereignet sich nichts, und doch erlebt man im Verfolg der Gedanken Stephens, der über den Dubliner Strand schlendert, eine Mannigfaltigkeit der Erfahrung, die einer Abenteuergeschichte im »lande Phaenomeni« [554] an Spannung nicht nachsteht.

Will man diese verwickelte Episode in ihrer Gesamtheit erkennen, darf man ihre drei Hauptthemen nicht aus dem Auge verlieren: 1. den homerischen Bericht über die Gefangennahme des Proteus (wie sie im 4. Buch der Odyssee von Menelaus berichtet wird) und den ägyptischen Hintergrund dieses Abenteuers; 2. gewisse esoterische Lehren, besonders die der Metempsychose, die hier mit dem Symbol der Gezeiten verbunden wird; 3. die Kunst dieser Episode, Philologie, eine bewußte Virtuosität in der Handhabung der Sprache als Selbstzweck und eine Ausnutzung des wirksamen Wortklanges.

Die Begegnung zwischen Menelaus und dem Meergreis Proteus fand auf der Insel Paros statt, »die liegt in der weitaufwogenden Meerflut, nah bei Ägypten«. Der Name dieser Insel ist sicher eine griechische Anpassung an den Titel Pharaoh, während Proteus sich an das ägyptische Prouti = »Hohe Pforte« anlehnt. Dieser Prouti war ein ägyptischer König, der, wie Diodorus Siculus berichtet, »von Astrologen die Kunst der Verwandlung« erlernte. Eine ägyptische Sage berichtet, daß sich der Fürst Noferkephtah in Begleitung seiner Frau Akhouri (die gleich ihm ein Sproß des Prouti war), aufmachte, das Zauberbuch des Thoth zu suchen. Er baute ein Schiff, schuf eine Schar Arbeiter und eine Menge Werkzeuge und sprach einen Zauber über seine Geschöpfe, daß sie lebendig wurden. Mit ihrer Hilfe bohrte er ein Loch in die Wasser des Nils und fand das Buch unter einem Nest von Schlangen, Skorpionen und Reptilien. Eine göttliche Schlange lag zusammengerollt auf dem Kästchen, das das Buch enthielt. Nach-

dem er einen Zauberspruch gesagt hatte, vermochte er die
Schlange zu erschlagen, die, dreimal getötet, dreimal wieder le-
bendig wurde. So bekam er das Buch, und Akhouri las daraus die
Worte der Macht:

»Darauf band ich Himmel, Erde, Nachtwelt und Wasser durch
einen Zauber. Ich verstand alles, was von den Vögeln des Himmels, den Fischen der Tiefe und den Tieren gesagt wurde... Ich
sah die Fische der Tiefe, denn eine göttliche Macht trieb sie empor an die Oberfläche der Wasser.«[1]

So setzte Eidothea, die Tochter des Proteus, durch ihren Rat
und durch die Ambrosia, die sie ihm reichte, Menelaus in den
Stand, den Meergott gefangen zu nehmen und von ihm die Art
seiner Heimkehr zu erfahren.

»Wann nun Helios hoch an dem Mittagshimmel einhergeht,
Dann aus salziger Flut entsteigt der untrügliche Meergreis,
Unter dem Wehen des Westes, umhüllt von dunklem Gekräu-
sel
Kommt und sinkt zum Schlummer in hangendes Felsengeklüft
hin.
Und floßflüssige Robben der lieblichen Halosydne
Ruhn in Scharen umher, den graulichen Fluten entstiegen,
Herbe Gerüch' aushauchend des unergründlichen Meeres.
All auch will ich dir nennen die furchtbaren Künste des Grei-
ses:
Erstlich zählt er, der Robben gelagerte Reihen umwandelnd;
Aber nachdem er alle bei Fünfen gezählt und gemustert,
Legt er sich mitten hinein wie ein Hirt in die Herde der Schafe.
Wann Ihr den nur eben gesehn sich legen zum Schlummer,
Ohne Verzug dann übet entschlossene Kraft und Gewalt aus.
Haltet ihn fest, wie eifrig er ringt und zu fliehen sich ab-
müht.«

Dementsprechend legten sich Menelaus und seine Gefährten auf
die Lauer.

»Schnell mit lautem Geschrei anstürzten wir, rings mit den
Händen.
Fassend den Greis; doch jener vergaß der betrüglichen Kunst
nicht:

Siehe, zuerst erschien er ein bärtiger Leu des Gebirges,
Wieder darauf ein Pardel, ein Drach und ein mächtiges Wald-
schwein.
Floß dann in Wasser dahin und sproßt als Baum in die Lüfte.
Doch unverrückt umschlangen wir stets, ausdauernden Her-
zens.«

Als Proteus überwunden ist, kündet er Menelaus die Art seiner
Heimkehr, das Schicksal seiner Gefährten und sein eigenes
Ende.

»Doch nicht dir ist geordnet, du Göttlicher, oh Menelaus,
Im roßweidenden Argos den Tod und das Schicksal zu dulden;
Nein, dich führen die Götter dereinst an die Enden der Erde.
In die elysische Flur, wo der bräunliche Held Rhadamanthys
Wohnt, und ganz mühlos in Seligkeit leben die Menschen.«

Esoterische Schriften bezeichnen den Urstoff, das Akasa der
Brahminen, das Iliaster des Paracelsus, mit dem Worte »Proteus«.

»An nichts hat die Natur des Weltalls so viel Freude«, sagt Mar-
cus Antonius, »als an der Veränderung aller Dinge, diesen immer
neue Formen zu geben. Geschickt beginnt sie ein Spiel, um dann
gleich ein anderes anzufangen. Wie ein Stück Wachs liegt der
Stoff vor ihr, aus dem sie allerlei Gestalten und Figuren formt.
Jetzt schafft sie einen Vogel, dann aus dem Vogel ein Tier, jetzt
eine Blume, dann einen Frosch – und sie hat Freude an ihrer Zau-
berei wie der Mensch am Spiel seiner Phantasie.«[2]

»Unausweichliche Modalität des Sichtbaren«, so beginnt Stephens Monolog, »zum mindesten dies, wenn nicht mehr, gedacht
durch meine Augen. Die Handschrift[3] aller Dinge bin ich hier zu
lesen, Seelaich und Seetang, die nahende Flut, den rostigen Stiefel dort. Rotzgrün, Blausilber und Rost: gefärbte Zeichen.« [53]
(Diese Stelle trägt sicher die »Signatur« des Bischofs Berkeley!)

Nach der Auffassung der Mystiker sind die »Daumenabdrücke«
des Demiurgos überall sichtbar für den, der Augen hat zu sehen
und die Kraft und Stärke eines Menelaus besitzt, das schlüpfrige
Objekt der Wahrnehmung zu fasssen und zu halten.

»Ihre (der Astral-Einflüsse) Signaturen erkennt man im Buche
des Lebens, das zu jeder Form gehört, in der Körpergestalt, der

Form der Glieder, in den Linien der Hände[4]. Sie sind die Kräfte,
durch die der Weltgeist allem seinen Stempel aufdrückt, und wer
lesen kann, findet die wahre Geschichte eines jeden Dinges auf
den Blättern seiner Seele geschrieben.«[5]

Während dieses Alleinseins mit sich selbst versucht Stephen,
entweder metaphysisch oder mystisch, die ewigen Ideen zu fassen, die ihren Schatten auf »die Wand des Gefängnisses« werfen.
Gegen Ende der Episode fragt er sich: »Aber wohin zurhölle
bring' ich sie hinter dem Vorhang? In die unausweichliche Modalität der unausweichlichen Visualität.« [70] Sie, die Stephen hinter
den Vorhang bringt, ist hier die Seele, aber blitzartig verwandelt
sich Psyche in die »Jungfrau am Montag an Hodges Figgis'
Schaufenster,... Sie wohnt in der Leeson Park, mit einem Küm-
merchen und vielem Schnickschnack, eine gelahrte Lady.« [70]

Diese einleitenden Sätze legen eine Verbindung zwischen dem
plastischen Urstoff des Weltalls und der Philologie, der Kunst
dieser Episode, nahe. Die Deutung der Natur ist ein Lesen; die
»Zeichen« oder »Signaturen« sind da, jeder kann sie sehen, man
braucht nur die Augen zu öffnen und sie zu lesen.

Zwei Frauenzimmer, Hebammen, erscheinen in der Ferne; eine
von ihnen trägt eine Tasche. »Was hat sie wohl da in der Tasche?
Eine Fehlgeburt mit nachschlurender Nabelschnur... Aller
Schnüre laufen rückwärts zusammen, duchtenverflechtendes
Kabel allen Fleisches.« [54] Es folgt dann die Stelle, die das »Nabel-Telephon« nach »Edenville« beschreibt, worauf schon im
Omphalos-Kapitel näher eingegangen wurde. Stephens Vision
des Ur-Edens, des Traherneschen »Korn, aufstrahlend und unsterblich, dauernd von Ewigkeit zu Ewigkeit« [54], ist zweifellos
ein Hinweis auf die Beschreibung der elysischen Flur am Ende
der Welt, die Proteus dem Menelaus gibt.

>   »Nimmer ist Schnee und Winterorkan noch Regengewitter;
>   Ewig wehn die Gesäusel des leicht anatmenden Westens,
>   Die Okeanos sendet, die Menschen sanft zu kühlen.«

Aber dieses Nirwana-Paradies paßte, wie Bérard darlegt, durchaus nicht zu den Achäern, »dieser Horde von Kriegern und See-
räubern. Hier gibt es keinen Kampf, kein Gemetzel, nicht einmal
Wettkämpfe in athletischer Tüchtigkeit oder Geschicklichkeit.
Ein solches Paradies des Schweigens und Friedens ist nichts für

diese geschwätzigen Redner des Marktes, diese lustigen Wort-
streiter, diese geborenen Politiker. Das homerische Paradies
gleicht eher dem ägyptischen Garten Jalou, wo der stete Nordwind die Glut der Sonne mildert, wo die Ernten reich und üppig
sind, wo es weder Sorgen gibt noch Tod. Nie versiegende Wasser-
läufe sichern Kühle und Fruchtbarkeit diesem glücklichen Lande,
»wo der Weizen sieben Fuß hoch steht, von denen zwei allein auf
die Ähre entfallen: östlich und unsterblich«. Ein solches Paradies
war auch das Inseltal Avilion.

»In dem kein Hagel fällt, kein Regen oder Schnee,
Wo nie die Winde stürmen; denn es liegt
Tiefwiesig glücklich, gärtenbunt
Mit schattigen Höhlen, umkränzt vom sommerstillen Meer.«

Weit, weiter noch als Ithaka liegt das Dublin des *Ulysses* von
Avilion, von Jalou, der elysischen Flur. Und doch fühlt Stephen
in den Augenblicken, in denen er, die frische Morgenluft zu genießen, stehenbleibt, sein düsteres Brüten aufgibt, deutlich den
Zauber jenes verlorenen Urparadieses.

»*Et vidit Deus. Et erant valde bona...* Unter seiner Krempe
schaute er durch pfauenhaft zwitschernde Wimpern der süden-
den Sonne nach. Ich bin gefangen in dieser brennenden Szenerie.
Pans Stunde, faunischer Mittag.[6] Inmitten gummischwerer
Schlangenpflanzen, milchtropfender Früchte, wo auf den lohgel-
ben Wassern Blätter ruhen, weit. Der Schmerz ist fern.« [[70]]

Stephen geht jetzt langsamer, und einen Augenblick denkt er
daran, seinen Nonkel Richie (Richie Goulding, der Bruder von
Stephens Mutter, tritt in der Sirenen-Episode auf) zu besuchen.
Er glaubt die Stimme seines Vaters Simon Dedalus zu hören, der
sich über die ganze Familie Goulding und besonders über Richie,
den zusammengeklappten Prahler, lustig macht.

»Meines konsubstantiellen Vaters Stimme. Hast du in letzter
Zeit mal was von deinem Künstler-Bruder Stephen gesehen?
Nein? Ob er nicht vielleicht in Strasburg Terrace ist bei seiner
Tante Dally? Noch ein bißchen höher konnt' er wohl nicht fliegen, was? Und und und und sag doch mal, Stephen, wie geht's
Onkel Si? O du mein schluchzender Herrgott, in was hab' ich da
bloß reingeheiratet! Die Jungs auf'm Heuboden oben. Der be-
soffene kleine Federfuchser aus der Advokatur und sein Bruder,
der Kornettist. Hochangesehene Gondolieri. Und der schiel-
äugige Walter nicht minder, der seinen Ollen permanent umsirrt.

Sir. Jawohl, Sir. Nein, Sir.« [55]

Diese Stelle illustriert eine der Schwierigkeiten im stummen Monolog Stephens; der Leser muß die Szene rekonstruieren und die Sprecher an den kurzen Hinweisen erkennen. Stephen, der das Haus seines Vaters verlassen hat und jetzt mit Mulligan, ein »ganz durchtriebener Schurke« [125], wie Dedalus ihn nennt, zusammen wohnt, gibt seines Vaters Gedanken wieder bezüglich der Art, wie er seine Zeit verbringt. Dedalus senior parodiert Richard Gouldings Angewohnheit: »Und und und sag doch mal...,« und spottet über die Erziehung, die die Gouldings-Kinder genießen.

»Schwindsüchtige Häuser, meines, seins und alle. Den feinen Herrschaften von Clongowes hast du erzählt, ein Onkel von dir wäre Richter und ein anderer Onkel General in der Armee. Davon mußt du loskommen, Stephen, von ihnen. Nicht dort ist die Schönheit. Und auch nicht in der stillen Fensternische von Marshs Bibliothek, wo du die blassenden Weissagungen des Joachim Abbas lasest. Für wen? Der hundertköpfige Pöbel im Bannkreis der Kathedrale. Ein Hasser seiner Art entsprang ihnen in den Wald des Wahns, die Mähne schäumend im Mond, die Augäpfel Sterne. Ein Houyhnhnm, rossige Nüstern.« [57]

Die Erwähnung von Marshs Bibliothek (im Domfrieden von St. Patrick) erinnert Stephen an Swift, den berühmten Dekan von St. Patrick; er sieht das Houyhnhnm in der Gestalt ihres Schöpfers und die Horde der Gläubigen als Hydra: proteische Metamorphose. »Die ovalen pferdigen Gesichter... Abbas, Vater, rasender Dekan, welches Vergehen denn legte Feuer an ihre Hirne? Paff! *Descende, calve, ut ne nimium decalveris.*« [57] (Stephen zitiert eine Prophezeiung des Joachim Abbas.) »Ein Kranz von grauem Haar auf seinem bedrohten Haupt, seh' ihn, mich niederklimmend zur Estrade *(descende),* in Klauen eine Monstranz, basiliskenäugig.« (Wieder eine Anspielung auf ein Reptil.) Stephen denkt an den Priester, »ein schnaufendes rotes Gesicht... grauen Haarkranz« [32], den er an der Badestelle sah, und sieht sich für einen Augenblick in dessen Rolle. Aus dem *Porträt* ist bekannt, daß Stephen fast entschlossen war, Priester zu werden. »Runter mit dir, Kahlkopf! Ein Chor gibt Drohung und Echo zurück, rund um des Altars Hörner assistierend, und das Lateingekrächze tölpliger Kleriker, die plump sich tummeln in ihren Chorhemden, tonsuriert und geölt und kastriert, fettwanstig vom Fett von Wei-

zennieren.« [57] Er sieht sich in Swifts Gestalt und murmelt:
»Vetter Stephen, du wirst nie ein Heiliger werden.« [58], und
denkt dabei an Drydens Bemerkung zu Swift: »Vetter, du wirst
nie ein Dichter.« Stephen wollte einmal tiefe Bücher, Epiphanien, Manifestationen seiner selbst schreiben, die erst nach Vollendung eines großen Kreises des manvantara Verständnis finden
würden.

»Bücher wolltest du schreiben, mit Buchstaben als Titeln. Haben Sie schon sein F gelesen? O ja, doch ich gebe Q den Vorzug.
Gewiß, aber W ist einfach herrlich. Ah ja, W. Entsinnst du dich
deiner Epiphanien? Auf grünen[7] ovalen Blättern, der schierste
Tiefsinn, bei deinem Tode sollten einst sämtliche großen Bibliotheken der Welt ein Exemplar bekommen, einschließlich Alex-
andria. Irgendwer sollte sie ein paar tausend Jahre später dort lesen, nach einem Mahamanvantara.« [58]

Die esoterischen Lehren des manvantara und pralaya werden,
das ist bedeutsam, zum erstenmal in dieser Episode erwähnt, deren Symbol die Gezeiten, die nie aufhörende Ebbe und Flut, sind.

»Alle vierundzwanzig Stunden hat der Mensch ein manvantara
und pralaya, seine Perioden des Wachens und Schlafens; derselben Regel folgt jedes Jahr die Vegetation, die mit den Jahreszeiten vergeht und wieder ersteht. Auch die Welt hat ihr manvantara
und pralaya, wenn sich die Flutwelle der Menschheit ihrem
Strande nähert, die Entwicklung ihrer sieben Rassen durchläuft
und wieder verebbt. Ein solches manvantara stellte für die meisten esoterischen Religionen den ganzen Kreis der Ewigkeit
dar.« [8]

Stephen wandert weiter, tritt auf einen feuchten, knirschenden
Mast, geht vorbei an ungesunden Sandflächen, die Kloakendunst
ausströmen (vergleiche den unerträglichen Gestank der Robben,
der Herde des Proteus, der Menelaus »bis zum Ersticken quält«),
und vorbei an einer im Schlamm steckenden Porterflasche. »Eine
Schildwache: Insel des schrecklichen Durstes.« [59] (Vergleiche
Pharos, die Insel des gräßlichen Hungers. Solche Inseln des Hungers und Durstes waren ägyptischen und phönizischen Seefahrern
nur zu bekannt.)

Als Stephen das Pigeonhouse sieht, denkt er an eine französische Schmähschrift auf diesen heiligen Vogel, und in Gedanken
versetzt er sich in die Pariser Tage[9] zurück. Er denkt an seinen
»Quartier-latin-Hut«, seinen verzweifelten Versuch, eine Post-

anweisung in einem Pariser Postamt einzulösen, das zwei Minuten vor Schluß schon das Schild »Fermé« ausgehängt hat. Die Dramatisierung einer vorübergehenden Mordlust ist hier vielleicht eine kleine Vorübung zu der umfassenderen Verwendung dieser Technik in der Circe-Episode.

In Paris mit seinem morgendlichen Duft nach »froschgrünem Absinth«, dem »süß-duftenden Ambrosia« einer Pariser Eidothea, lernte er Kevin Egan, einen verbannten irischen Verschwörer kennen, »Ohne Liebe, ohne Heimat, ohne Frau« [63]10 war er. Kevin Egan erzählt Stephen von der revolutionären Bewegung. »Wie der Haupthahn entwischte, authentische Version. Verkleidet als junge Braut, Mann, Schleier aus Orangenblüten, im Wagen die Straße nach Malahide hinaus. Hab' ich tatsächlich gemacht, Ehrenwort. Der gescheiterten Führer, der verratenen, abenteuerliche Fluchten. Verkleidung, ein Griff nach, und weg, nicht mehr hier.« [62] Hier handelt es sich unverkennbar um eine Anspielung auf die Verwandlungen des Proteus, als ihn der unentrinnbare Griff seines Bezwingers packt. Der Gedanke an Verkleidungen führt Stephen zu geschichtlichen Prätendenten.

Eine Frau und ein Mann kommen näher, Muschelsammler mit ihrem Hund, der so proteisch ist wie der Flutrand der Bai, »ein Parder, ein Panther, im Ehbruch gezeugt, aasgeiernd die Toten«. [67] Das Wort Panther läßt Stephen an den Engländer Haines denken, der im Schlaf redete (»Die ganze Nacht hat er von einem schwarzen Panther gefaselt« [9]) und Stephen weckte.

»Als er mich letzte Nacht aufweckte, derselbe Traum, oder? Warte. Ein offener Eingang. Straße der Huren. Entsinn dich. Harun al Raschid. Ich komm' der Sache beinäher. Der Mann da führte mich, sprach. Ich war nicht bange. Die Melone, die er hatte, er hielt sie mir vors Gesicht. Lächelte: sahniger Duft, Ausleseobst. Das wär' so die Regel, sagt' er. Nur herein. Treten Sie. Ein roter Teppich ausgebreitet. Sie werden schon sehen, wer.« [67]

Dieser ziemlich vage Traum weist auf gewisse Ereignisse im Laufe des Tages hin: Blooms Begegnungen mit Stephen, seine väterliche Hilfe in der Hurenstraße und seinen Vorschlag, Stephen solle bei ihm in der Eccles Street wohnen. Die Melone ist, wie später aufgezeigt wird, eine Frucht, die bei Bloom sentimentale Assoziationen auslöst; aus symbolischen Gründen ist rot, der

Rubin, Blooms Farbe. Stephen beobachtet kurze Zeit die Muschelsammler und kehrt dann in die abstrakte Welt der Metaphysik, zum subjektiven Idealismus des »guten Bischof von Cloyne«
zurück.

»Der gute Bischof von Cloyne zog den Vorhang des Tempels
aus seinem Schaufelhut: Schleier des Raums mit gefärbten Emblemen, schraffiert auf seinem Feld. Moment mal, halt. Gefärbt
auf einer Fläche: doch, das stimmt schon. Fläche seh' ich, dann
denk ich Entfernung, nah, fern, Fläche seh' ich, Osten, zurück.
Ah, seh's jetzt. Weicht plötzlich zurück, gefroren im Stereoskop.
Klick macht der Trick.« [69]

Der Tempelvorhang, den der Bischof Berkeley bei seinem Be-
schwörungs-Trick gebraucht, hinter den Stephen Psyche, »eine
Frau«, die sich »an ihren Geliebten... klammert« [70], führt, ist
eine Vorwegnahme des Schleier-Motivs, das in der Calypso-Epi-
sode Hauptthema wird.

Es ist seltsam, daß die Flut von Dichtern und Rednern so oft als
Symbol für den Fortschritt, die Weiterentwicklung der Kultur
verwandt wurde; die Arbeit der Gezeiten ist eine malerische Au-
gentäuschung, ist nichtig wie der Makrokosmos, der auf dem
Leeren gegründet ist. »Zu keinem Ziel noch Ende gesammelt:
umsonst dann erlöst, fortflutend, wendend, zurück: Webstuhl des
Monds.« [71]

»Das Meer, Urelement, lebenspendend und todbringend, um-
spielt die Erlebnissymphonie des *Ulysses*. Wie durch T. S. Eliots
›Waste Land‹ zieht sich durch Joyces Werk das Motiv des Ertrun-
kenen.« (E. R. Curtius: James Joyce und sein Ulysses[11].) Und
hierbei ist es interessant, daß Eliots Ertrunkener, Phlebas mit
Namen, wie das Urbild des Odysseus ein phönizischer Kaufmann
war.

In der ersten Episode erwähnt Stephen, Mulligan habe einen
Ertrinkenden[12] gerettet; er hört einen Bootsmann von einem Er-
trunkenen sprechen (er meint, daß gegen ein Uhr die Leiche auftaucht, »landwärts tuckert« [72]). »Da reißt's ihn hoch, wenn die
Flut kommt.« [32]

In Deasys Schule hört Stephen seinen Schülern den Lycidas ab.

»– *Weint denn nicht mehr, ihr Hirten, weint nicht mehr,
Denn Lycidas, um den ihr trauert, starb
Euch nicht, wiewohl ihn tiefe Wasser decken...*« [37]

Seine Mutter konnte er nicht retten:

»Wasser: bitterer Tod: verloren.« [66]

In späteren Episoden finden sich weitere Anklänge an dieses
Motiv. Das Auftauchen der Leiche, der viele Fische folgen, erinnert an eine Stelle im Zauberbuch des Thoth, das Noferkephtah
entdeckte. »Ich sah die Fische der Tiefe, denn eine göttliche
Macht trieb sie empor an die Oberfläche des Wassers.« (Cf. die
Macht des todlosen ägyptischen Proteus, der die Tiefen jedes
Meeres kennt.) Der Satz »Gott wird Mensch wird Fisch wird Ber-
nikelgans wird Federbettenberg« [72] ist eine Variante der kab-
balistischen Lehre von der Metempsychose (daneben aber auch
eine Anspielung auf die proteische Flut und Ebbe der lebenden
Materie: »Stein wird Pflanze, Pflanze wird Tier, Tier wird
Mensch, Mensch wird Geist, Geist wird Gott.«

»Komm. Mich dürstet. Es bewölkt sich. Doch nirgends schwarze
Wolken, oder? Gewitter. Allhellend fällt er, stolzer Blitz des In-
tellekts, *Lucifer, dico, qui nescit occasum.* Nein. Meinen Mu-
schelhut und Stab und seinemeine Sandelschuh'. Wohin mit ihnen? Abend-Landen zu. Der Abend wird sich finden.« [72]

Die Anspielungen auf die Kreuzigung und Hamlet (Ophelias
Lied: wieder Tod durch Ertrinken) bereiten auf gewissen Entsprechungen in der Scylla und Charybdis-Episode vor. Auch hier
ahnt Stephen den »Hackschlag« [553], der den Höhepunkt der
Episode »die Rinder des Sonnengottes« bedeutet. Es ist charakteristisch für Stephens Hochmut, niemals vergessen zu können,
daß er des »Bucks« abgelegte Schuhe trägt (wieder eine »Verkleidung«), wenn er sich auch einmal eine derartige »Verkleidung« gern gefallen ließ: »Doch warst du entzückt, als Esther
Osvalts Schuh dir paßte: Mädchen, gekannt in Paris. *Tiens, quel
petit pied!*« [71]

Es wurde schon erwähnt, daß Philologie die Kunst dieser Episode ist; die Ähnlichkeit zwischen den dauernden Veränderungen menschlicher Rede und den Verwandlungen des Proteus, den
Bewegungen der Gezeiten, ist unverkennbar. Immer ist die Sprache in einer Bewegung des Werdens, Ebbe oder Flut, und jeder
Versuch, sie aufzuhalten, gleicht dem vergeblichen Bemühen eines Königs Knut. Das Studium der Sprache läßt am ehesten den
Prozeß der Veränderung erkennen, der in der Welt um uns vor
sich geht; denn die geschriebenen Zeichen bleiben. (Der Philologie entsprechend haben wir auf dem esoterischen Plan die Lehre

von den Signaturen, auf die bereits eingegangen wurde.) »Im
Anfang war die Geste«, wie der Abbé Joussé sagt. Die früheste
Sprache war (nach Vico) die der Götter, die Homer erwähnt: Die
Götter nennen diesen Riesen Briareus, die Menschen nennen ihn
Egeon, die Götter nennen den Fluß Scamander »Xanthe«, den
Vogel Cyminidis »Chalcis«. Die zweite Sprache war die he-
roische, die »semata« Homers. Zuletzt kam die Sprache des
Volks und der Gebrauch eines Alphabets auf. Die Sprache des
Volks wurde, wie Vico vermutet, durch freie Vereinbarung des
Volkes angenommen, denn es ist ein Naturgesetz, daß Sprache
und Schrift Eigentum des Volkes sind; selbst dem Kaiser Clau-
dius gelang es nicht, die Römer zur Annahme von drei neuen, von
ihm vorgeschlagenen Buchstaben zu bewegen.

  In neueren Zeiten ist die Wandelbarkeit der Sprache noch au-
genfälliger. Keinem Akademiker ist es gelungen, vielleicht weil
ihn keine gute Göttin Eidothea beriet, die Veränderungen der
Volkssprache, selbst der geschriebenen nicht, aufzuhalten. Kaum
hat der Lexikograph seine ungeheure Arbeit beendet, als er
schon wieder von vorn anfangen muß. Proteus, die unbeständige
Schlange, hat sich gehäutet.

  Der Monolog Stephens in dieser Episode ist ungeheuer reich an
sprachlichen Veränderungen und Verkleidungen. Diese Episode
enthält Fragmente aus dem Französischen, Deutschen, Lateinischen, Spanischen, Italienischen, Griechischen, Skandinavischen
und andern Sprachen. Das Meer hat seine eigene Sprache:
»Horch: eine vierwortige Wellensprache: ssiissuu, hrss, rssiiiss,
uuuss. Heftiger Atem der Wasser inmitten von Seeschlangen, sich
bäumenden Rossen, Felsen. In felsigen Näpfen schwappt er:
flapp, schwapp, schlopp«. [71]

  Oft sind Stephens Gedanken in den grotesken Jargon der He-
raldik gekleidet: »Schleier des Raums mit gefärbten Emblemen,
schraffiert auf seinem Feld.« [69] »Auf orangebraun tingiertem
Feld ein Bock, einen Lauf gehoben, in natürlicher Farben, ohne
Geweih.« [66] Er »siehthört« Sandsprache. »Der gedunsene Ka-
daver eines Hundes lag wie hingerekelt auf Blasentang. Vor ihm
der Dollbord eines Boots, in Sand versackt. *Un coche ensablé* hat
Louis Veuillot die Prosa Gautiers genannt. All der schwere Sand
hier ist Sprache, von Wind und Gezeiten abgelagert.« [64] Der
Anblick der beiden vom Meere zurückkehrenden Muschelsammler führt zu einer proteischen Folge von Gedanken und

Dialekten. Stephen stellt sich vor, daß die beiden Muschelsammler miteinander die Sprache der Zigeuner sprechen. Von dieser
Sprache, in der sich seine Gedanken kurze Zeit bewegen, kommt
er auf Latein, Griechisch, Italienisch, Deutsch. Der Bewußt-
seinsstrom führt ihn zu einer Vision des Mondes, des Herrn der
Gezeiten, eines Vampirs, fliegenden Holländers, Kapitän des
Totenschiffes. Das alles wird in einer Prosa ausgedrückt, die den
Rhythmus eines Gedichtes hat. Der Dichter in Stephen wird
wach, schnell zieht er sein Notizbuch vor: »Hier. Spieß das fest...
Meine Schreibtäfelchen.« [69]

An dieser Stelle kann man beobachten, wie sich der Urstoff der
Poesie aus dem Besonderen ins Allgemeine wandelt. Das lose
Geröll am Stadtstrand, der Muschelsammler (ein Megapenthes:
Sklavensohn, Kind der Sorge) und seine zerlumpte Gefährtin
werden in magische Worte, in Traumstoff verwandelt. Die Frau,
die ihre Last »schleppt, traint, draggt, trasciniert« [68] (in diesem
Wechsel in den Sprachen: Deutsch, Französisch, Englisch, Italie-
nisch tastet Stephen nach dem ausdrucksvollsten Verb), wird zum
Symbol der ganzen Frauenschaft. Sie ist »des Mondes Magd.« [68]
(»das näßliche Zeichen«, Hamlets »feuchtes Gestirn«) und erhebt sich auf des Mondes Geheiß aus ihrem Bett. Das Wort Bett
führt dann zu: »Brautbett, Kindsbett, Bett des Tods,« [69] seiner
Mutter Totenbett: »Die Geisterkerze, die ihrem Todeskampf
leuchtete. Gespenstisches Licht auf dem gequälten Antlitz.« [17]
Alles Fleisch wird kommen zu dir, dem Tode, dem fliegenden
Holländer in einem Geisterschiff.

Diese Episode beschließt die Telemachie, den ersten Teil des
Ulysses; sie endet damit, daß Stephen einen schmucken Dreima-
ster sieht (die Rosevean von Bridgewater mit Backsteinen, wie
man später erfährt), der einen müden Wogenwanderer, W. B.
Murphy aus Carrigaloe, Odysseus Pseudangelos, an das heimatli-
che Gestade trägt.

»Er wandte das Gesicht über die Schulter, schaute zurück. Gleitend durch die Luft die hohen Spieren eines Dreimasters, die Segel gegeit an den Kreuzhölzern, heimwärts, stromauf, still gleitend, ein schweigendes Schiff.« [73]

4. Calypso

Schauplatz: Das Haus
Stunde: 8 Uhr vormittags
Organ: Niere
Kunst: Ökonomie
Symbol: Nymphe
Technik: Erzählung (reif)

Mit dieser Episode beginnt Blooms Tag: der 16. Juni. Es ist 8 Uhr vormittags. In Blooms Wohnung, Eccles Street 7, ist noch kühles Dämmerlicht, aber in den Straßen brütet bereits drohende Schwüle. Während Bloom leise durch die Küche im Erdgeschoß streicht (Frau Bloom, die bekannte Sopranistin, frühstückt im Bett), denkt er an Nieren, denn er »aß mit Vorliebe die inneren Organe von Vieh und Geflügel« [77]. Die Katze meldet sich und bekommt Milch in einer Untertasse. Die Katze und Bloom verstehen sich ausgezeichnet. Viel von dem »ewig Weiblichen« ist um den Helden des *Ulysses:* er ist keine sklavische Wiederholung seines homerischen Vorbildes; er hat eine Katze statt eines Hundes und eine Tochter statt eines Sohnes. Ehe Bloom einkaufen geht, untersucht er das Schweißleder seines Hutes: er will sich überzeugen, ob die Karte mit dem Pseudonym Henry Flower noch dahinter steckt, er fühlt auch nach, ob er seinen Kartoffel-Talisman in der Hosentasche hat. Als er an Larry O'Rourkes Wirtschaft vorbeikommt, grüßt er den Inhaber und rechnet den Dubliner Kellnern ihren Gewinn nach.

Er hat nun sein Ziel, den Metzgerladen des ungarischen Juden Dlugacz, erreicht, wo er feststellen muß, daß nur noch eine Niere da ist. Besorgt fragt er sich, ob das Dienstmädchen von nebenan sie kaufen wird. Zum Glück kauft sie Würste, Bloom bekommt seine Niere. Bloom und Dlugacz, die sich gegenseitig beobachten, überlegen einen Augenblick, ob sie sich als Landsleute begrüßen sollen. »Nein: lieber nicht: bald wieder.« [84] Das Mädchen verläßt den Laden und Bloom verfolgt sie mit seinem Blick. Dann nimmt er ein Blatt von einem Stoß geschnittenen Papiers auf der Theke: »Die Musterfarm in Kinnereth am Seeufer des Tiberias.« [83] Schon hat die Hitze seine latente Erinnerung an den Osten erwärmt; das Bild des Prospektes, verschwommenes Vieh, das in

silbriger Hitze weidet, verleiht seinen Tagträumen Gestalt.
»Agendath Netaim: Pflanzergenossenschaft. Ankauf weiter
sandiger Landstriche von der türkischen Regierung und Bepflan-
zung mit Eukalyptusbäumen... Apfelsinenhaine und riesige Melonenfelder« [84] Für Melonen hat Bloom, wie die Ithaka-Episode zeigt, aus aposteriori Gründen eine ausgesprochene
Vorliebe. Der Mann, dem Stephen im Traum in der Hurenstraße
begegnete, hielt ihm eine Melone ins Gesicht. »Eine Wolke begann die Sonne zu bedecken, ganz langsam ganz. Grau. Fern.«
[85]

Diese Wolke beobachtete Stephen: »...die Bucht verschattend
in tieferem Grün.« [16] Wie Stephens Stimmung trübt sie auch die
Blooms, der jetzt an das Tote Meer denkt: »Kein Fisch, keine
Vegetation, tief eingesackt in der Erde.« [85] (cf. Stephens Gedanken: »ein Becken voll bitterer Wasser« [16])... »Ein krummes
altes Weib kam von Cassidy herüber, ihre Hand hielt den Hals
einer Noggin-Flasche gepackt.« [86] (Die Milchfrau aus Telemachos: die alte Gummy Granny.)

Zwei Briefe und eine Karte liegen im Flur. Auf einem der Briefe
an seine Frau erkennt Bloom die Handschrift Boylans (Blazes
Boylan), ihres Impresarios und augenblicklichen Geliebten.
»Sein schnelles Herz verlangsamte alsbald seinen Schlag.« [86]
Ein zweiter Brief und eine Karte sind von seiner Tochter Milly.
Er nimmt Briefe und Karte mit nach oben, wo Marion ihn mit den
Worten empfängt: »Beeil dich mit dem Tee,... Ich bin ganz aus-
gedörrt.« [87] Gehorsam geht er wieder nach unten, läßt den Tee
ziehen und setzt die Niere aufs Feuer. Sorgfältig stellt er das
Frühstück für seine Frau auf das Tablett. »Brot und Butter, vier,
Zucker, Löffel, ihre Sahne.« [88] Als er ins Schlafzimmer kommt,
erzählt ihm Marion, daß ihr Boylan das Programm des Konzerts,
in dem sie »Love's Old Sweet Song« singen soll, bringen will.

Wie viele ihres Geschlechts kehrt auch Frau Bloom, wenn sie
etwas will, gern zur Gebärdensprache zurück. Jetzt sieht Bloom
ihren zeigenden Finger und hebt nacheinander verschiedene ihrer Kleidungsstücke auf, ob sie die vielleicht meint.
»– Nein: das Buch.
Der andere Strumpf. Ihr Unterrock.
– Es muß runtergefallt sein, sagte sie.« [89]

Sie bittet ihren Mann, ihr das Wort Metempsychose[1], »Mit ihm
zig Hosen«, zu erklären.

»Es bedeutet die Transmigration der Seelen.« [90]

»Ach du dickes Ei! sagte sie. Kannst du das nicht noch etwas schwieriger erklären?« [90]

Bloom sieht nach dem Titel: Ruby, der Stolz der Arena. Voll Bedauern sagt Frau Bloom: »Steht nichts Deftiges drin.« [91] Bloom, der von Natur mitteilsam ist, erklärt seiner Frau die Bedeutung des Wortes Metempsychose; er läuft nach unten und rettet die Niere noch grade vor vollständigem Verbrennen. (Viele Motive des *Ulysses* treten an dieser Stelle zum erstenmal auf: Ruby, der Stolz der Arena, Metempsychose, die Nymphe, das Ungeheuer Maffei.)

Während des Frühstücks liest Bloom Millys Brief. Sie ist grade 15 Jahre alt geworden und bei einem Photographen in der Provinz in der Lehre. Sie schreibt: »Es gibt hier einen jungen Studenten der manchmal abends vorbeikommt er heißt Bannon und seine Vettern oder sonstwas sind stinkfeine Leute und der singt Boylans (also jetzt hätt ich doch beinahe Blazes Boylans geschrieben) Lied über die Strandmädchen. Sag ihm die tolle Milly läßt ihn ganz artig grüßen. Muß jetzt Schluß machen und hab dich ganz lieb.« [93]

Während Bloom die Niere verzehrt, kommen ihm die Verse des Boylan-Liedes in den Sinn:

>*Soviel Locken und Grübchenbacken,*
>*Da kann einen glatt ja der Schwindel packen.*
>*Die Mädchen, ja, die Mädchen, ja,*
>*Die reizenden Mädchen vom Strand.* [94]

Von diesem Bannon war bereits in der Telemach-Episode die Rede. »Ich hab' eine Karte von Bannon gekriegt. Da steht drin, er hätte ein süßes junges Ding da unten gefunden. Ein Photomädchen, schreibt er.« [32])

Bloom geht nun auf das Klosett hinten im Garten, wo er in den Tit-Bits die Preisgeschichte: Matchams Meisterstreich von Philipp Beaufoy, Playgoers Club, London, liest und die Möglichkeit überlegt, selbst eine solche Preisgeschichte zu verfassen.

Dann denkt er an den verhängnisvollen Tanzabend, an dem seine Frau Boylan zum erstenmal begegnete. »Wie sie sich munter den Schuhrand an ihrer Strumpfwade rieb, immer abwechselnd, den einen, den andern. Am Morgen nach dem Wohltätigkeitsball, wo May's Tanzkapelle gespielt hatte, Ponchiellis Tanz der Stunden.« [97] Der Stundentanz ist ein wichtiges Thema im *Ulysses;* er weist symbolisch auf die Zeitstruktur des ganzen Buches hin.

Die Glocken der St.-Georgs-Kirche schlagen die Stunde und erinnern Bloom an die Beerdigung, an der er teilnehmen muß.

> »*Hoiho! Hoiho!*
> *Hoiho! Hoiho!*
> *Hoiho! Hoiho!*

Viertel vor. Da wieder: der Oberton folgte durch die Luft, Terz. Armer Dignam!« [98]

Auf Menelaus Frage nach dem Schicksal des Odysseus antwortete Proteus:

> »Ihn in dem Eiland sah ich der Wehmut Tränen vergießen,
> Dort in der Nymphe Gemach, der Calypso, die mit Gewalt ihn
> Hält, und nicht vermag er das Vaterland zu erreichen.
> Denn ihm gebricht's an Schiffen und Rudergerät und an Männern,
> Daß sie hinweg ihn führten auf weitem Rücken des Meeres.«

Die Insel Ogygia, die Heimat der Calypso, lag augenscheinlich im Westen des Ionischen Meeres. Siebzehn Tage mußte Odysseus fahren, um von ihr in die Heimat zurückzukehren. Da er während der Fahrt das Sternbild des Großen Bären immer zur Linken hatte, muß er von NW nach SO gefahren sein. Verschiedene Topographen haben vermutet, daß die Heimat der Atlantide Calypso jenseits und nördlich der Straße von Gibraltar lag, daß Ogygia mit Irland identisch sein könnte. Aber so verführerisch diese etwas weithergeholte Hypothese auch sein mag, sind die vernünftigen Schlüsse Bérards (sie werden im folgenden Absatz zusammengefaßt) bezüglich des Wohnortes der Calypso doch wohl stichhaltiger. Der Dichter des *Ulysses* selbst scheint die Ansicht Bérards zu teilen, wie aus der Schilderung oder besser den Hinweisen in Blooms Monologen auf das frühere Leben der Marion Bloom geb. Tweedy hervorgeht.

Calypso wohnt auf einem »Nabel des Meeres«, einer waldigen
Insel mit einer großen Höhle, mit Wiesen, auf denen Veilchen
und Petersilie wachsen. Sie ist die Tochter des Riesen Atlas, jener
lebendigen Säule am Ende der Welt, die das Himmelsgewölbe
trägt. Nach Herodot steht die Atlas-Säule neben den Säulen des
Herkules. Die Sage erzählt, daß Herkules Atlas kurze Zeit von
seiner Arbeit, das Firmament zu tragen, befreite. Mit dem Wort
Atlas bezeichnet man heute eine Gebirgskette in der Nähe der
Meerenge, doch war der Atlas ursprünglich ein einzelner Berg,
heute heißt er Apes Hill, an der afrikanischen Küste, Gibraltar,
der europäischen Säule, gegenüber. Strabo kannte den Apes Hill
als Abila; Abila ist ein semitisches Wort. Es bedeutet »Träger«
und entspricht dem griechischen Atlas. Der griechische Name für
Gibraltar war Kalpe (Becher, Schale). Von der afrikanischen
Küste aus gegen das Hochland von Algesiras gesehen – und so
sahen es die phönizischen Abenteurer –, erinnert Gibraltar mit
seiner Bucht an eine Schale. Den phönizischen Kaufmann inter-
essierte zudem die Bucht mehr als der Felsen. Die Griechen, die
später kamen, übernahmen die semitische Bezeichnung und
übersetzten sie; sie nannten Gibraltar weiterhin die Schale,
Kalpe.

An dem gegenüberliegenden Ufer liegt, von Calypsos Bergvater
beherrscht, die kleine Insel Perejil (Spanisch: Petersilie), auf die
die homerische Beschreibung Ogygias in mancher Beziehung
paßt; auch sie ist dicht bewaldet, auch hier wachsen die Veilchen
in großer Zahl. Doch ist nach Bérards Ansicht Homers Beschreibung der Insel der Calypso augenscheinlich ein Kompositbild.
Die vier ogygischen Quellen, von denen die Odyssee berichtet,
sind auf Perejil nicht zu finden. Diese Quellen werden von Homer
von der afrikanischen oder spanischen Küste »importiert«. Die
wahrscheinlich phönizischen »Schiffahrtsbücher«, die Homer für
seine Beschreibung der Insel der Calypso benutzte, enthielten
zweifellos eine allgemeine Beschreibung des westlichen Endes
der Welt, mit Einschluß von Mauretanien, Gibraltar und der spanischen Küste; diese hat Homer dann bei seiner Beschreibung
von Ogygia vereinigt. So zeigt denn auch diese Insel charakteristische maurische und spanische Merkmale.

Der Name Calypso ist aus dem griechischen kalypto (ich ver-
berge, verschleiere), abgeleitet. Ogygia scheint die griechische
Abwandlung einer semitischen Wurzel zu sein, die »umgeben«

bedeutet.[2] Die Insel ist niedrig, versteckt, wird von den »Säulen«
der beiden Küsten beherrscht, ist ein Omphalos. Durch seltsame
Übertragung wurde von frühen Seefahrern der Name der unbe-
deutenden Insel Nesos Kalypsous (Insel des Verstecks) als Bezeichnung für das spanische Festland gewählt. Die semitische
Wurzel S-P-N-I ist eine genaue Übersetzung des griechischen
kalypto. I-Spania, Spanien, heißt das Land des Verstecks, ein ge-
heimnisvoller »ferner Westen«, dessen Geheimnisse zu verbrei-
ten, die verschlagenen phönizischen Kaufleute sich wohl hüteten.

Etwa dreitausend Jahre sind vergangen, seit Odysseus in der
dunklen Grotte der verschleierten Nymphe wohnte. An seine
Stelle ist Bloom getreten; er ist nicht auf der Suche nach Abenteuern, sondern nach Annoncen; geduldig sitzt er gefangen im
häuslichen Halbdunkel von Eccles Street 7; dient einer unbe-
ständigen Nymphe, der Tochter des Majors Brian Cooper
Tweedy (der einst in Gibraltar stationiert war) und der spanischen Jüdin Lunita Laredo.

Frau Bloom ist in Gibraltar geboren. In einer lyrischen Stelle der
Cyclop-Episode heißt es von ihr: »Der Stolz von Calpes felsigem
Berg, die rabenhaarige Tochter des Tweedy. Dort wuchs sie
heran zu beispielloser Schönheit, wo Mispel und Mandel durch-
dufteten die Luft. Die Gärten von Alameda kannten ihren Schritt:
es kannten ihn die Oliven und neigten sich vor ihr.« [444] Der
zweite Taufname ihres Vaters »Cooper« ist wahrscheinlich auch
eine Anspielung auf Kalpe (beide Namen sind etymologisch eng
verwandt). »Tweedy« weist vielleicht auf Frau Blooms Pene-
lope-Aspekt hin.[3] Sie ist wahrscheinlich nur zu einem Viertel
Spanierin, für ihren Gatten aber ist sie eine »typische, spanische
Schönheit«. Über die Frau, die Parnells Sturz verursachte, sinnt
Bloom: »sie (war) ja auch Spanierin... oder jedenfalls halb, die
Art, die grundsätzlich keine halben Sachen machte, leidenschaftliche Hingabe des Südens, sowas schlug jeden Fetzen Anstand in
den Wind« [819]. Manchmal erkennt er in ihr auch einen Strich
maurischen Blutes[4]. »Liegt am Blut des Südens. Maurisch.« [522]

Der Schlüssel zum ersten Teil des *Ulysses* (Telemachie) ist das
Wort »Usurpator«; Stephen lebte in einer Welt von Usurpatoren
und diente fremden geistigen und weltlichen Mächten. Auch
Bloom ist, wenn auch in anderer Weise, durch das Fleisch, nicht
den Geist, ein widerstrebender Verbannter in Irland. Unter den
edlen Dänen Dublins fühlt er sich nie heimisch. »Dänemark ist

ein Gefängnis.« Als Gefangener sehnt er sich fort. Eine geheime
Stimme drängt ihn dauernd, in das warme Licht und die blauen
Schatten des Ostens zurückzukehren.

In der Lotophagen-Episode beherrscht ihn die Sehnsucht nach
diesem orient imaginaire noch ganz. Die Begegnung mit Dlugacz
symbolisiert die Zurückrufung des Odysseus von der fernen Insel
der Calypso ostwärts in seine Heimat. Der Sonnendurchbruch,
für die Iren ein nationales Emblem, ist für Bloom ein Symbol orientalischen Glanzes; graues Zwielicht, eine Wolke vor der Sonne
des Schattens des Todes. In der ganzen Episode wechseln rhyth-
misch Schatten und Sonnenlicht. Die dunkle Grotte, in der Calypso Odysseus gefangen hielt, hat ihr Gegenstück in dem gelben
Zwielicht des Schlafzimmers mit dem Bild der Nymphe, aus dem
Bloom in die orangefarbene Helle der Straßen hinabsteigt. »Er
ging auf die Sonnenseite hinüber, vermied die lose Kellerklappe
von Nummer Fünfundsiebzig.« [80] Wie so oft im *Ulysses* ist auch
hier wieder scheinbar peinlich genauer Realismus tief symbolisch. Das Grotten-Motiv findet sich wieder in den »dunklen
Höhlen von Teppichläden« [80], der Dunkelheit des Klosetts. »Er
zog die ruckige wacklige Tür des Abtritts auf und trat aus dem
Dunkel hinaus an die Luft.

Im hellen Licht, erleichtert und gekühlt an Leib und Gliedern,
beäugte er sorgfältig seine schwarzen Hosen,... Ein Knarren und
dunkles Schwirren hoch in der Luft. Die Glocken der George's
Church. Sie schlugen die Stunde: lautes dunkles Eisen.« [98]

Der gleiche Kontrast zeigt sich im Stundentanz. Dunkelheit eignet dem Gefängnis, den Fesseln des Fleisches, allem, was Bloom
von Zion, Odysseus von Ithaka fernhält.

Der Landbesitz der Agendath-Netaim-Gesellschaft sollte mit
Eukalyptus, der »gut-verborgenen« Blume (vielleicht der weit-
schattende Baum), bepflanzt werden; die Straßen, die Bloom in
seinem Tagtraum sieht, haben Sonnensegel; er denkt oft an seine
Frau (für ihn die Nymphe Calypso, doch Penelope, wie sie selbst
sich sieht) in orientalischer Tracht mit Yashmak, zum Beispiel als
er sie in seiner Halluzination bei Circe sieht, »*ein hübsches Weib
in türkischem Kostüm. Üppige Formen füllen ihre scharlachroten
Hosen und die mit Gold geschlitzte Jacke. Eine breite gelbe
Schärpe gürtet sie. Ein weißer Yaschmak, violett in der Nacht, be-
deckt ihr Gesicht*« [613].

Als Penelope zum letztenmal vor den Freiern, die in ihren Hal-

len zechen, erscheint, hat sie »hingesenkt vor die Wangen des
Haupts hellschimmernde Schleier«. In der nächsten Episode
schildert Bloom Marion folgendermaßen: »Wie sie mich ansah,
das Bettlaken bis hoch an die Augen, spanisch, den eigenen Duft
einsaugend, als ich die Schäkel in meinen Manschetten fest-
machte.« [119]

In der Sirenen-Episode fragt sich Bloom verwundert: »Warum
verstecken die eigentlich ihre Ohren unter Seetang-Haar? Und
Türkinnen ihren Mund, wieso? Ihre Augen über dem Tuch, einem Yaschmak. Den Eingang finden. Höhle. Kein Zutritt außer
geschäftlich.« [390]

Aber für Bloom ist Marion dem göttlichen und herrlichen Meisterwerk über dem Bett verwandter als der Schleierweberin von
Ithaka. Täglich wird eine Portion Sahne ausschließlich für Marion[5] gekauft: Ambrosia für die lockige Nymphe Calypso, für
eine Unsterbliche die Nahrung der Unsterblichkeit.

> »Und es reichte die Nymph ihm allerlei Nahrung,
> Daß er äß' und tränke, was sterbliche Männer genießen.
> Selbst dann saß sie entgegen dem göttergleichen Odysseus,
> Und ihr reichten die Mägde Ambrosia dar und Nektar.«[6]

Als der Nostos (Heimkehr) in dem Interview zwischen Stephen
und Bloom seinen Höhepunkt erreicht, versorgte letzterer »seinen Gast mit der dickflüssigen, gewöhnlich für das Frühstück seiner Frau Marion (Molly) reservierten Sahne in außergewöhnlichem, sich selbst aber in nur geringem Maße« [855]. Daß Bloom
seinem jungen Gast, der nicht sein leiblicher Sohn, ihm nicht
konsubstantiell ist, Ambrosia reicht, hat eine besondere Bedeutung, denn ein sohnloser Jude tut es, der einen Sohn-Vater, seinen Messias sucht.

Zwischen der Dunkelheit der Nacht, dem Grabe und den goldenen Stunden, dem Reich des Helios, liegt ein Zwielichtschleier,
die Schäferstunde: »Stunde der Umarmung: Stunde des Stell-
dicheins« [531]. Die Abendstunden sind in leichte Gaze, die tödlichen Nachtstunden aber in Schwarz gekleidet, sie haben Dolche
und Augenmasken.

Der Schleier, der die Schönheit teilweise verhüllt, reizt die Begierde; er wirkt ganz anders als die trübe Nacht einer Grotte, ein
Grab, das laute, dunkle Eisen läutender Glocken.[7] Der Schleier,

die Oriflamme der petite mort, verstärkt wie das Schönheitspflä-
sterchen die Lockung des lebendigen Fleisches (Unvollkommen-
heit reizt die Begierde); sanft nur mahnt er den Menschen an die
kurze Zeit, die er zu leben hat, indes die Stunden todwärts tanzen.

> Soles occidere et redire possunt:
> Nobis, cum semel occidit brevis lux,
> Nox est perpetua una dormienda.
> Da mi basia mille, deinde centum…

5. Die Lotophagen

Schauplatz: Das Bad
Stunde: 10 Uhr vormittags
Organ: Genitalien
Kunst: Botanik, Chemie
Symbol: Eucharistie
Technik: Narzissismus

Gegen 10 Uhr vormittags beginnt Bloom seine Arbeit. Sein erster Gang gilt dem Postamt in der Westland Row, wo er die Karte mit Henry Flower vorzeigt und die Huldigung einer vertrauensseligen Typistin an des »Lieben Henry« zweiten Liebesfrühling in Empfang nimmt. Auf seinem Wege zum Postamt kommt er am Laden eines Teehändlers vorbei, und die im Fenster ausgestellten allerfeinsten Ceylonsorten wecken in ihm wieder den ewigen Drang nach Osten.

»Der ferne Osten. Wunderbares Fleckchen muß das sein: der Garten der Welt, große träge Blätter, auf denen man sich treiben lassen kann, Kakteen, blumige Wiesen, schlangige Lianen, so nennt man sie.« [100]

Als er das Postamt verläßt, betrachtet er die Rekrutierungs-Plakate und sinnt: »Bärenmütze und Hahnenfeder... Rotröcke... Ganz schön protzig. Muß wohl der Grund sein, daß die Weiber ihnen derart nachlaufen. Uniform. Leichter anzuwerben und zu drillen.« [101] Bevor er den erhaltenen Brief öffnen kann, begegnet er einem gewissen M'Coy, der in der Novelle Gnade *(Dubliner)* vorkommt. »Mr. M'Coy war einst ein Tenor von einigem Ansehen gewesen. Seine Frau, früher Sopranistin, gab immer noch kleinen Kindern Klavierstunden zu niedrigem Preis. Seine Lebenslinie hatte nicht eben die kürzeste Verbindung zwischen zwei Punkten gebildet, und zeitweise hatte er sich mit List und Tücke durchschlagen müssen... M'Coy hatte unlängst einen Kreuzzug unternommen um Reisetaschen und Koffer aufzutreiben, damit Mrs. M'Coy imaginären Engagements auf dem Lande nachkommen könne.« [D 161ff.] Bloom, dem diese unangenehme Angewohnheit bekannt ist, vermutet gleich bei M'Coys ersten Worten das gewöhnliche Spiel.

»– Meine Ehehälfte hat grad ein Engagement bekommen. Das

heißt, ganz fest ist es noch nicht.

   Jetzt kommt wieder die Koffertour. Übrigens, nichts für ungut.
Ich bin im Moment ohne, vielen Dank.« [105]

   Bloom kommt dem Anliegen M'Coys zuvor, indem er sagt, auch
seine Frau ginge nächstens auf Konzert-Tournee in den Norden.

   M'Coy läßt Bloom nicht los, stört ihn in seiner Beobachtung einer eleganten Dame, die auf der anderen Straßenseite einen Wagen besteigt. Eine vorbeifahrende Tram zerreißt seine herrliche
Vision von seidenen Strümpfen. »Verwünschte Stumpfnase«
[104], denkt er hinter dem Wagenführer her. Endlich verabschiedet sich der Kofferjäger. Bloom betrachtet nun ein Plakat, auf
dem er liest, daß Frau Bandman Palmer heute abend Leah spielt.
»Die säh ich ganz gern mal wieder darin. Gestern hat sie den
Hamlet gespielt. Hosenrolle. Vielleicht war er ja auch eine Frau.
Warum beging Ophelia sonst wohl Selbstmord?« [106] Der Gedanke an Selbstmord erinnert ihn an das Ende seines Vaters
(siehe Hades-Episode) und die Begeisterung des alten Juden für
die Szene, »wo der blinde alte Abraham die Stimme erkennt und
die Finger an sein Gesicht legt.

   – Nathans Stimme! Seines Sohnes Stimme! Ich höre die Stimme
Nathans, der da ließ seinen Vater sterben vor Kummer und Elend
in meinen Armen, der da verließ seines Vaters Haus und verließ
den Gott seines Vaters.[1]

   Das ist ja so tief, Leopold, jedes Wort!« [107]

   Endlich findet er eine einsame Straße, in der er seinen postla-
gernden Brief öffnen kann; eine gelbe Blume liegt darin mit
plattgedrückten Blättern.

   »Er riß mit Ernst die Blume aus der Nadelheftung, roch ihren
fast gar keinen Ruch und brachte sie an seiner Herztasche an.
Blumensprache. Die mögen sie, weil keiner sie hören kann. Oder
ein vergiftetes Bukett, ihn niederzustrecken. Langsam schritt er
weiter, las den Brief noch einmal dabei, murmelte hier und da ein
Wort hinein.[2] Böse Tulpen mit Dir mein Schatzilein Menschen-
blume Dich bestrafen Kaktus wenn Du nicht bittebitte Vergiß-
meinnicht wie ich mich sehne Veilchen nach Rosen Lieber wenn
wir uns bald Anemonen treffen alles böser Nachtschatten Deine
Frau Marthas Parfüm.« [109]

   Diesen Brief-Roman mit Martha verdankt Bloom einer Annonce, die er in der Irish Times aufgegeben hatte: »Geschickte
Schreibkraft gesucht, die Herrn bei literarischen Arbeiten hilft.«

[223] Er wählte Martha, und dies wohl kaum ihrer literarischen Kompetenz wegen, unter vierundvierzig Bewerberinnen. Als er unter einer Eisenbahnbrücke her geht, zerreißt er den Briefumschlag. »Man könnte genauso auch einen Scheck über hundert Pfund zerreißen.« [111] Das erinnert ihn an den Scheck über eine Million Pfund, den Lord Iveagh von Guinness einkassierte, und er versucht, den Gewinn der berühmten Brauerei zu berechnen.

Er geht an All Hallows vorbei, liest auf dem Anschlag, daß Ehrwürden John Conmee S. J. über den Heiligen Peter Claver und die afrikanische Mission predigt, und betritt die Kirche.

Während Bloom zusieht, wie die Frauen die Hostie empfangen, läßt er seinen ehrfurchtslosen, doch oft treffenden Gedanken freien Lauf. »Steckt eine große Idee dahinter, so ein Gefühl wie das Reich Gottes ist in euch. Erstkommunikanten. Eins zwei drei, wer will noch mal, wer hat noch nicht. Dann fühlen sich alle wie eine einzige große Familie, genauso wie im Theater, alle auf derselben Welle. Bestimmt. Ich bin ganz sicher. Nicht so einsam dann. In unserer Brudergemeinschaft. Kommen dann richtig ein bißchen beschwipst wieder raus. Dampf ablassen. Der springende Punkt ist bloß, man muß wirklich dran glauben. Die Kuren in Lourdes, Wasser des Vergessens, und die Erscheinung von Knock, blutende Statuen. Der alte Knabe da neben dem Beichtstuhl, eingepennt. Daher das Schnarchen also. Blinder Glaube. Geruhsam sicher in den Armen des Dein Reich komme. Lullt allen Schmerz ein. Durchdösen bis nächstes Jahr um diese Zeit.« [113 f.] Als er die Kirche verläßt, fällt ihm ein, daß er für seine Frau ein Toilettewasser besorgen soll. »Wo ist das doch? Ah ja, wie letztesmal. Sweny am Lincoln Place. Drogisten ziehn selten um. Ihre grünen und goldenen Kruken zu schwer zu bewegen.« [117] Bei Sweny bestellt er das Wasser und verspricht, später am Tage wieder vorzusprechen. Aber er hält sein Versprechen nicht. Geschichte in der Gestalt der Nausikaa scheint hierfür verantwortlich zu sein. Als Lotosesser vergißt er die Stunde der Rückkehr. Für sich kauft er ein Stück süße zitronige Seife und steckt es ein. (Von dieser Seife wird im Verlauf des *Ulysses* noch allerlei erzählt; auch sie hat ihre kleine Odyssee, über die in der Ithaka-Episode zu berichten sein wird.) Vor dem Laden des Drogisten trifft Bloom einen gewissen Bantam Lyons (*Dubliner:* Die Pension), der sich von ihm die Zeitung ausbittet; er will nachsehen,

wer das Rennen um den Ascot-Pokal läuft. Bloom sagt zu ihm:
»Sie können sie behalten,… Ich wollte sie sowieso grade wegwerfen… Sowieso bloß ein Flugblatt.« [120] Wie ein Zauber wirken diese Worte auf Bantam Lyons. Er sagt: »Ich riskier's« und
läuft zu einem Buchmacher. Die Bedeutung dieser harmlosen
Bemerkung Blooms wird erst später klar: sie enthält das Geheimnis eines Rennens und veranlaßt später am Tage so etwas
wie ein Pogrom. Bloom bummelt nach der »Bädermoschee« [121],
denn die süßen, reinen Düfte im Laden des Drogisten und die zitronige Seife haben seine Wünsche auf den »Schoß der Wärme«
[122], das türkische Bad gerichtet. Als er sich im Schatten der Mi-
naretts umdreht, bedauert er einen Augenblick, daß das schnelle
Morgenlicht, das ihm in der Eccles Street auf »leichten Schuhen«
[86] entgegenkam, schon westwärts zieht.
   »Himmlisches Wetter wahrhaftig. Wenn das Leben nur immer
so wäre. Kricket-Wetter. Gemächlich rumsitzen unter Sonnendächern. Over um Over. Aus. Die können das hier einfach nicht
spielen. Sechs Wickets, und immer noch Duck… Hitzewelle.
Hält nicht an. Geht immer vorüber, Strom des Lebens: was uns
der Strom des Lebens bringt, ist mehr wert als sie alle.« [121]

> »Und am zehnten gelangt' ich
> Hin zu den Lotophagen, die blühende Speise genießen.
> Allda stiegen wir aus am Gestad' und schöpfeten Wasser;
> Schnell dann nahmen das Mahl an den hurtigen Schiffen die
>   Freunde.
> Aber nachdem wir der Kost uns gesättigt und des Getränkes,
> Jetzo entsandt' ich Männer, voranzugehn zur Erkundung,
> Zween erkorene Freund' und ein Herold ging sie begleitend:
> Was für Sterbliche wären im Land und genössen der Feld-
>   frucht.
> Und bald kamen die Freund' in der Lotophagen Versamm-
>   lung.
> Doch von den Lotophagen geschah nichts Leides den Männern
> Unserer Schar; sie reichten des Lotos ihnen zu kosten.
> Wer des Lotos Gewächs nun kostete, süßer denn Honig,
> Nicht an Verkündigung weiter gedachte der, noch an Zurück-
>   kunft;
> Sondern sie trachteten dort in der Lotophagen Gesellschaft
> Lotos pflückend zu bleiben und abzusagen der Heimat.

Aber ich führt' an die Schiffe die Weinenden wieder mit Zwang
hin,
Zog sie in räumige Schiff' und band sie unter den Bänken.
Doch die Andern ermahnt' ich und trieb die werten Genossen,
Schleunig hinwegzufliehn, in die hurtigen Schiffe sich rettend,
Daß nicht Einer, vom Lotos gereizt, noch vergäße der Heimat.
Alle sie stiegen hinein, auf Ruderbänke sich setzend,
Saßen gereiht und schlugen die grauliche Woge mit Rudern.«

Im Gegensatz zu den meisten Barbaren, Cyclopen, Lästrygonen
usw., die Odysseus auf seinen Irrfahrten antraf, waren die Lotophagen gütige, freundliche Menschen.

Mit dem Wort Lotos scheinen die Griechen außer der Pflanze,
die wir heute als Lotos, Wasserlilie, kennen, mehrere besondere
Vertreter des Pflanzenreichs bezeichnet zu haben. So sehen
Herodotus und Polybius in der Lotos einen Baum, der dattel-
oder feigenähnliche Früchte trägt (vielleicht meinen sie den
Mangobaum); Homer scheint an anderer Stelle mit Lotos eine
Art Gras oder Klee, ein gutes Pferdefutter, zu bezeichnen.[3] Lotos
ist wahrscheinlich eine semitische Wurzel in der Verkleidung eines griechischen Homonyms; es bezeichnet sicher eines der vielen von den orientalischen Völkern so sehr geschätzten Opiate.
Es gibt tatsächlich ein semitisches Wort lot (es findet sich im Alten Testament), das eine gewisse Art Duft, vielleicht sogar betäu-
benden Duft bedeutet. In der Lotophagen-Episode ist der Lotos
sowohl eine duftende Blume als auch ein Opiat. Die duftende
Seife und die Düfte in Swenys Drogerie wurden schon erwähnt;
an vielen anderen Stellen wird auf Düfte hingewiesen: Cochranes
Ginger-Bier (aromatisch); der fast Nichtduft von Marthas gelber
Blume, der Duft frischbedruckten Lumpenpapiers. Martha fragt:
»Was für ein Parfüm benutzt Deine Frau?« [109] Bloom sieht Marion im Bett: »das Bettlaken bis hoch an die Augen,... den eigenen Duft einsaugend« [119].

Besonders durch seine narkotische Kraft beherrscht der Lotos
diese Episode. Blooms Traum von einem Land – Kennst du das
Land, wo die Teeblüte blüht?[4], gibt die Stimmung dieses Kapitels
wieder: Sehnsucht und far niente. Martha Cliffords Brief erinnert
ihn an ein Bild, das er einmal sah: Martha und Maria.

»Er sitzt bei den beiden im Haus, redend. Ganz geheimnisvoll...
Hübsche Abendstimmung. Kein Herumwandern mehr. Einfach

behaglich hingestreckt dort: ruhige Dämmerung: sausen lassen,
was saust.« [110]

Großblättrige Blumen, kühles Brunnenwasser, Lotos-Land mit
ruhigen Seen, das alles füllt seine Wachträume. Sogar in seine
Gedanken über die Brauerei mit ihrer Million Faß Porter
schleicht sich der Lotos. »Die Spundlöcher sprangen auf, und
eine riesige schale Flut leckte heraus, floß zusammen, wand sich
durch Schlammzonen hin über das ganze flache Land, ein träger
Strudelpfuhl Flüssigkeit, der großblättrige Blumen aus seinem
Schaum mit sich trug.« [111]5 Die Lotophagen erscheinen in dieser
Episode unter vielen Aspekten. Die Droschkengäule lassen in
der Deichsel müde den Kopf hängen, (»Kastriert auch noch…
Können so trotzdem durchaus glücklich sein.« [107]); »betäubte«
Kommunikanten in All Hallows (Land der Heiligen); Soldaten
auf den Werbeplakaten sind wie »hypnotisiert«; friedliche Eunu-
chen (»Auch ein Ausweg« [115]) die Zuschauer beim Cricket
(»rumsitzen unter Sonnendächern« [121]) und schließlich Bloom
selbst, blumengleich, »leicht oben gehalten« [122] im Bade. Auf
Schlaf und Betäubung wird oft angespielt. Die Droschkengäule
sind »zu voll für Worte« [107]. »Eine weise getigerte Katze, blin-
zelnde Sphinx, lauerte auf ihrer warmen Schwelle. Wär schade,
sie zu stören, die beiden. Mohammed schnitt ein Stück aus seinem
Mantel, um das Tier nicht zu wecken.« [108] Bloom stellt sich eine
Gruppe von Negern vor, die bekehrt werden. »Säh sie ganz gerne
mal so im Kreis sitzen6, mit wulstigen Lippen, lauschend, ver-
zückt. Stilleben. Lappens auf wie Milch, nehm ich an.« »Guter
Einfall, das Latein. Betäubt sie zuerst einmal.« [112]

Die Eucharistie ist das Symbol all dieser Linderungsmittel. »Der
Priester ging an ihnen entlang, murmelnd, das Ding in Händen.
Bei jeder blieb er stehen, nahm eine Hostie heraus, schüttelte einen oder zwei Tropfen (ja, liegen die denn in Wasser?) davon ab
und schob sie fein säuberlich in den aufgesperrten Mund… Wet-
ten, daß sie sich glücklich fühlen davon?… Sicher, heißt ja auch
Engelsbrot. Steckt eine große Idee dahinter… wie im Theater,
alle auf derselben Welle.« [112/113] Denn auch das Theater ist eine
Art Betäubung. Die Eucharistie schläfert alle Qual ein. Der alte
Kerl, der in der Kirche schläft, wird schlafen bis nächstes Jahr um
dieselbe Zeit. So vergaßen die, die von dem honig-süßen Lotos
aßen, Heimat und Rückkehr.

Ein Wasser-Motiv durchströmt diese Episode; es paßt zur Lo-

tosblume[7] und der Technik, dem Narzissismus. »Die Kuren in
Lourdes«; »Wasser des Vergessens« [113]; »die Weihwasser-
ebbe« [117]; »ein träger Strudelpfuhl Flüssigkeit« [111] usw.

Martha schreibt in ihrem Brief, dem eine Blume beiliegt, an
Bloom (Henry Flower): »Ich denke oft an den wunderwunder-
schönen Namen den Du hast.« [109] Dieses Kapitel des *Ulysses*
ist eine wahre Blumenlese, zu der der Name (und das Pseudonym) des Helden und der seines Vaters, das ihre beitragen. Letzterer, Rudolf Virág aus Szombathely im Königreich Ungarn, än-
derte nach seiner Niederlassung in Irland seinen Namen in
Bloom; das ungarische Virag bedeutet Blume.

Der Narzissismus, die Technik dieser Episode, zeigt unverkennbare Verwandtschaften mit dem Lotos-Thema. Der stumme
Monolog herrscht vor. Vergleicht man ihr Gefüge mit dem anderer Episoden, erkennt man, daß Bloom viel beschaulicher ist als
gewöhnlich, daß er seine Gedanken dauernd mit liebevollem Interesse verfolgt. »Wollt ihr sein wie Götter? Beschaut euren Omphalos.« [54] (Am Schluß der Episode befolgt Bloom im Bade
buchstäblich Stephens Rat.) Bloom ist sozusagen in die Riten orientalischer Ekstase und die Ausdrucksweise des Hypnotikers
eingeweiht, kennt alle Einlaßworte in das Lotosland der Betäubung. Gebeugt über den Spiegel seines Selbst, umworben vom
Echo seiner inneren Stimme, betäubt durch seinen eigenen Duft,
verträumt der Lotophage verzauberte Tage.

Blooms geistige Heimat liegt viel östlicher als der Olymp; sie
liegt auf den blumigen Abhängen des Meru, wo Devas, in dumpfe
Betrachtung versunken, das Nirwana erwarten.

Zwei Künste (diesmal zwei Wissenschaften) beherrschen die
Episode als Ganzes: Botanik und Chemie. Beide erhöhen den
Zauber der Eucharistie: »Blumen, Weihrauch, schmelzende
Kerzen« [116], wie Bloom bemerkt. Botanik und Kräuterkunde
sind eng miteinander verbunden. Seinen Vorläufern, den Herba-
listen, verdankt der Drogist sehr viel. »Diese alten Hausrezepte
sind oft die besten: Erdbeeren für die Zähne: Nesseln und Re-
genwasser: Hafermehl, sagt man, in Buttermilch geweicht...
Dieses Orangenblüten. Reine Kernseife. Wasser ist ja so frisch.
Riechen angenehm, diese Seifen hier.« [119]

»Der Drogist blätterte Seite um Seite zurück. Sandgelb ver-
schrumpelt, so riecht er scheints auch. Schrumpfkopf. Und alt.
Suche nach dem Stein der Weisen. Die Alchimisten. Drogen re-

gen zwar geistig an, machen einen aber alt. Lethargie dann.
Wieso? Reaktion. Eine ganze Lebensdauer in einer Nacht. Verändert schrittweis den Charakter. So ein Leben, den ganzen Tag
zwischen Kräutern, Salben, Desinfektionsmitteln. All seine ala-
basternen Lillipöttchen. Mörser und Stößel. Aq. Dest. Fol. Laur.
Te Virid. Brauchts bloß zu riechen, dann ist man schon geheilt,
wie wenn man beim Zahnarzt klingelt... Latwerge oder Emul-
sion. Der erste Bursche, der ein Pflänzchen pflückte, um sich damit zu kurieren, hat wahrhaftig Mumm gehabt. Heilkräuter. Man
muß ja doch höllisch aufpassen. Genug Zeug hier, um einen zu
chloroformieren. Probe: färbt blaues Lackmus-Papier rot. Chlo-
roform. Überdosis Laudanum. Schlafpulver Liebestränke. Reiz-
stillender Mohnsirup schlecht für Husten. Verstopft die Poren
oder hemmt den Schleim. Gifte sind imgrunde die einzigen Heil-
mittel. Heilung, wo man sie am wenigsten erwartet. Raffiniert
von der Natur.« [118]

Dieses Fragment aus Blooms stummem Monolog enthält eine
ganze Reihe der Themen dieser Episode. In den Schlußsätzen
mischen sich das Narzissus-Wasser-Chemie-Lotos- und Eucha-
ristie-Motiv im Kelch von Blooms Bad. »Genehmige mir jetzt ein
Bad: saubere Wanne Wasser, kühle Emaille, der sanfte lauwarme
Strom. Dies ist mein Leib.

Er sah im Geist seinen bleichen Leib darin ruhen, lang ausge-
streckt und nackt, im wohligen Schoß der Wärme, gesalbt mit
duftender schmelzender Seife, weichlich umwellt. Er sah seinen
Rumpf und die Glieder, kritzlich überkräuselt und getragen,
leicht oben gehalten, zitronengelb... eine schlaffe flutende
Blume.« [122]

6. Hades

Schauplatz: Der Kirchhof
Stunde: 11 Uhr vormittags
Organ: Herz
Kunst: Religion
Farben: Weiß; Schwarz
Symbol: Friedhofswärter
Technik: Inkubismus

In einer alten Droschke mit stockfleckigen, knopflosen Polstern und den Resten der letzten Landpartie fahren Bloom, Power, Simon Dedalus und Martin Cunningham hinter Dignams Leiche zum Kirchhof. In dieser Episode des *Ulysses* tritt Simon Dedalus, Stephens konsubstantieller Vater, zum erstenmal auf. Er ist immer noch der laute laudator temporis acti des *Porträt*.

»– Wenn du dich erst mal freigeschwommen hast, Stephen – was du ja eines Tages wohl mal wirst – merk dir, egal was du tust, aber verkehre mit Gentlemen. Als ich ein junger Bursche war, das sag ich dir, da hab ich meinen Spaß gehabt. Ich hab mit anständigen prima Burschen verkehrt. Jeder von uns konnte was Spezielles. Einer hatte eine gute Stimme, ein anderer war ein guter Schauspieler, der andere konnte ein gutes Witzlied singen, ein anderer war ein guter Ruderer oder ein guter Rakettspieler, ein anderer konnte eine gute Geschichte erzählen und so fort. Bei uns war immer was am Laufen und wir haben unsern Spaß gehabt und ein bißchen was vom Leben gesehn und keinem von uns hats geschadet. Aber wir waren alle Gentlemen, Stephen – wenigstens hoffe ich, daß wirs waren – und verdammt gute und ehrliche Iren dazu. Mit dieser Art von Burschen möcht ich, daß du dich zusammentust, Burschen, die das Herz am rechten Fleck haben. Ich rede zu dir als Freund, Stephen. Ich halt nichts davon, den gestrengen Vater zu spielen. Ich halt nichts davon, daß ein Sohn Angst haben soll vor seinem Vater. Nein, ich behandle dich, wie dein Großvater mich behandelt hat, als ich ein junger Kerl war. Wir waren mehr wie Brüder als wie Vater und Sohn. Ich werde nie den Tag vergessen, als er mich beim Rauchen ertappte. Ich stand eines Tages mit ein paar jungen Herrchen, wie ich einer war, am Ende der South Terrace und, na du, wir kamen uns wie ganz tolle Burschen vor, weil wir uns Pfeifen in die Mundwinkel geklemmt hatten. Plötzlich ging der alte Herr vorbei. Er hat kein Wort gesagt, nicht mal stehngeblieben ist er. Aber am nächsten Tag, Sonntag, sind wir zusammen spazieren gegangen und als wir wieder nach Hause kamen, nahm er sein Zigarrenetui heraus und sagte: *Ach übrigens, Simon, ich habe gar nicht gewußt, daß du rauchst:* oder etwas in der Art. Natürlich hab ich versucht, das so lässig wie möglich zu nehmen. *Wenn du mal was Gutes rauchen willst,* sagte er, *versuch eine von den Zigarren da. Ein amerikanischer Kapitän hat sie mir gestern abend in Queenstown geschenkt.*

Stephen hörte, wie seines Vaters Stimme in ein Lachen ausbrach, das beinah ein Schluchzen war.

– Er war seinerzeit der schönste Mann in ganz Cork, weiß Gott! Die Frauen sind auf der Straße stehengeblieben und haben sich nach ihm umgedreht.« [P 348 f.]

Es ist nicht überraschend, daß Stephen zwischen sich und seinem Vater, zwischen sich und seines Vaters Freunden den Abgrund, die große Kluft fühlt, die die Natur zwischen Typen, die der modernen Psychologie als introvertiert und extravertiert bekannt sind, aufgerissen hat. Der Mischtyp Bloom, der wohl gelegentlich mitteilsam ist, im allgemeinen aber seine eigenen dunklen Gedanken vorsichtig verheimlicht, ist Stephen, diesem Wechselbalg im eigenen Heim, viel verwandter.

Martin Cunningham wird in der Novelle »Gnade« *(Dubliner)* als ein durchaus verständiger, einflußreicher und intelligenter Mann geschildert. »Seine schneidende Menschenkenntnis, ein natürlicher Scharfsinn, der durch langen Umgang mit Fällen in den Polizeigerichten noch spezifischer geworden war, war durch kurzes Eintauchen in die Wasser allgemeiner Philosophie gemildert worden.« [D 157] Er ist, ganz im Gegensatz zu Dedalus, dem trotz seiner Gutmütigkeit alles Abnormale unsympathisch ist, von Natur aus duldsam gegen jeden, wenn er auch seine Überzeugung nicht teilt.

Auch der vierte Insasse der Droschke, Power, kommt in der Novelle *Gnade* vor: »Mr. Power, ein viel jüngerer Mann, war im Royal Irish Constabulary Office in Dublins Castle angestellt... Seine unerklärlichen Schulden waren in seinem Kreis sprichwörtlich; er war ein liebenswürdiger junger Mann.« [D 160] Er ist liebenswürdig und ziemlich farblos. Nach Blooms Ansicht ist er »ein netter Kerl«.

Während der Wagen über die gepflasterten Straßen rattert, an
einem Stück aufgerissener Straße (die Unterwelt wird sichtbar)
vorbei, wird der Leichenzug von Passanten gegrüßt: »Eine
schöne alte Sitte«, bemerkt Dedalus. Sie fahren an einem jungen
Mann in Trauerkleidern, mit großem Hut, an Stephen vorbei.
Dedalus sagt, Stephens fidus Achates, Mulligan, der Sohn eines
Zwirnfritzen, sei »ein ausgepichter Dreckskerl und ganz durchtriebener Schurke« [125]. Ein paar Regentropfen fallen. »Komisch«, denkt Bloom. »Wie durch ein Sieb. Habs doch gleich gedacht, es hält nicht an. Meine Stiefel waren knarrig, fällt mir jetzt
ein.« [128]
    Die Unterhaltung der vier Männer ist bruchstückartig und
kommt über Gemeinplätze nicht hinaus; deutlich fühlt man, daß
die drei Iren lieber eins tränken und sich in einer Kneipe wohler
fühlten. Die Waschfrau am Anna Liffey in *Finnegans Wake* bemerkt: »Ist Irland nüchtern, ist Irland tot.« Zu dieser Morgen-
stunde ist die Laune Dedalus', der noch nichts getrunken hat, tatsächlich »tot«; seine Bemerkungen über die Passanten sind
boshaft oder verdrießlich. Bloom ist der einzige, dessen Gedanken zum Begräbnis passen. Als sie am Hundeheim vorbeikommen, denkt er an den Hund seines Vaters, an Athos, der vielleicht
ein Sproß der langlebigen Argos-Rasse[1] ist. »Armer alter Athos!
Sei gut zu Athos, Leopold, das ist mein letzter Wunsch. Dein
Wille geschehe. Wir parieren ihnen noch bis ins Grab... Er
nahms sich zu Herzen, verging vor Gram. Stilles Tier. Sind Hunde
von alten Männern meistens.« [128] Ein paar kurze Bemerkungen
der anderen über die Schande, die der Tod durch Selbstmord mit
sich bringt, lenken seine Gedanken wieder auf das tragische Ende
seines Vaters.
    Sie fahren an Blazes Boylan vorbei, der »seine Perücke lüftet«
[130], und wieder wirkt der Anblick des neusten Liebhabers seiner
Frau in der bekannten beunruhigenden Weise auf Bloom, der,
um sich abzulenken, seine Fingernägel einer genauen Betrachtung unterzieht.
    Der Anblick der großen schwarzbärtigen Gestalt des bekannten
Dubliner Geldverleihers Reuben J. Dodd löst bei Dedalus einen
Fluch aus: »Der Teufel breche dir die Rückenhaspe!« »Wir sind
doch alle mal bei ihm gewesen,« [133] bekennt Martin Cunningham. Doch Bloom, der seine Stammesverwandtschaft mit Reuben J. Dodd verbergen will, erzählt schnell, wie dessen Sohn er-

folglos Selbstmord versuchte. Der Junge sprang in den Liffey und
wurde von einem Bootsmann herausgefischt, dem Reuben J. einen Gulden als Belohnung gab. »Ein Schilling Achtpence zuviel«
[134], bemerkt hierzu trocken Dedalus.

Endlich erreichen sie den Glasnevin-Kirchhof, wo schon andere
Leidtragende auf sie warten. Die Trauerfeier in der Totenkapelle
beginnt, Blooms stummer Monolog liefert den Kommentar.

Nach Beendigung der Trauerfeier kommen die Totengräber
und schieben den Sarg auf ihre Karre. Sie gehen an O'Connells
Grabmal vorbei; »inmitten seines Volkes, der alte Dan O'. Aber
sein Herz ist in Rom begraben« [148]2, und weiter am Grabe der
Frau Dedalus. Hier bricht Dedalus zusammen und weint. »Bald
wird man mich neben sie betten. Mag Er mich zu sich nehmen,
wann es ihm gefällt.« [148] Zu den Leidtragenden gesellt sich
Kernan (siehe wieder *Gnade*); »Mr. Kernan war ein Handlungsreisender der alten Schule, die an die Würde ihres Berufes
glaubte.« [D 156] »Mr. Kernan war protestantischer Abstammung,
und obwohl er zur Zeit seiner Heirat zum katholischen Glauben
konvertiert war, hatte er sich zwanzig Jahre lang dem Schoße der
Kirche ferngehalten. Darüber hinaus stichelte er gerne gegen den
Katholizismus.« [D 160] Er macht zu Bloom eine charakteristische
Bemerkung:

»Das Ritual der irischen Kirche, wie es am Mount Jerome üblich
ist, wirkt viel einfacher, eindrucksvoller.« [149]

»Mr. Bloom stimmte vorsichtig zu. Die Sprache, das war natürlich ganz was anderes.

Mr. Kernan sagte mit Feierlichkeit:
– *Ich bin die Auferstehung und das Leben.* Das packt einen
doch im innersten Herzen.« [149]

Der Friedhofswärter John O'Connell erzählt ihnen eine lustige
Geschichte; »Um einen aufzuheitern«, wie Martin Cunningham
bemerkt. »Die reinste Gutherzigkeit: nichts anderes sonst.« [151]

Der Reporter Hynes (siehe *Dubliner:* Efeutag im Sitzungszim-
mer) notiert die Namen der anwesenden Leidtragenden und
schlägt vor, am Grabe des Führers vorbeizugehen.

»Voll Scheu sprach Mr. Powers tonlose Stimme:
– Manche sagen, er läge überhaupt nicht dort in dem Grab. Der
Sarg enthalte nur Steine. Und eines Tages werde er wiederkom-
men.

Hynes schüttelte den Kopf.

– Parnell wird niemals wiederkommen, sagte er. Dort liegt er, alles was sterblich war an ihm. Friede seiner Asche.« [159]

Als sie an einer Statue des Heiligen Herzens vorbeikommen, bekrittelt Bloom die anatomische Ungenauigkeit des Bildhauers, stolpert dabei aber selbst über eine klassische Reminiszenz.

»Und das ist also das Heilige Herz Jesu: offen zur Schau gestellt. Ein offenherziger Herr, das. Sollte ja eigentlich seitlich sitzen und rot gemalt sein, wie ein richtiges Herz. Irland war ihm geweiht oder irgend sowas. Kiekt alles andere als zufrieden drein. Warum tut man ihm das an? Würden die Vögel sonst kommen und dran picken, wie bei dem Jungen mit dem Obstkorb, aber er sagte, nein, weil sie eigentlich Angst haben sollten vor dem Jungen. Apollo war das.« [160f.]

Er beobachtet, wie sich eine fette graue Ratte unter die Sockelplatte einer Gruft zwängt. Diese Beobachtung setzt sich in seiner Erinnerung fest, und mehrere Male im Verlauf des Tages denkt er an das, was er hier gesehen. Es fällt ihm ein, daß er gelegentlich der Beerdigung der Frau Sinico (siehe *Dubliner:* Ein betrüblicher Fall) zum letztenmal hier war. Als er den Kirchhof verläßt, begegnet er dem Anwalt John Henry Menton, der Bloom einen kleinen Triumph nie hat verzeihen können.

»Mit dem bin ich doch mal zusammengeraten, an dem Abend damals auf dem Bowling-Platz, wo ich ihm in die Quere kam. War glatter Dusel bei mir: der Schrägläufer. Bloß deswegen die Stinkwut, die er gegen mich kriegte...

Hat seitlich ne Delle im Hut. Wahrscheinlich vom Wagen.

– Entschuldigen Sie, Sir, sagte Mr. Bloom neben ihnen.

Sie blieben stehen.

– Ihr Hut ist ein wenig zerbeult, sagte Mr. Bloom und zeigte hin.

John Henry Menton starrte ihn einen Augenblick bewegungslos an.

– Da, half Martin Cunningham, ebenfalls hinzeigend.

John Henry Menton nahm seinen Hut ab, beulte die Delle aus und glättete das Seidenhaar sorgsam an seinem Rockärmel. Dann klappte er sich den Hut wieder auf den Kopf.

– Jetzt stimmts wieder, sagte Martin Cunningham.

John Henry Menton ruckte zustimmend mit dem Kopf.

– Besten Dank, sagte er knapp.

Sie gingen weiter, den Toren zu. Mr. Bloom blieb leicht perplex

ein paar Schritte zurück, um nicht mitzuhören. Martin redet ja
ziemlich energisch. Also einen Schwachkopf wie den könnte
Martin doch glatt um den kleinen Finger wickeln, ohne daß ers
auch nur merkte.

   Austernaugen. Na ja, egal. Tut ihm vielleicht ja leid noch später,
wenns ihm dämmert. Dann bin ich im Vorteil gegen ihn.

   Besten Dank. Gottogott, was sind wir heut morgen vornehm!«
[163]

   Diese Episode erinnert sehr oft an die Nekuia.[3] Die vier Flüsse
des Hades sind der Dodder, der Liffey, der Grand Canal und der
Royal Canal in Dublin geworden. Der verstorbene Patrick Dignam ist Elpenor, der betrunken auf dem Dach des Hauses der
Circe schlief, herunterfiel und den Hals brach. Das Ende Dignams war ebenso plötzlich und die Folge vieler ähnlicher Unbesonnenheiten. In Blooms Beschreibung von Dignam findet sich
eine direkte Anspielung auf den Namen Elpenor. »Flammendes
Gesicht: rotheiß. Zuviel Hans Gerstenkorn. Mittel gegen rote
Nase. Saufen auf Teufel komm raus, bis sie blau wird.« [135][4] Bérard leitet den Namen El-pe-nor von einer semitischen Wurzel
ab, die »glühendes Gesicht« bedeutet. Der Schatten des Elpenor
war der erste, dem Odysseus am Ufer des Erebus begegnete.

   »Diesen schaut' ich, Tränen im Blick, und bedauerte herzlich;
   Dann mit erhobenem Laut die geflügelten Worte begann ich:
   ›Wie doch kamst Du herab ins nächtliche Dunkel, Elpenor?
   Gingst Du schneller zu Fuß als ich im schwärzlichen Meer-
   schiff?‹«

Als Bloom auf dem Kirchhof angekommen ist, führt er folgendes
Selbstgespräch: »Jetzt der Sarg. War uns um Nasenlänge voraus,
so tot wie er ist.« [143] und später in der Totenkapelle, als der Sarg
auf der Bahre steht, an deren Ecken vier gelbe Kerzen brennen:
»Uns immer voraus.« [145]

   Diese Episode zeigt viele andere homerische Parallelen, die
leichter zu erkennen sind, der Oberfläche näher liegen als die
symbolischen Beziehungen in anderen Episoden. Diese relative
Direktheit der Anspielung hat vielleicht ihren Grund in der Verwandtschaft zwischen der alten und modernen Erzählung, die
beide von einem Besuch im Reiche der Toten, dem Reiche des
Hades, dem Glasnevin-Kirchhof berichten. So ist der liebens-

würdige Cunningham zur Sisyphus-Arbeit verdammt.

»Eines Marmors Schwere mit großer Gewalt fortheben.
Angestemmt mit Hand und mit Fuß, arbeitet' er machtvoll,
Ihn von der Au' aufwälzend zur Anhöh. Glaubt' er ihn aber
Schon auf den Gipfel zu drehn, da mit einmal stürzte die Last
um;
Hurtig mit Donnergepolter entrollte der tückische Marmor.
Dann von vorn arbeitet' er angestrengt, daß der Angstschweiß
Rings den Gliedern entfloß, und Staub umwölkte das Ant-
litz.«

Der tückische Marmor ist für Cunningham sein versoffenes Weib.
»Richtet ihr immer wieder neu das Haus ein, Mal um Mal, und
sie trägt ihm dann das ganze Zeug fast jeden Samstag ins Leih-
haus. Ist das Leben eines Verdammten, was er führt, durch sie.
Zum Steinerweichen, das. Montag morgen gehts wieder frisch
von vorne los. Rein in die Tretmühle.« [136] Die letzten Worte
erinnern vielleicht an die Verdammnis des Ixion. Die Arbeit der
Danaiden findet im *Ulysses* ihr Gegenstück in der nie endenden
Qual eines alten Landstreichers. »Am Bordstein vorm Haus des
Küsters Jimmy Geary saß ein alter Landstreicher, murrend,
Schmutz und Steine schüttelnd aus seinem riesigen staubbraunen
klaffenden Schuh. Nach des Lebens Reise.« [141]
 Auf der Fahrt zum Kirchhof wird der Wagen durch eine Herde
»brandgezeichnetes Vieh« aufgehalten: »brüllend, trottend auf
flatschigen Hufen, mit den Schwänzen träge über die verklump-
ten knochigen Kruppen fegend. Um sie herum und zwischen ih-
nen durch liefen gerötelte Schafe, blökten ihre Angst hinaus.
 – Emigranten, sagte Mr. Power.
 – Hüüüh! schrie die Stimme des Treibers, und seine Peitsche
klatschte auf ihren Flanken. Hüüüh! Los da, vorwärts!
 Natürlich, Donnerstag. Morgen ist Schlachttag« [138].
 Der Treiber mit der Peitsche kann verglichen werden »mit
Orion dem Ungeheuren, der Scharen Gewild fortscheucht, hinab
die Asphodelos-Wiese ... seine Keul' in den Händen, von Erz un-
zerbrechlich geschmiedet.«
 Pater Coffey trägt die Maske des Zerberus.
 »Pater Coffey. Ich wußtes doch, sein Name klang nach Koffer
irgendwie. *Domine-namine*. Bullig ums Maul sieht er aus.

Schmeißt die ganze Chose. Muskulöser Christ. Wehe, wer den
mal schief anguckt: so einen Hochwürden. Du bist Petrus. Platzt
noch mal allseits aus den Nähten wie ein Schaf im Klee, sagt Dedalus. Tatsächlich, bei so einem Bauch, wie ein vergifteter Köter.« [146]

Eine andere, direktere Anspielung auf Zerberus, auf dessen
Namen Bloom sich nicht besinnen kann, findet sich in seinen
Worten über die Kuchen des Hökers am Eingang des Kirchhofs:
»Simnelstücke sind das, aneinanderklebend: Backwerk für die
Toten. Hundekuchen. Wer hat die gegessen?« [142]

Der Friedhofswärter John O'Connell personifiziert Hades; er
war eine bekannte Dubliner Persönlichkeit, seine Langlebigkeit
glich der seines Urbilds. »John O'Connell... Der vergißt nie einen Freund.« [150] Alle Leidtragenden sind drauf bedacht, von
dem Friedhofswärter nur Gutes zu reden – ein Echo der euripi-
deischen Lobrede auf Hades. Verwundert denkt Bloom daran,
daß John O'Connell verheiratet ist.

»Möchte wissen, wo er den Mumm hergenommen hat, einem
Mädchen nen Antrag zu machen.« [152]

Für Bloom war die Kurage, durch die John O'Connell seine
Frau gewann, vielleicht jener nicht unähnlich, durch die Hades,
der katholischste[5] aller Götter, Proserpina gewann; doch verhin-
dert die Ehrfurcht vor Hades die gewöhnliche Offenheit seines
stummen Monologs.

Die Leidtragenden gehen nun an den Grabdenkmälern Daniel
O'Connells und Parnells, den Schatten des Herakles und Aga-
memnon vorbei. Wie Parnell fand auch letzterer durch eine Frau
sein Ende. Als Odysseus diese und andere Helden begrüßt
hatte,

»Nur des Aias Seele, des mutigen Telamoniden,
Blieb mir entfernt dastehn und zürnete wegen des Sieges,
Den ich von Jenem ersiegt im rechtenden Streit an den Schif-
fen,
Über Achilleus' Waffen. Gestellt von der göttlichen Mutter
Prangten sie, und es entscheiden der Troer Söhn' und Athene.
Oh, daß ich nimmermehr obsiegt' in solcherlei Wettstreit!«

Die Haltung des John Henry Menton und das Vorkommnis auf
dem Bowlingplatz erinnern an das Sichfernhalten des Ajax, der

wie Menton einen angebotenen Dienst verächtlich ablehnte und
»herrlich« weiterging.

Das Auftreten des Mannes im Macintosh (an das Bloom im
Laufe des Tages des öfteren erinnert) bietet interessante Möglichkeiten für die Deutung Joyces im Lichte homerischer Analogie. Als die Totengräber den Sarg ins Grab senken, sieht sich
Bloom um und fragt verwundert: »Also wer ist denn bloß dieser
lange Lulatsch in dem Macintosh da drüben? Ich gäb was drum,
wenn ich nur wüßt. Das heißt, es schert mich imgrunde ja einen
Dreck. Immer taucht doch plötzlich jemand auf, an den man nicht
im Traum gedacht hätte. Eigentlich könnte man ohne weiteres
auch sein ganzes Leben alleine leben. Jawohl, könnte man durchaus. Müßte dann bloß jemand auftreiben, der einen unter den
Rasen bringt, wenn man gestorben ist, obwohl man sich natürlich
auch vorher ein eigenes Grab buddeln könnte.« [154f.] Als die
Feier zu Ende ist, schreibt der Reporter Hynes die Namen der
Anwesenden auf.

Etwas Unheimliches umgibt diesen stummen, stumpfen M'Intosh, den dreizehnten Leidtragenden. Bloom legt auch diesen
Vorfall in den Schatz seiner Erinnerungen, aus dem er je nach
Gelegenheit schöpft, während sich der Bloomstag langsam in Penelopes Nacht wandelt. Als Bloom und Stephen, der sich langsam
von der vergifteten Bordell-Ekstase erholt (in der M'Intosh natürlich geisterhaft erscheint und verschwindet), in der Kutscherkneipe (Eumäus-Episode) sitzen, liest ersterer im Telegraph, daß
L. Boom, C. P. M'Coy, Dash M'Intosh und mehrere andere im
Trauergefolge waren. Wenn Bloom auch die Verstümmelung
seines Namens ein wenig verstimmt, zeigt er seinem Gefährten
die Namen M'Coys und Stephens, »die beide, wie nicht eigens
gesagt zu werden brauchte, durch vollkommene Abwesenheit
geglänzt hatten (einmal gar nicht zu reden von M'Intosh)« [812].

Die Nekuia weist eine seltsame, für die Odyssee ungewöhnlich
zweideutige Stelle auf, die von der Melampos-Sage handelt.
(Odyssee XI. 281-98.) Diese Stelle ist vermutlich eine Einschiebung und scheint als Überleitung zu der längeren Abschweifung
im 15. Buch der Odyssee (ihm entspricht die Eumäus-Episode im
Ulysses), die sich auf Theoklymenos bezieht, eingefügt zu sein.
Telemachos will grade in Pylos an Bord gehen, um nach Ithaka
zurückzukehren, wo er seinen Vater in der Hütte des Eumäus
finden soll.

»So nun war er geschäftig und betete, opfernd Athenen,
Hinten am Steuer des Schiffs. Da naht' ihm plötzlich ein
Fremdling,
Fernen Geschlechts, der aus Argos entfloh nach getötetem
Manne,
Seher er selbst und stammend vom edelen Blut des Melampos,
Welcher vordem erst wohnt' in dem lämmernährenden Pylos,
Reich in der Pylier Volk, hochragende Säle bewohnend;
Drauf in fremdes Gebiet auswanderte, fliehend die Heimat
Und den gewaltigen Neleus, den stolzesten Aller, die lebten,
Der sein großes Vermögen, bis ganz umrollte der Jahrkreis,
Hielt mit Gewalt. Doch jener indes in Phylakos' Wohnung
Lag in grausame Band verstrickt, Mühseligkeit duldend,
Ob des Neleus Tochter und ob der schweren Verblendung,
Die ins Herz ihm gesandt die unnahbare Göttin Erinnys.
Dennoch entfloh er dem Tod, und aus Phylakes Auen gen Py-
los
Trieb er die brüllenden Rinder und straft' um die schnöde Ge-
walttat
Neleus, den göttlichen Held, und führete drauf die Gemahlin
Seinem Bruder ins Haus.«

Hierauf folgt eine lange Genealogie, die die Abstammung des
Polypheides von Melampus dartut und folgendermaßen endet:

»Aber den mutigen Held Polypheides ordnet' Apollon
Zum preiswürdigsten Seher, da tot war Amphiraos.
Dieser zog in die Stadt Hyperesia, zürnend dem Vater,
Und weissagete dort den Sterblichen allen ihr Schicksal.
Dessen Sohn, genannt Theoklymenos, nahete jetzo.
Eilend trat er hinan zu Telemachos.«

Die Ausführungen Bérards, warum diese belanglose Person eingeführt und ihre Abstammung in solcher Ausführlichkeit darge-
tan wird, sind für das M'Intosh-Geheimnis von Bedeutung.
  »Auch hier wird wie an anderen Stellen eine Einschiebung
durch zwei gleiche Zeilen eingeschlossen (so beginnt die M'In-
tosh-Einschiebung mit: ›Seine Beerdigung. Begraben wolln wir
Caesarn…‹ [154], und dann folgen die Worte: ›Bloß der Mensch
begräbt… Die Toten begraben.‹ [155]); diese Stelle ist im Hin-

blick auf die Rolle, die Theoklymenos in der Odyssee spielt, nur
von geringer Bedeutung. Dieser berühmte Seher, dessen Genealogie in dreißig fast unverständlichen Versen mitgeteilt wird, ist
sicher (in einer nicht überlieferten) Sage mit dem späteren Leben
des Odysseus oder des Telemachos in Verbindung gebracht worden. Er kommt nur in den letzten Büchern der Odyssee vor, wiederholt nur die banalen Prophezeiungen (XV, XVI) und warnt
die Freier (XX) ... Auf die Odyssee folgte im Epenzyklus die Te-
legonie; war dieser Theoklymenos einer der Helden der Telego-
nie? Erschien er in den ersten Zeilen dieses Epos als Gefährte des
Telemachos und Odysseus? Enthielten die Anfangszeilen eine
Anspielung auf seine Befreiung durch Telemach in Pylos? Wurde
diese dunkle und überflüssige Stelle in die Odyssee zur Erklärung
dieser Anspielung eingefügt?«

Bérard erklärt dann weiter das Geheimnis, das die Schritte des
Theoklymenos nach seiner Ankunft in Ithaka umgibt. Als Odysseus, als Bettler verkleidet, in den Palast kommt, beraten die
Freier, wo er schlafen soll; Theoklymenos scheinen sie nicht zu
kennen. »Wo schlief er in jener Nacht? Er ging weder mit den
Freiern noch mit Telemachos; er blieb auch nicht bei Odysseus.
Homer verläßt nie eine seiner Gestalten, ohne ihr vorher Bett
und Unterkunft gesichert zu haben. Am nächsten Tage aber erschien er wieder im Palast, als das Gemetzel der Freier beginnen
sollte.« Dieser geheimnisvolle Mann aus Pylos, wie ihn ein moderner Reporter nennen würde, mutet seltsam modern an. M'In-
tosh-Theoklymenos ist immer unter uns; er ist der Bucklige, dem
man bei jeder ersten Abendvorstellung auf dem linken Eckplatz
in der ersten Reihe der Galerie sieht, ist der bärtige, russische
Priester, der bei keinem internationalen Fußballmatch fehlt, ist
die alte Frau im Plüschmantel und mit den Pfeffermünzbonbons,
die keine Gerichtsverhandlung versäumt. Die Personalien solch
seltsamer Menschen kann man von ihrem Äußeren ablesen; als
Ibsen in Rom lebte, war er für die Römer nur der Cappellone,
d. h. der Mann mit dem großen Hut.

An die zweideutige Prophezeiung des Teiresias erinnert die Erwähnung von Robert Emmet, dessen letzte Worte am Ende der
Sirenen-Episode zitiert werden: » *Wenn mein Land einmal seinen
Platz einnimmt unter den Nationen der Erde, dann und erst dann
laßt mir das Epitaph schreiben.* « [403]

Die Zweideutigkeit dieser Äußerung liegt darin, daß, hätte Em-

met sich ein längeres Leben gewünscht, dieser Wunsch für Irland
weiteren Verzicht auf Freiheit bedeutet hätte. Dieses Postulat ist
genauso zweischneidig wie das des Orakels: Ibis redibis nunquam
in bello peribis und ebenso seltsam wie die Worte des thebani-
schen Sehers zu Odysseus über »den Wanderer, der ein Ruder für
eine Worfel hält«, und den »Tod, der ihm vom Meere kommen
soll«.

Sollte der Leser diese Anklänge an die Nekuia ablehnen, wird
er doch durch den Inkubismus, die Technik dieser Episode, und
zwar mit den einfachsten Mitteln, in eine Todes-Atmosphäre
versetzt, die der der »dumpfen Behausung des Hades« oder der
Totengräberszene im Hamlet um nichts nachsteht. Auf letztere
wird ausdrücklich angespielt; so werden zum Beispiel die Totengräber mit Zahlen benannt; Bloom, der sich der Szene bei Shakespeare erinnert, bewundert besonders »die tiefe Kenntnis des
menschlichen Herzens« [154]. Die Luft drückt auf die Leidtragenden; die Erde scheint sich zu öffnen, sie aufzunehmen. Facilis
descensus... »Der Wagen fuhr an den offenen Kanalisationsgrä-
ben und Erdwällen der vor den Mietshäusern aufgerissenen
Straße vorüber, wankte dann um die Ecke«. [124] Des Landstreichers großer Stiefel »klafft« [141], während er den Schmutz aus
ihm schüttet. »Dann kommen sie selber dran: fahrn in die Grube,
einer nach dem andern.« [157] Die Vorstellung des Bettes: »Bett
des Tods, geisterbekerzt« [69] (siehe Proteus) ist in Blooms
Selbstgespräch verwoben. Der Selbstmord seines Vaters:
»Dachte zuerst, er schliefe. Sah dann was wie gelbe Streifen auf
seinem Gesicht. War runtergerutscht im Bett bis zum Fußende.«
[137] Er malt sich seinen eignen Tod aus.

»Tja, 's ist ein langer Schlaf. Man fühlt nichts mehr. Nur der entscheidende Moment, den fühlt man. Muß verdammt unangeneh-
nehm sein. Läßt sich zuerst kaum glauben. Bestimmt ein Irrtum:
jemand anders. Probiers mal im Haus gegenüber. Warte, ich
wollte noch. Ich hab noch nicht. Dann das verdunkelte Sterbe-
zimmer. Licht wollen sie. Flüstern rundum. Möchtest du gern,
daß ein Priester kommt? Gedanken, schweifend, verschwim-
mend. Dann Delirieren, alles was man versteckt hat sein Leben
lang. Der Todeskampf. Sein Schlaf ist nicht natürlich. Drücken
auf sein unteres Lid. Nachsehn, ob seine Nase schon spitz wird,
die Kinnlade sackt, die Fußsohlen gilben. Zieht ihm doch das
Kissen weg und gebt ihm den Rest, auf dem Boden, ist ja doch

nichts mehr zu machen.« [156]

Von Anfang bis Ende der lähmende Druck eines Inkubus. Verschiedene Formen der Beerdigung, prähistorische Arten der Bestattung, von denen einige vielleicht auf jüdischen Ritus anspielen, werden erwähnt: Verschließen der Körperöffnungen, Verbrennung, Versenken ins Meer, die Feuer der Parsen, Mumifizierung. Bezüglich der Ökonomie der Beerdigung hat Bloom einen seltsamen Gedanken:

»Mehr Platz, wenn man sie stehend⁶ begrübe. Sitzend oder kniend, nee, das ginge nicht. Und stehend? Dann könnte der Kopf rauskommen eines Tages, wenns mal nen Erdrutsch gäbe, mit mahnend erhobener Hand. Der Boden müßte vollständig in Waben eingeteilt werden: längliche Zellen.« [153]

Einer der Totengräber bückt sich und entfernt vom Stiel seines Spatens ein langes Grasbüschel – eine rituelle Bewegung. Dauernd stößt man auf Tod-Metaphern, die das kimmerische⁷ Dunkel des Beinhauses noch vergrößern. »Die Kerls reagieren doch immer gleich, zu Tode gekränkt, wenn Frauen dabei sind.« [163] »An jedem Tag, den Gott werden läßt, ein neuer Schub«. [147] Die leichenfressende Ratte bildet das Bindeglied zwischen Kirchhof- und Lästrygonen-(Hunger-)Motiv; in Bloom schlafen die niederen Gelüste selten. »So eins von diesen Biestern fackelt nicht lange mit einem. Nagen die Knochen sauber ab, egal wers war. Gewöhnliches Fleisch für sie. Ein Leichnam ist schlechtgewordenes Fleisch. Na schön, und was ist Käse? Leiche der Milch.« [161]

Das Körperorgan, das zu dieser Episode in Beziehung steht, ist das Herz.

»– *Ich bin die Auferstehung und das Leben.* Das packt einen doch im innersten Herzen.

– Ja, das packt, sagte Mr. Bloom.

Dein Herz vielleicht, aber was solls dem Burschen in dem sechs Fuß mal zwo da, der die Radieschen von unten besieht? Bei dem gibts nichts mehr zu packen. Sitz der Gemütsbewegungen. Gebrochenes Herz. Eine Pumpe doch letzten Endes, die tausende von Gallonen Blut täglich umwälzt. Eines schönen Tages verstopft sie sich, und man ist erledigt. Haufenweise liegen sie hier herum: Lungen, Herzen, Lebern. Alte rostige Pumpen: einen Schmarren was andres. Die Auferstehung und das Leben. Wenn man erst mal tot ist, ist man tot. Dieser Einfall mit dem Jüngsten

Tag. Die ganze Bagage aus ihren Gräbern trommeln. Lazarus,
komm herfür! Und er kam herfünf, und Pustekuchen. Alles aufstehn! Jüngster Tag! Jeder grapscht wie wild nach seiner Leber,
seinen Glotzern und den restlichen Siebensachen. Dabei findet
er doch nischt mehr wieder an dem Morgen. Ein Pennyweight
Staub bloß noch im Schädel. Zwölf Gramm ein Pennyweight.
Troy-Maß.« [149]

Der Heldenruhm wird ein wenig Staub in einem Schädel pulvis
et umbra...

Als Bloom an die Schande des Selbstmordes denkt, sinnt er:
»Bei sowas wie dem hier kennen sie keine Gnade, oder bei
Kindsmord. Verweigern christliches Begräbnis. Früher trieben
sie so einem noch einen Holzpfahl durchs Herz, im Grab. Als ob
das nicht ohnehin schon gebrochen wäre...« [136]

Bloom aber hat jedenfalls das Herz auf dem rechten Fleck.

7. Äolus

Schauplatz: Die Zeitung
Stunde: 12 Uhr mittags
Organ: Lunge
Kunst: Rhetorik
Farbe: Rot
Symbol: Redakteur
Technik: Enthymem (153)

Der Schauplatz dieser Episode ist das Büro des Freeman's Jour-
nal and National Press[1], das Bloom besucht, um hier wegen einer
Annonce für Alexander Keyes, Tee-, Wein- und Spirituosen-
Händler, zu verhandeln. Er hofft, den Redakteur soweit zu bekommen, daß der Telegraph, eine Abendzeitung unter gleicher
Leitung, seinem Kunden in der rosafarbenen Samstagbeilage einen hinweisenden Artikel widmet. Keyes hat eine Idee gehabt,
die Bloom dem Stadtrat Nannetti, dem Geschäftsführer des
Freeman, erklärt.

»– Etwa so, sehn Sie. Zwei gekreuzte Schlüssel hier. Dann einen
Kreis. Dann hier den Namen Alexander Keyes, Tee, Wein, Spiri-
tuosen... Die Idee, sagte Mr. Bloom, ist das Haus der Schlüssel.
Sie wissen doch, Herr Stadtrat, das Man-Parlament. Anspielung
auf die Homerule. Touristen, verstehn Sie, von der Insel Man. Ist
ein Blickfang, verstehn Sie. Läßt sich das machen?« [170]

Bloom will nun die fragliche Zeichnung besorgen, die schon
einmal in einer Kilkenny-Zeitung gestanden hat. Deswegen besucht er in der übernächsten Episode die National-Bibliothek.

Außer der geschäftlichen Tätigkeit Blooms schildert diese Episode das innere Leben einer Tageszeitung: realistisch wird Myles
Crawford, der Redakteur des Telegraph, geschildert, realistisch
wird eine Unterhaltung über journalistische Dinge zwischen ihm
und einigen seiner Genossen, Dedalus, Professor MacHugh, Ned
Lambert und anderen, wiedergegeben. Dedalus, den die Beredsamkeit eines gewissen Dan Dawson, die der Freeman berichtet
und die viva voce von Ned Lambert vorgetragen wird, durstig gemacht hat, verläßt das Büro, um irgendwo ein Glas zu trinken.
In diesem Augenblick erscheint in Begleitung von O'Madden
Burke Stephen in seiner Rolle als »ochsenfreundlicher Barde«.

Stephen will Deasys Artikel über die Maul- und Klauenseuche abgeben. Er muß ein Symposion journalistischer Reminiszenzen über sich ergehen lassen und benutzt seinen augenblicklichen »Reichtum« dazu, das Redaktionsbüro in eine benachbarte Bar einzuladen. »– Ein Apfel, nicht weit vom Stamm gefallen! schrie der Chefredakteur und schlug Stephen auf die Schulter. Gehn wir.« [201]

In dieser Episode nähern sich Bloom und Stephen, ohne sich jedoch zu begegnen. Für den hinweisenden Artikel im Telegraph soll Keyes, das ist die Bedingung des Faktors, die Annonce für drei Monate erneuern. Bloom verläßt eiligst das Büro, um Keyes aufzusuchen, mit dem er verhandeln will. Unterdessen kommt Stephen. Als Bloom zurückkommt, führt Stephen sein durstiges Gefolge schon barwärts; er geht neben MacHugh. Der Redakteur, der sich mit O'Molloy unterhält, folgt. Atemlos eilt Bloom auf ersteren zu. »– Es ist bloß wegen der Annonce… Ich habe grad mit Mr. Keyes gesprochen. Er will auf zwei Monate erneuern, sagt er. Dann wartet er erstmal ab. Aber er möchte auch einen kleinen Artikel im *Telegraph,* in der rosa Samstags-Ausgabe… Was soll ich ihm sagen, Mr. Crawford?« [204]

Die Antwort des Redakteurs ist kurz und grob.

Bloom sieht Stephen. »Möchte wohl wissen, ob dieser junge Dedalus da die treibende Kraft ist. Hat ein gutes Paar Stiefel an heute. Letztesmal, wie ich ihn sah, guckten ihm die Fersen raus.« [205] Auch in der nächsten Episode gehen Bloom und sein geistiger Sohn aneinander vorbei. Die Begegnung und das endliche Erkennen erfolgen erst, als der Bloomstag sich seinem Höhepunkt nähert, also in der Entbindungsanstalt und im Bordell; erst beim dritten Versuch erfüllt sich das Schicksal.

In der Äolus-Episode wird der Text in kurze Abschnitte zerrissen, von denen jeder eine Schlagzeile[2] als Überschrift trägt. Ein Abschnitt, der beschreibt, wie O'Molloy Zigaretten anbietet, trägt die Überschrift:

Das Friedens-Kalumet [183]

Eine Anspielung auf die Nelson-Säule trägt die Überschrift:

Horatio ist Leitstern an diesem schönen Junitag [208]

In einem andern Abschnitt bemerkt Professor MacHugh zu Stephen: »– Sie erinnern mich an Antisthenes, sagte der Professor, einen Schüler des Sophisten Gorgias. Es heißt von ihm, kein Mensch hätte sagen können, gegen wen er eigentlich bitterer ge-

wesen sei, gegen andere oder gegen sich selbst. Er war der Sohn
eines Adligen und einer Magd. Und er hat ein Buch geschrieben,
in dem er die Palme der Schönheit der Argiverin Helena aber-
kannte und der armen Penelope reichte.« [207]

Dieser Abschnitt ist überschrieben:

   Sophist versetzt hochmütiger Helena Nasenstüber
   Spartaner knirschen mit Backzähnen
   Ithaker wählen Pen zur Favoritin [207]

Die Unterhaltung im Redaktionsbüro dreht sich hauptsächlich
um journalistische Dinge. Ned Lambert liest Dan Dawsons Rede
vor:

   ... »*getaucht in das transzendente, transluzente Leuchten unseres
milden, geheimnisvollen irischen Zwielichts...*

   *Welches weit und breit die Aussicht verschleiert, und harren, daß
des Mondes leuchtendes Rund erstrahlt, um seinen Silberschimmer
ringsum auszugießen...*« [177]

   »Gräßlich geschwollenes Zeug« [175], denkt Bloom. »Klitschkopp Daw!« [178] schreit MacHugh.

   Was Wetherup immer gesagt hat

   »Alles ganz gut und schön, sich drüber zu mokieren jetzt, wo es
kühl gedruckt vorliegt, aber sonst gehts doch runter wie warme
Semmeln, das Zeug. Er war doch auch in der Bäckerbranche,
oder? Deswegen nennen sie ihn ja Klitschkopp Daw. Jedenfalls
aber hat er sich nicht schlecht gebettet. Tochter verlobt mit diesem Burschen vom Inlandszollamt, dem mit dem Automobil. Hat
das hübsch eingefädelt. Empfänge, offenes Haus. Wird doll geta-
felt da. Wetherup hat das schon immer gesagt. Beziehungen gehn
durch den Magen.« [178]

   Dieser Wetherup wird noch einmal im *Ulysses,* und zwar in einem ähnlichen Zusammenhang erwähnt: die Vorteile eines offenen Hauses und guten Tisches werden festgestellt. Weiter hört
man nichts von dieser Gestalt mit dem seltsamen Namen, deren
einziger Anspruch auf Unsterblichkeit in dem oben zitierten Satz
zu liegen scheint.

   Professor MacHugh vergleicht in rhetorischem Schwung die
Iren mit den Griechen, Pioniere der Geistigkeit mit materialistischen Reichserbauern vergangener und gegenwärtiger Zeiten.

   »– Das Griechische! sagte er noch einmal. *Kyrios!* Leuchtendes

Wort! Die Vokale, von denen der Semit und der Engländer keine
Ahnung haben.« [187]

Myles Crawford erzählt die Geschichte des »Großen Gallaher«
[190] (siehe die Geschichte dieses erfolgreichen Journalisten in
Dubliner: Eine kleine Wolke), der zur Zeit der politischen Morde
im Phönix-Park (1881) an die New York World Einzelheiten
über die Bewegungen der Mörder in einem Code telegraphierte,
der auf einer Annonce einer alten Nummer des Freeman basierte.

Lenehan, der schlaue Schmarotzer (siehe *Dubliner:* Zwei Kavaliere), tritt in dieser Episode besonders in Erscheinung und läßt
neben anderen Späßen ein Scherzrätsel vom Stapel, das den ganzen Tag in Blooms Gedächtnis haftet.

Frage: »Welche Oper gleicht einer Eisenbahnlinie?«

Antwort: »Die *Rose of Castille*. Nicht kapiert? *Rows of cast
steel.*« [188]

Mac Hugh zitiert »das schönste Beispiel oratorischer Kunst, das
ich je vernahm« [196], eine Ex-tempore-Rede des John F. Taylor,
wobei er »des stolzen Mannes Hohn über die neue Bewegung«
[197] (die Wiederbelebung der irischen Sprache) »ergoß«.

»– *Herr Präsident, meine Damen und Herren: Mit großer Bewunderung habe ich den Worten gelauscht, welche soeben von
meinem verehrten Herrn Kollegen an die Jugend Irlands gerichtet
wurden. Es war mir dabei, als sei ich in ein Land versetzt worden,
weit fern dem unseren, in eine Zeit, weit fern von unsrer Zeit, als
stünde ich auf einmal im alten Ägypten und lauschte der Rede eines
Hohenpriesters jenes Landes, der zum noch jugendlichen Moses
sprach…*

*Und es war mir, als hörte ich die Stimme jenes ägyptischen Ho-
henpriesters und klänge darin ein wohlgemuter Ton aus Überheb-
lichkeit gleichwie Stolz. Ich hörte seine Worte, und ihr Sinn, er
ward mir offenbar.*

Von den Vätern

Es ward mir offenbar, daß gut sind jene Dinge, welche doch verderbt sind, welche weder wenn sie vollkommen gut, noch ohne
daß sie's wären, könnten verderbt werden. Ah, verflixt! Das ist
der heilige Augustin.« [198]3

Die Anfangssätze dieser beredten Rede und der Vergleich mit
dem Orient lassen an das Wander-Motiv denken. Das verheißene

Land-Thema wird im Verlaufe dieser Episode in Stephens Anek-
dote: »*Ein Blick vom Pisga auf Palästina / oder / Das Gleichnis
von den Pflaumen.*« [208] weiter entwickelt. Es handelt sich um
die ironische Geschichte zweier bejahrter Dubliner Vestalinnen,
die auf der Nelson-Säule vierundzwanzig reife Pflaumen verzehren und die Pflaumensteine langsam zwischen den Gitterstäben
auf das Panorama von Dublin, das tief unter ihnen liegt, spuk-
ken.

»Drauf zur aiolischen Insel gelangten wir, welche bewohnte
Aiolos, Hippotes' Sohn, ein Freund der unsterblichen Götter.
Schwimmend war die Insel; die ganz einschließende Mauer
Starrte von Erz, unzerbrechlich, und glatt umlief sie die Fels-
wand.
Ihm sind auch zwölf Kinder daheim im Palaste geboren,
Sechs der lieblichen Töchter und sechs aufblühende Söhne;
Und er gab den Söhnen die lieblichen Töchter zu Weibern.
Stets um den liebenden Vater gesellt und die sorgsame Mutter,
Feiern sie Schmaus, da ihnen unzählbare Speisen gestellt sind;
Aber der Saal voll Duftes erschallt von der Flöte Getön rings
Jeglichen Tag.«

Odysseus blieb einen ganzen Monat bei Äolus und wurde von ihm
freundlich bewirtet. Als er abfuhr, gab ihm Äolus einen Schlauch,
der alle lärmenden Winde enthielt; eine silberne Schnur ver-
schloß den Schlauch, »denn zum Schaffner der Wind' hat ihn geordnet Kronion, jeden, nachdem er will, zu besänftigen und zu
empören«. Von günstigem Winde getrieben, kam Odysseus bis
dicht an die Heimat und sah schon die Feuerwachen am Gestade.
Als er sich aber zum Schlafe niederlegte, lösten seine Gefährten,
die glaubten, der Schlauch sei mit Schätzen gefüllt, die silberne
Schnur. Die Winde sausten los und trieben die Schiffe zurück
nach der Insel des Äolus. Doch Äolus war jetzt anderen Geistes;
er verfluchte Odysseus, den Schandbarsten der Menschen, und
befahl ihm, sich schleunigst von der Insel zu trollen.
Das Charakteristische des Palastes des Äolus ist der Lärm, der
von dem beständigen Tosen der eingeschlossenen Winde her-
rührt.
Blooms Ankunft im Redaktionsbüro, in dem Myles Crawford,
der Beherrscher der Winde, regiert, ist vom chaotischen Lärm

begleitet: rechts und links klirren und klingeln Trams, mit lautem
Zuruf werden Säcke geworfen und in scharlachrote Postwagen
verladen. Fässer rattern. »Plumpgestiefelte Fuhrleute rollten
dumpfdröhnende Fässer aus den Prince's Stores und bumsten sie
auf die Brauereifuhrwagen.« [164] Er ging »durch die Seitentür...
und über die warme dunkle Treppe..., über den Flur, entlang an
den nun widerhallenden Brettern... Durch eine Gasse rasselnder
Trommeln bahnte er sich seinen Weg zu Nannettis Korrekturen-
kabinett« [166f.]

    Den Anfang dieser Episode beherrscht das Brausen und Don-
nern der Druckmaschinen; Bloom kann sich Nannetti nur mit
Mühe verständlich machen, der, an den Lärm gewöhnt, seine
»Worte geschickt in die Pausen des Rammschens schlüpfen ließ«
[169]. Diese Stelle läßt erkennen, daß Bloom eine leise Stimme
hat, was für einen Annoncenakquisiteur viel wert ist. Nirgends
wird eine direkte Beschreibung des Helden des *Ulysses* gegeben;
aus derartigen kleinen Hinweisen muß man sich ein Bild von seinem Gebaren und seinem Äußeren machen.

    Die Analogie zwischen Tagespresse und Palast der Winde er-
scheint seltsam treffend, betrachtet man Homers auf Tatsachen
beruhende anthropomorphe Beschreibung der Insel des Äolus,
die von einem ehernen Wall umgeben und zweifellos mit der Insel
Stromboli identisch ist. Unter den vulkanischen Produkten, die
auf dieser Insel gefunden werden, ist ein metallisches Erz, das der
Oberfläche der Felsen dünnschichtig anhaftet. Dieses Metall
glänzt und ist spiegelglatt. Vulkanischen Ursprungs ist auch der
Bimsstein, der heute noch auf der Insel gefunden wird. Bei einem
Ausbruch des Vulkans auf Stromboli wurde der Bimsstein auch
ins Meer geschleudert und umlagerte die Insel; daher dann: die
schwimmende Insel des Äolus. In einem Bericht über die Insel
Strongule (Stromboli) bemerkt Martianus Capella: »Rauch und
Flammen auf Strongule künden die Richtung der Winde; bis auf
den heutigen Tag können die Schiffer voraussagen, welcher Wind
zu erwarten ist.« Der Glaube, die Beobachtung eines Vulkans er-
mögliche die Voraussage der Windrichtung, beruht offenbar auf
der Tatsache, daß Winde irgendwie den Ausbruch eines Vulkans
beeinflussen können. So erwähnt Spallanzani in seinen »Voya-
ges«, daß auf Stromboli »bei Nordwind der Rauch weiß und dünn
ist und dann nur wenige Ausbrüche erfolgen; bei Südwind aber
ist der Rauch dicht und schwarz und legt sich über die ganze Insel.

Ausbrüche sind dann häufig und heftig.« Das wußte er von den Inselbewohnern, die ihm weiterhin versicherten, dichter Rauch und häufige Ausbrüche gingen dem Aufkommen des Südwindes um mehrere Tage voraus. Spallanzani selbst konnte nicht feststellen, ob die angebliche Möglichkeit einer Wettervorhersage durch Beobachtung des Vulkans auf Wahrheit beruhe. Strabos Ansicht scheint vernünftiger: »Beobachtung zeigt, daß Wind die Flammen des Vulkans anfacht und ruhiges Wetter sie beruhigt.«

Der alte Streit, ob der Vulkan ein Wetterprophet, ein Beherrscher der Winde ist, oder ob der Beherrscher in Wirklichkeit nur als Diener der Laune der Winde gehorcht, hat zweifellos seine Analogie in der Journalistik, auf die nicht weiter eingegangen zu werden braucht.

An die erzenen Mauern des Palastes des Äolus erinnern vielleicht die Tramlinien, die das Büro umgeben. Die Episode beginnt mit einer Beschreibung der Trams, die von der Endstation in die verschiedenen Stadtteile fahren; sie fahren langsam, laufen in die Weiche, legen die Leitstange um, schwenken ab, fahren nebeneinander. Gegen Ende der Episode ist von einem Kurzschluß die Rede – Windstille.

»An verschiedenen Stellen der acht Linien standen Trambahnwagen mit reglosen Stromnehmerstangen auf ihren Geleisen, bestimmt nach oder von Rathmines, Rathfarnham, Blackrock, Kingstown und Dalkey, Sandymount Green, Ringsend und Sandymount Tower, Donnybrook, Palmerston Park und Upper Rathmines, alle still, durch Kurzschluß lahmgelegt.« [207]

An den vom Vulkan ausgespienen Bimsstein erinnern die Abfälle, die die Druckmaschinen ausspeien: sie bedecken den Fußboden der Büros: »verstreutes Packpapier« [167], »schlappe Bürstenabzüge« [170]; »Fahnen raschelten im Luftzug auf, segelten sanft durch die Luft, ein blaues Gekritzel, und gingen unter dem Tisch zu Boden.« [180] Äolus' Verhalten Odysseus gegenüber zeigt die Launenhaftigkeit des Beherrschers der Winde, die die Seeleute so oft am eigenen Leibe erfahren müssen. Nach freundlichem Empfang und herrlichen Geschenken beim ersten Besuch hat Äolus bei Odysseus' erzwungener Rückkehr für diesen nur harte Worte. Genau so behandelt der Redakteur Bloom, der die Sache mit Keyes Annonce perfekt machen will.

»– Hebe dich von dannen! sagte er. Die Welt liegt vor dir.

– Bin im Nu zurück, sagte Mr. Bloom und eilte hinaus.« [182]

Als Bloom aber zurückkehrte, hatte sich die Laune des Redakteurs geändert, er wollte von der leise geäußerten Bitte Blooms
nichts wissen. »Ein bißchen nervös. Paß auf, daß es kein Unwet-
ter gibt.« [204] Und Bloom, der vorsichtige Seefahrer, hielt es für
klüger, ihn nicht weiter zu belästigen.

Odysseus hatte Ithaka fast erreicht und sah schon die Leuchtfeuer an der Küste, als der kommunistische Eifer seiner Gefährten die Heimkehr vereitelte und der Sturm ihn zurücktrieb. Das
Thema der unverdienten Vereitelung eines fast, aber nicht ganz
erreichten Ziels erscheint in dieser Episode unter verschiedenen
Aspekten. So starb Moses, ohne das Land der Verheißung betreten zu haben; zu guter Letzt gelingt es Bloom doch nicht, den hinweisenden Artikel in der Abendzeitung für seinen Kunden zu bekommen. J. J. O'Molloy, der versucht, von dem Redakteur ein
Darlehen zu erhalten, muß den guten Willen für die Tat nehmen;
als J. J. O'Molloy die Geschichte von Baron Palles, dem Präsi-
denten des Schatzkammergerichts, erzählen will, »alles lief wie
geschmiert« [185], wird er von Lenehan unterbrochen; J. J.
O'Molloy selbst ist eine »Vereitelung«; er war der tüchtigste der
jungen Anwälte, aber Krankheit vereitelte, was seine Jugend
versprach: »Typischer Fall von Hatnichtsollensein«. [176] Bushe
K. C. gehört auch zu denen, die nicht ans Ziel kamen.

»– Bushe? sagte der Chefredakteur. Nun, ja. Bushe, ja. Der hat
noch was im Blut davon. Kendal Bushe oder vielmehr Seymour
Bushe.

– Er säße längst schon auf der Richterbank, sagte der Professor,
wenn nicht... Aber lassen wir das.« [194]

(Die Aposiopese des Professors wahrt ihr Geheimnis; Bushes'
»Vereitelung« ist eins der wenigen Beispiele eines ungeklärten
Geheimnisses im *Ulysses*.)

Das métier des Journalisten ist, wie die Ehe der Kinder des Äolus, eine unerlaubte Verbindung von Bestreben und Kompromiß,
von Literatur und Opportunismus; auch der Journalist beobachtet gelegentlich, woher der Wind weht, und geht als Konservati-
ver an liberale oder Arbeiterorgane oder vice versa: eine mésal-
liance der Parteien.[4] »Die Öffentlichkeit verarschen heißt das!«
[189], ruft der Redakteur. »Geben Sie ihnen Pfeffer!« »Es ist genug, daß ein jeglicher Tag seine eigene Zeitung habe.« [194] Der
Journalismus ist mit der alten Kunst der Rhetorik verwandt; der
Journalist entspricht dem Redner des griechischen Stadt-Staates.

Städte werden, so lautete ein altes Sprichwort, durch die Ohren
erobert; heute müßte es heißen: durch die Augen. Deshalb mußte
diese Episode von oratorischen Effekten strotzen. Der Redner
verläßt sich auf die Schlußfolgerungen, um jene Überzeugung
hervorzurufen, die das Endziel seiner Kunst ist; nach Aristoteles
ist die Grundlage der Beweisführung das Enthymem, d. h. der
Syllogismus, dessen eine Prämisse fehlt; die allgemeine Technik
dieser Episode ist deshalb enthymemisch. In einer kunstvollen
Rede sucht der Hörer vielleicht nur ästhetischen Genuß oder bildet sich ein Urteil über das, was kommen soll oder vergangen ist.
Nach Aristoteles gibt es für jede diese drei Arten Hörer eine besondere Beredsamkeit: die überredende, die gerichtliche und die
erläuternde. Alle drei werden in dieser Episode illustriert. Die
blumige Prosa des Dan Dawson ist erläuternd; das Fragment der
Rede des Seymour Bushe, der den Angeklagten im Child's Mord,
der im Verlauf des *Ulysses* mehrere Male erwähnt wird, verteiꞏ
digt, ist forensisch; Taylors Rede, die die Anmaßung eines ägyptischen Hohenpriesters mit der des Richters Fitzgibbon vergleicht, ist überredend. Der Hinweis auf den Child's Mord (es
handelt sich hier um Brudermord) erinnert Stephen an die Worte
des Geistes im Hamlet:

»*Und träufelt' in den Eingang meines Ohrs...*« [194]

An diese Metapher Shakespeares denkt Stephen wieder, als er
einen anderen irischen Redner, den großen Tribunen Daniel
O'Connell heraufbeschwört. Als Stephen von MacHugh die
Rede Taylors – »Das ist Rhetorik« [200] – hat wiederholen hören,
denkt er:
    »Verweht mit dem Wind. Heere bei Mullaghmast und dem Tara
der Könige.⁵ Meilen von Ohren von Eingängen. Des Tribunen
Worte, geheult und zerflattert in alle vier Winde. Ein Volk, das
Zuflucht fand in einer Stimme. Toter Schall. Akascha-Chronik
von allem, was irgendwo wo immer war. Liebet und lobet ihn:
mich nimmermehr.« [200] Stephens Erwähnung der Akasha-
Chronik (der Ausdruck kommt auch später noch einmal vor) ist
ein Hinweis auf den esoterischen Glauben an die Unzerstörbarkeit von Gedanken und Worten. Auf einem höheren Plan »ist das
Bewußtsein in indirekter Verbindung mit dem unendlichen Gedächtnis der Natur, das in unvergänglicher Vollkommenheit in

dem all-umfassenden Medium bewahrt wird, das der okkulten
Wissenschaft als Akasha[6] bekannt ist.« Jeder Gedanke, ob er
ausgesprochen wird oder nicht, hat seine eigene Unsterblichkeit,
wird aufbewahrt in der Akasha-Chronik. Stephen denkt an den
»Tand« der toten Mutter, der in einer Schublade verschlossen
liegt, an ihr vergangenes Lachen (»Phantome von Freude, abgelegt: moschusduftend.«): »Abgelegt im Gedächtnis der Natur
mitsamt ihrem Spielzeug.« [16] Es ist bedeutsam, daß diese einzige Erwähnung der Akasha im *Ulysses* (in dessen Struktur die
Theorie von der Unzerstörbarkeit des Gedankens eine so große
Rolle spielt) gerade in der Äolus-Episode vorkommt, denn
Akasha (Sanskrit: Himmel) ist der unsichtbare Himmel der Mystiker, ist Träger und Vorratshaus immaterieller Energie, genau
wie bewegte Luft der Träger der Beredsamkeit ist, »Worte zerstreut in die vier Winde«.

Diese Episode ist eine wirkliche Schatzkammer rhetorischer
Kunstgriffe. In Shakespeares Werken finden sich Beispiele für
jede bekannte rhetorische Form. Man findet sie sicher auch bei
anderen fruchtbaren Autoren. Daß man aber in dieser verhältnismäßig kurzen Episode des *Ulysses* fast alle wichtigen, irrefüh-
renden Enthymeme, wie sie von Quintilian und seinen Nachfol-
gern tabellarisiert wurden, findet, daß aus dieser Tabelle ein
lebendiger, organischer Teil eines lebendigen Organismus geschaffen wurde, ist denn doch etwas ganz anderes.

Nur an zwei Stellen wird die verwandte rhetorische Form im
Text ausdrücklich benannt. Als J. J. Molloy die Rede Seymour
Bushes vor Gericht zitiert, in der der Moses des Michel Angelo
beschrieben wird, heißt es:

»Seine schlanke Hand begleitete anmutsvoll mit einer Wellen-
bewegung Echo und Kadenz.« [196]

Hier sind die Ausdrücke Echo und Fall technisch genau. Das
andere Beispiel enthält Professor MacHughs Kommentar zu Stephens Fabel: Zwei Dubliner Vestalinnen:

»– Eine Antithese, sagte der Professor, zweimal nickend.« [203]

Die Annonce des Alexander Keyes mit den zwei gekreuzten
Schlüsseln (»– Etwa so, sagte Mr. Bloom, die Zeigefinger an der
Spitze kreuzend« [169] – eine rituelle Gebärde), wie im Emblem
des Manx Parlaments, »Anspielung auf die Home rule« [170], ge-
hört zu Blooms seltsamem geistigem Strandgut, das im Laufe des
Tages in mehr oder weniger großen Zwischenräumen fragmenta-

risch an die Oberfläche seines Bewußtseins schießt. Dieses
scheinbar unbedeutende, belanglose Motiv ist mit einem der
»magischen« Themen des *Ulysses,* der Sage von Mananaan Mac-
Lir, dem Gründer der Manx Nation, eng verbunden. Das Book
of Fermoy berichtet, daß Mananaan Schwarzkünstler war, sich in
Nebel hüllen konnte, wenn er seine Feinde täuschen wollte
(siehe: das rauchende Haus des Äolus). MacLir bedeutet: Sohn
des Meeres; auch Äolus ist der Sohn des Poseidon, des Beherrschers der Meere; von meerumgürtetem Palast aus beobachten
beide die Winde der vielen Meere. »Lüfte umtollten ihn, strenge
und schneidende Lüfte. Sie kommen, Wellen... Mananaans
Rosse.« [55] (Die Assoziation: schneidender Wind-Wogen, Ren-
ner des Mananaan bereitet vielleicht auf die folgende Äolus-
Mananaan-Analogie vor.) Als später King Lear erwähnt wird,
erinnert sich Stephen folgender Zeilen: »*Flute dahin über sie mit
deinen Wellen und Wassern, Mananaan, Mananaan MacLir...*«
[266]

In der Episode: Die »Rinder des Sonnengottes« wird Mananaan
in »mystischem« Zusammenhang erwähnt; in der Circe-Episode
tritt er in grotesker Verzerrung persönlich auf. »*Im Kegel des
Scheinwerferlichts brütet, Ollav, heiligäugig, die bärtige Gestalt
von Mananaan MacLir.*«

Er heult mit »der Stimme von Wogen« [675]; seine Stimme pfeift
wie Seewind. Hier verbindet sich durch die Alchemie der Träume
Stephens Vision mit einer Erinnerung an A. E. (George Russell)
»Ollav, heiligäugig« [675], mit dem er in der Nationalbibliothek
zusammen war. Das erste Wort, das Mananaan äußert, ist das
mystische, einsilbige Aum, das einige Okkultisten für ein résumé
aller Wissenschaft halten, die in den drei Buchstaben A (Schöpfung), U (Erhaltung), M (Veränderung) enthalten ist. Nach den
Mystikern des Ostens war die Kenntnis dieses Wortes der erste
Schritt zur Erkenntnis des noch höheren Wortes, das den, der den
Schlüssel dazu besaß, Brahmâtma selbst fast gleichmachte. Dieses höchste Wort war in ein goldenes Dreieck geschnitten und
wurde in einem Heiligtum aufbewahrt, zu dem Brahmâtma allein
den Schlüssel hatte. So trug Brahmâtma auf seiner Tiara zwei gekreuzte Schlüssel[7], Symbol des kostbaren Schatzes, den er hütete.
Gekreuzte Schlüssel sind deshalb sowohl ein Emblem des höchsten Wortes alles Seins als auch des Mananaan, der Herr ist über
die Geister der Luft, und des Spirituosenhändlers Alexander

Keyes. Diese Verbindung des Vulgären mit dem Esoterischen:
Alexander Keyes' Annonce – Insel Man – Mananaan – Aum –
Brahmâtmas Geheimwort ist für die Joycesche Methode charak-
teristisch; es ist durchaus nicht verwunderlich, daß mehrere Glie-
der der Reihe in der Äolus-Episode vorkommen, denn Manan-
aan MacLir, jener nordische Heide, der durch Zauber das Land
Man in Nebel hüllte, ist der Bruder des Sohnes Poseidons, des
Beherrschers der nebelumgürteten Insel Äolia.[8]

In dieser Episode windet es buchstäblich und metaphorisch. Tü-
ren fliegen heftig auf, die barfüßigen Zeitungsjungen, die herein-
stürmen, erzeugen einen Luftzug, der die raschelnden Abzüge
aufflattern läßt, die Pendeltüren schwingen im Luftzug hin und
her. »Also die bauen doch immer die eine Tür gegenüber der andern, damit der Wind. Heraus. Herein.« [166] Bloom beschreibt
die Art der Journalisten und den Verfall des J. J. O'Molloy in
windigen Metaphern.

»Praxis geht immer schlechter... Resignation. Spiel. Ehren-
schulden. Erntet Sturm... Glaube, er macht irgendwas Literarisches für den *Express*, mit Gabriel Conroy zusammen. Sehr bele-
sener Mensch. Myles Crawford hat beim *Independent* angefangen. Komisch, was diese Zeitungsmenschen wimmlig werden,
wenn sie irgendwo eine neue Vakanz wittern. Die reinsten Wet-
terhähne. Heiß und kalt im selben Atemzug. Man weiß nie so
recht, woran man ist. Eine Story ist gut, bis man die nächste hört.
Gehn werweißwie aufeinander los in den Zeitungen, und auf einmal ist dann alles wie weggeblasen. Sind wieder dicke Freund
miteinander im nächsten Augenblick.« [176 f.]

Wie Swift bemerkt, sollen diese »Äolisten« schon sehr alt sein.
Nach Swift lag »die Quelle ihrer Inspiration in einer den Griechen
wohlbekannten Gegend; sie nannten sie Skotia, das Land der
Dunkelheit. Und wenn dies alles auch sehr umstritten ist, steht
eins doch fest: Die besten Äolisten haben ihre neuen Gedanken
aus einem Land gleichen Namens; aus ihm holten die Eifrigen der
Priesterschaft zu jeder Zeit ihre beste Inspiration, die sie mit eigenen Händen aus der Quelle in gewisse Blasen füllten, die sie
unter die Sektierer aller Nationen entleerten; die aber greifen
gierig zu, ja lechzen danach und werden das immer tun[9].« Genau
so befriedigen unsere modernen »Äolisten« unsere Gier; auf
Schwingen des Windes kommen sie aus einem Lande der Dunkelheit und öffnen über uns einen mit silberner Schnur zugebun-

denen Schlauch voll lärmender Enten.

Professor MacHugh gebraucht ein »äolisches« Beiwort aus klassischer Zeit. »*Fuit Ilium!* Die Zerstörung des windigen Troja. Königreiche dieser Welt. Die Herren des Mittelmeers sind heute Fellachen.« [201]

Es wimmelt in dieser Episode von Äolismen: »wenn ich das Geld nur irgendwie auftreiben könnte«, »die treibende Kraft«, »Ruhe vor dem Sturm«, »Aufgeblasene Säcke«, usw. Als Bloom die lärmende Insel verläßt, hat er eine Schar »tollender Zeitungsjungen im Kielwasser, von denen der letzte weiß im Wind einen Spottdrachen zickzackte, mit Schweif aus weißen Schleifen« [182].

Rot ist die Farbe dieser Episode, und sie paßt zum Thema, dem blutwärmenden Gezänk der Neuigkeitskrämer. Im *Ulysses* werden keine Verbrechen geschildert, nur selten wird auf sie angespielt; in dieser Episode aber hören wir von zwei Mordfällen. Gleich zu Anfang ist von »karminroten« Postwagen die Rede, der Tenor Mario hat »gerougte« [166] Backen; ein Freeman-Angestellter heißt »Red« [165] Murray.

Stephens Blut ist ganz im Banne der Sprache, er errötet. Der Redakteur Crawford hat ein »scharlachenes Schnabelgesicht« [178]. Das Äußere dieses Äolus-Crawford, des Beherrschers der Winde, erinnert an einen Vogel; wie der Bibliothekar ist er ein »Vogelgott, mondgekrönt«. [272] Als er in der Circe-Episode auftritt, kommt er »*ruckig herangeschritten, einen Federkiel zwischen den Zähnen. Sein scharlachroter Schnabel leuchtet in der Aureole seines Strohhuts*«. »Sein Hahnenbart wabbelt« [629]. Er hüpft »ruckweise« wie ein langbeiniger Vogel, ist ein passendes Symbol der rhetorischen Kunst, langhalsig, schwerkinnig, ein scharlachroter Flamingo.

8. Die Lästrygonen

Schauplatz: Der Lunch
Stunde: 1 Uhr nachmittags
Organ: Speiseröhre
Kunst: Architektur
Symbol: Polizisten
Technik: Peristaltik

Gedanken an Essen sind in dieser Episode Blooms Geist nie fern. Seine einzig dringende Arbeit ist ein Besuch in der Nationalbibliothek, wo er in einer alten Nummer des Kilkenny People eine Annonce nachsehen will, die, wie er einem seiner Kunden versprochen hat, noch einmal erscheinen soll. Er benutzt seine freie Zeit, seiner Wanderlust zu frönen, denn zu gern sieht er die Wohnungen vieler Menschen, beobachtet zu gern die verschiedenen Äußerungen ihres Geistes.

Der Zeitball auf dem Ballast Office erinnert ihn an Sir Robert Ball's Story of the Heavens, und das geheimnisvolle Wort Parallaxe kommt ihm in den Sinn. »Genau hab ich das ja nie verstanden.« [214] Vielleicht fesselt das Wort gerade deshalb Bloom so sehr. Das Orientalische in ihm ist immer auf der Suche nach dem Wort, und wie jedermann Sohn des Messias sein kann, kann auch jedes geheimnisvolle Wort – warum nicht Parallaxe? – das »unaussprechliche Wort« sein. Der gesunde Menschenverstand jedoch, der erdgebundene Geist der Frau Bloom, wird bald fertig mit solchen »Abstrusitäten« wie Parallaxe oder Metempsychose: »Mit ihm zig Hosen nannte sies... Imgrunde hat sie ja durchaus recht. Bloß dicke Worte für ganz gewöhnliche Sachen«. [214]

Er denkt an die Zeit, als er für Hely arbeitete, wie ungern er für seine Firma in einem Kloster Gelder einzog.

»So ein reizendes Ding, das Nönnchen da, richtig süßes Gesicht.« [216] »Milly war ein ganz junges Ding noch damals... Millys Badeabend. Amerikanische Seife hatte ich gekauft: Holunderblüte. Richtig kosig, wie ihr Badewasser duftete. Und putzig sah sie aus, so von oben bis unten eingeseift. Schön gebaut auch. Jetzt bei der Photographie. Das Daguerreotypien-Atelier des armen Papa, von dem er mir immer erzählt hat. Vererbter Geschmack.

Er ging am Bordstein entlang.
Strom des Lebens.« [217]

Das waren schöne Zeiten, als Marion noch lieb war. »Ein Knistern und weiches Klatschen machte ihr Korsett auf dem Bett. Immer warm von ihr. Machte sich immer gern frei. Saß dann noch bis fast zwei Uhr, nahm die Haarnadeln raus. Milly zusammengekuschelt im Bettchen. Glücklich. Glücklich. Das war die Nacht…« [218]

Der Gruß der Frau Breen, einer alten Liebe, die jetzt mit einen ekelhaften, mondsüchtigen Kerl verheiratet ist, unterbricht seine Gedanken.

Bloom erfährt von Frau Breen, daß ihre Freundin Mina Purefoy in der Entbindungsanstalt in der Holles Street liegt. »Ist schon drei Tage überfällig jetzt.« [221] Während er weitergeht und nicht recht weiß, wo er essen soll, empfindet er Mitleid mit der armen Frau Purefoy.

»Sss. Ts, ts, ts! Das muß man sich mal vorstellen: drei Tage stöhnend auf einem Bett, ein essiggetränktes Taschentuch auf der Stirn, der Bauch prall geschwollen! Puh! Einfach furchtbar! Kopf des Kindes zu groß: Zange. Zusammengekrümmt in ihrem Innern, versucht sich blind nach draußen zu stoßen, tastet nach dem Ausgang. Umbringen würde mich das. Molly hat Glück gehabt, hats glatt geschafft. Da sollten sie wirklich mal was erfinden, daß das ein Ende nimmt. Diese ewigen Wehen: Lebenslänglich mit Zwangsarbeit. Die Idee mit dem Dämmerschlaf«. [225]

Beim Anblick eines Trupps Polizisten denkt er daran, wie er einmal in eine Schar junger Mediziner geriet, die gegen den Burenkrieg demonstrierten. »Mob von jungen Schnöseln, die sich die Lunge aus dem Hals schreien.« [228] Bloom sympathisiert wenig mit politischen Fanatikern, wenn er auch rein akademisches Interesse für die Technik der Verschwörung hat. James Stephens' »circles of ten« zum Beispiel. (Dieser Verschwörer James Stephens, der mit Hilfe der Tochter des Kerkermeisters entfloh, darf nicht mit dem hervorragenden Schriftsteller gleichen Namens verwechselt werden.)

Eine schwere Wolke verbirgt die Sonne, und der Gedanke an den endlosen nichtigen Kreislauf der Dinge trübt seine Stimmung.

Jetzt geht er in ein Restaurant, aber die »Fütterung der Raubtiere« [237] ekelt ihn an.

Er verläßt das Restaurant wieder. »Keinen Bissen brächt ich
hier runter«. »Bloß raus. Ich hasse dreckige Esser.« [237/238] Er
denkt an die Zeit, als er auf dem Viehmarkt beschäftigt war.
»Jammervolle Biester, da auf dem Viehmarkt, warten bloß noch
aufs Schlachtbeil, daß es ihnen die Schädel spaltet. Muh. Arme
zitternde Kälber. Mäh. *Staggering Bob.* Kaltes Fleisch und Kartoffeln. Metzgereimer voll wabbliger Lungen. Geben Sie mir
doch das Bruststück da am Haken. Plapp. Rohkopf und blutige
Knochen. Abgehäutete glasäugige Schafe, an ihren Keulen auf-
gehängt, aus Schafsmäulern in blutigem Papier triefend Nasen-
konfitüre auf Sägemehl. Kalbskopf und Kaldaunen schon ausge-
gangen. Laß mal die Finger von den Sachen, mein Bürschchen.«
[239 f.]

Es ist weiter gar nicht überraschend, daß Bloom nach diesen
Gedanken an das Gemetzel im Schlachthaus fast zustimmend an
die »leckere« Diät der Kannibalen denkt. Der Realismus dieser
Stellen wird sicher manchen Allesfresser, der sie liest, betrüben,
doch vergißt der zivilisierte Mensch leicht, daß er genau so »drek-
kig« lebt wie er »dreckig« stirbt (um Buck Mulligan zu zitieren);
hätte er nicht seine Seele und die Aussicht auf Metempsychose,
er hätte wahrlich wenig, worauf er sich was einbilden könnte. In
Davy Byrnes Restaurant schwindet Blooms trübe Stimmung nach
einem Käsebrot und einem Glas Burgunder; er denkt an alte Zeiten und gibt sich ganz der Erinnerung hin.

Indessen unterhalten sich die andern Gäste Davy Byrnes über
die Pferde, die um den Ascot-Gold-Pokal laufen. Bantam Lyons
erzählt Paddy Leonard, Bloom habe ihm für das Rennen einen
Tip gegeben: diese Lüge verwickelt Bloom später am Tag in einen
Streit mit einem Zyklopen. Bloom verläßt bald das Lokal, er will
ins Museum, um hier die Anatomie der griechischen Göttinnen
zu untersuchen; auf dem Wege dorthin leistet er einem blinden
Klavierstimmer Samariterdienste.

Als er sich jetzt dem Museum nähert, sieht er in der Ferne plötzlich Blazes Boylan; wie schon vorher (Hades-Episode) zeigt sich
Blooms Verwirrung in der plötzlichen Unterbrechung des stummen Monologs und der Aufmerksamkeit für irgend etwas an seiner Person, um sich selber zu täuschen. Er will über diesen
schlimmen Augenblick hinwegkommen.

»Suche was, was ich.
Seine hastige Hand fuhr rasch in die Tasche, zog heraus, las,

entfaltete: Agendath Netaim. Wo hab ich denn?

Geschäftiges Suchen nach.

Agendath: er stopfte rasch wieder zurück.

Nachmittag sagte sie.

Ich suche die. Ja, die. Alle Taschen nachsehn. Taschentu. *Freeman*. Wo hab ich denn bloß? Ah, ja. Die Hose. Portemonnaie. Kartoffel. Wo hab ich denn?

Beeil dich. Geh ruhig. Noch einen Moment. Mein Herz.

Seine Hand suchte nach der wo hab ich denn bloß und fand in der Gesäßtasche die Seife, Toilettewasser, muß noch wieder vorbei, lauwarmes Papier, angeklebt. Ah, da ist ja die Seife! Ja. Das Tor.

In Sicherheit!« [258]

Wenn die homerischen Helden auf einer unbekannten Insel landeten, suchten sie vor allem zu erfahren, wovon die Einwohner lebten. Die odysseische Formel »Menschen, die auf dieser Erde von Brot leben« ist keine leere Umschreibung für »menschliche Wesen«. Die Nahrung einer Nation ist in gewissem Sinne ein Kriterium für ihre Kultur, wie die Bibliothek eines gebildeten Menschen oft seine geistige Struktur erkennen läßt. Pausanias nennt die Arkadier verächtlich »Eichel-Esser und Schweinshaut-Träger«. Odysseus und seine Gefährten hätten die Arkadier sicher tiefer eingestuft als die Menschen, die von Brot leben. Die Annahme, der Ausdruck »Brot-Esser« unterscheide nur die Sterblichen von den Göttern und Tieren, scheint kaum weit genug. Für die wandernden Griechen war es wichtig, die Tischgewohnheiten der Völker, in deren Land sie kamen, genau zu kennen, ob es nun die freundlichen Lotophagen oder kannibalische Völker waren. Hätte Odysseus die Lebensweise der Lästrygonen gekannt, er hätte seinen Gefährten sicher davon abgeraten, ihre Schiffe zwischen den vorspringenden Felsen der Insel Lamos zu vertäuen. Die »edle Tochter des Lästrygonen Antiphates« lockte sie in die erhabene Wohnung ihres Vaters, wo sie »sahen des Königs Riesenweib, wie ein Haupt des Gebirges, und ein Grauen durchfuhr sie«. Schnell rief diese den edlen Antiphates. »Hurtig gepackt war einer der Freund', und gerüstet die Nachtkost.« Dann stieß er den Kriegsschrei aus, und die Lästrygonen warfen mit großen Felsstücken nach den Schiffen des Odysseus, »daß grauenvolles Getöse in den Schiffen emporstieg, sterbender Männer Geschrei und Gekrach der zerschmetterten Schiffe. Und man trug sie, wie Fische durchbohrt, zum entsetzlichen Fraß hin.«

Wie in der Odyssee spielen auch am Bloomstag die Hungerqualen und Riten der Labung eine bestimmte Rolle. Die dauernde Wiederkehr des Hunger-Motivs in der Odyssee ist bemerkenswert; man hört von ihm zu jeder Zeit und Unzeit, zum Beispiel als Odysseus den König Alkinous so inständig bittet (Buch VII), in dem dramatischen Augenblick, als Odysseus wieder seinen Palast betreten will (Buch XVII). Den Wanderer, sei er nun Grieche oder Jude, verläßt nie der Gedanke, wann, wo und wie er sich die nächste Mahlzeit verschafft. In der Lästrygonen-Episode beherrscht das Hunger-Thema alle andern; es steigert sich zu höchstem Ekel, worauf ein ruhiger Schluß folgt: Blooms frugales Frühstück, bestehend aus einem Sandwich und einem Glas Wein.

Die Technik der Episode basiert auf einem Ernährungsvorgang, der Peristaltik, einer automatischen, wellenförmigen Muskelkontraktion, die die Nahrung durch den Ernährungskanal befördert. Dieser Vorgang wird durch Blooms Zögern vor den verschiedenen Lokalen, durch seine unvollständigen Bemühungen, das Hungergefühl zu befriedigen, das ihn krampfartig vorwärtstreibt, und die endliche Stillung des Hungers symbolisiert. Einen direkten Hinweis auf die Bewegung der Nahrung liefert Blooms Plan, farbige Nahrung (zum Beispiel Spinat) während ihrer Bewegung durch den menschlichen Körper zu beobachten: »Dann könnte man, als Suchlicht, mit diesen Röntgenstrahlen... den ganzen Weg runter zukucken, 'ne Nadel, die man verschluckt hat, kommt manchmal erst nach Jahren aus den Rippen wieder raus, Rundreise durch den Körper, Gallengang bitte umsteigen, Milz, spritzende Leber, Magensaft, gewundene Eingeweide wie Schläuche.« [251 f.] Peristaltisch sind auch die Bewegungen des »Laternen-Farrell«, des verrückten Fußgängers, der durch die Dubliner Straßen zickzackt und um jeden Laternenpfahl läuft. Blooms Betrachtungen über das Aussehen schwangerer Frauen illustrieren vielleicht auch diese Technik. »Komisch sieht das aus, wenn so zweie von ihnen zusammen sind, die Bäuche rausgestreckt. Molly und Mrs. Moisel. Müttertreffen. Die Schwindsucht bleibt stehn während der Zeit, kommt aber anschließend wieder. Wie flach die dann hinterher plötzlich aussehn! Ganz friedfertige Augen. Als wäre ihnen ein Stein vom Herzen.« [226] Das Entstehen und der Verfall von Städten, das Wiederentstehen und der Wiederverfall; immer »dieselbe alte Leier« [234] der Natur; Ent-

stehen, Verfall; die Philosophien jeder Epoche, zerhackt, gekaut
(»Man weiß doch nie, wessen Gedanken man wiederkäut.« [239]),
für eine nächste Generation wieder neu »zusammengewebt«,
dann wieder zerhackt und den staunenden Modernisten als Al-
lerneustes vorgesetzt: alles kommt wieder, wieder und wieder.
Doch immer wieder setzt man sich, wie Bloom trotz seines vorübergehenden Ekels wohl bemerkt, mit neuem Appetit an die
Tafel, wie der gefräßige Terrier in der Dukes Lane, der »wider-
lich knöchlige Käue auf die Pflastersteine erbrach und sie mit
neuem Behagen auflappte« [252].

Die Metaphern dieser Episode sind im Einklang mit dem
Thema, und Hinweise auf Speisen usw. verdichten den schweren
Mittagsdunst der Dubliner Frühstücksstunde. Die Pro-Buren
sind junge Kerle, die sich »die Lunge aus dem Hals schreien«,
sentimentale Verse sind »schäumiges Träumzeug«. Frau Bloom
ist »wohlgenährt«, Paddy Leonard beschwört Bantam Lyons,
ihm sofort den Tip für den Goldpokal zu geben, wenn er sein
»Futter wert« sein will. Die Architektur, die auch eins der Themen dieser Episode ist (es werden Gebäude von den Pyramiden
und der chinesischen Mauer bis zum Dubliner Museum, das von
Sir Thomas Deane entworfen wurde, genannt), verbindet sich mit
dem Ernährungsthema in Blooms Äußerung über »kremige Kur-
ven aus Stein«. [258]. Joyces Methode bezüglich passender Ter-
minologie zeigt sich in der Benennung von Personen und Plätzen,
die von Bloom gesehen oder in seinem stummen Monolog erwähnt werden. Bloom bleibt an »Butler's Monument House«
stehen, erinnert sich, wie er in »Goose Green« den Affen spielte,
denkt an »Vinegar Hill« und die »Kapelle der Butter Exchange«,
kommt vorbei am Hause des Propstes, in dem Hochwürden »Dr.
Salmon« wohnt.

Es finden sich ferner einige direkte Erinnerungen an die homerische Schilderung des Unglücks, das Odysseus' Gefährten in Lamos traf. – »Die Möwen stießen lautlos aus ihren Höhen nieder,
zwei erst, dann alle, und fielen über die Beute her. Futsch. Bis auf
das letzte Bröckchen.

Er sah ihre Gier und Geschicklichkeit und schüttelte die pulvri-
gen Krümel von den Händen. Sowas hätten die nie im Leben erwartet hier.« [213]

Bloom beschreibt eine Stadtküche mit einem »Suppenkessel, so
groß wie der Phoenix Park. Die Speckseiten und Hinterviertel

werden herausharpuniert.« [239] Das Herabstürzen der Möven,
die über die Beute herfallen, erinnert an den Angriff der Lästrygonen, die von ihren Klippen auf die unerwartete Beute herab-
sausten; der Suppentopf ist vielleicht der ringförmige Hafen, in
dem die Mannschaften aller achäischen Schiffe, außer dem des
Odysseus (der vorsichtigerweise draußen vor Anker gegangen
war), von den Menschenfressern ersäuft oder aufgespießt wurden. Lästrygonisch ist auch das Thema von Blooms Limerick, das
traurige Ende eines ehrwürdigen Missionars Mac Tigger, der mit
Feuereifer aufgefressen wurde; lästrygonisch ist ferner Blooms
Verdauungsstörung: »Fühl mich, als wär ich verschlungen worden und wieder ausgespien.« [230]

   Der gefühllose König Antiphates wird durch Blooms alles be-
herrschenden Hunger symbolisiert; Anblick und Duft der Speisen sind seine ködernden Töchter; die Horde der Lästrygonen
sind wohl die Zähne, Homers Gehege der Zähne, eine Pallisade
starker Wächter. Hunger, der größte Tyrann, hat mehr Schiffe
vom Stapel gelassen, hat mehr Städte verbrannt als Helena, die
Zerstörerin der Städte. Hunger erschütterte sogar den Glauben
irischer Katholiken, wie Bloom bemerkt. » *Warum ich aus der
Römischen Kirche ausgetreten bin.* Bird's Nest.« (So heißt eine
Gesellschaft zur Bekehrung von Katholiken.) »Es heißt doch, sie
hätten an arme Kinder Suppe ausgegeben, um sie zu Protestanten
zu bekehren damals, zur Zeit der Kartoffelpest. Gegenüber drüben die Gesellschaft, wo Papa immer hinging, zur Bekehrung armer Juden. Derselbe Köder. Warum wir aus der Römischen Kirche ausgetreten sind.« [253]

   Während der Kartoffelpest (1847) wurden die Bekehrten
»Suppenesser« genannt, und der Ausdruck »gekochte Protestanten«, mit dem die Iren oft »gekochte Kartoffeln« bezeichnen, verdankt seinen Ursprung vielleicht dieser Bekehrung à la
Wetherup.

9. Scylla und Charybdis

Schauplatz: Die Bibliothek
Stunde: 2 Uhr nachmittags
Organ: Gehirn
Kunst: Literatur
Symbol: Stratford, London
Technik: Dialektik

In der ersten Episode des Ulysses fragt der Engländer Haines, dessen Neugierde durch eine Äußerung Buck Mulligans geweckt wurde, Stephen Dedalus nach seinen Gedanken über Hamlet.

»Nein, nein! schrie Buck Mulligan voller Qual. Ich bin im Moment Herrn Thomas von Aquin und den fünfundfünfzig Gründen, auf die er die Sache gestellt hat, nicht gewachsen. Wartet, bis ich ein paar Pinten intus habe.« [27]

Haines läßt sich aber nicht abweisen und fragt weiter.

»Die Sache ist ganz einfach. Er weist per Algebra nach, daß Hamlets Enkel Shakespeares Großvater ist und er selber der Geist seines eigenen Vaters.« [27]

Haines, den Mulligans echt irische Überschwenglichkeit ein wenig verdutzt, antwortet nachdenklich.

»...Ich habe einmal irgendwo eine theologische Interpretation darüber gelesen, sagte er nachdenklich. Die Vater-Sohn-Idee. Der Sohn im Kampf um Versöhnung mit dem Vater.« [28]

Das Vaterschaftmotiv, eines der Hauptthemen des *Ulysses*, das von Mulligan parodiert, von Haines mißverstanden wird, nimmt in der Struktur der Scylla-und-Charybdis-Episode eine hervorragende Stelle ein. Durch die besondere Betonung dieses Themas, das in seiner Anwendung auf das Mysterium der Gottheit so viel Mißverständnisse und Streit in die christliche Kirche brachte, ist diese Episode vielleicht die subtilste aller achtzehn Episoden des *Ulysses*.

Scylla und Charybdis handelt fast ausschließlich von Shakespeare-Kritik, besonders der Persönlichkeit Hamlets, und bringt einen diesbezüglichen langen platonischen Dialog zwischen Stephen Dedalus, Best, John Eglinton (Magee), George Russell (A. E.) und Quakerlister, dem Bibliothekar in der Dubliner Nationalbibliothek. Sie enthält einige lyrische Stellen, eine kurze Stelle

in Blankversen und eine andere in dramatischer Form; so sind
denn in dieser Episode, deren Kunst die Literatur ist, die drei
Formen der Literatur vertreten, die Stephen im *Porträt* defi-
nierte: Lyrik, Epik, Dramatik. Unzählige elisabethanische Echos
und Shakespearesche Idiome begegnen einem; manchmal bemühen sich alle Sprecher, die verschiedenen Stilarten des Dichters
nachzuahmen und sich seine Rhythmen zu eigen zu machen.
Auch Synge kommt in der kurzen parodistischen Rede vor, die
Buck Mulligan in den Mund gelegt wird, als er sich darüber beklagt, daß er von Stephen nur ein kurzes Telegramm erhielt, während er mit Haines durstig in einer Kneipe auf ihn und sein Geld
wartete. Die Episode strotzt von schroffen Gegensätzen; form-
vollendete Reden wechseln mit Clownerien, Argot mit Metaphysik. Jeder der Redner hat das ihm eigene Tempo: Stephens Bemerkungen sind kurz und bissig, die Russells gewunden und
gewollt glatt, und John Eglinton ist einfach verschroben. Bloom
erscheint in der Bibliothek, wo er das Kilkenny People (wegen
Keyes' Annonce) einsehen will, und verläßt sie ungefähr gleichzeitig mit Stephen; zwischen diesem und Buck Mulligan geht er
nach draußen.

»Ein Mann ging zwischen ihnen hinaus, sich verbeugend, grüßend.

– Guten Tag nochmals, sagte Buck Mulligan.

Der Portikus.

Hier hab ich die Vögel beobachtet, auf Vorbedeutung hin. Aen-
gus der Vögel. Sie gehen, sie kommen. Letzte Nacht bin ich geflogen. Flog leicht. Menschen verwunderten sich. Die Straße der
Huren dann später. Eine sahnefruchtige Melone hielt er mir hin.
Herein. Sie werden schon sehen.« [304]

Unbewußt wirkt hier in Stephen die prophetische Gabe, die die
irische Tradition allen Barden zuschreibt, seien sie nun vom Avon
oder aus Erin (siehe Stephens Monolog in der Proteus-Episode).
Augenscheinlich achtet Stephen wenig oder gar nicht auf Bloom,
obwohl dieser als »kluger Vater« Stephen derart interessiert beobachtet, daß der unverwüstliche Buck eine zotige Bemerkung
nicht unterdrücken kann. Das ruhige, fast unbemerkte Kommen
und Gehen Blooms, des Helden des *Ulysses,* des Vaters, den Ja-
phet-Stephen sucht, und die augenscheinlich geringe Wirkung
seines Erscheinens auf die Dubliner Literaten, die in die reine
Ekstase literarischen Exhibitionismus versunken sind, gibt der

Episode einen Anflug von dramatischer Ironie.

Für Stephen und die andern, die in ihre Diskussion über Hamlet und den mystischen Zustand der Vaterschaft vertieft sind, dieses Geheimnis, »gegründet, wie die Welt, Makro- und Mikrokosmos, auf die Leere« [290], erscheint Bloom (Odysseus, den Telemachos nicht erkannte), auf dessen Einswerden mit der Zweiten Person die gewaltige, kosmische Bewegung des *Ulysses* hinzielt, weiter nichts als irgendein lästiger Besucher, der aus irgendeinem gleichgültigen Grund das Kilkenny People einsehen will. Stephen merkt die Verbindung zwischen sich und dem prosaischen Bloom gar nicht, sein bewußtes Selbst gibt diese Verbindung zu keiner Zeit zu. Bloom, der Erdgebundenere, Instinktivere, begreift, wenn auch nur undeutlich, die Absichten des Schöpfers bezüglich ihrer nach Ergänzung strebenden Beziehungen. Aber Stephen ist doch hellsehend genug, um zu merken, daß »etwas in der Luft liegt«. Er sieht, wie Hamlet den Geist seines Vaters, Bloom mit seinem inneren Auge, ohne ihn aber wie Hamlet zu erkennen. »Ein dunkler Rücken ging vor ihnen. Schritt eines Panthers, hinunter, zum Torweg hinaus, unter Fallgatterspitzen.« [304] Die Episode endet im dichten Schweigen einer Traum-Welt, in sibyllinischer Versunkenheit.

»Sanfte Luft umgrenzte die Ecksteine von Häusern in der Kildare Street. Keine Vögel. Zart von den Hausfirsten stiegen zwei Rauchfedern auf, federnd, und wurden in einem Hauch von Windwehen hauchend verweht.

Hör auf zu streben, zu kämpfen. Druidenpriesterlicher Friede von *Cymbeline*, hierophantisch: von weiter Erde ein Altar.

Preis sei den Göttern!
Es wirble Rauch empor zu ihrem Sitz
Aus heilgen Tempeln.« [304]

Der Hinweis auf das Augurium (»Hier hab ich die Vögel beobachtet... keine Vögel«) ist eines der vielen Verbindungsglieder zwischen *Ulysses* und *Porträt* und zeigt, wie Stephens Gedanken, sobald sie eine Assoziation in seinem Geiste gebildet haben, später immer nur zusammen auftauchen. Im *Porträt* wird geschildert, wie Stephen an einem späten Märzabend unter dem Portikus der Bibliothek steht, den Flug der Vögel beobachtet und sie zählt: »Sechs, zehn, elf: und fragte sich, ob ihre Zahl grade oder

ungrade wäre. Zwölf, dreizehn: denn zwei kamen hoch aus dem
Himmel herabgewirbelt. Ihr Schrei war schrill und klar und fein
und fiel wie Fäden Seidenlichts abgespult von schwirrenden
Spindeln...

Und seit Jahrhunderten hatte der Mensch hinaufgeschaut, wie
er jetzt schaute, zum Vogelflug. Die Kolonnade über ihm ließ ihn
undeutlich an einen antiken Tempel denken und der Eschenstock, auf den er sich müd stützte, an den Krummstab des Augu-
ren. Ein Gefühl von Angst vor dem Unbekannten regte sich im
Herzen seiner Müdheit, Angst vor Symbolen und Vorzeichen,
vor dem falkengleichen Mann, dessen Namen er trug und der sich
schwang hoch auf aus der Gefangenschaft auf weidengeflochte-
nen Flügeln, vor Thoth, dem Gott der Schreiber, der mit einem
Rohr auf ein Täfelchen schrieb und auf seinem schmalen Ibiskopf
das Mondhorn trug.« [P 500ff.] So sinnt er jetzt in der Bibliothek:
»Eingesargte Gedanken um mich herum, in Mumientruhen,
einbalsamiert in Wortspezerei. Thoth, Gott der Bibliotheken, ein
Vogelgott, mondgekrönt. Und ich hörte die Stimme jenes ägyptischen Hohenpriesters.[1] *In gemalten Kammern, angefüllt mit Zie-
gelbüchern.*« [272]

(So dient der Vogelgott Thoth als Mittler zwischen den Gedanken Literatur-Bibliothek und Vögel-Augurium.)

An die Sagen von Dedalus, dem habichtgleichen Mann, und
Ikarus denkt Stephen im Verlauf dieser Episode.

»Fabulöser Artifex, der falkengleiche Mann. Du flogst. Wohin?
Newhaven-Dieppe, Zwischendeckpassagier. Paris und zurück.
Schwingenschläger. Icarus. *Pater, ait.* Meerbespritzt, gefallen,
sich wälzend. Schwingenschläger bist du. Schwingenschläger er.«
[294]

Diese Anspielung bezieht sich auf Stephens schleunige Rückkehr aus Paris nach seines Vaters Telegramm: »nutter im sterben
sofort nach hause vater.« [60] Es handelt sich hier um eines der
vielen Verbindungsglieder zwischen dieser und der Proteus-Episode (die Philologie ist der Literatur verwandt), in der, wie auch
hier, ägyptische Motive auftreten und auf die »Hamlet-Seite« des
Stephen Dedalus hingewiesen wird: »So in des Mondes Hunde-
wachen schrei' ich hin, auf Felsenpfad, schwärzlich in Silbergrau,
hör' Helsingörs versuchungsvolle Flut.« [64] Die Worte »Du
flogst« weisen nicht nur auf die Flucht des Dedalus (und Stephens
aus Paris) hin, sie bereiten auch auf Stephens Traum-Flug und die

Beobachtung des Vogelflugs vor.

Dies wären nur einige wenige der zahlreichen Hinweise und Anspielungen auf Literatur, Sagen oder auf Stephen Dedalus. Sie sind in dieser Episode zahllos, vielköpfig und listig wie die Scylla selbst. Es bleibt nur noch die Betrachtung der allgemeinen Bedeutung dieses quasiplatonischen Dialogs, in dem Stephen die Rolle eines Sokrates spielt, und des seltsamen Schlusses, zu dem der junge Sprecher die widerstrebenden Älteren über gefahrvolle Wege führt. Dieser Schluß lautet: im Hamlet identifiziert sich der Dichter eher mit Hamlet Vater als mit Hamlet Sohn, und deshalb ist der gewöhnliche Zuschauer in seiner Ansicht über die Persönlichkeit Shakespeares auf ganz falschem Wege. Es darf aber nicht vergessen werden, daß sich Stephen in seiner Rolle als Dialektiker nie ganz ernst nimmt.

»Wohin zum Teufel treibst du da?

Ich weiß. Halt die Klappe. Zum Donnerwetternochmal! Ich hab Gründe.

Amplius. Adhuc. Iterum. Postea.

Bist du dazu verdammt, dies zu tun?« [291]

Als das Gespräch zu Ende ist, stellt John Eglinton Stephen zur Rede:

»– Sie sind ein Blendwerker... Sie haben uns diesen ganzen Weg machen lassen, um uns am Ende ein französisches Dreieck zu zeigen. Glauben Sie denn an Ihre eigene Theorie?

– Nein, sagte Stephen prompt.« [299]

Für Stephen hat nur das geistige Interesse, der ästhetische Wert des Dialogs Bedeutung und nicht die Wahrheit des Schlusses. Denn letzten Endes ist ein Schluß so gut wie ein anderer – vorausgesetzt nur, daß er paßt. Es gibt eine ästhetische Gültigkeit, die dem Geist gefällt, und das einzig Absolute ist.

Die Diskussion beginnt mit einem Gemeinplatz von John Eglinton: »– Unsere jungen irischen Barden haben erst noch eine Gestalt zu schaffen, welche die Welt dem Hamlet des Engländers Shakespeare an die Seite stellen kann.« [260] Bevor Stephen auf diesen Ausspruch, ein Eröffnungs-»Gambit« nach dem Herzen des Sokrates, antwortet, beschreibt er genau die Umgebung in der sein »Stück« spielt.

»Aufbau des Schauplatzes. Ignatius von Loyola, eil', mir zu helfen!« [265] Dann wird über Anne Hathaway diskutiert, und grausam vergleicht John Eglinton sie mit Xantippe. Von ihr lernte So-

krates seine Dialektik und »von seiner Mutter, wie man
Gedanken zur Welt bringt« [267]. Doch konnte alles, was er von
Frauen lernte, ihn nicht »vor den Archonten des Sinn Fein und
ihrem Schierlingsbecher« [267] retten.

John Eglinton weist darauf hin, daß Shakespeares spätere
Stücke nicht mehr den Geist der Bitterkeit, sondern den der Versöhnung atmen.

Wenn er sich auch im Kinde seiner Tochter ergriffen wiedersah,
war doch sein Glaube an sich vorzeitig getötet worden. »aufge-
setzter Donjuanismus« [275], London, wo »es damals ziemlich
hoch hergegangen ist« [286], können ihn nicht retten. In ihm war
»eine neue Leidenschaft, ein dunklerer Schatten der ersten, der
ihm gar das Verständnis seiner selbst verdunkelt« [276]. Wie König Hamlets Seele wurde auch die seine tödlich getroffen. Gift
strömte in den Vorhof eines schlafenden Ohres.

Zum Schluß sagt Stephen: »Der Stückeschreiber, der das Folio
dieser Welt verfaßte, und schlecht verfaßte (Licht gab zuerst Er
uns, die Sonne zwei Tage später), der Herr der Dinge, wie sie
sind, den die allerrömischsten Katholiken *dio boia* nennen, Henkergott, ist ohne Zweifel alles in allem in allen von uns, Stall-
knecht und Metzger«. [298]

Für die Dubliner, die den Ausführungen des jungen Sokrates
lauschten, war Stephens Shakespeare-Hypothese sicher nur ein
jugendliches Paradoxon, und »Richter« Eglintons Glosse ein
glücklicher Kompromiß. Prüft man jedoch das Gefüge dieses
Dialogs und insbesondere die Wichtigkeit der theologikophilolo-
gischen[2] Exkurse der Ausführungen Stephens genauer, erkennt
man leicht, daß er weit mehr enthält als nur ein Bild Shakespeares
als Hahnrei oder die Entdeckung eines neuen Komplexes bei
Hamlet. Das Geheimnis der Vaterschaft in ihrer Anwendung auf
die erste und zweite Person der Trinität, auf König Hamlet und
den Prinzen, und durch stillschweigende Folgerung auf die seltsame Symbiose von Stephen und Bloom, steht immer im Hintergrund der Shakespeare-Exegese Stephens. Immer fängt er in einem Netz aus Analogien, immer symbolisiert er (in der
wirklichen Bedeutung des Wortes: zusammen werfen) die proteischen Offenbarungen der schöpferischen Kraft (zu deren Äußerungen in der belebten Welt die Zeugung, die Vaterschaft, gehört), Gott (Vater und Sohn) – Shakespeare-Stephen-Dedalus:
alle sind Träger einer gleichen Energie. Und der Künstler selbst,

der Schöpfer der Saga von Dublin, der Wiking-Stadt, wird durch
eine subtile Kreuz-Anspielung ebenfalls in das Netz gezogen.

»Warum«, fragt Stephen, »ist die Nebenhandlung des *König
Lear*, in der Edmund eine Rolle spielt, Sidneys *Arcadia* entnom-
men und einer keltischen Legende aufgeflickt, die älter ist als die
Geschichte?

– Das war so Wills Art, verteidigte John Eglinton. Heute würden wir natürlich keine nordische Sage mehr mit einem Roman-
Exzerpt von George Meredith kombinieren. *Que voulez-vous?*
würde Moore sagen. Er verlegt Böhmen ans Meer und läßt Odysseus Aristoteles zitieren.« [296]

»Der Pulsschlag hemmte sich. Totengräber begraben Hamlet
père und Hamlet *fils*. Ein König und ein Prinz zuletzt im Tode,
mit Begleitmusik ... Wenn Sie den Epilog mögen, schauen Sie ihn
sich lange an: Prospero glücklich, der Gute belohnt, Lizzie,
Großpapas Schnuggelpützchen, und Gevatter Richie, der Böse,
von der poetischen Gerechtigkeit an den Ort befördert, wohin die
bösen Nigger kommen. Eiserner Vorhang.« [297f.]

»Gevatter Richie« ist hier der dritte Bruder von William Shakespeare; er wird in den Werken des »süßen William« in Richard
Crookback verewigt, »ein abscheulicher Krummbuckel«, der
»seine Liebe einer verwitweten Ann zuwendet (was ist ein
Name?), sie umwirbt und gewinnt, eine abscheuliche lustige
Witwe. Richard der Eroberer, dritter Bruder, kam nach William
dem Eroberten« [296]. (Diese letzten Worte erinnern an Man-
ninghams Geschichte von des Bürgers Weib, die Richard Bur-
bage in ihr Bett lud; Shakespeare hatte ihre Einladung gehört und
kam dem Günstling zuvor; als letzterer an das Gitter klopfte, rief
er durch die Tür: Wilhelm der Eroberer kam vor Richard III.)
Hinter den Hinweisen auf Shakespeare in Stephens Epilog liegt
zweifellos eine Erinnerung an jene Stelle der Proteus-Episode, in
der Stephen von seinem »Gevatter Richie« seiner Nichte, der
kleinen Crissie, dem »Schnuggelpützchen«, spricht: ein weiterer
feiner Hinweis auf die William-Shakespeares-/Stephen-De-
dalus-Beziehung.

Scylla ist einer der wenigen Ortsnamen der Odyssee, die unverändert bis auf den heutigen Tag fortbestanden haben. Am Eingang der Straße von Messina beherrscht die Stadt Scylla, die auf
einer Klippe liegt, »that beetles o'er his base into the sea«, noch
immer die verräterische Wasserstraße, die Sizilien vom Festland

trennt. Die Stadt litt sehr durch das Erdbeben von 1783; die
Spitze des Vorgebirges, auf dem sie liegt, löste sich. Früher exi-
stierte in der Seite der Klippe eine Höhle, die sich nach Westen,
»zum Erebos«, öffnete; während des Erdbebens wurde sie ver-
schüttet. Homer berichtet:

> »Denn das Gestein ist glatt, dem ringsbehauenen ähnlich.
> Aber mitten im Fels ist eine benachtete Höhle,
> Gegen das Dunkel gewandt zum Erebos.
> Drinnen im Fels wohnt Skylla, das fürchterlich bellende
> Scheusal.«

Derartige »bellende« Höhlen sind an der Küste häufig. Das
»Bellen« wird zum Teil durch den Wind, der durch eine enge
Spalte weht, zum Teil durch das Fluten und Verebben der Wogen
an der felsigen Basis der Höhle verursacht. Der Name Scylla ist
von der semitischen Wurzel Skoula = Fels abgeleitet; mit seinem
vollen Namen hieß das Vorgebirge Skoula Krat'a = der glatte
Felsen. Auch hier zog Homer wieder eine anthropomorphe Deu-
tung dem phönizischen Ortsnamen vor und machte Scylla zur
Tochter der Kratais, »die die Plage der Menschen geboren«; auch
konnte Homer der Versuchung nicht widerstehen, auf das fremde
Wort Skoula ein Wortspiel zu machen, denn er gab der Scylla die
Stimme einer kleinen griechischen Hündin, skulax.
  Der Scylla gegenüber liegt der Strudel der Charybdis, die
»schlürfte das dunkle Gewässer, dreimal strudelt sie täglich her-
vor und schlürfet auch dreimal«. Der Name Charybdis hat im
Griechischen keine entsprechende Bedeutung; Lewy sieht in ihm
die Wiedergabe eines semitischen Namens Khar-oubed, der in
Syrien vorkam und das »Loch des Verderbens« bedeutet; diese
Bedeutung gibt Homer durch das Beiwort ὀλοὴ = tödlich zu
Charybdis wieder. Bei Spallanzani findet sich folgende interes-
sante Beschreibung der verräterischen Gewässer der Meerenge:

> »Steht der Wind gegen die Strömung und refft ein unerfahre-
> ner oder unvorsichtiger Schiffer das Segel, um die Enge zu
> durchfahren, wird sein Schiff, das die Beute entgegengesetzt
> wirkender Kräfte ist, gegen den Felsen der Scylla geschleudert
> oder strandet auf den Untiefen. Aus diesem Grunde wachen
> vierundzwanzig starke und mutige Seeleute Tag und Nacht am

Messina-Strand. Beim ersten Warnungsschuß der Kanone be-
mannen sie ihre leichten Boote und eilen zu zweit dem Schiff
in Not zur Hülfe. Die Strömung fließt nicht geradeaus durch
die Enge, ihr Weg ist gewunden; die Seeleute, die diese Win-
dungen kennen, können das Schiff in Not leicht erreichen.
Wenn sich aber der Steuermann weigert oder vergißt, sie um
Hilfe anzugehen, kann er trotz aller Geschicklichkeit dem Unglück kaum entgehen. Inmitten der Strudel und der von Wind
und Strömung aufgetürmten Widersee kann er weder loten,
noch vor Anker gehen, denn der Grund ist felsig und bietet
keinen Halt. Ihm hilft keine seemännische Geschicklichkeit.
Seine einzige Hoffnung auf Rettung ist die Hilfsmannschaft
aus Messina.«

Die Motive des glatten, starken Felsens der Scylla und des ruhelosen Strudels der Charybdis, ein »Meer der Wirrnis«, werden in
dieser Episode symbolisch verwertet.

Die Stabilität des Dogmas, des Aristoteles, des Shakespeare-
schen Startford werden dem Strudel des Mystizismus, dem Plato-
nismus, dem London der elisabethanischen Zeit gegenüberge-
stellt. Shakespeare, Jesus und Sokrates durchschreiten wie
Odysseus, der Mann mit dem ausgeglichenen Geist, tapfer, wenn
auch nicht unbeschädigt, diese Gefahren der Seele. »Ein Mann
ging zwischen ihnen hinaus, sich verbeugend, grüßend.« [304] Der
Aufbruch Blooms aus dem metaphysischen Zwielicht der Bibliothek in »zerschmetterndes Tageslicht keiner Gedanken« [300]
symbolisiert ein solches Entkommen. Dieser Gedanke des Ent-
kommens lebt vor allem in den Schlußseiten des *Porträt* und war
in Stephens Geist bereits mit der Lage des irischen Gedankens,
der mystischen Schule des keltischen Zwielichts[3] und dem klaren
Dogmatismus der Jesuiten und Nationalisten assoziiert. »Wenn
die Seele eines Menschen in diesem Land geboren wird, werden
ihr Netze übergeworfen, um sie am Fliegen zu hindern. Du
sprichst mir von Nationalität, Sprache, Religion. Ich werde versuchen, an diesen Netzen vorüberzufliegen.« [P 477]

»Das elisabethanische London lag von Stratford so weit entfernt, wie das verderbte Paris liegt vom jungfräulichen Dublin.«
[264] Stephen entkam und floh nach Paris, Shakespeare nach
London; aber jedem war es bestimmt, zurückzukehren »an den
Fleck Erde, da er geboren ward« [297]. Lange wirbelte Shake-

speare im wilden Strudel der Charybdis. »Zwanzig Jahre lebte er
in London, und während eines Teils dieser Zeit bezog er ein Salär,
so hoch wie das des Lordkanzlers von Irland. Sein Leben war
reich. Seine Kunst, mehr als die Kunst des Feudalismus, wie Walt
Whitman sie genannt hat, ist die Kunst der Übersättigung.« [282]

Der Gedanke an möglichen Schiffbruch zwischen doppelten
Gefahren, an den Zwang eines Dilemmas, zeigt sich unter verschiedenen Aspekten. Zu Anfang der Episode plurrt der Bibliothekar los:

»– Aber wir haben dann ja, nicht wahr, die unschätzbaren Seiten
des *Wilhelm Meister!* Ein großer Dichter über einen großen
Dichter-Bruder. Eine zaudernde Seele, zu den Waffen greifend
gegen eine See von Plagen, zerrissen von widerstreitenden Zwei-
feln«. [259] »Der schöne wirkungslose Träumer, der an den harten
Tatsachen zu Schaden kommt.« [259] Scylla – der Felsen.

Stephen sieht sich zwischen dem »Engländer-Lächeln und Yan-
kee-Gekläff.« [264] Das verderbte Paris und das jungfräuliche
Dublin beanspruchen beide seine Loyalität. Das Charybdis-Ele-
ment wird durch den verhältnismäßig häufigen Gebrauch von
französischen Worten in dieser Episode nahegelegt – zum Beispiel Hamlet père et fils. Ein französisches Plakat wird erwähnt:

HAMLET
ou
LE DISTRAIT
Pièce de Shakespeare [263]

»Das ist so echt französisch, so ganz der französische Standpunkt.
Hamlet ou... Der geistesabwesende Bettler, vollendete Stephen.« [263]

Stephen ist sich immer der Gefahren bewußt, die ihm von seinen
Zuhörern drohen – »Stephen hielt dem Gift der ungläubigen Augen stand, die trotzig unter gerunzelten Brauen glitzerten« [272],
der unerschütterliche John, Scylla: und auf der anderen Seite,
Charybdis, die Sanftmut des »Schönintrauer« [286] Best. Er fühlt
die Gefahren, die in seinem Thema schlummern, und steuert mit
dialektischer Geschicklichkeit hindurch zwischen dem Mael-
strom der Metaphysik und dem Riff des Realismus.

Das Körperorgan, zu dem diese Episode in Beziehung steht, ist

das Gehirn, das grausamste aller Instrumente, das sich der
Mensch zu seinem eigenen Schaden geschmiedet hat. In Stephens
dialektischem Vorwärtsdrängen auf einen paradoxen Schluß zu,
die Sackgasse eines Geheimnisses, fühlt man eine fast schmerz-
hafte Spannung der Gehirntätigkeit. Auf diesem Geheimnis ist
der *Ulysses,* sind alle Religionen und jede Erklärung des Alls gegründet – »auf die Leere. Auf Ungewißheit, Unwahrscheinlich-
keit« [290]. Dieser Geist der Ungewißheit wird in der Circe-Episode materialisiert, in der Phantome des Festes der reinen
Vernunft – Shakespeare unter ihnen – sich wie leblose Puppen
in einem Totentanz bewegen. Wie die sich windenden Kräuter,
die Stephen am Dubliner Strand beobachtet, »erhoben, überflu-
tet, und fallen gelassen... Zu keinem Ziel noch Ende gesammelt:
umsonst dann erlöst, fortflutend, wendend, zurück« [71]. »Das
Werk von Joyce«, sagte E. R. Curtius in einem tiefschürfenden
Artikel[4] über *Ulysses,* »kommt aus der Empörung des Geistes
und führt zur Zerstörung der Welt. Mit unerbittlicher Logik tritt
in Joyces Walpurgisnacht unter den Larven und Lemuren die Vision des Weltendes auf. Ein metaphysischer Nihilismus ist die
Substanz von Joyces Werk. Die Welt – ›Makro- und Mikrokosmos‹ – ist ›auf das Leere gegründet...‹ Dieser ganze Reichtum
philosophischer und theologischer Analyse, diese an allen Welt-
literaturen erzogene Kultur des Geistes, dieses Denken, das so
hoch über allen positivistischen Flachheiten steht – all das hebt
sich schließlich selbst auf, widerlegt sich in einem Weltbrand, in
einem metallisch schillernden Flammensprühen. Was bleibt?
Aschenduft, Grauen des Todes, Apostatentrauer, Gewissens-
qual.‹[5]

10. Die Irrfelsen

Schauplatz: Die Straßen
Stunde: 3 Uhr nachmittags
Organ: Blut
Kunst: Mechanik
Symbol: Bürger
Technik: Labyrinth

Die Struktur dieser Episode ist seltsam und einzig in ihrer Art. Sie besteht aus achtzehn kurzen Szenen, auf die ein Schlußsatz folgt, der den Zug des Vizekönigs durch Dublin beschreibt. Diese Szenen spielen in den Straßen von Dublin zwischen 3 und 4 Uhr nachmittags; ihre Gleichzeitigkeit wird dadurch aufgezeigt, daß ein oder mehrere Teile der einen Szene in die andere übernommen werden. Durch ihre Struktur und Technik (Labyrinth) wird diese Episode gleichsam ein kleineres Modell des *Ulysses*. Der erste und längste der achtzehn Abschnitte beschreibt die Wanderung des Paters Conmee, Jesuiten-Rektors des Clongowes Wood College (siehe: *Porträt*). Andere Abschnitte beschreiben die Wanderungen Stephens, Blooms, eines einbeinigen Matrosen (der von Frau Bloom ein Almosen erhält), eine Begegnung zwischen Dedalus senior und seiner Tochter Dilly, eine Unterhaltung zwischen Buck Mulligan und Haines in einer Teestube, das Einkaufen von Obst für Bloom durch Blazes Boylan und die Wanderungen mehrerer Nebenpersonen, die später irgendwo im *Ulysses* wieder auftauchen.

Im zweiten Abschnitt steht der Unternehmer Corny Kelleher müßig in seinem Torweg, kaut einen Heuhalm. »Corny Kelleher spie einen stummen Strahl Heusaft im Bogen aus seinem Munde, während ein freigebiger weißer Arm aus einem Fenster in der Eccles Street eine Münze hinunterschleuderte.« [313] Im nächsten Abschnitt veranlaßt das patriotische Lied des einbeinigen Matrosen eine Antwort. – »Die Fensterblende wurde beiseite gezogen. Ein Schild *Unmöblierte Zimmer* rutschte vom Fensterrahmen und fiel. Ein praller nackter freigebiger Arm leuchtete auf, wurde erblickt, vorgestreckt aus einem weißen Unterrockleibchen und straffen Verstellträgern. Eine Frauenhand schleuderte eine Münze über den Vorgartenzaun.« [314]

Im neunten Abschnitt schildert Lenehan M'Coy (dem Mann der Sängerin, Frau Blooms Konkurrentin) ein jährliches Festessen unter Leitung des Bürgermeisters Val Dillon, das Frau Bloom mit ihrer Anwesenheit beehrte.

Lenehan erzählt die Heimfahrt am frühen Morgen neben Frau Bloom, »ein tolles Pferdchen«, während Bloom auf der andern Seite des Wagens saß, »die sämtlichen Sterne und Kometen am Himmel« [326] zeigte und mit Namen nannte.

Frau Blooms kometenartige Armbewegung fixiert genau die Gleichzeitigkeit dieser drei Abschnitte.

Diese Methode wirkt leicht verwirrend (daß diese »Verwirrung« absichtlich und bedeutsam ist, wird die folgende Besprechung der Technik aufzeigen). Ein Abschnitt, der Boylans Typistin bei der Arbeit beschreibt, beginnt folgendermaßen:

»Miss Dunne verbarg das aus der Capel Street Library entliehene Exemplar der *Frau in Weiß* tief hinten in ihrer Schublade und spannte ein Blatt prunkendes Briefpapier in ihre Schreibmaschine.

Zuviel Geheimniskrämerei darin. Liebt er die nun eigentlich, Marion? Umtauschen und dafür noch eins von Mary Cecil Haye nehmen.

Die Scheibe schoß die Nut herunter, schwabbelte ein Weilchen, blieb stehen und beäugelte sie: sechs.

Miss Dunne ließ die Tasten klappern:

– 16. Juni 1904.« [318]

Man möchte vermuten, daß Fräulein Dunne die Typistin Martha Clifford ist, mit der Bloom oder besser gesagt Henry Flower postlagernd flirtet. Die Worte »zuviel Geheimnisse drin«, und »Marion« scheinen für diese Annahme zu sprechen; vielleicht sind sie aber auch einige der vielen falschen Schlüssel, die wie Leuchtfeuer von Strandräubern den Leser auf falschen Kurs locken sollen. Der dritte Teil obigen Zitats wird dem Leser erst im neunten Abschnitt verständlich, in dem eine Erfindung von Tom Rochford beschrieben wird, durch die der Besitzer einer Music-Hall sofort feststellen kann, welche Nummer des Programms erledigt und welche grade gespielt wird.

»– Sehn Sie? sagte er. Sagen wir mal, die Sechs ist dran. Hier rein, sehn Sie. Nummer läuft.

Er schob sie in den linken dafür bestimmten Schlitz. Sie schoß die Nut herunter, schwabbelte ein Weilchen, blieb stehen und beäugelte sie: sechs.« [322]

(Diese Beschreibung der »äugelnden Scheiben« steht vielleicht
in Verbindung mit dem äugelnden Sänger Eugen Stratton – sein
Plakat ist eines der »Seezeichen« in dieser Episode –, der durch
sie auf die Bühne gerufen wird.)

Gegen Ende des ersten Abschnitts begegnet Pater Conmee auf
seinem Wege nach Artane einem jungen Mann mit rotem Gesicht, der »aus einer Heckenlücke« kam, »und hinter ihm kam
eine junge Frau« [312].

»...die junge Frau bückte sich jäh und löste mit langsamer
Sorgfalt von ihrem leichten Rock einen daran haftenden kleinen
Zweig.

Pater Conmee segnete beide mit Ernst und wandte eine dünne
Seite seines Breviers um. *Sin: Principes persecuti sunt me gratis*[1]:
et a verbis tuis formidavit cor meum.« [312]

Das Zitat ist aus dem 119. Psalm, der, wie diese Episode, in
kurze Abschnitte geteilt ist, von denen jeder einen hebräischen
Buchstaben als Überschrift trägt. Nach der Lehre der Kabbalisten entspricht der Buchstabe Sin oder Schin allen vegetabilen
Substanzen, denn jeder hebräische Buchstabe soll ja entweder
ein Attribut des Göttlichen Namens oder eine himmlische oder
weltliche Eigenschaft des Alls oder eine Zahl bezeichnen. Wie so
oft im *Ulysses,* entdeckt man auch hier hinter der unverkennba-
ren Bedeutsamkeit eines Zitats eine okkulte Andeutung.

Im achten Abschnitt führt Ned Lambert einen Besucher durch
das alte Ratszimmer der Saint Mary's Abtei, in dem sich Silken
Thomas im Jahre 1534 zum Rebellen ausrief und wo die Juden
früher ihre Synagoge hatten. Ned Lambert

»blieb stehen, um die Karte in seiner Hand zu lesen.

– Hochwürden Hugh C. Love, Rathcoffey... Netter junger
Kerl ist das. Er schreibt an einem Buch über die Fitzgeralds, hat
er mir gesagt. Ist gut bewandert in Geschichte, alle Achtung«
[321].

Im Verlaufe seiner Wanderungen besucht Bloom auch den
Buchladen, in dem er die »seltsame« Lieblingsliteratur seiner
Frau holt. Nachdem er die »Furchtbaren Enthüllungen der Maria
Monk«, Aristoteles' »Meisterwerk« (ein Buch, das Frau Bloom
»Aristocrates Meisterwerk« nennt und das viele schlechte Illu-
strationen über Entwicklung des Embryos enthält) und »Schöne
Tyrannen« von James Lovebirch durchgeblättert hat, entschließt

er sich für ein lüsternes pornographisches Buch mit dem Titel:
»Süße der Sünde.« Er liest eine Stelle aus dem erotischen Schmöker, die in seinen stummen Monologen später immer wieder auftaucht.

»– *Alle Dollarnoten aber, welche ihr Gatte ihr schenkte, wurden
in den Geschäften für wunderbare Kleider und die teuerste Spitzenunterwäsche ausgegeben. Für ihn! Für Raoul!...*

*– Ihr Mund klebte auf dem seinen in einem lustvoll wollüstigen
Kusse, während seine Hände nach den üppigen Formen in ihrem
Déshabillé tasteten...*

*– Du kommst spät, sagt er heiser und beäugte sie mit argwöhni-
schem Blick. Die schöne Frau warf ihren zobelbesetzten Umhang
ab und enthüllte ihre königlichen Schultern und ihren schwellend
gewölbten Leib. Ein unmerkliches Lächeln spielte um ihre vollkommenen Lippen, als sie sich ihm gelassen zuwandte.«* [328]

Im selben Augenblick vielleicht besieht Stephen Dedalus auch
Bücher auf dem Bücherkarren eines fliegenden Händlers.

»– Was machst denn du hier, Stephen.

Dillys hohe Schultern und schäbiges Kleid.

Schnell zu mit dem Buch. Laß sie's nicht sehen.

– Und was machst du? sagte Stephen.

Ein Stuart-Gesicht des unvergleichlichen Charles, dünne Lok-
ken seitlich niederfallend. Es glühte, als sie sich bückte, das Feuer
nährend mit zerrissenen Schuhen. Ich hab ihr von Paris erzählt.
Späte Langschläferin unter einer Decke aus alten Mänteln, ein
Talmiarmband befingernd, Dan Kellys Freundschaftspfand. *Ne-
brakada femininum.*

– Was hast du da? fragte Stephen.

– Ich hab es bei dem andern Karren gekauft, für einen Penny,
sagte Dilly und lachte nervös. Taugt es was?

Sie hat, sagt man, meine Augen. Sehn andere mich so? Flink,
weit und wagend.[2] Schatten meines Geists.

Er nahm ihr das deckellose Buch aus der Hand. Chardenals
Französisches Elementarbuch.

– Wozu hast du dir denn das gekauft? fragte er. Um Französisch
zu lernen?

Sie nickte, errötend, und preßte die Lippen zusammen.

Keine Überraschung zeigen. Ganz natürlich.

– Hier, sagte Stephen. Ist ganz gut. Paß auf, daß Maggy es dir
nicht versetzt. Meine Bücher sind ja wohl alle schon weg.

– Paar davon, sagte Dilly. Wir mußten.

Sie ist am Ertrinken. Dere gewizzede. Rette sie. Biz. Alles gegen uns. Sie will mich mit sich ertränken, Augen und Haar. Dünne Ringel von Seetanghaar um mich, mein Herz, meine Seele. Salzgrüner Tod.

Wir.

Gewissensbisse. Gewissens Bisse.

Elend! Elend!« [337f.]

Als Circe dem Odysseus rät, wie er sicher nach Ithaka heimkehren könne, weist sie auch kurz auf die Irrfelsen hin. Sei er glücklich an den Sirenen vorbei, könne er, so sagt sie, zwei verschiedene Wege einschlagen.

»Dann nicht fürder begehr' ich genau zu verkündigen Alles,
Welcher Weg Dir von beiden zu gehn sei; sondern Du selber
Mußt es erwägen im Geist. Doch meld' ich Dir jeglichen Ausgang.
Hier erheben sich Klippen mit zackigem Hang, und es brandet
Donnernd empor das Gewoge der bläulichen Amphitrite:
Diese benamt Irrfelsen die Sprach' unsterblicher Götter.
Niemals kann auch ein Vogel vorbeifliehn, nie auch die Tauben
Schüchternen Flugs, die dem Zeus Ambrosia bringen, dem Vater;

Sondern sogar auch deren entrafft das glatte Geklipp stets.
Doch ein' andere schafft, die Zahl zu ergänzen, der Vater.
Einmal nur kam glücklich vorbei ein wandelndes Meerschiff,
Argo, die weltberühmte, die heimwärts fuhr von Aietes.
Und bald hätt' auch diese die Flut an die Klippen geschmettert;
Doch sie geleitete Hera, die Helferin war dem Jason.«

Odysseus wählte den Weg zwischen Scylla und Charybdis. In dieser Episode übertrifft Bloom seinen großen Vorgänger, denn er nimmt ein weiteres Abenteuer auf sich, das jener ablehnte. Nur in den Berichten über den Argonautenzug, die Heldentaten des Jason, der das goldene Vlies suchte, findet sich eine vollständige Beschreibung dieser Gefahr des östlichen Meeres, der Symplegaden oder Irrfelsen. Jason sandte eine Taube voraus, die zwischen den zusammenschlagenden Felsen durchflog und nur die

Schwanzspitze verlor. Die Argonauten folgten ihrem Beispiel
und kamen, bis auf eine Beschädigung am Heck der Argo, heil
zwischen den Felsen hindurch. Diese Sage findet ihre wahr-
scheinlichste Erklärung in der Annahme, daß es sich bei diesem
»Irren« oder »Zusammenschlagen« der Felsen um eine optische
Täuschung handelte. Seeleute, die durch eine schnelle, wenn
auch unmerkliche Strömung von ihrem Kurs abtrieben, glaubten,
daß diese Felsen dauernd ihre Lage änderten. Man stelle sich einen Archipel, ein Labyrinth solcher Felsen, ruhige See und gün-
stigen Wind vor. Die Ruderer, die ein gutgelaunter Äolus unter-
stützt, könnten ohne jede Schwierigkeit ihren Kurs zwischen
diesen Riffen halten. Doch würden sich diese scheinbar auf sie zu
bewegen, sie umschließen, wenn die Strömung auf sie zu trieb.
Die Geschichte von der Taube, die ihren Schwanz verlor, weist
vielleicht auf die in einem solchen Gewirr leicht mögliche Beschädigung – den Verlust des Steuers – trotz aller Anstrengungen
der Ruderer, den sich nähernden Felsen auszuweichen.

   Die Homerische Schilderung dieser Felsen, die in regelmäßigen
Zwischenräumen zusammenschlagen, von verzehrendem Feuer-
orkan umgürtet sind, steht in auffallendem Gegensatz zu der
anthropomorphen Behandlung anderer natürlicher Phänomene,
zum Beispiel der fast ähnlichen Doppelgefahr, die durch Scylla
und Charybdis personifiziert wird. Es handelt sich hier wohl um
den seltenen Fall, daß die Griechen blinden Mechanismus am
Werk sahen und Homer es unterläßt, eine Gefahr des Meeres zu
personifizieren. Die Kunst dieser Episode, Mechanik, ist ein bewußter Hinweis auf diesen Aspekt der Sage von den Irrfelsen.
Rochfords mechanische Erfindung mit den zwei Säulen wackeln-
der Scheiben wurde schon erwähnt; viele andere Hinweise auf
mechanische Bewegungen finden sich in dieser Episode: Kelleher
»dreht einen Sargdeckel um seine Achse« [312], Artifoni »trottete
auf stämmigen Hosen« [318]; ein Fahrradrennen, die Explosion
auf dem General Slocum (Schiffbruch plus mechanischer Zusammenbruch), Mickey Andersons »alle Zeiten tickende Uhren«
[352] werden erwähnt.

   »Das Schwirren ledern flappender Treibriemen und Summen
von Dynamomaschinen aus der Kraftstation trieb Stephen weiter. Wesenlose Wesen. Halt! Sie pochen immer außerhalb von einem, und das Pochen ist trotzdem stets drinnen. Dein Herz, davon du singest. Ich zwischen ihnen. Wo? Zwischen zwei

brüllenden Welten, darin sie wirbeln, ich. Zerschmettre sie, eine
und beide. Aber betäub mich selber auch mit in dem Schlag. Zerschmettre mich du, der es kann. Kuppler und Metzger, waren die
Worte. Ich sag' es ja! Noch nicht, über ein Weilchen. Einen Blick
noch rund.

Ja, stimmt exakt. Sehr groß und wunderbar und geht phanta-
stisch richtig. Ganz richtig, Herr, am Montag morgen, da war es
eben.« [336]

Über seine Lästerung erschreckt (siehe: Rinder des Sonnengottes), entschuldigt sich Stephen hier dem Schöpfer gegenüber und
bittet um Zeit. Listig preist er die mechanische Pünktlichkeit des
Universums, diese alle Zeiten tickende Uhr; um die Allwissen-
heit besser zu bluffen, schließt er wörtlich mit Hamlets Behauptung, er führe eine harmlose Unterhaltung (mit Rosenkrantz), als
Polonius »unberufen« auf der Bühne erscheint.[3]

Die Bewegung Haines, der »gewandt zwei Zuckerstücke in
Längsrichtung durch die geschlagene Sahne« [346] seines mélange
versenkt, hat etwas durchaus Mechanisches – das langsame Fahren eines Motorbootes durch eine enge schäumende Fahrstraße;
im letzten Abschnitt schlägt sich der junge Dignam mit der gräßlichen modernen Erfindung, dem Kragenknopf, herum; er ist zu
klein für das Knopfloch und schlüpft immer wieder durch den
Spalt – wie Jasons Taube zwischen den zusammenschlagenden
Felsen durchschlüpfte. Die ganze Struktur dieser Episode und die
Art, wie ihre achtzehn Teile wie Zahnräder ineinandergreifen
oder eine endlose Kette bilden, kann trotz der starken Lebendigkeit dieser Ausschnitte aus dem Dubliner Leben mechanisch genannt werden. Hier erkennt man deutlich, warum diese Episode
als der Mikrokosmos des Universums des *Ulysses* angesehen
werden kann, dem sein Schöpfer den Odem des Lebens ein-
hauchte, den aber die listige Hand eines Künstlers zu einem lebendigen Labyrinth gestaltete.

Ein Schiffer, der in dem Archipel der Irrfelsen trieb, war eine
Beute seiner Täuschungen, wußte schließlich nicht mehr ein noch
aus. Allerlei Täuschungen lauern in dieser Episode, der unacht-
same Leser kann sich leicht verirren. Cashel Boyle O'Connor
Fitzmaurice Tisdall Farrell geht an »Mr. Blooms Zahnarztfen-
stern« [347] vorbei; der Leser könnte leicht auf den Gedanken
kommen, Bloom hätte etwas mit Zahnheilkunde zu tun. Das wäre
eine Täuschung durch falsche Analogie; der Zahnarzt Bloom ist

jemand ganz anders. Ein anderes Riff, vor dem sich der Leser auf
seiner Fahrt durch diese Episode hüten muß, lauert in der Ein-
schachtelung von Fragmenten der einen Episode in die andere.
In dem Abschnitt, in dem Ehrwürden Hugh C. Love unter Ned
Lamberts Führung »den geschichtsträchtigsten Fleck in ganz
Dublin« [320] besucht, heißt es:

»Im stillen schwachen Licht bewegte er sich umher, mit seiner
Latte auf die getürmten Saatsäcke tapfend und an den vorteilhaf-
ten Punkten auf den Boden.

Aus einem langen Gesicht hingen ein Bart und ein Blick auf ein
Schachbrett.« [320]

Suchte der Leser bei einem der Anwesenden das lange Gesicht,
er fände es nie. Der Satz: Aus langem Gesicht usw. ist aus dem
sechzehnten Abschnitt, in dem John Howard Parnell in einer
Teestube beim Schachspiel sitzt.

Neben der Gefahr der falschen Analogie droht die des Nichter-
kennens einer Person, weil ihr verschiedene Bezeichnungen beigelegt werden. Gerty MacDowell nennt den Vizekönig von Irland
»Herr Gouverneur und die Frau Gouverneurin« [351]. Kernan
nennt ihn »Seine Exzellenz« [335]. Der lange John Fanning, Dublins Bürgermeister-Macher, spricht ironisch förmlich vom
»Lord-Statthalter und Generalgouverneur von Irland« [344],
während zwei alte Frauen, die nicht wissen, was los ist, stehen-
bleiben und verwundert »den Herrn Oberbürgermeister und die
Frau Oberbürgermeisterin ohne seine goldene Kette« [354] betrachten. Für Ehrwürden Hugh C. Love, der immer noch im »Labyrinth« ist und sich wie so viele andere Opfer der Verhältnisse
durch ein Leben in der Vergangenheit tröstet, der wie im Traume
in Begleitung »von Geraldines, groß und stattlich, zum Tholsel
jenseits des Ford of Hurdles« [340] geht, ist der Vizekönig einer
der »Lord-Deputierten, in deren gütigen Händen dereinst das
Vergaberecht für reiche Pfründen gelegen hatte« [351]. Der arme
Breen begeht einen charakteristischen faux pas; nachdem er von
den Vorreitern fast niedergeritten worden ist, grüßt er aus Verse-
hen den Adjutanten vom Dienst.

Die Personen dieser Episode sind Opfer von Täuschungen, die
aus Unachtsamkeit, falscher Folgerung, optischer Täuschung und
so weiter entstehen. Der junge Dignam sieht die Ankündigung
eines Boxkampfes; er will der Mutter durchbrennen, ihn sich an-
zusehen. »Wann ist denn das eigentlich? Mai, zweiundzwanzig-

ster. So ein Mist, ist ja schon längst gewesen.« [348] Boody Dedalus sieht einen Topf auf dem Ofen und glaubt, er enthalte
Essen; er enthält aber Wäsche. Der Schein hat sie betrogen – falsche Analogie. Power beobachtet, wie der lange John Fanning
dem langen John Fanning im Spiegel entgegengeht, ihn aber trügt
der Schein nicht. Kernan andererseits traut seinen Augen – und
hat sich anfangs täuschen lassen.

»Ist das da drüben Lamberts Bruder, Sam? Was? Ja. Also die
Ähnlichkeit ist doch verdammt verblüffend. Nein. Die Wind-
scheibe des Automobils in der Sonne da. Bloß so ein Aufblitzen.
Ist ihm verdammt ähnlich.« [334]

Er denkt an die Beerdigung Emmets in Glasnevin:

»Die Leiche wurde durch eine Geheimtür in der Mauer reinge-
bracht. Dignam ist da jetzt. Erloschen wie ein Licht, das man aus-
gepustet hat. Na ja, na ja. Lieber hier runter. Mach einen Umweg.« [334]

Umwege, Änderung der Richtung, nur teilweises Vollbringen,
Fehlschlagen, Verfehlen spielen in dieser Episode eine große
Rolle. Ehe Bloom zum Beispiel auf die »Süße der Sünde« stößt,
prüft er andere pornographische Möglichkeiten. Nosey Flynn,
der Rochfords Erfindung untersucht, fragt ihn nach dem Mechanismus, doch wird die Erklärung nicht gegeben. Dilly Dedalus
versucht, von ihrem Vater einen Florin zu bekommen, erhält aber
nur einen Schilling; ihr Vater läßt sie stehen und geht fort;
Kernan beeilt sich, will die vizekönigliche Kavalkade noch sehen.
»Zu schade! Um Haaresbreite verpaßt. Verdammtnochmal! Was
für ein Jammer!« [335] An die Gefahren des Dubliner Pflasters
erinnert M'Coys Bewegung, durch die er eine Bananenschale
vom Trottoir in die Gosse schiebt. »Da konnte sonst einer verdammt garstig hinfallen, wenn er besoffen da lang kam in der
Dunkelheit.« [324] Farrels Weg, der »an Mr. Lewis Werners fröh-
liche Fenster kam, sich dann umdrehte und wieder zurückging,
den Merrion Square entlang« [347], ist ein Beispiel für vollständige Änderung der Richtung, wie sie sich für den, der durch einen
Irrgarten läuft, oft ergibt.

Die Felsgruppe, die die Sage von den Symplegaden entstehen
ließ, wird meist in den Bosporus, zwischen die europäische und
asiatische Küste verlegt. Die Dubliner jedes einzelnen Abschnitts, die in Gruppen auftreten, können mit dem Archipel der
Irrfelsen verglichen werden. Zwischen dem ersten Abschnitt der

Episode, die den Weg des Paters Conmee zu Fuß und per Tram
von seinem Pfarrhaus nach Artane beschreibt, und dem Schluß-
abschnitt, der die Fahrt des Vizekönigs vom Schloß nach dem Mi-
rus-Bazar schildert, besteht ein unverkennbarer Gegensatz. Der
Vizekönig repräsentiert das europäische Ufer, den Pomp dieser
Welt, das imperium britannicum; der Priester ist der Vertreter
des asiatischen Ufers, ist die geistige Antithese des weltlichen
Ruhms. Statt des Bosporus fließt zwischen beiden der Liffey.
Durch das Labyrinth der Irrfelsen, der ruhelosen Bewegung findet der Anna Liffey unfehlbar seinen Weg. Pater Conmee fühlt,
wie die Stoppeln des Clongowes Feldes seine Enkel kitzeln. Hier
lauert wieder mögliche Täuschung, denn Conmee ist in Wirklichkeit auf dem Wege nach Artane und geht nur in Gedanken über
die fernen Spielplätze des Clongowes Wood College. In Gedanken hört er auch die Freudenglocken im lustigen Malahide läuten.
Der Vizekönig aber kann diese Musik des Herzens nicht hören;
eine Kapelle Hochland-Hornisten, die *»Mein Mädchen ist ein
Yorkshire-Girl!«* [353] brüllen und dröhnen, machen ihn fast taub.
Beiden wird von denen, die ihnen begegnen, gehuldigt; Pater
Conmee segnet ernst, Seine Exzellenz (der verstorbene Lord
Dudley) erwidert huldvoll die Grüße. Beide grüßt stumm aus seinem Plakat Eugen Stratton, der den Priester »mit dicken Neger-
lippen« [310] angrinst, den Vizekönig »mit grinsenden Wulstlip-
pen« [354] bewillkommnet. Von den Gedanken des Vizekönigs
erfährt man nichts, denn seine Fahrt durch die Stadt ist nur Ge-
pränge; Pater Conmees Gedanken aber sind die eines reinen
Menschenfreundes. Eugen Stratton läßt ihn an das Los der unge-
tauften Heiden denken: »Millionen von menschlichen Seelen,
von Gott geschaffen nach Seinem Eigenen Bilde, denen der
Glaube noch nicht (D. V.) gebracht worden war. Aber sie waren
doch Gottes Seelen, erschaffen von Gott. Es kam Pater Conmee
jammerschade vor, daß sie alle verloren sein sollten, eine Ver-
schwendung, wenn man so sagen durfte.« [310] Derartige Gegenüberstellung des Materiellen und Geistigen findet sich oft in Joyces Werk.

In dieser Episode verfolgt man einer Miniatur-Argo lange Fahrt
Liffey abwärts zwischen Symplegaden hindurch. Ungefähr fünf
Stunden vorher erhielt Bloom ein Flugblatt: »Elias kommt«; die-
sen Zettel warf er zwischen die Möven, die über dem Fluß flogen;
»Elias, mit zweiunddreißig Fuß pro Sek., kom. Pfff, Fehlanzeige.

Der Ball hüpfte unbeachtet auf den Kielwasserwellen, trieb unter die Brücke, an den Pfeilern vorbei.« [212]

Der vierte Abschnitt dieser Episode endet: »Ein Skiff, ein zerknülltes Flugblatt, Elias kommt, trieb leicht die Liffey hinunter, unter der Loopline Bridge her, schoß über die Strudel, wo Wasser um die Brückenpfeiler rieb, segelte ostwärts an Schiffsrümpfen und Ankerketten vorüber, zwischen dem Customhouse Old Dock und dem George's Quay.« [315]

Im zwölften Abschnitt heißt es: »An North Wall und Sir John Rogerson's Quay westwärts segelnd, entlang an Schiffsrümpfen und Ankerketten, segelte ein Skiff, ein zerknülltes Flugblatt, auf dem Kielwasser der Fähre schaukelnd, Elias kommt.« [333f.]

Endlich, am Ende des sechzehnten Abschnitts, hört man zum letztenmal von dieser ostwärts segelnden Karacke. »Elias, Skiff, leichtes zerknülltes Flugblatt, segelte ostwärts, vorüber an Schiffsflanken und Schleppnetzfischerbooten, mitten durch einen Archipel von Korken, über die New Wapping Street hinaus, an Bensons Fähre vorüber, und vorbei an dem Dreimaster-Schooner *Rosevean* mit Backsteinen von Bridgwater.« [347]

11. Die Sirenen

Schauplatz: Der Konzertsaal
Stunde: 4 Uhr nachmittags
Organ: Ohr
Kunst: Musik
Symbol: Barmädchen
Technik: Fuga per canonem

Zur Zeit Blooms war in Dublin die Begeisterung für Vokal- und Opernmusik allgemein. Alle großen Sänger kamen nach Dublin, und Namen wie Campanini, Joe Maas, Mario, »Prinz von Candia«, Piccolomini (Schöpfer der Violetta in Traviata), Tietjens, Giuglini, Trebelli-Bettini und viele andere waren in aller Mund. Man erinnerte sich sogar noch des sagenhaften Lablache (des Schaljapins seiner Zeit), der im 18. Jahrhundert (Kind einer irischen Mutter und eines französischen Vaters) zur Welt kam. Andere große Sänger irischen Blutes waren Catherine Hayes, William Ludwig (ursprünglich Ledwige) und Foli (ursprünglich Foley). Persönlichkeit, Laufbahn und das oft tragische Ende dieser Künstler lieferten unerschöpflichen Unterhaltungsstoff. Zu Beginn der Äolus-Episode bemerkt Bloom, der Brayden die Treppe zum Freeman-Büro hinaufgehen sieht, er gliche Mario dem Tenor (damals war Mario schon dreißig Jahre tot). Der rote Murray, der Faktor, pflichtet ihm bei und sagt: »Aber von Mario hieß es ja auch, er wäre Unserm Erlöser wie aus dem Gesicht geschnitten.« [166] Wenn die Trebelli im Old Royal Theater sang, spannten die Dubliner ihr die Pferde aus und zogen den Wagen zum Hotel. Michael Kelly war der erste Interpret der Rollen des Basilio und Don Curzio. Viele der größten modernen Sänger (zum Beispiel John Sullivan, den die Italiener für den bedeutendsten dramatischen Tenor seit Tamagno halten, John MacCormack, Margaret Sheridan) sind Iren. Was den Bel canto betrifft, ist Dublin heute noch eine der musikalischsten Städte der Welt. Der berühmte Palestrina-Chor, den Edward Martyn gründete, blüht noch heute. Noch heute begeistern sich die Dubliner für einen neu entdeckten Sänger, und bei einem Glase Guinness kann man wohl hören: »Da unten in Bull Alley wohnt ein junger Maurer, der würde alle anderen Tenöre der Welt in den Schatten stel-

len, brauchte er nicht den ewigen Backsteinstaub zu schlucken.«
Als Odysseus den göttlichen Sänger Demodocus hörte, begeisterte er sich, wie der Dubliner heute noch, für die Stimme dieses
Menschen, »dem die Götter wie keinem andern die Gabe des
Gesanges verliehen.«

An vielen Stellen des *Ulysses* finden sich Hinweise auf berühmte
Sänger, auf Musik und deren Zauber; das Buch selbst ist »musikalisch« aufgebaut und hat viel von der formalen Schwierigkeit
einer Fuge.

Hätte James Joyce sich nicht für Literatur entschieden, er wäre
(wie alle, die ihn gehört haben, fest glauben) ein bedeutender
Sänger geworden. Die »Gabe des Gesanges« lag ihm im Blute.
Sein Vater war angeblich der beste Tenor von Irland, seine Großtanten, Schülerinnen von Michael Balfe (siehe *Dubliner:* Die Toten) trillerten und sangen noch im Alter von siebzig Jahren in einer Dubliner Kirche, und sein Sohn scheint die Familientradition
weiterführen zu sollen. Selbst heute noch lautet die erste Frage
von Dublinern aus der Generation des Verfassers des *Ulysses:*
»Bücher? Ja, natürlich hat er ein paar Bücher geschrieben. Aber
– wie steht's mit seiner Stimme?« Die Geschichte seines Verzichtes auf eine große Laufbahn – Joyces italienischer Lehrer vernahm in ihm die Verheißung eines zukünftigen de Reszke – muß
noch geschrieben werden.

Joyces frühestes Buch, der Gedichtband: *Chamber Music* (vor
mehr als vierzig Jahren erschienen), ist von Komponisten aller
Art immer wieder vertont worden, eines der Gedichte nicht weniger als siebenmal. Gerade die musikalische Basis von Joyces
Stil, wie sie sich besonders in der Sirenen-Episode zeigt, ist eines
der vielen Merkmale, das ihn von jedem anderen Dichter unterscheidet. Selbst die schwierigen Stellen der Anna Livia Plurabelle
(Anna Liffey), eines Abschnitts aus *Finnegans Wake* werden
klar, kristallklar, wenn sie der Autor, im richtigen Rhythmus, mit
der richtigen Intonation vorliest. Der Rhythmus ist einer der
Schlüssel zu *Finnegans Wake;* jede der polymorphen Gestalten
des Werkes hat ihren eigenen Rhythmus, durch den man sie erkennt, ohne daß sie mit Namen genannt zu werden braucht.

Dieser kurze Überblick über die musikalischen Neigungen der
Dubliner im allgemeinen und des Verfassers des *Ulysses* im besonderen schien unerläßlich als Einführung zu der Sirenen-Episode, die in Struktur und Diktion alle früheren Experimente, mu-

sikalische Technik und Klangfarbe in einem literarischen Werk
zu verwenden, weit hinter sich läßt.

Die Sirenen-Episode beginnt mit kurzen Auszügen aus der eigentlichen Darstellung. Diese fragmentarischen Sätze erscheinen
dem Leser so lange unsinnig, bis er das Kapitel durchgearbeitet
hat. Man sollte sie nicht überschlagen. Sie sind wie die Ouvertüre
einer Oper und Operette, Fragmente der führenden Themen und
Refrains, die des Hörers Stimmung vorbereiten sollen und ihm
später, wenn sie ihrerseits vervollständigt und entwickelt werden,
jenes Gefühl des Vertrautseins geben, das seltsamerweise bei
vielen Hörern die Freude an einer neuen Melodie erhöht. Bei
Besprechung dieser Episode sagt Professor Curtius[1] nach einer
genauen Analyse der »Ouvertüre«: »Der zwei Seiten füllende,
scheinbar sinnlose Text ist eine bis ins letzte berechnete Komposition – die man freilich nur verstehen kann, wenn man das ganze
Kapitel gelesen hat, und sehr gründlich gelesen hat. Diese literarische Technik ist eine genaue Transposition musikalischer Mo-
tivarbeit, genauer: Wagnersche Leitmotivtechnik. Nur mit dem
Unterschied, daß ein musikalisches Motiv in sich geschlossen und
ästhetisch befriedigend ist; daß ich ein Wagnersches Leitmotiv
mit Genuß hören kann, auch wenn ich seine Sinnbezogenheit
(Walhall? Wälsungen?) nicht kenne. Das Wortmotiv hingegen
bleibt sinnloses Fragment und erhält seine Bedeutung erst im
Sachzusammenhang... Diesen tiefen Wesensunterschied von
Klang und Wort hat Joyce absichtlich ignoriert. Darum bleibt sein
Experiment fragwürdig.«
    Auf diesen Entwurf sei erwidert, daß die ersten Noten von The-
men, zum Beispiel die Andeutungen aus dem Preislied, ebenfalls
fragmentarisch sind; ihre Bedeutung und Schönheit wird erst
klar, wenn Walther das ganze Lied singt. Die fragmentarischen
Sätze geben im Verhältnis zum vollständigen Satz die gleiche
Freude wie das Leitmotiv.
    Zu Beginn der Episode beobachten Miss Lydia Douce und Miss
Mina Kennedy, die beiden Barmädchen des Ormond Restaurant,
»die vizeköniglichen Hufe vorüberklappern, klingenden Stahl«
[357]. Miss Douce ist überzeugt, daß der »da in dem Zylinder«
[357] im zweiten Wagen sie beobachtet und ihren Reizen verfallen
ist. Jetzt schlendert Dedalus ins Ormond. Lange Praxis und natürliche Neigung zum Umherschweifen haben ihn zum Kenner

der Barsprache gemacht; ihm gegenüber läßt Miss Douce ihre
Reize spielen. Bald hat sie ihr Opfer da, wo sie es haben will: Getränke.

»Und was hat der Doktor heute verordnet?

– Nun, ganz wie Sie meinen, grübelte er. Ich glaube, ich werde
Sie einmal mit der Bitte um etwas frisches Wasser und ein halbes
Glas Whisky behelligen.

Klingeling.

– Mit der allergrößten Bereitwilligkeit, stimmte Miss Douce
zu.« [362] Das »Klingeln« weist auf Blazes Boylans Wagen in der
Ferne. Auf dem Wege zu Frau Bloom, die er um vier Uhr besuchen will, kommt er ins Ormond, wo er einen Schlehen-Schnaps
trinkt. Der Wagen kommt näher, man hört ihn klingend auf wei-
chem Gummi; als Bloom dann verspätet ißt, hört er zuerst wirklich, später mit dem inneren Ohr der Phantasie, das Klingeln des
Jaunting-car, der in die Eccles Street fährt.

Lenehan, der lustige Schnorrer, kommt nun in die Bar, will mit
den Barmädchen flirten, blitzt aber ab. Lenehan ist einer von denen, »die nie was haben«, wie der Dubliner sagt. Unterdessen
kauft Bloom auf seinem Wege nach dem Ormond etwas Briefpapier, er will auf Marthas Brief antworten. Boylan betritt das Ormond und wird von seinen Sycophanten begrüßt.

Um Boylan zu ködern, macht Miss Kennedy den Sonnez-la-clo-
che-Trick. Boylan sieht ihr mit Behagen zu, hat's aber eilig, zum
Rendezvous zu kommen. Es ist vier, und die Dame wartet. Das
laute Klatschen von Miss Kennedys elastischem Strumpfband
»gegen ihren warmbestrumpften klatschprallen Frauenschenkel«
[369] – *sonnez la cloche* – ist das Klingelzeichen für die »Probe«
von Love's Old Sweet Song in der Eccles Street 7.

Unterdessen ist Bloom in Begleitung von Richie Goulding (Stephens Nonkel Richie) in das Lokal gekommen.

Während die beiden essen, sorgen Ben Dollard (der Faß-Baß),
Simon Dedalus und Vater Cowley am Klavier (es ist grade von
dem blinden Jüngling, bei dem Bloom früher am Tage den barm-
herzigen Samariter spielte, gestimmt worden) für musikalische
Unterhaltung. Wie gewöhnlich geht Blooms Stimmung schnell
auf die Umgebung ein; sein stummer Monolog ist für den Rest
dieser Episode voll von musikalischen Erinnerungen und Anspielungen. Das Liebeslied aus Martha, Marthas Brief und die
Erinnerung an jenen romantischen Abend, als seinem Blick zum

erstenmal das süße Bild der Marion Tweedy erschien, vermischen
sich in Blooms Selbstgesprächen.

»– *Ein jeder liebevolle Blick*...

Der erste Abend, als ich sie zum erstenmal erblickte, bei Mat
Dillon in Terenure. Gelbe, schwarze Spitze trug sie. Stuhlpolo-
naise. Wir zwei die letzten. Schicksal. Hinter ihr. Schicksal. Rund
und langsam rund. Schnell rund. Wir zwei. Alle guckten. Halten.
Sie setzte sich hin. Alle Ausgeschiedenen guckten. Lippen lach-
ten. Gelbe Knie.

– *Bezauberte mein Aug'*...

Singen. *Erwartung* sang sie. Ich blätterte ihr um. Volle Stimme,
voll vom Duft von, was für ein Parfüm benutzt Deine, Flieder.
Die Brüste sah ich, beide voll, die Kehle trillernd. Erblickte zum
erstenmal. Sie dankte mir. Warum das, mir? Schicksal. Spanische
Augen...

– *Komm!*

Es schwang sich auf, ein Vogel, hielt den Flug, ein rascher reiner
Schrei, aufsteigendes Silberrund, sprang heiter hoch, hineilend,
ausgehalten, zu kommen, spinns nicht zu lang aus, hat langen
Atem, Atem langes Leben, sich hoch aufschwingend, glänzend,
feuerflammend, gekrönt, hoch im symbolischen Schimmer, hoch,
des ätherlichen Busens, hoch, der hohen riesig weiten Irradiation,
allüberall hinschwingend, all rundum das All, in Endendendlolo-
sigkeiten...« [381f.]

Die Hörer im Konzertsaal applaudieren.

»– Bravo! Klappklapp. Großartig, Simon. Klappklappklapp.
Da capo! Klappklippklapp... Da capo, daklapp, sagten, schrien,
klatschten alle, ...«. [382]

Bloom schreibt nun seinen Brief an Martha und bemüht sich
nach Kräften, was er schreibt, vor Richie Gouldings Blicken zu
verbergen.

»Hoffentlich sieht er nicht her, schlau wie eine Ratte. Er entrollte den *Freeman*, hielt ihn. Kann mir jetzt nicht hinter die.
Dran denken, daß ich die E's griechisch schreibe. Bloom tunkte,
Bloo mur: Sehr geehrter Herr. Der liebe Henry schrieb: Liebe
Mady. Deinen Brie und die Blu erhalten. Teufel, wo hab ich die
überhaupt hingesteckt? Irgendwo in eine Ta oder sonst. Es ist mir
gänzl unmögl. *Unmögl* unterstreichen. Heute ausführlich zu
schreiben.« [386f.]

Während er schreibt, verweben sich die Töne des Klaviers und

die Gedanken, die sie hervorrufen, mit Erinnerungen an Marthas
Brief und das Dienstmädchen von nebenan (»Beim Teppich-
klopfen einmal auf der Wäscheleine... Und wie ihr der schiefe
Rock schwingt bei jedem Schlag.« [83]). Während er für Martha
seine unechten Gefühlsperlen aufreiht, murmelt er laut für Richie
(»– Schreiben Sie auf ein Inserat?... Ja.« [387]) formelhafte Ge-
schäftsausdrücke.

Die letzte Nummer dieses improvisierten Konzerts ist Ben Dollards »schneidigste Interpretation« [398] des »*Croppy Boy*«.

Das Klingeln von Boylans Wagen ist nun verklungen, er ist bei
Frau Bloom. In den Schlußseiten der Episode erklingt ein neues
Motiv: der blinde Stimmer tappt ins Ormond zurück, er hat seine
Stimmgabel² auf dem Klavier liegen lassen.

»Vorbei an Rose, an Atlasbusen, an streichelnder Hand, an
Spülicht, an leeren Flaschen, Knallkorken, grüßend im Gehen,
vorüber an Augen und Mädchenhaar, Bronze und blassem Gold
in Tiefseeschatten, ging Bloom, der sanfte Bloom, ich fühl mich
so einsam Bloom.

Tapp. Tapp. Tapp.

Betet für ihn, betete Dollards Baß. Ihr, die ihr höret in Frieden.
Haucht ein Gebet, in Tränen steht, ihr guten Männer, ihr guten
Leut'. Er war der Croppy Boy.« [397]

Nach dem Rhythmus eines Marschliedes und dem Echo ihm
einfallender Straßenrufe verläßt Bloom das Ormond. »Instrumente. Ein Grashalm, die Muschel ihrer Hände, dann blasen. Sogar aus Kamm und Seidenpapier kriegt man eine Melodie heraus.
Molly in ihrem Hemd in der Lombard Street West, das Haar ge-
löst. Ich glaube fast, jedes Gewerbe hat seine eigenen hervorge-
bracht, ist ja klar. Der Jäger sein Horn. Jeder Stand seinen Stän.
Hat man 'n. *Cloche. Sonnez la!* Der Hirt seine Flöte. Polizist die
Pfeife. Schlösser und Schlüssel! Schornsteinfeger! Viere, bewahrt
euer Tor und Türe! Schlafen! Alles ist jetzt verloren. Trommel?
Bummdidumm. Warte, ich weiß schon. Ausrufer, Bummbüttel.
Long John. Wecken noch die Toten auf damit. Bumm. Dignam.
Der arme kleine *nominedomine.* Bumm. Ist Musik, ich meine natürlich ist alles Bumbumm, was man *da capo.* Trotzdem, man
kanns hören. Während wir marschiern wir so marschiern wir so
herum. Bumm.« [401]

Die beiden Sirenen, die auf blumiger Wiese sitzen, bezaubern
und betören alle Menschen mit ihrem hellen Gesang. Die Sirenen

sind nicht nur Sängerinnen, sie sind auch Zauberinnen, die die
Menschen mit ihrem Zauber binden. Die semitischen Wurzeln
sir-en bedeuten in ihrer Verbindung Zauberlied. Die beiden
Bar-Sirenen, die bronzene Miss Douce und die goldene Miss
Kennedy, lassen ihren Zauber allen gegenüber, die sich ihnen nä-
hern, spielen. Miss Douce putzt fröhlich trillernd einen Krug (für
Dedalus).

»– *Oh, Idolores, Königin der östlichen Meere«.* [362]

Wie die Wiese der Sirenen schmücken Blumen die Tische im
Speisesaal des Ormond. »Blau Bloomelein im Kornfeld blüht.«
[363] ist einer der humoristischen Einfälle in der Episode und
erinnert an Shakespeares Schicksal, der, wie Stephen erzählte,
von einer kecken Dirne aus Stratford »in einem Kornfeld überwunden« [275] wurde.

»*wo sich der Wind im Roggen wiegt,
zu zweit das hübsche Landvolk liegt.« [268]*

In dieser Episode sind die homerischen Entsprechungen im allgemeinen eher wörtlich als symbolisch. Die Bar-Sirenen hocken
unter ihrem »Thekenriff« [358], Bronze neben Gold. Miss Douce
erzählt Dedalus, daß sie am Meere war, den ganzen Tag am
Strande lag. »– Das war aber ganzganz böse von Ihnen, sagte Mr.
Dedalus und drückte ihr in mildem Tadel die Hand. Arme einfäl-
tige Männer so in Versuchung zu führen.« [362] Sie trägt eine
Rose, die »Nixenhaar« hervorhebt, an der Brust. Dedalus stopft
seine Pfeife, »fingerte Haarfäden, ja, ihr Mädchenhaar, ihr Nixenhaar, in den Pfeifenkopf« [362]. Auf einem Plakat leuchtet
»eine schwebende Nixe, rauchend inmitten hübscher Wellen.
Raucht Nixe, den kühlen Hochgenuß. Haar strömend: liebesver-
loren« [365]. Im Musikzimmer hängt ein staubiges Seestück. » *Ein
letztes Lebewohl.* Eine Landzunge, ein Schiff, ein Segel auf den
Wogen. Lebewohl. Ein liebliches Mädchen, ihr Schleier wehend
im Wind auf der Landzunge, Wind um sie her.« [376] Die Bar
selbst wird beschrieben handelte es sich um eine Seeschaft.
Miss Douce läßt die Blende herunter: »Sinnend senkte sie nieder
um ihre Bronze und über die Bar… langsam kühl dämmrig see-
grün gleitende Schattentiefe, *eau de Nil.«* [371] »In Ozeanschatten
schmachteten sie, Gold bei dem Bierzapfhahn, Bronze bei Mara-
schino«. [373]

»Douce jetzt. Douce Lydia. Bronze und Rose.

Sie hatte sich fabelhaft, einfach fabelhaft amüsiert. Und kuck doch mal die schöne Muschel, die sie mitgebracht hat.

Ans Ende der Bar brachte leicht sie das stachlige und gewundene Meerhorn ihm, damit er, George Lidwell, Rechtsanwalt, einmal daran horchen konnte...

Bloom sah durch die Bartür eine Muschel an ihre Ohren gehalten. Er hörte schwächer, was sie drüben hörten, jede für sich allein, dann jede für jeweils die andre, das Platschen von Wellen, laut, ein stilles Brausen.

Bronze bei müdem Gold, nah, ferne, lauschten sie...

Auch ihr Ohr ist eine Muschel, das vorlugende Läppchen dort. Ist am Meer gewesen. Reizende Mädchen vom Strand...

Die Haarsträhnen drüber: Muschel mit Tang...

Das Meer, glauben sie, hörn sie da. Singen. Ein Brausen. Dabei ists doch das Blut. Rauscht manchmal im Ohr. Naja, ist ja auch ein Meer eigentlich. Blutkörperchen die Inseln.«[3] [389 f.]

Sprache und Inhalt dieser Episode (ihre Technik ist die fuga per canonem) werden durchaus musikalisch gehandhabt. Das Thema ist selten einfach; meistens greifen zwei, drei oder vier Stimmen übereinander, die durch Verflechtung im selben Satz synchronisiert oder durch fast unmittelbare Gegenüberstellung gleichzeitig und wie ein musikalischer Akkord wirken. Wer solche Stellen liest wie gewisse kultivierte Konzertbesucher gerne eine Fuge hören – sie zerlegen die Stimmen in vier oder auch weniger selbständige horizontale Melodien –, dem wird viel von der seltsam packenden Prosa dieser Episode entgehen. Denn der größte Teil des sinnlichen Wertes der Musik, die Zauberkraft des Sirenengesanges, geht dem musikalischen Besserwisser verloren, der sich zur Analyse der gehörten Töne und Zerlegung der Musik in selbständige horizontale Melodien zwingt. Will der Hörer die Erregung durch symphonische Musik ganz genießen, muß er diese als eine Folge von Akkorden erkennen, muß nicht nur horizontal, sondern auch vertikal hören. Und das gilt nicht nur für die Romantiker wie Beethoven und Wagner, die (besonders letzterer) in Akkorden denken, sondern, wenn auch in etwas geringerem Maße, für kontrapunktliche Fugisten wie Bach.

Die verschiedenen Themen werden, »fugenmäßig« eingeführt: das erste, der Hauptsatz, ist unverkennbar der Sirenengesang; der Nachsatz Blooms Eintritt und Monolog; Boylan ist der Gegensatz. Die Zwischensätze sind Dedalus' und Ben Dollards Lieder. Zwischensätze, Hauptsatz, Nachsatz und Gegensatz sind in

der Erzählung oder dem Gefüge von Blooms Monolog oft kon-
trapunktlich verbunden.

Diese Technik will das Gefüge der Erzählung und besonders des
stummen Monologs verdichten. Gewisse Stellen schmeicheln
durch ihren Rhythmus dem Ohr, verlangen aber geübtes, klares
Gedächtnis und Intuition zu ihrem Verständnis. Worte werden
verstümmelt, verlängert, miteinander verbunden. Sätze werden
gekürzt, ineinandergeschachtelt.

»Goulding, dem Röte rang in seinem bleichen, erzählte Mr.
Bloom, Gesicht, von dem Abend, da Si bei Ned Lambert, Dedalus' Haus, *'s war Rang und Ruhm* gesungen.« [383] Die Technik
wird im folgenden Satz mit humoristischer Genauigkeit erklärt.

»Er, Mr. Bloom, hörte zu, während er, Richie Goulding, ihm,
Mr. Bloom, von dem Abend erzählte, da er, Richie, ihn, Si Dedalus, in seinem, Ned Lamberts, Haus *'s war Rang und Ruhm* hatte
singen hören.« [383]

Durch die Trennung des Adjektivs bleich von seinem Substantiv
Gesicht wird ein seltsam bezeichnender Doppelsinn erzielt.
Nachdem Bloom den Brief an Martha geschrieben hat, denkt er:

»Auf derselben Stelle ablöschen, dann kann ers nicht lesen. Gut
so. Idee für eine Preisgeschichte, Titbit. Detektiv liest irgendwas
von einem Löschpapier. Honorar in Höhe von einer Guinee pro
Spal. Matcham denkt noch oft an die lachende Hexe. Arme Mrs.
Purefoy. U. p.: up.« [388]

Der Gedankengang in diesem Fragment ist typisch vom ersten
bis letzten Wort. Am Morgen las Bloom auf dem Klosett in den
Tit-Bits die Preisgeschichte Matchams Meisterstreich, die beginnt: »*Matcham denkt noch oft an den Meisterstreich, durch welchen er die lachende Hexe gewann, die nunmehr...*«. [97] Der
Verfasser hießt Philipp Beaufoy. Bloom fragt sich, ob nicht auch
er durch Verfassen einer Preisgeschichte ein bis zwei Guineas
verdienen könnte. Später am Morgen begegnet er Frau Breen
und fragt sie, ob sie mal was von Frau Beaufoy hörte.

»– Mina Purefoy? sagte sie.

Philip Beaufoy, an den hab ich gedacht...

Matcham denkt noch oft an den Meisterstreich.« [221] So entsteht die Verbindung zwischen seiner Freundin Mina Purefoy, die
schon drei Tage in der Entbindungsanstalt liegt, und Philipp
Beaufoy. »Arme Mrs. Purefoy.« Kurz bevor Frau Breen Bloom
von Frau Purefoy erzählte, zeigte sie ihm die anonyme Postkarte,

die ihr Mann erhalten hatte. »U. p.: up.« So wird der Gedanke an Frau Purefoy mit Breens Postkarte in Zusammenhang gebracht.

Wie Joyce einen Sirenengesang in ungehörte unbekannte Musik setzte, sei an einigen der Hunderte von musikalischen Formen aufgezeigt, die im Verlauf dieser Episode durch das Wort reproduziert werden.

Bloom denkt an die Zeit, in der Marions Liebhaber die verfallende Schönheit verlassen werden. »Sie verlassen: satt kriegen. Tiefe Trauer dann. Heulerei. Große spanische Augen, ins Leere glotzend. Ihr welligwalligwilligwelwelwellig Haar ent k:'mmt.« [384]

Der letzte Satz ist ein Trillando, und das Wort ungekämmt ist geschrieben, wie es ein Sänger am Schluß einer Kadenz aussprechen müßte. »Willst? Du? Ich. Will. Daß. Du.« [396] ist staccato.

»Lockend. Ah, verlockend« [381], eine appoggiatura (eine Ornamentierung des Grundwortes locken). Das triumphierende Klopfen Boylans, des Hahnes im Korbe, klingt martellato: »Einer rappelt' an der Tür, einer tappte mit 'nem Stock, galt sein Knock Paul de Kock, mit 'nem stolzen Knocker-Pocker, mit 'nem Kock Karakarakara Kock. Kockkock.« [391] Miß Mina Kennedy beugt sich über die Theke und flüstert sordamento »dem Gentleman mit dem Kruge« zu, daß der Sänger Ben Dollard ist. Es finden sich mehrere Portamento- oder Glissando-Effekte, die Worte gleiten ineinander über wie in:

»Regen. Diddel iddel eddel eddel uddel uddel.« [391]

Rhythmus, Klang und Form eines Rondo zeigt die Stelle: »Aus dem Saloon kam ein Klang, lang hin sterbend. Das war eine Stimmgabel, die der Stimmer besessen, die dann er vergessen, die an nun er schlug. Wieder ein Klang. Die nun in der Schwebe er hielt, daß sie nun schwang. Hörst du? Sie schwang, rein, reiner, ganz sanft, immer sanfter, ihr summend Gezink. Länger hin sterbender Klang.« [366]

Aushalten und Auflösung werden oft verwendet, beispielsweise in der Stelle:

»Den Deckel hebend, blickte er (wer?) in den Sarg (Sarg?) auf die schrägen dreifachen (Klavier-!) Drähte.« [365] Das Verständnis wird »ausgehalten«, bis das letzte Wort das Geheimnis löst.

Beispiele für leere Quinten (quinto vuoto) sind Worte wie Blmstauf, wo die Terzen, die Buchstaben »oo« und »and« ausge-

lassen sind, und Sätze wie »Warum das, mir?« [381], in denen das
Verb zwischen Subjekt und Objekt fehlt. Unwillkürlich füllt der
Hörer einer leeren Quinte die Lücke mit einer Terz. Ein Fer-
mata-Effekt (Anhalten einer Note über die normale Dauer hinaus) erscheint in dem angehaltenen Wort: »Endendendendend-
losigkeiten« [382].

Der Schlußsatz folgender Stelle ist ein Beispiel für die poly-
phone Behandlung von Worten:

»Es war die einzige Sprache, sagte Mr. Dedalus zu Ben. Er hatte
sie als Junge in Ringabella, Crosshaven, gehört, Ringabella, wenn
sie ihre Barcarolen sangen. Queenstown Harbour, voll von italienischen Schiffen. Gingen im Mondschein spazieren, weißt du,
Ben, mit diesen Erdbebenhüten. Ihre Stimmen verschmolzen.
Gott, so eine Musik, Ben. Als Junge gehört. Cross Ringabella
Haven Mondcarolen.« [386]

Die allmähliche Augmentation eines Akkords zeigen folgende
Stellen:

»Kontrast unexquisit nicht-exquisit« [371], und »menschenloser
mondloser frauenloser Sumpf« [392].

Eine unverkennbare Final-Kadenz, Dominante, Tonica (zweimal wiederholt), liegt vor ihm: Big Benaben Big Benben. Big
Benben. (Auf die Dominanten-Septime folgen zwei vollkommene Akkorde.)

Molly Bloom kann mit absoluter Sicherheit sagen, welcher Ton
auf dem Klavier angeschlagen wird. »Blick in Blick getaucht:
Lieder ohne Worte. Molly, der Leierkastenjunge. Sie wußte, er
meinte, der Affe wäre krank. Oder weil es so ähnlich wie Spanisch. Verstehn auch Tiere auf die Art. Salomo zum Beispiel. Na-
turtalent.« [396]

Die Vereinigung aller Personen an der Bar unter Abkürzung ihrer Namen und von Fragmenten thematischen Materials aus vorhergehenden Seiten in einem schnellen, gleichzeitigen Anstoßen
der Gläser ist deutlich das stretto der Fuge.

»Nah Bronze von nah, nah Gold von fern, ließen sie alle die klir-
renden Gläser klingen, glanzäugig und galant, vor Bronze Lydias
verlockender letzter Sommerrose, Rose von Kastilien. Zuerst
Lid, De, Cow, Ker, Doll, eine Quinte: Lidwell, Si Dedalus, Bob
Cowley, Kernan und Big Ben Dollard.« [402]

Diese Episode ist nicht nur »musikalisch« komponiert, die Ter-
minologie ist ebenfalls »musikalisch«. »Rückenschmerzen (Ri-

chie Goulding). Nächste Nummer auf dem Programm.« [377]
»Das ganze Trio lachte.« [371] »Sprung in der Laute.« [383] »Fit
wie ne Fiedel«. [398] »In kicherndem Schall verschmolzen junge
goldbronzene Stimmen, ... Junge Köpfe warfen sie zurück, bron-
zenes Kichergold, freifliegen zu lassen ihr Lachen, hochschnei-
dende Töne.« [360] Der Höhepunkt des Liedes aus Martha wird
folgendermaßen beschrieben:

»Alles Schmachten abwerfend, schrie Lionel auf in Schmerz, im
Schrei ausbrechender Leidenschaft, zur Liebsten auf, zurückzukehren, mit sich vertiefenden, doch steigenden Harmonieakkor-
den.« [381] Nach der Dominante kommt unvermeidlich die Rückkehr. So erklärt Stephen die Vollkommenheit der Oktave. »Die
Ursache ist die, daß Grundton und Dominante durch das größtmögliche Intervall getrennt sind, das...

Die größtmögliche Ellipse darstellt, die. Noch vereinbar ist mit.
Der letzten Wiederkehr.«[670]

In keiner anderen Episode des *Ulysses* hat Joyce eine derartige
Einswerdung zwischen Thema und Form erreicht. Curtius erscheint das Experiment von zweifelhaftem Wert; handelte es sich
nur um einen »tour de force«, ein künstliches Aufpfropfen des
Musikalischen auf das Wort, um musikoliterarische Virtuosität,
wäre sein Zweifel wohl berechtigt. Aber hier rücken der musikalische Rhythmus, der Wohlklang und Kontrapunkt der Prosa das
Thema, den Zaubergesang der Sirenen, erst in das richtige Licht.
Diese Episode unterscheidet sich dadurch von den meisten Bei-
spielen »musikalischer Prosa«, daß durch die Vereinigung der
beiden Künste der Sinn nicht verliert, sondern gesteigert wird;
der Sinn wird dem Ton nicht geopfert, sondern beide werden derart verschmolzen, daß der Leser, falls seine Ohren gegen den
Zauber nicht mit Wachs verstopft sind wie die der Achäer, die
»Honigstimm höret und fröhlich zurückkehrt und Mehreres wissend.«[4]

12. Der Cyklop

Schauplatz: Die Kneipe
Stunde: 5 Uhr nachmittags
Organ: Muskel
Kunst: Politik
Symbol: Fenier
Technik: Gigantismus

Die Geschichte dieser Episode wird von einem versoffenen Dubliner Bummler in dem äußerst farbigen Idiom der »gemeinen Menge« erzählt.

Nach einer kurzen Unterhaltung beschließen Joe und der Erzähler, Barney Kiernans Kneipe zu besuchen, in der sie einen wilden Sinn Feiner, den »Bürger«, der dicke Reden mit sich selbst führt, und den ebenfalls aggressiven Köter Garryowen treffen. Joe hält frei; als er bezahlt, holt er einen Sovereign aus der Tasche; »und bei Gott, mir geht doch fast das Augenlicht flöten, wie ich sehe, daß er dafür nen leibhaftigen Glänzer landet. Ah, ja, so wahr ich hier stehe und euch erzähle. Einen blitzsauberen Sovereign.

– Und wo der hergekommen ist, da sind noch mehr, sagt er.

– Hast du die Armenkasse geplündert, Joe? sag ich.

– Schweiß meines Angesichts, sagt Joe. War der Bedächtige, der mir den Tipp gesteckt hat« [412].

Der Bedächtige ist Bloom, der (siehe: Äolus-Episode) Hynes früher am Tage darauf aufmerksam machte, daß er sich Geld im Büro des Freeman holen könnte, denn er hoffte, wenn auch vergebens, Hynes würde ihm endlich ein Darlehen von drei Schillingen zurückgeben. Der Bürger wettert gegen den *Irish Independant*, den er liest und der »von Parnell als Blatt für den Arbeiter« [412] gegründet wurde. Das sogenannte patriotische Blatt bringt aber vor allem Geburts- und Todesanzeigen aus England.

Bald darauf erscheint Bloom.

»Old Garryowen legt wieder los und knurrt Bloom an, der um die Tür herumstreicht.

– Kommen Sie rein, kommen Sie rein, er frißt Sie schon nicht, sagt der Bürger.

Kommt Bloom denn reingeschlichen und schielt ganz ängstlich

nach dem Hund mit seinem Dorschauge, und fragt er Terry, ob
Martin Cunningham wohl dagewesen wäre.« [419]

Alf Bergan zieht zur Unterhaltung der Anwesenden ein Bündel
Briefe aus der Tasche, und Joe liest einen vor.

> »7, Hunter Street, Liverpool.
An den Hohen Herrn Sheriff von Dublin, Dublin.
Hochgeehrter Herr gestatte ergebenst meine Dienste in obig er-
wähntem beträblichen Fall anbieten zu dürfen ich habe Joe Gann
gehängt im Bootle-Gefängnis am 12. Februar 1900 und hab ich
auch...

– Mensch, zeig mal her, Joe, sag ich.

– *... den gemeinen Soldaten Arthur Chace wegen Mord an Jessie*
Tilsit gehängt im Pentonville-Gefängnis und mitgeholfen hab ich
noch wie...

– Jesus, sag ich.

– *... Billington den schrecklichen Mörder Toad Smith hinge-*
richtet hat...

Der Bürger grabscht nach dem Brief.

– Moment noch, warte, sagt Joe, *ich hab einen Spezialtrick, daß*
wenn bei mir mal einer in der Schlinge ist der kommt da nie wieder
raus in der Hoffnung von Ihnen beehrt zu werden hochgeehrter
Herr hochachtungsvollst meine Bedingungen wären fünf Guineen.

H. Rumbold,
Barbiermeister« [420]

Der Bürger bringt bald das Gespräch auf sein Lieblingsthema: die
Politik, und Bloom läßt sich ins Gespräch ziehen.

»Und der Bürger und Bloom kriegen sich in die Haare wegen
den Brüdern Sheares und Wolfe Tone drüben auf Arbour Hill
und Robert Emmet und dem Tod fürs Vaterland, die Tommy-
Moore-Masche über Sara Curran und Fern dem Lande lebt sie
nun.« [423]

»– Der Toten Gedächtnis, sagt der Bürger und hebt, mit einem
Blick auf Bloom, sein Pintglas.

– Jau, jau, sagt Joe.

– Sie haben mich nicht richtig verstanden, sagt Bloom. Ich
meine vielmehr...

– *Sinn Fein!* sagt der Bürger. *Sinn fein amhain!* Der Freund,
den wir lieben, der steht uns zur Seit', und der Feind, den wir has-

sen, steht vor uns.« [424]

Dann erklärt Bloom, er sei in der Hoffnung gekommen, Martin Cunningham hier zu treffen, mit dem er wegen der Versicherung Dignams sprechen müsse. Trotz all seiner Gutherzigkeit ist Bloom dem ungebildeten Erzähler verhaßt.

Mit jeder Runde wird der Bürger patriotischer. O'Molloy und Lambert kommen ins Lokal, und die Unterhaltung dreht sich jetzt um Breens Verleumdungsgeschichte. Der Bürger bemerkt, Frau Breen sei zu bedauern, da sie einen Mann habe, der weder Fleisch noch Fisch sei.

Bald dreht sich das Gespräch um die Judenfrage.

»– Das sind ja reizende Geschichten, sagt der Bürger, kommen hier nach Irland rüber und verlausen das ganze Land.« [449]

John Wyse Nolan und Lenehan gesellen sich zu den Anwesenden, letzterer ist ganz niedergeschlagen: das Ergebnis des Rennens um den Goldpokal ist raus. »Flugblatt«, ein Outsider, hat das Rennen gemacht.

Der Bürger wettert weiter; zur Abwechslung zieht er jetzt mal gegen die brutalen Strafen in der Marine los. Bloom vertritt wie gewöhnlich einen gemäßigten Standpunkt.

»– Aber, sagt Bloom, ist Disziplin nicht überall dasselbe? Ich meine, wäre es nicht ganz dasselbe hier, wenn Sie Gewalt gegen Gewalt setzten?

Also hab ichs nicht gesagt? So wahr ich hier diesen Porter am trinken bin, noch wenn er seinen letzten Schnaufer täte, würd er versuchen, einem ins Gesicht hinein zu erklären, daß Sterben doch eigentlich Leben wäre.

– Wir werden Gewalt gegen Gewalt setzen, sagt der Bürger. Wir haben unser größeres Irland jenseits des Meers. Im schwarzen Jahr 47 sind sie von Haus und Hof vertrieben worden. Ihre Lehm- und Schutzhütten am Straßenrand wurden vom Sturmbock niedergelegt, und die *Times* rieb sich die Hände und erzählte den hasenherzigen Tommys, bald würdes in Irland nur noch so wenig Iren geben wie Rothäute in Amerika. Sogar der Großtürke schickte uns seine Piaster. Aber das Sachsengeschmeiß versuchte die Nation daheim auszuhungern, während das Land voller Ernten war, die die britischen Hyänen aufkauften und in Rio de Janeiro verhökerten. Jawohl, sie haben die Bauern stammweise vertrieben. Zwanzigtausend von ihnen sind auf den Sargschiffen gestorben. Doch die das Land der Freiheit erreich-

ten, gedenken des Landes der Knechtschaft. Und sie werden wie-
derkommen und die Rache bringen, keine Feiglinge, sondern die
Söhne von Granuaile, die Kämpfer von Kathleen ni Houlihan.
 – Vollkommen richtig, sagt Bloom. Aber mein Vorstoß richtete
sich viel mehr auf ...« [458]
 Für den Augenblick läßt man ihn seine Meinung nicht weiter
ausführen, aber mutig geht Bloom wieder zum Angriff über.
 »– Verfolgung, sagt er, die ganze Weltgeschichte ist voll davon.
Dadurch verewigt sich der Nationalhaß unter den Nationen.
 – Aber wissen denn Sie überhaupt, was das ist, eine Nation?
sagt John Wyse.
 – Oh ja, sagt Bloom.
 – Und was, bitt schön? sagt John Wyse.
 – Eine Nation? sagt Bloom. Eine Nation, das sind die Leute,
die am selben Ort wohnen.
 – Bei Gott, sagt Ned lachend, wenn das so ist, dann bin ich auch
eine Nation, denn ich wohne seit nun schon fünf Jahren am selben
Ort.
 Natürlich schütten sich alle jetzt aus über Bloom, und er ver-
sucht sich herauszulavieren und sagt:
 – Oder auch Leute, die an verschiedenen Orten wohnen.
 – Das trifft auf meinen Fall zu, sagt Joe.« [460]
 »– Welcher Nation gehören denn Sie an, wenn ich fragen darf,
sagt der Bürger.
 – Irland, sagt Bloom. Ich bin hier geboren. Irland.« [460]¹
 Bald geht Bloom zum Gericht hinüber, wo er nachsehen will, ob
Cunningham dort ist. Lenehan vermutet:
 »das Gericht war bloß vorgeschützt. Er hatte n paar Schilling auf
Flugblatt gesetzt und ist jetzt hin, um die Silberlinge zu kassieren.
 – Was, der weißäugige Kafir? sagt der Bürger, der sein ganzes
Leben lang noch nie im Zorn auf ein Pferd gesetzt hat?
 – Genau da ist er jetzt hin, sagt Lenehan. Ich traf Bantam
Lyons, der eigentlich setzen wollte auf den Gaul, bloß daß ich ihn
dann abgebracht habe davon, und er sagte mir, er hat den Tip von
Bloom. Ich geh jede Wette ein, daß er jetzt hundert Schilling für
fünfe hat. Der einzige Mensch in ganz Dublin, der das hat. Und
bloß so n Außenseiter-Roß« [465].
 Früher am Tage (siehe: Lotophagen-Episode) bat Bantam
Lyons Bloom, ihm einen Augenblick seine Zeitung zu leihen, er
wolle den Artikel über das Rennen lesen; Bloom erwiderte ihm,

er könne die Zeitung behalten, er hätte sie doch gleich wegge-
worfen. (»Sowieso bloß ein Flugblatt.« [120]) Blooms harmlose
Äußerung, dieses Omen und die Art, wie Lyons sie hier erzählt,
verursachen ersterem bei seiner Rückkehr ins Lokal, in dem inzwischen Martin Cunningham erschienen ist, Unannehmlichkei-
ten. Zu Trunkenheit und Chauvinismus kommt der dritte Be-
standteil eines echten Pogroms: eine falsch dargestellte Tatsache.
Die durstigen Patrioten erwarten von Bloom, daß er eine Gewin-
nerrunde bezahlt. Doch Bloom versteht ihre Andeutungen nicht.

»– Kommt, Jungens, sagt Martin, der sieht, daß es brenzlig
wird. Jetzt wolln wir aber.

– Ja keinem Menschen, sagt der Bürger und gibt ein Gebrüll
von sich. Bleibt ein Geheimnis.

Und der verdammte Hund wacht auf und knurrt ebenfalls los.

– Also Wiedersehn allerseits, sagt Martin.

Und damit zerrt er sie raus, so schnell wie er bloß kann... Aber
bei Gott, ich bin grad dabei und will mir die Neige eintrichtern
von meiner Pinte, da seh ich, wie der Bürger aufsteht und zur Tür
watschelt, schnaufend und prustend vor Wassersucht, und ihm
den Fluch Cromwells nachschickt, Glock, Buch und Kerze auf
Irisch, und dabei spuckt und speit er sich einen ab, und Joe und
der kleine Alf machen um ihn rum wie die Heinzelmännchen, um
ihn bloß wieder zu befriedlichen.

– Laßt mich, sagt er.

Und bei Gott, er kommt immerhin bis zur Tür, und da halten
sie ihn fest, und er brüllt los:

– Israel soll leben, dreimal hoch!« [474f.]

Eine Menge rottet sich zusammen, und Martin läßt den Kutscher des Wagens drauflosfahren; der Bürger brüllt, ein Bummler
fängt an zu singen: »*Wenn der Mann im Mond ein Jid wär, ein
Jid wär*«. [475]

Bloom antwortet: »– Mendelssohn war Jude und Karl Marx
und Mercadante und Spinoza. Und der Erlöser war Jude und sein
Vater war Jude. Euer Gott.

– Er hat gar keinen Vater gehabt, sagt Martin. So, und jetzt
reichts. Ab gehts.

– Wem sein Gott? sagt der Bürger.

– Nun, sein Onkel war Jude, sagt er. Ihr Gott war Jude. Christus
war Jude wie ich.

Bei Gott, der Bürger stürzt in den Laden zurück.

– Jesus, sagt er, ich schlag dieser Judensau das Hirn raus, weil
der Kerl den heiligen Namen gebraucht hat. Jesus, ich werd ihn
kreuzigen, das werd ich, jawohl. Gib mir die Keksdose da.
  – Halt! Halt! sagte Joe...« [475f.]
»Bei Gott, aber der reißt die Hand los und holt aus und läßt das
Ding fliegen. Gott sei Dank schien ihm die Sonne in die Augen,
sonst hätt er ihn erwischt und bestimmt glatt erschlagen.« [477]
So entkommt Bloom der wilden Wut des Sinn Feiner und kann
das übernommene Werk der Barmherzigkeit vollenden.
  Das Abenteuer des Odysseus mit den Riesen Polyphem ist keine
Empfehlung für den so gerühmten Scharfsinn des Helden. Nur zu
gerne suchte er Streit und war erst dann »listenreich«, wenn es
sich darum handelte, die Folgen einer Unklugheit zu meiden.
Zwar ließ er es bei diesem Abenteuer zuerst an Vorsicht nicht
fehlen: er verbarg seine Flotte in der Bucht einer kleinen Insel
in der Nähe des Landes der Cyklopen, auf der er eine gastliche,
von Pappeln umgebene Höhle, viel Wasser und Ziegen vorfand,
an denen er und seine Gefährten sich gütlich taten. Seine Aben-
teuerlust aber drängt ihn, zu erforschen, welche Art Volk die Cyklopen sind. Der gleiche Geist trieb auch Bloom, sich von der
»Menschlichkeit« der in Kiernans Lokal versammelten Bummler
zu überzeugen. Odysseus kam in den äußeren Hof der Höhle des
Ungeheuers; um diese war: »hoch ein Gehege erbaut von einge-
grabenem Bruchstein, auch langstämmigen Fichten und hochgewipfelten Eichen.« Mit zwölf Gefährten betrat er die Höhle, für
deren Eigentümer (er war gerade abwesend) er einen Schlauch
dunklen Weines mitgenommen hatte. Homer beschreibt genau,
was sich in der Höhle befindet: die mit Käse gefüllten Körbe, die
Milcheimer und Schüsseln, die Hürden mit dem Lämmern und
Zicklein: jegliche Gattung besonders eingesperrt: »wie die Frühling' allein, so allein auch die mittleren, und auch die Spätling' allein.« (Diese Episode enthält mehrere derartige homerische In-
ventarien.) Bald kam der Cyklop nach Hause, fragte die
Wanderer und antwortete auf ihre höfliche und bescheidene Bitte
um Gastfreundschaft mit gotteslästerlichen Worten. Der wilde
Patriot zerschmetterte die Köpfe zweier der achäischen Einwan-
derer und »bestellte sie zur Nachtkost«. Odysseus, der Vorsichtige, aber widerstand der Lust, das Ungeheuer anzugreifen. Am
nächsten Tage, immer noch in der Höhle gefangen, ersann er ein
Mittel zur Flucht, spitzte einen Pfahl an und härtete ihn im Feuer.

Als die Nacht anbricht, wird aus dem Gast der Wirt; Odysseus
bietet dem Riesen große Schalen ungemischten Weins; der Riese
ist milder gestimmt: »Gib mir noch eins willfährig, und sage mir
auch, wie du heißest.« »Niemand ist mein Name, denn Niemand
nennen mich alle, Mutter zugleich und Vater und andere meiner
Genossen.« Als der Cyklop in Schlaf gesunken war, trieb Odysseus, der das spitze Ende des Pfahls im Feuer geglüht hatte, dieses
dem Riesen ins Auge. Die Cyklopen, seine Stammesgenossen
von den Hügeln, erwachten durch seine Hilferufe, fragten ihn,
wer ihm etwas täte. »Niemand tötet mich, Freunde, durch Arglist,
keiner gewaltsam«, antwortet er. »Unser Bruder ist nicht bei Sinnen, dachten diese, und legten sich wieder zum Schlafe.«

Bei Tagesanbruch entkam Odysseus mit seinen Gefährten
durch eine List, und alle gingen wieder auf ihr Schiff. Der Cyklop
warf einen Felsblock hinter ihnen her, verfehlte aber, da er ge-
blendet, sein Ziel. Trotz der Warnung seiner Gefährten rief
Odysseus herausfordernde Worte, und der Riese antwortete mit
einem anderen Felsblock, der hinter das Steuer fiel; »und so trieb
die Woge das Schiff an die andere Insel.«

So rettete Odysseus die Negation in seinem Pseudonym; denn
Odysseus »besteht aus zwei Wurzeln: Niemand-Zeus (Οὖτις
Ζεύς).

»Welche universellen binomischen Denominationen würde er
als Entität und Nonentität führen?[2]

Angenommen von jedem oder keinem bekannt. Jedermann
oder Niemand.« [925]

Die Struktur dieser Episode zeigt mehrere außerordentlich interessante Züge, für deren Wertung eine Untersuchung der historischen Grundlagen der Cyklopen-Sage notwendig ist. Bezüglich der Heimat der einäugigen Riesen macht Homer eine
Angabe; als er von den Phaeaken spricht, erwähnt er, daß »sie
von je im geräumigen Hypereia wohnten«, von wo sie vor den
Cyklopen flohen. Hypereia heißt »die hohe Stadt«, sein semitisches Äquivalent ist Cumae; ähnlich entspricht die semitische
Bezeichnung für jene Gegend Oinotria dem griechischen Cyclopia. Die Wurzel oin bedeutet »Auge« und Otar der »Kreis«;
beide ergeben verbunden: Kreis des Auges = Cyclopia. Das
Land der Cyklopen kann mit Sicherheit in die Nähe von Neapel,
um die Bai von Cumae[3] verlegt werden. Die Griechen, die den
Namen Oinotria vorfanden, glaubten, es handle sich hier um ein

Weinland: oinos-vinum; daß aber die oben gegebene Ableitung
die genauere ist, ergibt sich aus der Tatsache, daß die ersten griechischen Siedler dieses Teils der Süd-West-Küste Italiens die
Eingeborenen die Opikoi (Volk der Augen) nannten.

Die Küste der Bucht ist mit Kratern erloschener Vulkane besät.
In der Nähe des östlichen Vorsprungs (in der Richtung auf Neapel zu) liegt eine kleine Insel, ein erloschener Krater, mit einer
engen Bucht, deren Kraterwand eingestürzt ist. Hier liegt ein Hafen, der ganz der Beschreibung Homers entspricht: »wo nie man
brauchet der Fessel, weder ein Anker zu werfen, noch anzuknüp-
fen ein Halteseil.« Cyclopia ist »das Land der Augen«; diese Augen sind die vulkanischen Krater der Gegend. Der Cyklop selbst
ist unverkennbar die Personifikation eines tätigen Vulkans, ein-
äugig, Felsen und Lava mit schrecklichem Getöse ausspeiend,
»gleich dem bewaldeten Gipfel hoch aufsteigender Berge, der
einsam ragt vor den andern«. So fängt sich der Anthropomorphist
in seiner eigenen Theorie: zur Beschreibung des Riesen, der einen hoch aufsteigenden Berg personifiziert, benutzt er die Ähnlichkeit mit dem Berg.

Der Bürger lärmt dauernd; je mehr er trinkt, desto größer wird
seine eruptive Gewalt. Er hat eine fixe patriotische Idee; er will
den Fremden, sei er nun Jude oder Sachse, im Lande nicht dulden. Genau wie die stolzen Cyklopen, die die zivilisierteren
Phäaken so lange drangsalierten, bis sie ihre Kolonie im hohen
Hypereia verließen. Des Bürgers Methode besteht darin, daß er
alle, die nicht zu seinem Clan gehören oder seine Meinung nicht
teilen, zum Teufel wünscht. In dem eminent »vulkanischen«
Sport des Steinstoßens hat er nicht seinesgleichen. Mit Leuten,
die weder Fleisch noch Fisch sind, kann er nichts anfangen. Selbst
in historischen Zeiten waren die Opikoi der Schrecken ihrer
Nachbarn. Die Geschichte von Cumae-en-Opikois, einer Stadt,
die von den Völkern des Meeres gegründet wurde, war, wie Bérard sagt, ein »langes Märtyrertum«; Dionysius von Halicarnas-
sus hat die Kämpfe der Cumäer mit diesen wilden Barbaren berichtet, die im Kriegführen ihresgleichen suchten. »Nur die
griechischen Hopliten konnten dieser Riesen der Küste einiger-
maßen Herr werden; der semitische Handelsmann aber, der in
Sport und Krieg wenig bewandert war, zog es vor, das Gemetzel
der Küstenbewohner zu meiden oder zu fliehen.« Auch Bloom
muß vor dem Steinstoßer fliehen. Um das unnachgiebige Volk

der Augen gefügig zu machen, schenkten ihnen griechische und
römische Reisende gewöhnlich Wein, der sicherste Weg zum
Herzen aller primitiven Völker. Odysseus nahm Wein mit in die
Höhle des Ungeheuers, aber Bloom versäumte es, eine Runde zu
bezahlen – die schrecklichen Folgen dieser Unterlassung sind bekannt.

Im Verlauf der Episode wird oft auf das Auge angespielt; es fällt
auf, daß in jedem der zitierten Beispiele das Wort »Auge« im
Singular steht: eine unverkennbare Huldigung an den einäugigen
Polyphem. »Der lange Bursche hat ihm einen Blick zugeworfen«
[414]; »in der ganzen denkwürdigen Versammlung blieb kein
Auge trocken« [429]; Garryowens »Auge« [432] ist blutunterlau-
fen. Der Erzähler spricht von Blooms »Dorschauge« [412], von
»einem Bummelant mit nem Pflaster überm Auge« [475]; J. J.
O'Molloy versucht, die britische Nation und ihr Werk gegen des
Bürgers Anklage zu verteidigen, »vonwegen daß eine Geschichte
bloß so lange gut wäre, wie man keine andere hörte, und man darf
doch die Augen nicht vor den Tatsachen verschließen, und das
ist die typische Nelson-Masche, mit dem blinden Auge durchs
Teleskop linsen, und man kann doch keinen Beschluß fassen, der
eine ganze Nation mit Schimpf und Schande, und Bloom versucht
ihm den Rücken zu stärken, vonwegen daß man doch Mäßigung
und so und Pipapo und ihre Kolonien und ihre Zivilisation.

– Ihre Syphilisation, meinen Sie, sagt der Bürger. Zur Hölle mit
ihnen!« [451]

Genau so beleidigend sprach »der Mann des Auges« zu Odysseus.

»Nichts ja gilt den Cyklopen der Donnerer Zeus noch die seli-
gen Götter«; im Munde des Cyklopen ist dieses selig sicher ironisch, »denn weit vortrefflicher sind wir.«

Sehr oft wird auf Blindheit angespielt: der Boxer, »dessen rechtes Auge fast geschlossen war« [443]; der glücklicherweise unter-
drückte Wunsch des Erzählers, »Garryowen n freundlichen kleinen Tritt verpassen, da, wo er nicht gleich blind davon wird« [431];
vom »Blinddarm« ist die Rede. Die erste Bemerkung des Erzählers – eine Verwünschung des Schornsteinfegers, der ihm beinahe
den Feger ins Auge rannte – erinnert an die Blendung des Cyklopen; der hierzu von Odysseus angespitzte und im Feuer geglühte
Olivenpfahl hat vielleicht sein kleineres Gegenstück im Blooms
Zigarre.

Daß Odysseus aus dem Lande der Cyklopen entkam, verdankte er einer klugen Änderung seines Namens, einer Verleugnung seiner Person. In dieser Episode wird die Idee der Anonymität oder Mißbenennung unter vielen Aspekten nahegelegt. Bloom selbst ist ein geborener Virag. Der Name des geschwätzigen Erzählers wird nirgendwo genannt, ebensowenig erfährt man den Namen des Bürgers. Einmal wird der Hund Garryowen[4] in Owen Garry umgetauft. Es wird auf »unseren größten lebenden Experten für Phonetik (den Namen sollen uns keine zehn Pferde entreißen!)« [432], auf einen Dichter, der das Pseudonym »Klein Süßzweig« führt, auf den falschen Namen, den O'Molloy angibt, als er seine Uhr versetzt, auf den Schreiber eines Briefes an den United Irishman, der mit P. unterzeichnet, hingewiesen. Die Personen reden sich selten mit den Familiennamen an, bezeichnen sich, wenn nur eben möglich, metonymisch. Oft wird der Name umgangen, auf Namensänderung, die Religionswechsel begleiten, wird hingewiesen. Der einfache Breen wird in Signor Brini verwandelt. Der Erzähler weiß nicht genau, ob der Orangist oder Presbyterianer Crofton oder Crofter heißt; der göttliche Name, das »unaussprechliche Tetragrammaton« wird durch »Abba-Adonai« ersetzt.

Es ist auffallend, daß im letzten Teil dieser Episode Bloom nie mit Namen genannt wird. In einem Satz wie: »Und damit zerrt er sie raus, so schnell wie er bloß kann, Jack Power und Crofton oder wie er nun heißt und den Kerl in der Mitte« [474] ist die Unterdrückung von Blooms Namen zu auffällig, als daß sie nur zufällig sein könnte. Wie alle scheinbaren Anomalien im *Ulysses* ist diese Auslassung sicher absichtlich und hat vielleicht eine rituelle, symbolische Bedeutung. Im Bittgebet des katholischen Karfreitagsgottesdienstes betet der Priester für eine lange Reihe von Personen und fordert die Gemeinde auf, niederzuknien. (Flectamus genua.) Wenn er dann schließlich für die Juden betet – Oremus et pro perfidis Judaeis – fordert er nicht zum Niederknien auf, weil die Juden zum Spott vor Christus das Knie beugten. Die Absichtlichkeit, mit der Bloom in den letzten Seiten der Episode nicht genannt wird, seine Degradierung zur Niemandheit, zur Nonentität, symbolisiert vielleicht die Bestrafung des Judentums im katholischen Ritual.

Eine weitere Rechtfertigung dieser Annahme liegt vielleicht in der betont religiösen Haltung dieser Seiten, den »lästernden«

Worten Blooms über die Verwandtschaft des Heilands und der
Vision einer Himmelfahrt, die die Episode beschließt.

Diese Episode ist außerdem ein wahrer locus classicus für die
verschiedenen Arten, wie man ein Getränk benennt oder mißbe-
nennt, wie man einen angebotenen Trunk annimmt und auf das
Wohl der Anwesenden trinkt.

»– Sprich das entscheidende Wort, Bürger, sagt Joe.

– Wein des Landes, sagt er.

– Und du? sagt Joe.

– Ditto MacAnaspey, sag ich.

– Drei Pinten, Terry, sagt Joe…« [409]

»– Gesundheit, Joe, sag ich. Und runter damit, ex!« [413]…

»– Könntst du noch ne Pinte kleinkriegen?

– Werd wohl nicht dran ersticken, sag ich.« [433]…

»– Dasselbe nochmal, Terry, sagt Joe. Sind Sie sicher, daß Sie
nicht doch irgend ne flüssige Erfrischung wollen? fragt er.«
[434]…

»– *Slan leat,* sagt der.

– Prost, Joe, sag ich. Auf deine Gesundheit, Bürger.« [436]

»Was darfs denn sein?

– Eine kaiserliche Freiwilligentruppe, sagt Lenehan, zur Feier
des Tages.

Einen Halben, Terry, sagt John Wyse, und einen Händehoch.«
[456]5

»– Wie ists, noch einen, Bürger? sagt Joe.

– Jawoll, Sir, sagt der, bin dabei.

– Und du? sagt Joe.

– Sehr verbunden, Joe, sag ich. Möge dein Schatten niemals
kürzer werden.

– Also noch einmal eine Runde, sagt Joe.« [460]

Die parlamentarische Sitte, ein Parlamentsmitglied nicht mit
Namen zu nennen, wird durch ein Gespräch zwischen nationali-
stischen Mitgliedern und dem Vorsitzenden illustriert. Dieser
Dialog zeigt ferner die amtliche Gewohnheit, einer klaren Antwort aus dem Wege zu gehen. »Hat vielleicht des verehrten Herrn
Abgeordneten berühmtes Mitchelstown-Telegramm die Politik
einiger Herren auf der Ministerbank inspiriert? (Hört! Hört!)«

»Die Antwort ist verneinend.« [438]

In diesem Sinne – aber nur in diesem – könnte man die Sprache
der Gäste Kiernans als parlamentarisch bezeichnen. Ihre Rede

leidet auch an der als Katachrese bezeichneten Sprachkrankheit, die so gerne das unrichtige Wort vorzieht. »Die Wahrheit, die reine Wahrheit und nichts als die Wahrheit, so wahr Jimmy Johnson dir helfe.« [445]

»Ich bitt um Furzeihung.« [418]

»Wo gehts hier eigentlich nach St. Privat?« [465]

Der Gigantismus, die Technik der Episode, legt die Vermutung nahe, daß nur parodistische Effekte erzielt werden sollen. Manchmal schweigt der Bummler, der Bericht wird dann im Stil spöttisch-heroisch, gargantuanisch, pseudo-wissenschaftlich oder altertümelnd. Diese Technik wird oft Parodie, doch handelt es sich um eine ganz besondere Art Parodie. Es handelt sich um eine Inflation gewisser Themen bis zum Platzen, um die Projektion cyklopischer Schatten menschlicher Gestalten auf die Wände einer Höhle. So folgt auf eine Bemerkung über das Äußere des Bürgers die »gigantisch«, ins Ungeheure verzerrte Beschreibung desselben.

Ein patriotischer Ausbruch des Bürgers, der die Entforstung Irlands beklagt, führt zu einer Beschreibung einer Hochzeit in der Familie M'Conifer von Fichtental in der Sankt-Fiacrus-Kirche in Horto, wie sie wohl ein Provinzreporter abfassen würde. Die zahlreichen Personen, die der Hochzeit beiwohnen, haben alle Baumnamen. (In dem homerischen Bericht findet sich eine ungewöhnlich genaue Beschreibung der Pappeln, der langstämmigen Fichten und hochgewipfelten Eichen, die die Höhle des Cyklopen umgeben.) Bloom, der den tiefen Haß des Bürgers mißbilligt, predigt das Evangelium der allgemeinen Liebe. Dann folgt eine kurze Auslassung über der Liebe süße Allgegenwart.

»Liebe liebts Liebe zu lieben.« [463]

Der Wurf nach Bloom mit der Biskuitdose löst ein Erdbeben aus.

In der »gigantischen« Darstellung von Blooms Weggang tritt das Elias-Motiv wieder auf, das maestoso entwickelt wird, sich in Himmelshöhen erhebt, um wie Ikarus, ins Lächerliche zu stürzen.

»Und siehe, da kam eine große Helle über sie, und sie sahen den Wagen, darinnen Er stand, auffahren gen Himmel. Und sie sahen Ihn in dem Wagen, gekleidet in die Herrlichkeit der Helle, und es ging ein Strahlen von ihm aus gleichwie von der Sonne, so schön als der Mond und so schrecklich zugleich, daß sie vor heiliger Scheu nicht wagten, den Blick zu Ihm zu erheben. Und es kam eine Stimme vom Himmel und rief: *Elias! Elias!* Und er antwortete ihr mit einem mächtigen Schrei: *Abba! Adonai!* Und sie sahen Ihn, ja Ihn, Ben Bloom Elias, inmitten von Wolken von Engeln auffahren zur Herrlichkeit der Helle in einem Winkel von fünfundvierzig Grad über Donohoe in der Little Green Street, als habe ihn der Schwung einer Schaufel hinaufbefördert.« [479f.]

13. Nausikaa

Schauplatz: Die Felsblöcke
Stunde: 8 Uhr abends
Organ: Auge, Nase
Kunst: Malerei
Symbol: Jungfrau
Technik: Tumescenz: Detumescenz

»Der Sommerabend hatte begonnen, die Welt in seine geheimnisvolle Umarmung zu nehmen.« [481]

Nach den vulkanischen Wutausbrüchen des Cyklopen in seiner Höhle und der wunderbaren Rettung aus der Erdbebenkatastrophe kommt endlich Ruhe in Blooms sturmumtostes Herz. Er ist jetzt am Sandymount Strand, wo am Morgen auch Stephen ging, die beiden Hebammen mit ihrer Tasche den abschüssigen Weg herunterkommen sah und beobachtete, wie »ihre verbogenen Füße im durchsickerten Sand einsackten.« [54] Hier schrieb Stephen auf seine improvisierten »Täfelchen«: »Mund dem Kuß ihres Mundes« [69] und dachte:

»Faß mich an. So sanfte Augen. Sanftesanfte Hand. Ich bin so einsam hier. Ah, faß mich bald an, jetzt. Wie heißt das Wort, das alle Männer kennen? Ich bin ganz friedlich hier allein. Und traurig auch. Faß, faß mich an.« [70] Unbestimmtes Verlangen wurde in die helle Morgenluft gesät; noch ist es nicht verflogen, dringt in die Sonnenuntergangsträume des müden Bloom und der Gertrud MacDowell, der einsamen Jungfrau der Felsen. Bloom schwelgt in sentimentalen Erinnerungen an den alten, lieben Howth. »Versteckt unter wilden Farnen auf dem Howth. ...Auf meinen Rock gebettet hatte sie ihr Haar, Ohrwürmer im Heidekraut, meine Hand unter ihrem Nacken, du bringst mich noch ganz durcheinander. O Wunder!« [246]

In solcher Gefühlsambianz träumt Gerty MacDowell, die gedankenvoll in die Ferne sieht, von vergessener, von zukünftiger Liebe. In einer solchen Nacht vernahm Nausikaa im Traum die Worte Athenes, die ihr befahl, hinunterzugehen an den phäakischen Strand, wo ein gewisser, göttergleicher Wanderer schlief, in gefallenes Laub gehüllt, wie der Feuerfunke in schwarze Asche. Gertys Freundinnen, Cissy Caffrey und Edy Boardman, die neben ihr auf dem Felsen sitzen, sind eifersüchtige Geschöpfe aus gröberem Stoff, sind lauter. Und Tommy und Jacky Caffrey sind kraushaarige Zwillinge, sind so, wie sie in ihrem Alter sein müssen. Sie haben einen runden Turm, einen Martello-Turm, ihren eigenen kleinen Omphalos, gebaut; beide vertragen sich schlecht. Baby Boardman in seinem Kinderwagen kann noch nicht mitzanken, dafür macht es sich aber auf seine eigene Weise bemerkbar.

»– Sag Papa, Baby! Sag Pa pa pa pa pa pa pa!

Und Baby holte das Beste heraus, Papa zu sagen, denn es war sehr gescheit für seine elf Monate, das sagten alle, und groß für sein Alter und ein Bild der Gesundheit, ein wirklich allerliebstes kleines Schnuggelchen, und sicher würde aus ihm einmal etws ganz Großes werden.« [497]

Doch kehren wir lieber zu Gerty zurück, die »wirklich und wahrhaftig ein Muster liebreizender junger irischer Weiblichkeit« war »und so schön anzuschauen, wie man es sich nur wünschen konnte« [484]. Ihre Liebe zu dem jungen Reggy Wylie, einem gleichaltrigen Jungen, schien wie die der Nausikaa mit einem nolle prosequi enden zu sollen.

Ihr Ideal sieht jetzt anders aus. Wer ihre Liebe gewinnen will, muß »ein männlicher Mann mit starkem ruhigem Gesicht, ... vielleicht mit schon leicht angegrautem Haar« [489] sein. Eine zärtliche, liebevolle kleine Frau will sie werden; »und dann würden sie ein wunderschön eingerichtetes Wohnzimmer haben mit Bildern und Stichen und der Fotografie von Großpapa Giltraps reizendem Hund Garryowen, der ja fast reden konnte.« [490]

Unterdessen zanken sich Tommy und das Baby wegen eines Balles, den Tommy für sich haben will.

Jacky aber tritt aus Leibeskräften vor den Ball, der in der Richtung auf die mit Seetang bedeckten Felsen fliegt. Ein schwarzgekleideter Herr, der dort sitzt, fängt den Ball auf und wirft ihn Cissy zu; aber der Ball rollt den Abhang hinunter und bleibt unter Gertys Rock liegen. Cissy fordert sie auf, vor den Ball zu treten, Gerty tut es, aber ihr Stoß geht fehl. Die beiden Mädchen fangen an zu lachen. »– Geht's daneben, gleich nochmal versuchen, sagte Edy Boardman.« [496]

Gerty beobachtet nun den einsamen Herrn und liest in seinem Gesicht die Geschichte quälender Sorge.

Unterdessen ist die Dämmerung hereingebrochen, und Gertys

Freundinnen denken an den Aufbruch. Gerty aber hat's gar nicht
eilig; die Augen des Herrn sind starr auf sie gerichtet, liegen wie
anbetend vor ihrem »Schrein« [504]. Das Feuerwerk des Mirus-
Bazars beginnt, die andern laufen an den Strand, um über Häuser
und Kirche hinwegsehen zu können. Gerty ist nun allein mit ihren
Liebesträumen, allein mit dem verzückten Blick Blooms, denn er
ist der schwarzgekleidete Herr mit der quälenden Sorge. Sie fühlt
den stummen Ruf seines anbetenden Blicks; in ihr Mitleid hüllt
sie die schmerzende Leere des Bloomschen Herzens.

Gerty schwingt ihren Schnallenschuh, durchsichtige Strümpfe,
immer schneller. Sie lehnt sich zurück, weit, weiter, zu weit, und
Bloom verfolgt ihre Bewegungen mit den verzückten Augen »der
Liebe auf den ersten Blick«. Leopold Bloom ist im siebenten
Himmel.

»Und dann sprang eine Rakete hoch und schoß peng blind und
O! dann barst die Leuchtkugelröhre auseinander und es war wie
ein seufzendes O! und alles schrie O! und O! in Verzückung und
es ergoß sich daraus ein Strom goldregnender Haarfäden und sie
schimmerten auseinander und ah! da warens auf einmal lauter
grünliche tauige Sterne die niederfielen mit güldenen, O so lebendig! O so sanft, süß, sanft!« [511]

Cissy Caffrey pfeift Gerty ganz ordinär; diese aber weiß, daß
ihre goldene Stunde vorbei ist. Sie macht noch die Geste des Seg-
nens – der Liebe süßes Abendlied ist zu Ende.

»Sie ging mit einer gewissen ruhigen Würde, die kennzeichnend
für sie war, doch mit Achtsamkeit und sehr langsam, denn Gerty
MacDowell...

Zu enge Schuhe? Nein. Sie hinkt! Ach!« [513] In Dunkelheit gehüllt sitzt Bloom einsam am Strand; Gedanken an Liebe und
Frauen füllen seinen langen, stummen Monolog. Doch immer
kreist ein Gedanke an Marion um jede Phase, denn in seiner
harmlosen Treulosigkeit ist Bloom treu.

Müde neigt sich der schwüle Tag. Fledermäuse flattern durch
den Samthimmel. »Kurzes Nickerchen jetzt, wenn ich das
hätte...Bloß mal die Augen schließen einen Moment. Aber nicht
einschlafen. Halb so träumen bloß. Kommt nie wieder genauso...
Eine Fledermaus flog. Hier. Dorthin. Her. Fern weit im Grau
schlug eine Glocke an. Mr. Bloom, mit offenem Mund, den linken
Schuh zur Seite unter Sand, lehnte, atmete. Bloß grad ein paar.«
[535]

Während Bloom halb träumt, erzählt seine innere Stimme noch
einmal, was alles sich am Tage ereignete: ein disjunktives und
doch assoziatives Wortgestammel – Metempsychose, Marthas
Brief, Raoul und der schwellende Leib aus der »Süße der Sünde«,
dunkel spanische Marion und ihr erster Geliebter, heimgekehrte
Seeleute, die nach dem Hafenhintern riechen, Melonenfelder von
Agendath Netaim:

»Wir zwei beiden bösen Grace Darling hat sie ihn für halb nach
vier wir für das Bett mit ihm zig Hosen Spitzenunterwäsche für
Raoul für was für ein Parfüm Deine Frau schwarzes Haar unter
dem schwellenden Señorita junge Augen Mulvey mollig die Jahre
Träume kehrn wieder jeden hinternletzten Agendath hat mir
matt ihr mich ohnmöchtich liebmich zeigte mir ihr nächstes Jahr
in unter Höschen kehrn wir der ihr nächst es nächts ihr näckst
ihr.« [535]

Die Phäaken waren ein seefahrendes Volk, und ihre Schiffahrt
machte sie reich. Der Name Nausithoos, des Gründers ihrer
Stadt, weist wie der der Prinzessin Nausikaa auf diese ihre
Hauptbeschäftigung hin. Am Strande der Phäaken stand ein
herrlicher Tempel des Poseidon; er war aus schweren, tief in die
Erde gebetteten Steinen gebaut. Zu Beginn der Nausikaa-Episode des *Ulysses* wird auch ein Heiligtum erwähnt. »Die Howth-
Abtei liegt ganz herrlich über dem Meere. Nach der Überlieferung wurde sie 1235 gegründet. Sie war der Heiligen Jungfrau
geweiht und wurde deshalb St. Mary's genannt. Über dem westlichen Portal steht ein verfallener Turm und am entgegengesetzten
Ende befindet sich ein dreiteiliges Fenster.«[1] Eine der Glocken,
die aus der Abtei nach Howth Castle geschafft wurden, trägt die
Inschrift:

Sancta: Maria: ora: pro: nobis: ad: filium.

Die Jungfrau ist das Symbol dieser Episode, und blau ist eine ihrer Farben; daß sich der »Roman ohne Worte« zwischen Gerty
MacDowell und Bloom unter dem Schutz Marias, Stern des Meeres, des feuchten Reiches, das nicht länger Neptun gehört, ab-
spielt, ist durchaus richtig, denn der Stern hat den Dreizack, die
Madonna den Erderschütterer besiegt. Auf Korfu, der Insel
Nausikaas, ist das Poseideion in Staub zerfallen, und wo es stand,
erhebt sich heute eine Kapelle, die dem Heiligen Nikolas, dem

Schutzherrn der Seefahrer, geweiht ist.

Eine der vielen Tugenden des Seefahrers ist seine Sauberkeit.
Die unbedingt erforderliche Sauberhaltung des Schiffes, das
Fehlen aller Wasserscheu, die vielen Völkern des Festlandes eigen ist, haben auch persönliche Sauberkeit im Gefolge. Meerblau
und fleckenloses Weiß sind des Seemanns und der Jungfrau Farben. Nausikaa sagt zu ihrem Vater Alkinous:

> »Väterchen, lässest Du nicht ein Lastgeschirr mir bespannen,
> Hochgebaut, starkrädrig, damit ich die köstliche Kleidung
> Führ' an den Strom, zu waschen, die mir so schmutzig umher-
> liegt?
> Auch Dir selber geziemt es, der stets mit den Edelsten umgeht,
> Dazusitzen im Rate, geschmückt mit sauberen Kleidern.
> Und fünf Söhne zugleich sind Dir im Palaste geboren,
> Zween von ihnen vermählt, und drei in der Blüte der Jugend.
> Die nun wollen beständig in neugewaschener Kleidung
> Gehen zum Reigentanz, und es kommt doch Alles auf mich
> an.«
> »Aber nachdem sie gewaschen und jeglichen Flecken gerei-
> nigt,
> Breiteten sie die Gewand' am Ufer des Meeres nach der Ord-
> nung,
> Wo den kiesigen Bord am reinsten gespült das Gewässer.«

Die Sauberkeit der Phäaken, bemerkt Bérard, versetzte die
Achäer in Staunen. Gerty ist eine echte Phäakin.

»Was die Untersachen betraf, so waren sie Gertys Hauptsorge,
und wer, der die schwankenden Hoffnungen und Ängste der süßen Siebzehn kennt (obschon ja Gerty die Siebzehn nie wieder
sehen würde), vermöchte es über sich zu bringen, sie darob zu tadeln? Sie besaß vier feine Garnituren, mit wahnsinnig niedlicher
Stickerei, drei lange und kurze Nachthemden extra, und alle hatten verschiedenfarbige Bänder, rosenrosa, blaßblau, mauve und
erbsengrün, und sie hängte sie selber an die Luft und bläute sie,
wenn sie von der Wäsche nach Hause kamen, und bügelte sie, und
sie hatte ein Stück Ziegelstein, wo sie das Bügeleisen draufstellte,
weil sie den Waschfrauen nicht traute, nachdem sie gesehen
hatte, wie die ihr die Sachen versengten.« [488]

Als Irin kann Gerty Abstammung aus königlichem Blute bean-

spruchen. Die Wunder des Palastes des Alkinous werden vielleicht angedeutet durch die »Muster von Catesbys Korklinoleum,
erstklassige künstlerische Dessins, wie für einen Palast gemacht,
absolut schrittfest, ein Schmuck für jedes gemütliche Heim« [494].
Gerty liebt nette Sachen. Sie hat ein schönes Kalenderbild der
halkyonischen Tage: ein junger Herr überreicht seiner Geliebten
einen Blumenstrauß. Letztere »trug, in einstudierter Haltung,
enganliegendes Weiß, und der Herr... sah durch und durch ari-
stokratisch aus. Sie blickte gar oftmals träumerisch zu ihnen
auf... und befühlte ihre eigenen Arme, die weiß waren und weich
wie die ihren mit den zurückgeschobenen Ärmeln« [495]. Nausikaa, die weißarmige Jungfrau.

Das berühmte Ballspiel Nausikaas mit ihren jungen Gefährtinnen hat unverkennbar sein Gegenstück in dem Spiel, in dessen
Verlauf Bloom den Ball unter den lustigen Rufen der Spieler auf-
hielt und Gerty beobachtete.

> »Hierauf schwang die Fürstin den Ball auf Eine der Mädchen,
> Doch sie verfehlte das Mädchen und warf in die Tiefe des Stru-
> dels;
> Laut nun kreischten sie auf. Da erwacht' aus dem Schlummer
> Odysseus,
> Setzte sich dann und erwog in des Herzens Geist und Empfin-
> dung.«

»Ja, es war sie, nach der er herüberschaute, und es lag eine Bedeutung in seinem Blick. Seine Augen brannten in sie hinein«.
[498] Die Gefühls- und Erregungsflut, die die Erzählung durchströmt, erreicht ihren Höhepunkt, als die Rakete in einem Regen
goldenen Haares platzt und für beide die Abschiedsstunde
schlägt. Aufstieg und Fallen der Rakete symbolisieren die Technik dieser Episode: Tumescenz – Detumescenz, ein ruhiger Anfang, ein langes crescendo schwülstiger, rhapsodischer Prosa bis
zu einem Höhepunkt, eine pyrotechnische Explosion, ein ster-
bendes Fallen, Stille. Der letzte Feuerwerkskörper vergeht in einem einzigen weißen Funken, stella maris, gegen den blauen
Himmel. »Eine verlorene lange Kerzenrakete wanderte... zum
Himmel empor... platzte im Niedersinken und streute einen
Schwarm von, bis auf einen weißen, violetten Sternen aus. Sie
schwebten, fielen...« [530]

Wie Gerty hatte auch Nausikaa mädchenhafte Hoffnung, als sie
den göttergleichen Fremden betrachtete:

> »Wäre mir doch ein solcher Gemahl erkoren vom Schicksal,
> Wohnend in unserem Volk, und gefiel es ihm selber, zu blei-
> ben!«

Gerty erhoffte ein »hübsches, schnuckliges und kuschliges kleines heimeliges Häuschen« [491], und sie würden »jeden Morgen
beide zusammen frühstücken, einfach aber gut, sie beide ganz allein«. Nausikaa genoß die kurze Freude, ihren »Fund« in den Palast des Vaters zu geleiten; sie durfte der Erzählung seiner Abenteuer in männlichen Hexametern lauschen, ehe er heimfuhr zu
seiner Penelope; die arme Gerty aber mußte einsam heimkehren
in ihren Linoleumpalast, mußte ihren Helden einsam am Strande
zurücklassen.

Ein sentimentales Paar sind Gerty und Nausikaa, immer bereit,
dem Zauber eines »dunklen Fremden« zu verfallen. Sie stellen
einen unausrottbaren Instinkt der Mädchenschaft dar. Gertys
süßliche Prosa – wird ihre Geschichte auch in der dritten Person
erzählt, ist sie doch wohl die wahre Erzählerin des ersten Teiles
dieser Episode (Samuel Butler sah in Nausikaa die Verfasserin
der Odyssee) – ist ein Potpourri aus Immortellen aus dem Garten
der »jeunes filles en fleurs«, ein Strauß mit Liebesknoten und
Liebesschleifen, die weder Motte noch Rost zerfressen.

Nausikaas Vater, der König Alkinous, war ein gastfreundlicher
Mann, der einen guten Keller besaß. Pontonous mischte den
fröhlich machenden Wein, und erst als Alkinous und Odysseus
»nach Herzenslust getrunken hatten«, »hub jener an und redete
vor der Versammlung«. Seine Rede war kurz und kürzer noch die
Erwiderung seines Gastes, und dann tranken sie wieder nach
Herzenslust; die Phäaken waren ein gastfreies Volk. Auch Gertys
Vater, ein echter Sproß aus dem Stamm des Nausithous, trank
viel, sehr zu Gertys Kummer.

Aus dem einfachen Tempel am Strande, in dem Temperenzler
unter Führung von Ehrwürden John Hughes S. J. eine Andachts-
übung abhalten, klingen Lieder und Orgelspiel. Sie begleiten
Gertys Seelengemeinschaft mit Bloom. Mit demselben Eifer ermahnte sicher die gute Königin Arete den König, der die Dienste
des Pontonous gar zu oft in Anspruch nahm. Durch Gertys Ge-

danken, durch Blooms intensive Blicke fluten frommer Gesang,
duftender Weihrauch und duftende Namen: »geistlich Gefäß,
bitte für uns, ehrwürdig Gefäß, bitte für uns, Gefäß der unvergleichlichen Liebe, bitte für uns, o du mystische Rose« [496]. Der
Sang des göttlichen Demodocus erfreute auch die Herzen der
Phäaken, rührte Odysseus zu Tränen, »denn jenem verliehen die
Götter die Gabe des Gesanges«, daß er der Menschen Herz erfreute, wenn ihn sein Geist trieb zu singen.

Weit draußen im Meere blinkte das Leuchtschiff, blinzelte hinüber zu dem halb schlafenden Bloom. »Also ein Leben muß das
ja sein, was die Kerls da draußen führen... Strafe für ihre Sünden.« [531] Genau so bestraft auch Poseidon die Phäaken, die
Odysseus nach Ithaka brachten, wegen der zu bekannten Schnelligkeit ihrer Schiffe, die eine Herausforderung an seine Macht
bedeutete. Denn die Götter lieben nicht die, die dauernd den
Rhythmus des Fortschritts beschleunigen wollen.

»Als er Solches vernommen, der Erderschüttrer Poseidon,
Eilt’ er gen Scheria hin, dem Lande phaiakischer Männer,
Harrete dann. Schon nahte daher das gleitende Meerschiff,
Rasch durch die Wogen gestürmt; da trat ihm nahe Poseidon,
Schlug mit der Fläche der Hand und schuf zum Felsen es plötz-
lich,
Der fest wurzelt’ am Boden des Meers, und er kehrte von dan-
nen.
Dort mit geflügelten Worten besprachen sich untereinander
Ruderberühmte Phaiaken umher, schiffkundige Männer.
Also redete Mancher, gewandt zum anderen Nachbar:
›Wehe, wer hemmt im Meere den Lauf des hurtigen Schiffes,
Welches zur Heimat flog? Nur eben erschien es ja völlig.‹

Also redete man; nicht wußten sie, wie es bestellt war.« Blooms
»Strafe für ihre Sünden« ist vielleicht eine dunkle Erinnerung an
vergangene Erfahrung, an das »nicht wußten sie, wie es bestellt
war«: ein alter Traum, der wie eine Fledermaus aufflattert vom
Tor der »Pforte aus Horne gefertigt«. Als Bloom hinausblickt auf
das Meer, beschwört er ein Bild[2] der Gefahren derer herauf, die
in Schiffen das Meer befahren: ein altes Fresco aus der Akasha,
von moderner Hand übermalt.

»Der Anker wird gelichtet. Und ab segelt er mit einem Skapu-

lier oder ner Medaille um, die ihm Glück bringen soll. Nun? Und
die Tephilim, nein, wie nennen sie das doch, was der Vater des
armen Papa an seiner Tür hatte, zum berühren. Der uns führete
aus Ägyptenland und in das Haus der Knechtschaft. Irgendwas
ist ja doch dran an all dem Aberglauben, weil, wenn man ausgeht,
weiß man ja nie, was für Gefahren. Da hängt einer dann an einer
Planke oder hockt rittlings auf einem Balken, bloß ums nackte
liebe Leben, den Rettungsring um sich rum, schluckt Salzwasser,
und das ist dann auch schon alles, was sein bißchen Selbst noch
machen kann, bis die Haifische ihn packen. Ob Fische eigentlich
seekrank werden?

   Dann hat man wundervolle Windstille ohne das geringste
Wölkchen, glatte See, sanft, und Mannschaft und Ladung sich hin
und erledigt, abgefahren zu den Fischen. Oben drüber der Mond.
Nicht meine Schuld, alter Wichtigtuer.« [530]

   »Aber Leukothea sah ihn, des Kadmos blühende Tochter,
Setzte sich dann auf des Floßes Gebälk und redete also:
›Armer, warum denn ergrimmte der Erderschüttrer Poseidon
Dir mit so schrecklichem Zorn?
Da, umgürte Dich schnell mit diesem unsterblichen Schleier
Unter der Brust und verachte die drohenden Schrecken des
Todes!
Aber sobald mit den Händen das feste Land Du berührest,
Wirf alsdann den gelösten zurück in die dunkle Meerflut…‹
Und wie wenn heftiger Wind die gedörrete Spreu auf der
Tenne
Plötzlich erregt’ und umher sie zerstreute, andere anders:
Also zerstreut’ auch Jener die Balken ihm. Aber Odysseus
Schwang sich auf einen der Balken und saß wie ein Reiter des
Rosses.
Zog dann aus die Gewand’, ihm geschenkt von der hehren Ka-
lypso,
Und umgürtete schnell sich unter der Brust mit dem Schleier.
Vorwärts sprang er hinab in die Flut…
Aber ein Andres ersann Zeus’ herrschende Tochter Athene.
Siehe, den anderen Winden die Pfad’ itzt hemmte sie plötzlich,
Allen umher zur Ruhe sich hinzulegen gebietend,
Ließ dann ihm frisch wehen den Nord und brach die Gewäs-
ser…

Schon zween Tag' und der Nächte so viel in dem wogenden
Aufruhr
Irrt' er umher, und oft umschwebete Tod ihm die Seele.
Doch wie den dritten Tag die lockige Eos vollendet,
Jetzo ruhte der Wind besänftiget, und das Gewässer
Schimmerte ganz windlos; da schauet' er nahe das Ufer.«

14. Die Rinder des Sonnengottes

Schauplatz: Die Entbindungsanstalt
Stunde: 10 Uhr abends
Organ: Gebärmutter
Kunst: Medizin
Farbe: Weiß
Symbol: Mütter
Technik: Embryonale Entwicklung

Diese Episode spielt in der Entbindungsanstalt in der Holles Street, in der Frau Purefoy ihrer Entbindung entgegensieht. Frau Breen erzählte Bloom früher am Tage von dem bevorstehenden Ereignis (siehe: Lästrygonen). Nachdem Nausikaa verschwunden, kommt Bloom auf den Gedanken, sich nach der Dame zu erkundigen. Im Tagesraum der Anstalt trifft er eine Gruppe Studenten der Medizin, die mit Stephen Dedalus zechen. Buck Mulligan und Haines erscheinen auch bald. Die Unterhaltung ist wüst und reich an Anspielungen auf Geburt. Die jungen Leute debattieren über Geburtenkontrolle, über die Frage, ob, falls dieses Dilemma sich ergäbe, das Leben der Mutter oder das des Kindes gerettet werden solle, und über verschiedene andere Aspekte der Zeugung. Während ihrer Debatte wird das Kind geboren: bald darauf zieht die Gesellschaft in Burkes Wirtschaft, wo das Gelage weitergeht. Das Zusammentreffen mit Stephen in den Hallen des Sonnengottes, des Lebensförderers, rückt bei Bloom das vage Verlangen nach Vaterschaft, das den ganzen Tag über latent in seinen Selbstgesprächen schlummerte, in den Vordergrund. Folgende Stelle läßt wohl auf eine Assoziation in Blooms Geist zwischen Blooms verstorbenem Sohn Rudy und Stephen schließen: »Vnd sie ward wonderlich geschlagen vonn disem schlim zufall vnd da es begraben ward legt sie jm an ein gar fein kleit das war aus lambs wolle vnd vonn der blüdte der herde das es nit möchte gentzlich verderben vnd kalld ligen (denn es war da umb die mitte des windters) vnd nunn blikte Sir Leopold der seiner lenden kein menlich kint hatte zum erben auff jn seins freunts son vnd kumber versperrt jn ob seines da hingangen glükkes vnd so traurig er war das jm ein son fele vonn solch edelem mut (dann es achtten jn alle ob seiner natürlichen gaben) so bekümbret war er alsogleich

auch in nit minderem mas vber jung Stephen umb des willen das
diser lüderlich lebte in sauß vnde brauß mit diese tagdiep vnd verschlang sein gut mit hurn.« [547 f.]

Bloom spielt eine durchaus väterliche Rolle, während er ge-
langweilt unter diesen Leichtfüßen sitzt, deren Gefühlslosigkeit
ihn empört. Als man versucht, ihn ins Gespräch zu ziehen, antwortet er mit einer seines Urbildes würdigen Besonnenheit, denn
er »war so schlau, wenn nicht schlauer, als jeder lebende Mensch«
[585]. Stephen dagegen ist eines Geistes mit den Medizinern – wenigstens scheint das so; durch seine Dialektik übertrifft er sogar
diese Sachverständigen der Geburtshilfe und Obszönität auf ihrem eigensten Gebiet pseudomedizinischer Zoterei. Nach dem
Symposion lädt er alle in Burkes Wirtshaus. Hier trinkt er weiter
und zieht schließlich sinnlos betrunken mit Lynch, einem der Ze-
cher, los nach der Insel der Circe. Bloom aber hat, vorsichtig wie
immer, nur ein wenig zu viel getrunken; wenn auch er sich in der
folgenden Episode ganz von der sinnverwirrenden Umgebung
treiben läßt, ist das ebensosehr die Folge der Müdigkeit und der
roten Miasmen der Walpurgisnacht wie der genossenen Getränke.

Diese Episode ist das Kapitel der Parodien genannt worden –
und diesen Eindruck hinterläßt sie unbedingt. Sie zeigt verblüffende Nachahmungen des Stils einer ganzen Reihe berühmter
Dichter; prüft man aber das Gefüge ihrer Prosa genauer, kommt
man sehr bald zu der Überzeugung, daß dieser Stilnachahmung
jede satirische Absicht fehlt, denn nie werden die Eigenheiten des
jeweiligen Originals übertrieben. Die Erklärung für diese Folge
von Nachahmungen liegt im Thema. Technik und Gegenstand
dieser Episode ist die embryonale Entwicklung. Die Stilarten sind
durchaus historisch geordnet. Die Episode beginnt mit drei An-
rufungen in der Art des Fratres Arvales, wobei jede dreimal wiederholt wird:

»Deshil Holles Eamus. Deshil Holles Eamus. Deshil Holles Eamus.

Schick uns, du Heller, du Lichter, Horhorn, Leben und Leibesfrucht. Schick uns, du Heller, du Lichter, Horhorn, Leben und
Leibesfrucht. Schick uns, du Heller, du Lichter, Horhorn, Leben
und Leibesfrucht.

Hopsa, ein Jungeinjung, hopsa! Hopsa, ein Jungeinjung, hopsa!
Hopsa, ein Jungeinjung, hopsa!« [537]

Die erste dieser Formel bedeutet: Laßt uns nach Süden gehen in die Holles Street. Die zweite ist eine Anrufung des Helios, des Sonnengottes, der durch Andrew Horne, den Leiter der Entbindungsanstalt, des »Hauses des Horne« personifiziert wird. Die dritte ist der Freudenruf der Hebamme, die das neugeborene Kind hochhebt und seinem Geschlecht zujauchzt.

Trinakria (Sizilien), die dreieckige Insel[1], war dem Helios geweiht. Seine sieben Herden heiliger Rinder wurden von seinen Töchtern Pähthusa und Lampetie gehütet; in dieser Episode entsprechen ihnen die beiden Krankenschwestern: »wize[2] swestern vf slaflos waht... wahzam haltend die waht vor Horne.« [540] Odysseus landete wahrscheinlich in der Nähe des alten Tauromenium und der Kolonie Naxos, wo ein Altar des Apollo Archegetes stand. In Naxos wurde auch Aphrodite verehrt, deren Aphrodision wegen seiner γέρρα Νάξια (phallisch und dreieckig), Sexual-Embleme phönizischen Ursprungs, berühmt war. Die Rinder des Sonnengottes sind Symbole der Fruchtbarkeit.[3] Die häufigen Hinweise in dieser Episode auf die Zeugungsfunktionen stehen durchaus in Einklang mit der Symbolik der homerischen Sage. Will der Leser den diesem Vorspiel folgenden Text voll auskosten, müßte er mit den literarischen Vorbildern, die hier stilistisch nachgeahmt werden, ganz vertraut sein; doch wird er auch ohne diese Vertrautheit bald fühlen, daß diese proteischen Wandlungen eine dauernde Entwicklung bedeuten, daß dieser Stilwechsel absichtlich und progressiv ist. Der Entwicklungsprozeß beginnt in einem finsteren Chaos. So ist dann auch der Stil zu Anfang der Episode leer, ohne dabei sinnlos zu sein, ist ein träges Sichdrehen diplodoktischer Satzperioden, die dem reptilischen Stadium menschlicher und embryonaler Entwicklung entsprechen.

»Auf der ganzen welt wird desjenigen menschen scharfsinn bezüglich aller von mit weisheit begabten sterblichen für höchst nützlich zu studieren gehaltenen gegenstände als sehr wenig durchdringend erachtet welcher dessen unwissend ist was die in der wissenschaft gelehrtesten und gewiß um dieser hohen geisteszierde willen der verehrung würdigen Männer beständig versichern wenn sie unter allgemeiner zustimmung behaupten daß bei gleichheit aller anderen umstände in keinem äußeren glanz die wohlfahrt einer nation sich wirksamer ausspreche als in dem maß in welchem sie sich die sorge um jene fruchtbare vermehrung

habe angelegen sein lassen welcher fehlen der anfang aller übel
wäre welche jedoch wenn glücklich vorhanden das sichere zeichen für der allvermögenden natur unverderbt wohltätiges wirken bildet.« [537]

Blooms Eintritt in die Entbindungsanstalt wird in altertümli-
cher, zum Teil assonierender Prosa geschildert: »Uf wahzam
waht gehœrte sie komen die wahtærinne den wolgemuoten man
unde stant alzehant uf halz ghuellet un tat ihme wit uf daz tor.
Un sieh, eins bliczen schuz vart iezunt dur Irelants westere wol-
kentruebe. Groz vorht sie da hett daz GOt der Rechære kunt
ustilgen wellen mit wazzer die menscheit all obe ir schantliche
suenten. Cristi holz sluoc sie uf ir brust bein un zoh ihn hereine
daz schirm er hett unde ir obedah. Un werdecliche betrat ir wille-
heit wissend der man alsan Hornes hus.« [540]

An dieser Stelle symbolisiert Bloom das männliche, die Schwester und, im erweiterten Sinn, auch die Eingangshalle der Anstalt
das weibliche Element. Die Schwester, die die Tür öffnet, ist eine
alte Freundin Blooms. »An ir stat hett eins er gelebet mit tiure
wip unde liep tohterlin un waz gewandelet danne gar wit uber lant
unde mergarte wol an die niun jar.« [540] – Das Gewitter aber,
das bald in einem einzigen gewaltigen Donnerschlag losbricht,
brütet in der Ferne.

Das Wachsen des Embryos ist nicht gleichmäßig, ein Teil, der
den anderen voraus ist, kann vorzeitig eine höhere Stufe der Entwicklung erreichen. So kann ein Auge, zum Beispiel, sich ganz
außerhalb der Reihe entwickeln. In der folgenden Stelle wird
deshalb entgegen der bisher beobachteten chronologischen Rei-
henfolge der Stilarten, ein früher kirchlicher Stil vorweggenom-
men:

»Darumbe, dan, iewelichman, gedenke des ends welches da ißt
dein tott un der stoub der keins menschen schonet so geborn ißt
vom weibe dann als er nacket komen ißt von seiner mutterleibe
also nacket wirt er wider da hin faren.« [541]

Für die Beschreibung des Eßtisches, der Messer und der Ga-
beln, einer Sardinenbüchse[4], ist wieder ein anderer Autor (Man-
deville) stilistisches Vorbild:

»Und in dem slozze was ein tavel bereitet die was us dem birk-
kenholz Finlants und was getragen von vier zwercmaennern ienes
lants doch sie warn verzawbert also daz sie niht kunten sich rueren
noch regen. Und es lagen uf diser tavel gar furhtbære swerter und

messer die da gemacht werden in ein groz hœl von bœzer geister
hant und werden gemacht us wize flamen und bevestiget in dem
gehürne von bueffelen unde hirschen so aldort leben in wunder-
bær vuelle. Und waren schuezzelen da und geschirre und waren
gemacht durch den zawber Mahounds us mers sant und us luft von
eim hecsemeister mit sin odem welchen er in sie eineschnobt daz
sie werden als wie groze blazen. Und es lag spise uf dere tavel so
lecker lieplich unde rich als niht iemant sihs kœnt herrelicher
noch lieplicher erdenken. Und es war da ein vaz von silber
swelchs kont geoffent werden uf listriche art und lagen dar inne
seltsæne visch sonder hawbt und dis zeugschaft ist war obe schon
ungleubic leut wol mœhten bestriten daz es ein mœgelich dinc biz
daz sie es saehen. Und dise visch liegen in eim œlichten wazzer
so us dem lant Portugal gebraht und ist so vil vet dar inne daz es
gelichet dem saft von geslahen œlvruht.« [542/543]

Der Abschnitt, der beginnt: »Inne des aber stund die swester
guot« etc. erinnert stilistisch an Thomas Malory.

Bloom, den die Scherze der Mediziner anekeln, überlegt, ob er
noch bleiben soll, um Stephen unter seine Fittiche zu nehmen,
oder ob er sich nicht besser heimlich davonschleicht. Er bleibt.
Stephen aber redet jetzt über »Geburtenkontrolle« »jene gott-
müglichen selen welche allnächtlich wir unmüglich machen vnd
zunichte, was da ist die sünnde wider den Heilingen Geist, den
Waren Gott, den Herrn vnd Stiffter des Lebens?« [546] Diese
Worte weisen auf den Sonnengott und seine Rinder hin, die Symbole der Fruchtbarkeit. Das Verbrechen der Gefährten des
Odysseus (der »Betrug« der Malthusianer), bestand darin, daß
sie die heiligen Kühe, Herden eines furchtbaren Gottes, des Helios, schlachteten. Kaum hatte Odysseus die dreieckige Insel verlassen, als die Verbrecher von der Strafe erreicht wurden. »Un-
versehens kam laut anbrausend der West in gewaltiger Wut des
Orkans…« »Hoch nun donnert Zeus und schlug in das Schiff mit
dem Glutstrahl. Und es erschütterte ganz von dem schmettern-
den Strahle Kronions, rings von Schwefel durchdampft.« Es erfolgt ein »Hackschlag Gebrülls auf den Gassen«. [553] (Gott ist
für Stephen ein Lärm oder Schrei auf der Straße.) »Laut zur Linken donnerte Donar: in Grimme flammend der Hammerwerfer.«

Die Erzählung geht im Stil des 17. Jahrhunderts weiter (Sir
Thomas Browne und die »Authorized Version«); Struktur und
Thema erinnern an die Improperia der katholischen Liturgie für

die Karwoche.

»Gedencke doch, Erin, deiner geschlechter vnd deiner vurigen zeit wie wenig du gabest auff mich vnd auff mein wortt vnd brachsd einen frembdling her ein zu meinen thoren das er ohnzucht treib vor meinem Angesicht vnd werd fett vnd geil wie Jesurun. Dar umb aber hastu gesünndiget wider das liecht vnd hast mich, deinen herrn, zum sklaven gemacht von knechten. Kehre denn umb, kehre umb, Clan Milly: vergiß mein nit, o du Milesierin. War umbe hastu dis grewel fur mir begangen das du mich tretest mit füßen um eines kauffmann willen der mit jalappen wurtzeln hanndelt vnd verleugnest mich vor dem Romer vnd dem Indier mit ihrem dunckel wortt mit welchen deine töchter zusamen lagen in geilen lüßden? Blike hin auß denn, mein volck, auff das lant der Verheißung, vom Horeb vnd vom Nebo vnd vom Pisga vnd von den hörnern von Hattin auff ein lant da milch vnd money fleußt. Doch du hast geseugd mich mit einer bittern milch: meinen Mont vnd meine Sonen hastu auff immer gelöscht. Vnd du hast mich all eyne gelaßen auff den dunckeln wegen meiner bitternuß: vnd mit einem kuß von asche hast du geküßt meinen munt.« [552 f.]

Popule meus, quid feci tibi? aut in quo contristavi te? responde mihi. Quia eduxi te de terra Aegypti: parasti crucem Salvatori tuo.	*Mein Volk, mein Volk, was tat ich dir? Betrübt ich dich? Antworte mir. Ich habe aus Ägypten dich befreit, du hältst bereit das Kreuz deinem Retter.*
Quid ultra debui facere tibi et non feci? Ego quidem plantavi te vineam meam speciosissimam: et tu facta es mihi nimis amara: aceto namque sitim meam potasti; et lancea perforasti latus Salvatori tuo.	*Was sollt ich dir noch weiter tun, und tat es nicht? Als schönsten Weinberg pflanzt ich dich. Doch ach, wie herb warst du für mich! Mit Essig hast du mich getränkt in meinem Durst; durchstießest mit dem Speere deines Retters Seite. Ich gab das Königszepter dir; du gabst aufs Haupt die Dornenkrone mir.*
Ego dedi tibi sceptrum regale: et tu dedisti capiti8meo spineam coronam.	
Ego te exaltavi magna virtute: et tu me suspendisti in patibulo crucis.	*Ich habe dich mit großer Kraft erhöht; du hingest an den Kreuzpfahl mich.*

Diese Stelle des *Ulysses* ist zweifellos tragisch und persönlich. Sie
enthält keine Lästerung, sondern nur einen großen Schmerz, der
einsam[5] sein Urbild, den größten Schmerz, anruft. Dies Thema
ist in Joyces Werk nicht neu. Im *Porträt* greift er die Treulosigkeit
seines Landes seinen großen Männern gegenüber bitter an. »Irland ist die alte Sau, die ihre eigenen Ferkel frißt.« [P 477] In den
letzten Worten dieser Stelle: »vnd mit einem kuß von asche hast
du geküßt meinen munt.« vergleicht Stephen für einen Augenblick sein Land mit seiner toten Mutter. »Im Traum, ganz still,
war sie zu ihm gekommen, ... ihr Atem, über ihn gebeugt mit
stummen geheimen Worten, ein schwacher Ruch von feucht gewordener Asche.« [17] Jeder verlangte von ihm etwas, was er
nicht geben konnte, einen Gehorsam, den er nicht leisten wollte.
Als ihm in der nächsten Episode der Geist seiner Mutter erscheint
und ihm Reue befiehlt, ruft er: »*Ah non, par exemple!*

Mit mir ganz oder gar nicht. *Non serviam!*« [734] Als der Donnerschlag erfolgt, versucht Bloom, Stephen durch den Hinweis
auf ein »natürliches Phänomen« zu beruhigen. Dieser Hinweis
führt über zu einer Stelle (in der Art Bunyans), in der »Phänomen« den Gott dieser Welt personifiziert. »Doch ward des jungen Prahlhansens forcht versiegt von des Besenfftigers worten?
Nein, denn er hett im busen eine stachel die hieß Bitterkeit und
solche wolt sich nicht lassen wegthun durch worte. Und ward er
denn weder Ruhig nun wie der eine noch Gottsförchtig wie der
ander? Er ward es beids nicht so gerne ers auch geworden. Aber
hett er sich nicht könen mühen das fleschgen Gottsforcht wieder
zu finden welches er in Jugend besessen daß er darmit lebe? Nein,
dieß vermucht er nicht, denn er hett der Gnade nicht mehr dieß
fleschgen zu finden. Höret er denn in deme Krachen des Gotts
Allschaffe stimm oder nur, als der Besenfftiger gesprochen, ein
lermen Phaenomeni? Hörete er? Ei, kunts ja nicht überhören er
hett denn das rohr Verstehn sich verstopffet (was er indessen
nicht gethan). Denn durch dieß rohr sahe er daß er im lande
Phaenomeni war allwo er würd absterben müssen auff einen gewissen tag indeme auch er in alls vergenglich war und nur ein
Gleichniß.« [554]

Die Beschreibung der anwesenden Gesellschaft (in der Art Samuel Pepys-Evelyn) enthält einen charakteristischen Hinweis auf
Frau Purefoys bevorstehende Entbindung. »Müßt ein pfunds-
junge werden bey den stößen zu urthehen, sagen sie, aber geb ihr

nun Gott bald daß sie nieder kömbt. Ist ihr neuntes kleines was
sie auff der welt bringt, hör ich, und zu Mariae Verkündigung erst
hat sie ihrem jüngsten die negel gebissen was da grad zwölf Mo-
nath war und ein brustkind wie die andern drey die gestorben sind
und steht benebens ihnen mit schöner hand in der königsbibel.
Ihr ehgespons runde fuffzig und Methodiste, aber nimbt das Sa-
krament und sieht man an jedem schönen sabbath mit paar von
seinen jungs unweit Bullock Harbour wo er sachte die angel auffs
wasser thut, mit einer gut gebrembsten kurbelroll oder in einem
punt was er hat nach schollen fischend und pollacks und bringt
gar manch schönen fang mit heim, hör ich.« [557f.]

   Die Wortanspielung auf das homerische Muster in »Bullock
(Harbour)« dürfte ebenso bedeutsam sein wie die Worte Ban-
nons über Milly Bloom: »ein recht lockeres vögelchen... und eine
dickhacksige trine« [557]. Die nächste »Nachahmung« behandelt
des längeren das gleiche Thema. Deasys Brief ist dank der Bemühungen Stephens in der Abendzeitung erschienen, und es ent-
spinnt sich eine Unterhaltung (Defoe, Swift) über Maul- und
Klauenseuche, über Bullen, irische, päpstliche und andere. Dixon
spricht von dem Bullen, »der uns von Bauer Nicholas⁶ auff die
Insul geschickt ward, dem brävsten Viehzüchter von allen, mit einem Smaragdring in der Nase. Gantz recht, sagt Mr. Vincent über
den Tisch, und ein Schuß ins Schwartze, sagt er, und nie noch hat
ein dralerer und stattlicherer Bulle, sagt er, auff den Shamrock
geschissen. Er hatte schier verschwenderisch große Hörner und
ein Fell von Gold, und süßer rauchiger Athem kam ihm auß den
Nüstern, also daß die Weiber unserer Insul Teigball und Rollholtz
ließen liegen und folgten ihm nach und bekräntzten seine Bullig-
keit mit Ketten aus Gänseblümchen« [560f.]. Auch Lord Harry
(Heinrich VIII.) »entdeckte... in sich eine wunderbare Ähnlichkeit mit einem Bullen, und nachdem er nun ein schwarz abgegrif-
fenes Spruchbüchel, welches er in der Speisekammer bewahrte,
zu Rathe gezogen, fand er bald herauß, daß er ein morganatischer
Abkömmling des berühmten Preisbullen der Römer, *Bos
Bovum,* sey, was gutes Küchenlatein ist und heißt verdolmetscht
Der Boß vons Janze« [562]. (Ein Parlament kam in Dublin 1536
zusammen und erklärte den König zum geistigen Haupt der Kirche.)
   Es folgen Abschnitte, die sich stilistisch an Addison und Steele
anlehnen. Lynch berichtet im Stil Sternes von einer Liebschaft,

als Schwester Callan eintritt und den Assistenzarzt benachrich-
tigt, daß Frau Purefoy einem Knaben das Leben geschenkt hat.
Costello, »ein gemeiner Bursche, welcher berauscht war« [570],
spricht ungebührlich von der Schwester. Dixon weist ihn zurecht
(Goldsmith). Bloom, der durchaus Dixons affektierte Empörung
teilt, ist klug genug, seine Worte (in der Sprache Burkes) unaus-
gesprochen zu lassen. Aber die Ungehörigkeit Blooms, sich in
unausgesprochenen Gedanken eine Kritik zu gestatten, wird (in
Juniusscher Prosa) scharf zurückgewiesen. Dixon begibt sich
»zum Frauengemache..., um bei der vorgeschriebenen Zeremo-
nie der Nachgeburt in der Gegenwart des Ministers des Inneren
und der Mitglieder des Kronrathes schweigend in einmüthiger
Erschöpfung und Zustimmung zu assistiren« [576]. Die Zurück-
gebliebenen entfesseln eine Diskussion über alle »Phasen des
Falles« [576]. Das Erscheinen Haines wird gruselig geschildert.
    Unterdessen lebt Bloom ganz seinen Erinnerungen. (Charles
Lamb.)
    »Er ist der junge Leopold, wie in retrospektivem Arrangement,
ein Spiegel in einem Spiegel (he, presto!), er betrachtet sich
selbst. Jene junge Gestalt von damals erscheint, frühreif und
männlich, wie sie an einem schneidend kalten Morgen von dem
alten Haus in der Clanbrassil Street zur Oberschule geht, den
Ranzen wie ein Wehrgehenk über der Schulter, und darin einen
ordentlichen Kanten Weizenbrot, einer Mutter Gedanke. Oder
es ist die nämliche Gestalt, ein Jahr vielleicht später, auf dem
Kopf den ersten steifen Hut (ah, war das ein Tag!), bereits auf
der Straße unterwegs, ein vollflügger Reisender für das Familien-
geschäft, ausgestattet mit einem Auftragsbuch, einem parfümier-
ten Taschentuch (nicht nur zur Zierde), seinem Koffer mit glit-
zerndem Flitterkram (ein Ding nun, ach, der Vergangenheit!)
und einem Köchervoll willfährigen Lächelns für diese oder jene
halbgewonnene Hausfrau, die sich's an den Fingerspitzen aus-
rechnete, oder für eine knospende Jungfrau, die scheu (aber das
Herz? sagen Sie doch!) seine einstudierten Handküsse zur
Kenntnis nahm.« [580]
    Genau so handelte der phönizische Kaufmann-Seemann der
homerischen Zeiten, der weit fuhr über das Mittelmeer, bis an die
Säulen des Westens, Calypsos Heimat, wo er mit einschmei-
chelndem Lächeln seine Schmucksachen aus Sidon oder Tyrus
der Hausfrau der westlichen Inseln anbot, genau so rechnete die

einfache Inselbewohnerin an ihren Fingern den Preis aus, den sie in Körben mit Oliven, springenden Zicklein oder Schläuchen mit dunklem Wein bezahlen mußte.

Blooms Gedanken kreisen dann um Simon Dedalus' Lied im Musikzimmer im Ormond, um Boylans »*Mädchen vom Strand*«, seine Tochter Milly, das mystische Wort Parallaxe, dessen Bedeutung er vergessen hat, den Agendath Netaim-Prospekt und eine Flasche Bass-Bier, die vor ihm steht, deren Etikett ein großes dreieckiges Zeichen schmückt. Die proteische Geschicklichkeit des Dichters hat aus diesem nichtssagenden Material eine apokalyptische Vision gestaltet.

»Die Stimmen mischen sich und verschmelzen in getrübtem Schweigen: Schweigen, das die Unendlichkeit des Raumes ist: und geschwind, schweigend wird die Seele davongetragen, hin über die Regionen von Zyklen von Zyklen von Generationen, die einmal gelebt haben. Eine Region, da ewig graues Zwielicht herniedersinkt, nimmer hinabfällt auf weite salbeigrüne Weidefelder, seine Dämmerung ausgießend, ausstreuend einen immerwährenden Sternenthau. Sie folgt ihrer Mutter mit linkischen Schritten, eine Stute, die ihr Füllen führt. Zwielichtphantome sind sie, geformt jedoch zu prophetischer Anmuth, schlanke wohlgestaltete Hanken, ein geschmeidiger sehniger Hals, der demütig furchtsame Schädel. Sie schwinden, traurige Phantome: alles ist vorbei. Agendath ist ein wüstes Land, Heimstatt der Schleiereule und der schwachsichtigen Upupa. Netaim, das goldene, ist nicht mehr. Und auf der Hochstraße der Wolken kommen sie, Donner murrend der Rebellion, die Geister der Tiere. Huuh! Horch! Huuh! Parallax jagt sie und treibt sie an, er, dessen stechende Augenblitze gleichwie Skorpione sind. Elk und Yak, die Stiere von Baschan und Babylon, Mammut und Mastodon, herdenweis' nahen sie der versunkenen See, *Lacus Mortis*. Unheilkündendes, rachedürstendes Zodiakalheer! Sie stöhnen, da sie auf den Wolken dahinziehn, gehörnt und gesteinbockt, die Berüsselten mit den Behauerten, die Löwenmähnigen, die Riesengeweihgeschmückten, die Rüßler und Kriecher, Nager, Wiederkäuer und Dickhäuter, die ganze scharrende starrende stöhnende Schar, Mörder der Sonne.[7]

Weiter zum Toten Meere stampfen sie, zu trinken dort, voll ungestillten Durstes und in furchtbaren Zügen, die salzige schlafsüchtige unerschöpfliche Fluth. Und das Pferdeomen wächst

wieder auf, vergrößert in den verlassenen Himmeln, ja zu des
Himmels Größe selbst, bis es, wüst riesig, funkelt über dem
Hause der Virgo[8]. Und siehe, Wunder der Metempsychose, sie
ist es, die ewigwährende Braut, Vorbotin des Morgensterns, die
Braut, die ewige Jungfrau. Sie ist es, Martha, du Verlorne, Millicent, die junge, die theure, die strahlende. Wie heiter erhebt sie
sich nun, eine Königin unter den Plejaden, in der vorletzten
Stunde vor Tag, Sandalen aus hellem Gold an den Füßen, ums
Haupt einen Schleier aus wie nennt man das doch Altweibersommer! Es fluthet, es fließt um ihr sterngebornes Fleisch, und weich
verströmt es Smaragd, Saphir, Malve und Heliotrop, getragen
von Strömen kalten interstellaren Winds, sich windend, sich
schlängelnd, glatt vom Schwindel gepackt, verschlungen in den
Himmeln, eine geheimnißvolle Schrift, bis es nach einer Myriade
von Symbolmetamorphosen erglüht, Alpha, ein rubinen und
dreieckig Zeichen auf der Stirne des Taurus.« [581 ff.]

Wie Pater Conmee einem errötenden jungen Mann in Begleitung eines jungen Weibes begegnet, wird dann (im Stil von
Landor) erzählt. Es folgt ein Abschnitt im wissenschaftlichen Stil
(der einige interessante Hinweise auf Embryogenese enthält),
dann einer in der Art Macaulays, auf den wieder eine Rückkehr
zum wissenschaftlichen Stil folgt (chronologisch durchaus am
Platze, das heißt keine vorzeitige Entwicklung). Auf ein reizendes Bild von Mutter und Kind sei noch hingewiesen; Dickens
könnte es geschrieben haben. »Sie hatte den guten Kampf gekämpft, und nun war sie sehr, sehr glücklich. Auch die schon Da-
hingeschiedenen, die vor uns Dahingegangenen, sind glücklich,
wie sie nun hernniederblicken und lächelnd die rührende Szene
betrachten. Ach, schaut nur ehrfürchtig her, wie sie dort liegt mit
dem Mutterlicht in ihren Augen, jenem verlangenden Hunger
nach Babyfingern (ein niedlicher Anblick ist's fürwahr).« [591].

In anderen Stellen sind Newman, Pater und Ruskin zu erkennen. Die Beschreibung eines Bowl-Spieles ist ein Juwel an Fein-
heit. »Ein geschorener Rasenplatz an mildem Maienabend, der
so gut erinnerliche Fliederhain zu Roundtown, purpurn und weiß,
duftende schlanke Zuschauerinnen beim Spiel, doch mit viel ech-
tem Interesse an den Kugeln, wie sie langsam vorwärtslaufen
über die Rasenschwarte oder zusammenprallen und liegenblei-
ben, wie Gefährten nebeneinander, nach kurzem flinken Stoß.«
[593]

Der Embryo ist nun gereift, und es ist wohl angebracht, zurück-
blickend die technischen Methoden zu betrachten, die, abgesehen von dem historisch-literarischen Fortschreiten, in dieser Episode von Joyce angewandt werden. Leser dieser Episode, die eine
Ahnung von Embryologie haben, werden viele Hinweise auf die
monatlichen Veränderungen des Embryos in der Gebärmutter
finden. Im ersten Monat ist er wurmähnlich, ein »punctus«, im
zweiten hat er einen (verhältnismäßig) dicken Kopf, Häute zwischen den Fingern, hat keine Augen, keinen Mund, kein Geschlecht. Die Erwähnung von »visch sonder hawbt in oelichtem
wazzer« [543] ist ein Hinweis auf den ersten Monat: die Wurmge-
stalt und das Fruchtwasser. Später erwähnt Stephen, daß »am end
des zwoten monts eine menschliche sele würd ein geblasen«
[546 f.], und wieder später legt Bloom die »hant an die wang« [547];
der Kieferknochen bildet sich im dritten Monat. In diesem Stadium hat der Embryo einen ausgesprochenen Schwanz – daher
die Veränderung von »Oxford« in »Oxtail«. Die »Sehorgane«,
die »anfingen, Symptome der Belebung zu zeigen« [585], weisen
auf den siebenten Monat.

Die Kunst dieser Episode, Medizin, besonders Geburtshilfe,
bestimmt die Metaphern, die dieses Ineinandergreifen von Stil
und Thema dartun.

In der *Vénus magique,* einer seltsamen esoterischen Abhandlung, findet sich eine Stelle, die die »magische« Anschauung über
embryonales Wachstum aufzeigt. »In der ersten Nacht seiner
Empfängnis ist der Embryo wie ein chaotisches Gewässer; in den
sechs folgenden verdichtet sich dieses Wasser; es nimmt in der
zweiten Woche sphärische Form an. In einem Monat gewinnt der
Embryo Konsistenz; in zweien bildet sich sein Kopf; im dritten
die Füße, im vierten Magen und Nieren; im fünften die Wirbel-
säule, im sechsten Nase, Augen, Ohren, im siebenten erhält er
den Lebensodem, im achten vervollständigt er sich, im neunten
überzieht er sich mit Haut. Im neunten Monat tritt der Geist in
seine neue Behausung; hier lernt er durch tiefe Kontemplation
das Unzerstörbare Wort kennen.« Diese Verbindung eines mystischen Wortes mit dem Höhepunkt der embryonalen Entwicklung findet sich in grotesker Wiedergabe gegen Ende der Episode
(Ruskin): »Tritt ein ins Vorzimmer der Geburt, da die Eifrigen
versammelt sind, und betrachte ihre Gesichter. Nichts darin, wie
es scheint, ist hastig oder heftig... Doch wie vor dem Blitz die ge-

ballten Sturmwolken, schwer von übermäßiger Feuchte, in ge-
dunsenen Massen strotzend geschwollen, Erde und Himmel in
einem einzigen riesigen Schlummer umfassen, bedrohlich han-
gend über verdorrtem Feld und schläfrigen Rindern und meltau-
versehrtem Strauchwuchs und Grün, bis in einem Nu ein Blitz
ihre Mitten zerreißt und mit dem Widerhall des Donners der
Wolkenbruch seine Sturzflut ergießt, so und nicht anders war die
Verwandlung, heftig und plötzlich, hin auf das eine geäußerte
Wort.« [594]

Das Wort ist Burke: ein Wirtshaus, in das Stephen die Gesellschaft zu weiterem Trinken auf seine Kosten einlädt. (Carlyle.)

»Zu Burke! Hinaus stürzt unser Herr Stephen mit einem Schrei,
und Krethi und Plethi hinter ihm her, der ganze Verein, Drauf-
gänger, Maulaffen, Wettschwindler, Pillendoktor, Bloom der
Pünktliche ihnen auf den Fersen, unter allgemeinem Gegrapsche
nach Kopfbedeckung, Eschenstöcken, Degen, Panamahüten und
Degenscheiden, Zermatt-Alpenstöcken und was nicht sonst noch
allem.« [594]

Es folgt nun eine schallende Lobeshymne auf den polyphiloprо-
genitiven Theodor Purefoy. Die letzten Seiten dieser Episode
sind ein Pandämonium von dialektisch gefärbten, von Jargonaus-
drücken. Die herrlich berunkenen jungen Leute fühlen die Gabe
der Zungen auf sich herabsinken. Je schlimmer die Ausdrucksweise, desto besser paßt sie zu ihrer gemeinen Unterhaltung.

Schwungvolle Worte, wie sie ein übereifriger amerikanischer
Bußprediger gebrauchen würde, beschließen die Episode.
»Heran, ihr weintriefenden, ginschniefenden, schnapssaufenden
Gestalten! Heran, ihr kotzverdammten, stiernackigen, käferstir-
nigen, schweinsrüssligen, erdnußhirnigen, wieseläugigen Ange-
ber, Schaumschläger und überschüssiges Gepäck! Heran, ihr
dreifacher Extrakt der Niedertracht! Alexander J. Christ Dowie,
der schon den halben Planeten zum Heil geschleift hat von 'Frisco
Beach bis Wladiwostok. Der liebe Gott ist kein Possenreißer in
einem billigen Tingeltangelbums. Der meints ehrlich mit euch,
das schreibt euch mal hinter die Ohren, und das Ganze ist ein
duftes Geschäft, was er euch vorschlägt. Er ist überhaupt 'ne
Wucht, das könnt ihr euch mal merken. Los, ruft mal Heil König
Jesus! Ihr werdet verdammt früh aufstehn müssen, ihr Sünder da,
wenn ihr den Allmächtigen Gott übers Ohr hauen wollt. Tatüüü!
Keine halben Sachen. Er hat einen Hustensaft mit Punch drin für

dich, mein Freund, in seiner Gesäßtasche. Probier doch mal.«
[602]

So haben die Berge nach langem, langsamem Kreißen ein grinsendes Ungeheuer, ein enfant terrible geboren: die Sprache der Zukunft. Ein Jungeinjunge, Hurra!

15. Circe

Schauplatz: Das Bordell
Stunde: Mitternacht
Organ: Bewegungsapparat
Kunst: Magie
Symbol: Hure
Technik: Halluzination

Die vorige Episode schloß mit der Orgie Stephens und der Mediziner in Burkes Wirtschaft; den Höhepunkt bildete kurz vor Schluß eine Runde Absinth. Bloom, der über Stephen wachen will, hält treu aus, wenn ihn auch niemand will, wenn ihn auch die jungen Leute, die auf Stephens Kosten saufen, verspotten. Vorsichtig hat er auf den Absinth verzichtet und nur ein Glas Wein getrunken. Er ist erschöpft, doch fast nüchtern, während Stephen, der viel durcheinander getrunken hat, ziemlich voll ist. Zwischen »Ladenschluß« und Beginn der Circe-Episode (Mitternacht) liegt eine leere Stunde; die Geheimnisse dieser Stunde können aus Fragmenten in anderen Episoden rekonstruiert werden. Da nirgends weitere Getränke zu bekommen sind, versetzen Mulligan und Haines Stephen an der Westland Row Station. Bloom hegt den schwersten Verdacht gegen Buck: »Es würde mir nicht die mindeste Überraschung bereiten, wenn ich erführe, daß man Ihnen zu irgendeinem dunklen Zweck eine Prise Tabak oder sonst ein Betäubungsmittel in Ihr Glas geschüttet hat.« [771]

Stephen, den bis auf Lynch[1] alle verlassen haben, springt in einen Vorortzug; er ist entschlossen, die Nacht durchzubummeln. Bloom folgt ihm. »Die reinste Wildgänsejagd.[2] Liederliche Häuser. Der liebe Gott mag wissen, wo sie hin sind. Betrunkene legen eine Strecke doppelt so schnell zurück. Schöne Bescherung. Die Szene in Westland Row. Und dann in die Erste Klasse mit einem Billett Dritter. Dann zu weit. Zug mit der Lok hinten. Hätte mich wohlmöglich nach Malahide gebracht oder auf ein Abstellgleis die Nacht oder es hätte einen Zusammenstoß. Das zweite Glas machts. Eins ist Medizin. Weshalb lauf ich ihm eigentlich nach? Immerhin, er ist noch der beste von dem ganzen Verein.« [623 f.]

Nach dem Regen ist die Nacht nebelig; beim Betreten der Nachtstadt verliert Bloom Stephen aus den Augen. Entschlossen

arbeitet er sich durch den Nebel, geht vorbei an geisterhaften
Schatten, betrunkenen Harpyen, rohen Soldaten, taumelnden
Arbeitern und trifft Stephen schließlich im Hause der Bella Co-
hen in der Tyrone Street. In Gesellschaft der Dirnen Zoe, Flora,
Kitty diskutieren Stephen und Lynch lärmend über die Philoso-
phie der Musik; Stephen schlägt auf dem Piano leere Quinten an.
Bella Cohen verlangt ihr Geld. In trunkener Großmut bezahlt
Stephen über den Tarif, aber Bloom kommt rechtzeitig zur Hilfe.
    Lynch gibt Zoe zwei Pennies, die sie in das Piano steckt, das nun
loslegt: Mein Mädel aus Yorkshire. Die jungen Männer und die
Mädchen tanzen zusammen. Stephen wirbelt toll im Kreise, in
wildem Wahnsinn trunkenen Tripudiums.[3]
    Als seine Raserei ihren Höhepunkt erreicht hat, zerschlägt er
den Kronleuchter und stürmt hinaus in die Finsternis. Bloom
bleibt zurück und verhandelt wegen der zerschlagenen Lampe.
Dann eilt auch er auf die Straße und findet Stephen in Streit verwickelt mit zwei Soldaten, die sich einbilden, er habe ihr Mädchen
beleidigt. Einer der Soldaten schlägt Stephen nieder; längere Zeit
liegt dieser bewußtlos am Boden, während Bloom sorgsam über
ihn wacht und ihm ins Ohr flüstert. Zwei Polizisten kommen und
wollen die Namen notieren. Da taucht Corny Kelleher, der Lei-
chenbestatter, der ein paar »Reisende« durch das Bordellviertel
führt, aus der Dunkelheit auf. Er beruhigt die Polizisten (Corny
ist eine bekannte Dubliner Gestalt), und die Episode endet mit
dem allmählichen Erwachen Stephens, den Bloom immer noch
treu bewacht.
    »Bordelle werden aus den Steinen der Religion gebaut.« Blakes
Paradoxon gibt vielleicht eine Erklärung für die seltsame Tatsache, daß Dublin, die große katholische Stadt des nördlichen Europa, ein anerkanntes Bordellviertel hat. Die katholische Religion, die die unverletzliche Heiligkeit der Ehe hochhält, kennt
keine Kompromisse und verurteilt die Vogelstrauß-Moral jener
hybridischen Glaubensbekenntnisse, die, den Kopf versteckt im
Sande der Wohlanständigkeit, die Schwachheit des Fleisches
nicht sehen wollen. Von dem großen Heiligen Vincent Ferrer
wird berichtet, er habe bestimmte Vorschriften bezüglich der
Freudenhäuser zusammengestellt.[4] Wer unter dem roten Licht
der Schande hergeht und ein Bordell besucht, weiß genau, daß
er Todsünde begeht; jeder Kompromiß mit dem Gewissen ist
ausgeschlossen; über die Sünde hilft auch das dünne Mitleid, das

Unzucht oder Ehebruch als romantische Notwendigkeit oder un-
überlegten Fehltritt verzeiht, nicht hinweg. Die katholische Religion stellt in ihrer unbarmherzigen Logik Tugend und Laster in
scharfen Gegensatz: weißes Licht des Himmels, rotes Licht der
Hölle: die heilige Eucharistie und die schwarze Messe. Einen Introitus singend, kommt Stephen Dedalus ins Bordell; kurz bevor
der betrunkene Soldat ihn niederschlägt, nimmt er an einer
schwarzen Messe teil. Die Circe-Episode ist tatsächlich »aus den
Steinen der Religion gebaut«.

  Die Geschichte von Circe ist eine Zaubersage. Unter dem
Monte Circeo (dieser homerische Ortsname hat sich durch die
Zeiten erhalten) liegt heute noch die Höhle der Zauberin, Grotta
della Maga. Hier landeten Odysseus und seine Gefährten nach
dem Abenteuer mit den Lästrygonen, und zweiundzwanzig
machten sich auf, das Innere des Landes zu erkunden.

> »Sie nun fanden im Tale die stattliche Wohnung der Kirke,
> Schön von gehauenen Steinen, in weitumschauender Gegend.
> Rings auch waren umher Bergwölf' und mähnige Löwen,
> Welche sie selbst umschuf, da schädliche Säfte sie darbot.
> Doch nicht stürzten jen' auf die Männer sich, sondern wie
> schmeichelnd
> Standen mit langem Schwanze sie rings anwedelnden auf-
> recht.«

Bérard weist darauf hin, daß am Fuße des hohen Monte Leano,
der die sumpfige, dicht bewaldete Gegend hinter dem Berge der
Circe beherrscht, einst ein berühmter Tempel der Feronia, der
Göttin der wilden Tiere, stand. »Kaum ist es Juni geworden,
trocknen die Sümpfe aus und werden die Tümpel trocken. Die
Kinder zittern dann vor Fieber.« Wilde Eber und Wölfe machten
diese Malariasümpfe unsicher. Die Circe-Episode zeigt durchaus
die fieberhafte Unbeständigkeit, die hellsichtige Intensität, die
für die Halluzinationen der Malaria so charakteristisch ist. Die
Achäer betraten den Palast der Circe.

> »Jene setzt' einführend sie rings auf Sessel und Throne,
> Mengete dann des Käses und Mehls und gelblichen Honigs
> Ihnen in pramnischen Wein und mischt' unheilsame Säfte
> In das Gericht, daß gänzlich ihr Vaterland sie vergäßen[5].

> Aber nachdem sie gereicht', und die trinkenden Freunde geleeret,
> Schlug sie sofort mit dem Stab und sperrte sie All' in die Kofen.«

Odysseus wird von dem einzig »Überlebenden« von dieser Verwandlung unterrichtet und eilt herbei. Unterwegs begegnet er Hermes mit dem goldenen Stab; dieser gibt ihm ein Zauberkraut als Gegenmittel gegen die Säfte der Circe.

> »Schwarz war die Wurzel zu schaun, und milchweiß blühte die Blume;
> Moly[6] wird's von den Göttern genannt. Schwer aber zu graben
> Ist es sterblichen Menschen; doch alles ja können die Götter.«

Mit diesem Zauberkraut bewaffnet, trank Odysseus kühn aus Circes goldenem Becher.

> »Aber nachdem sie gereicht und nicht das Geleerte mich einnahm,
> Schlug sie sofort mit dem Stab und redete, also beginnend:
> ›Wandere jetzt in den Kofen, zu ruhn bei den anderen Freunden!‹
> Jene sprach's; ich aber, das Schwert von der Hüfte mir reißend,
> Rannt auf Kirke hinan, wie voller Begier, zu ermorden.
> Doch laut schrie sie und eilte gebückt, mir die Kniee zu fassen.«

Circe erkannte nun Odysseus, befahl ihn in ihr Bett und ließ auf sein Geheiß seine Gefährten frei.

> »Und sogleich entwandelte Kirke die Wohnung,
> Haltend den Stab in der Hand; und die Tür aufschließend des Kofens,
> Trieb sie die Freunde heraus, in Gestalt neunjähriger Eber.
> Diese stellten darauf sich entgegen ihr; aber bei Allen
> Ging sie umher. Jedweden mit anderem Safte bestreichend.
> Jetzo entsank den Gliedern die borstige Hülle, die vormals
> Schuf der verderbliche Trank aus der Hand der mächtigen Kirke.

Männer wurden sie schnell, und jüngere denn sie gewesen,
Auch weit schönerer Bildung und weit erhabneren An-
sehns.«

Noch heute leben im Reiche der Feronia, der Göttin der Wälder
und der Fauna, sehr viele Eber und Schweine; seit alter Zeit tragen Nachbarstädte die Namen Setia und Suessa (Schweinestadt).
Zoe antwortet sofort auf Blooms Frage: »Hog's Norton, wo sich
die Schweine Gutenacht sagen.« [666]

Die Kunst dieser Episode ist Magie und ihre Technik Halluzination. Leblose Gegenstände, ungeäußerte Gedanken werden lebendig, sprechen und bewegen sich wie selbständige zoomorphe
Wesen. Gespenster stehen auf von den Toten, der schmutzige
Bordell-Salon ändert sich ununterbrochen in verwirrender Folge.
Eine dauernd wechselnde Szenerie bildet den Hintergrund dieser
»theatralischsten« Episode des *Ulysses*. Alle Halluzinationen jedoch sind Erweiterungen irgendeiner Wirklichkeit, haben ihre
eigene Logik und sind durchaus keine leeren Visionen aus dem
Wolkenkuckucksheim der Trunkenheit und Erschöpfung. Ex nihilo nihil fit; selbst die Zauberin Circe konnte nur verwandeln,
nicht schaffen. Einer der interessantesten Aspekte dieser Episode ist das Erkennen des Wortes, Dinges oder Gedankens, aus
dem die Halluzination erwuchs. Trotz des pandämonischen
Durcheinanders frei sich bewegender Erscheinungen hält der
Künstler die rasenden Tiger, die seinen Wagen durch dies neue
Inferno reißen, kurz am Zügel.

In jeder Metamorphose gibt es ein Stadium schwerfälliger, ge-
fesselter Bewegung. Der Schmetterling, der eben aus der Puppe
geschlüpft ist und auf einen Ast flattert, seine schlaffen, nassen
Flügel zu trocknen, wirkt genauso unbeholfen wie ein Neureicher
bei seiner ersten Gesellschaft. Nach ihrer Verwandlung in
Schweine waren die Gefährten des Odysseus – wenn auch unzer-
rütteten Geistes, wie Homer sagt –, sicher zuerst sehr unbeholfen
auf ihren vier Füßen, als sie im Kofen umhertrabten. An vielen
Stellen dieser Episode wird schwerfällig, larvenartige Bewegung
dargestellt. Als Bloom in das Bordell geht, »*strauchelt er linkisch.*
ZOE *(ihre glückliche Hand rettet ihn im gleichen Augenblick):* Hoppla! Fall nicht die Treppe rauf!
BLOOM Der Gerechte fällt siebenmal. *(Er tritt auf der Schwelle zur
Seite)* Nach dir, sagt die gute Kinderstube.

ᴢᴏᴇ Erst die Damen, dann die Herren.

(Sie überschreitet die Schwelle. Er zögert. Sie dreht sich um, streckt die Hände aus und zieht ihn hinüber. Er hopst.)« [667]

Geist und Gedanken Blooms (in geringerem Maße auch die Stephens) machen eine verhängnisvolle Metamorphose durch. Seine rudimentären Wünsche nehmen Gestalt an, werden vor ihm zu Wirklichkeiten. Alles, was er im geheimen tun, sehen, leiden wollte, die dunklen Perversionen, obszönen Phantasien des Unterbewußtseins, die mehr Tier sind als Mensch, alles dies wimmelt schwatzend im Salon des Bordells. »Die Hölle ist leer, und hier sind alle Teufel.« Blooms Visionen sind im allgemeinen erotisch und pervers, die Stephens grotesk und tragisch. Am Schluß der Episode aber büßt Bloom seine Schuld, denn die Vision seines toten Sohnes Rudy ist von so tragischer Schönheit, daß sie sogar Stephens Beschwörung seiner toten Mutter in den Schatten stellt.

Middleton Murry war wohl der erste, der die Circe-Episode (die oft irrtümlicherweise mit der Hades-Episode der Odyssee in Zusammenhang gebracht wird) als Walpurgisnacht des *Ulysses* bezeichnete: unverkennbar paßt diese Bezeichnung außerordentlich gut. Wyndham Lewis wies im Time and Western Man auf die Ähnlichkeit dieser Szene mit der Versuchung des Heiligen Antonius von Flaubert hin, in der man eine ähnliche Beschwörung von Geistern aus den Katakomben des Bewußtseins erlebt, in der dieselben Züge grotesker, symbolischer Gestalten durch die Wüste strömen, in der Tiere, wirkliche und mythische (besonders das treue Schwein des Heiligen) das Wunder von Bileams Eselin erneuern. In der »Versuchung« entstehen die Phantome gleichsam automatisch aus dem Leblosen, während Circes »Versuchungen« immer vorbereitet, die logische Erweiterung eines wirklichen Objekts, Glossen zu einem stummen oder ausgesprochenen Gedanken sind. Gelegentlich jedoch antizipiert Flauberts Technik die von Joyce, zum Beispiel an der Stelle, an der der Heilige sich bemüht, sich in die Heilige Schrift zu vertiefen.

»Ah! das tut mir gut... der Kopf wird freier... um die zu sehen, die seine Schafe schoren.«

Ein Blöken kommt vom Horizont.

Oder wieder, wenn er über seine Jugend nachdenkt.

»Als ich über die Berge eilte, den leichten Hirsch verfolgte. Er verfällt in Träumerei.«

Und die Stimme der Hunde drang zu mir mit dem Getöse der
Bergströme und Murmeln der Blätter.

Zwei zusammengekoppelte Windhunde strecken die Schnauzen
durch die Äste und zerren an der Leine, die eine junge kurz-ge-
schürzte Frau mit den Fingern hält.« In diesen Stellen sind die
blökenden Schafe und die zusammengekoppelten Windhunde
Halluzinationen, die aus der Lektüre oder den Gedanken des
Heiligen entstehen – doch sind solche Fälle in der »Versuchung«
nur sehr selten.

Zwischen der Vision Blooms von seinem Weibe als hübscher
Frau im türkischen Kostüm und der Vision des heiligen Antonius
von der Königin von Saba besteht eine seltsame Ähnlichkeit.
Frau Bloom wird von einem dienstbeflissenen Kamel bedient.

*»An ihren Füßen juwelenbesetzte Zehenringe. Ihre Fesseln sind
mit einem dünnen Kettchen verbunden. Neben ihr wartet ein Kamel, behaubt mit einem sich türmenden Turban. Eine Seidenleiter
mit unzähligen Sprossen führt zu seiner ruckenden Hauda empor.
Mit übellaunigem Hinterteil kommt es im Paßgang näher. Sie
schlägt ihm wild auf die Hanke, und ihre goldenen Armringe klin-
gelquengeln, als sie auf maurisch mit ihm zankt...*

*Das Kamel hebt ein Vorderbein, pflückt von einem Baum eine
große Mangofrucht, bietet sie blinzelnd seiner Herrin in seinem ge-
spaltenen Huf, senkt dann den Kopf und tappt grunzend und mit
emporgerichtetem Hals herum, um niederzuknien.«* [613f.]

Flaubert schildert die Ankunft der Königin von Saba folgendermaßen: »Die schnaufenden Tiere legen sich; die Sklaven stürzen
auf die Ballen. Man rollt bunte Teppiche auf und breitet auf der
Erde glänzende Dinge aus.

Ein weißer Elefant, geputzt mit einem Goldnetz, trabt heran,
schüttelt den Büschel Straußenfedern, der an seinem Stirnege-
schirr befestigt ist. Auf seinem Rücken, zwischen blauseidenen
Kissen, die Beine gekreuzt, die Augen halb geschlossen und den
Kopf leise wiegend, hockt eine Frau, so prunkvoll gekleidet, daß
sie Strahlen um sich verbreitet. Der Elefant beugt die Knie, und
die Königin von Saba gleitet über seine Schulter hinab auf den
Teppich und nähert sich dem heilgen Antonius.

Sie schüttelt einen grünen Sonnenschirm, dessen Glöckchen alle
klingen. Zwölf krausköpfige Negerbuben tragen die lange
Schleppe ihres Kleides, deren letzten Zipfel ein Affe hält und von
Zeit zu Zeit hochhebt, um darunter zu schauen.«

Diese letzten Zeilen klingen wider in Stephens Visionen von sich selbst als Kardinal Dedalus, Primat von ganz Irland.

»Sieben zwergaffenartige Akoluthen, ebenfalls in rot, Kardinalsünden, halten seine Schleppe hoch und lugen darunter.« [687f.]

Diese Anspielung ist absichtlich; durch die soll zwischen dem Pomp und den Eitelkeiten der Kirche und dem Luxus der Königin von Saba eine Parallele gezogen werden.

Gewisse Bemerkungen von Louis Bertrand in seiner Einleitung zur Première Tentation de St-Antoine passen ebensogut auf Joyces Werk wie auf das Flauberts.

»Wie in mittelalterlichen Mirakel-Spielen ist, allgemein gesprochen, das Thema des Heiligen Antonius der Triumph des Glaubens über den Irrtum, des Lasters über die Tugend (sic!) und besonders der problematische Triumph: die Rettung der Seele. Wird der Eremit trotz seiner Versuchung und des Stromes von Gedanken, der ihn bestürmt, gerettet werden? Flaubert gibt auf diese Frage keine Antwort, gibt seinem Drama kein dénouement. Und das, weil seine Philosophie noch weiter geht als die Spinozas. Flaubert ist absoluter Skeptiker. Spinoza glaubt an die Wissenschaft, an die Zukunft wissenschaftlicher Erkenntnis, diesen aber mißtraut Flaubert, wie er allen möglichen Erklärungen des Universums mißtraut. ›Über die Wände sehe ich gleichsam vage Schatten huschen und ich habe Angst.‹ Diese vagen Schatten sind das weite Unbekannte, ist alles, was immer dem Zugriff der Wissenschaft ausweichen wird, ist alles, was ihn, trotz seines Willens, das Geheimnis nicht zu erkennen, immer quält. Flaubert glaubt auch nicht an die Vernunft. Der Teufel sagt zum Heiligen Antonius: Angenommen, das Absurde wäre die Wahrheit?

So führt sein Buch zu keinem Schluß. Im Einklang mit seinem feststehenden Prinzip verbot er sich einen Schluß. Der Schöpfer sollte zu seinem Werke stehen wie Gott zu seiner Schöpfung. Nie hat Gott einen Schluß aufgezwungen oder seine letzte Absicht enthüllt.«

Die »Bühnenweisungen« – Nebel, Schmutz, behinderte Sprache und Bewegung, verkümmerte Kreaturen, eine zwergenhafte Frau, ein in bestialischem Schlaf knurrender Caliban, eine Sycorax, die in ihre Höhle zurückkehrt – schaffen die »Atmosphäre« dieser Episode. Bewegungen und Handlungen der Personen werden häufig in Ausdrücken, die sonst in bezug auf die Tierwelt gebraucht werden, beschrieben: *»eine pygmäenhafte Frau schau-*

*kelt auf einem Seil, das zwischen den Geländern gespannt ist, und
zählt dabei. Eine Gestalt, die neben einer Mülltonne liegt, von Arm
und Hut vermummt, regt sich, stöhnt auf, mit grollend mahlenden
Zähnen, und schnarcht weiter. Auf einer Treppenstufe bückt sich
ein Gnom, um einen Sack voll Lumpen und Knochen zu schultern,
auf einem Müllabladeplatz zusammengeklaubt.«* [604]

Durch dieses Inferno geht Stephen. Bloom folgt ihm unbe-
merkt. Die Nebel verdichten sich, nehmen Gestalt an.

*»Schlangen aus Flußnebel kommen langsam gekrochen. Aus
Abflüssen, Spalten, Senkgruben, Misthaufen steigen auf allen Seiten stagnierende Dünste auf. Im Süden, jenseits des Flußverlaufs
nach See, zuckt ein Glühen.«* [608] Irgendwo ist ein »starker
Lichtschein« (blaze). Das Wort erinnert Bloom an den verhaßten
Boylan, und froh vermutet er: »Könnte sein Haus sein... *(Er
summt vergnügt vor sich hin):* London brennt, London brennt!
Alles in Flammen, in Flammen!« [609] Er ist gelaufen, um Stephen
einzuholen; jetzt beugt er sich nach der Seite und stöhnt: »Sei-
tenstiche. Was bin ich auch so gelaufen.« [609] (Blooms Seitensti-
che sind ein Beispiel für das Motiv der behinderten Bewegung in
dieser Episode.)

Bloom eilt weiter und wird beinahe von zwei Radfahrern (die
im Nebel an ihm vorbeisausen) und einem stumpfnasigen Wagenführer (vielleicht ist es derselbe, der am Morgen bei dem ras-
sigen Weib dazwischen kam) überfahren (siehe: Lotophagen).
Bloom springt auf den Bordstein.

Diese Rettung aus drohender Gefahr (ein anderes charakteristisches Beispiel ist Blooms Straucheln, als er das Bordell betritt)
ist eine symbolische Deutung der homerischen Moly, der man in
dieser Episode des öfteren begegnet. Für Joyce bedeutet das
Zauberkraut das Element des Zufalles oder des Glücks, deren
Launen in jedem Teil der Odyssee eine so große Rolle spielen.
Glück ist eine weiße Blume, die aus dunkler Wurzel entspringt.
»Schwer aber zu graben ist sie den sterblichen Menschen; doch
alles ja können die Götter.« Der Allweisheit und den Sterblichen,
die gute Forscher sind, ist sowohl die Blume als auch ihre verborgene Wurzel erreichbar.

Während Bloom nun weiter durch die Finsternis geht, folgt ihm
ein Hund, dessen Veränderungen an den proteiformen Hund
erinnern, den Stephen am Morgen beobachtete. Der Hund, ein
flinker und weißer Spaniel, der hinter Stephen her schleicht, wird

von Lynch getreten; als Jagdhund, der hinter Bloom her schnüf-
felt, als Terrier, Bulldogge und Teckel taucht er dann wieder auf.
Vor Bloom erstehen auf seiner müden Suche nach Stephen aus
der Dunkelheit des Weges gespenstische Gestalten. Der alte Rudolf Bloom ermahnt ihn: »Was tust du hier unten an diesem
Ort?« [612] Seine Mutter jammert kreischend über einen Unfall
in seiner Jugend. Bloom hat ein Schweinspfötchen und ein
Schafspfötchen gekauft; während er beide in seine Taschen ver-
staut, erscheint plötzlich Marion vor ihm – sie wird zweifellos
durch den Gedanken an das Gesichtswasser, das er besorgen und
das jetzt eigentlich in seiner Tasche stecken sollte, heraufbeschworen.

Bloom, der »in retrospektivem Arrangement« [617] zurück-
schaut, beschwört jetzt seine Jugendliebe Frau Breen herauf
»(... die spitzbübischen Augen weit offen, lächelnd mit ihren sämtlichen pflanzenfresserischen Raffzähnen.)« [616]

»Mr. Bloom! Sie hier in den Gefilden der Sünde? Da hab ich
Sie ja nett erwischt! Sie loser Vogel Sie!«

Bloom beginnt einen Geisterflirt mit »der einst hübschesten
Debütantin in Dublin« [617ff.], der in einem »Taubenkuß« seinen
Höhepunkt erreicht.

»(Sie schwindet von seiner Seite. Gefolgt von dem winselnden
Hund schreitet er weiter, auf Höllentore zu. In einem Torbogen
steht eine Frau, vornübergebeugt, die Füße auseinander, und pißt
kuhisch. Vor einer Kneipe mit heruntergelassenen Rolläden
lauscht ein Haufen Bummelanten einer Geschichte, die ihr bruch-
schnauziger Vorarbeiter in rauher Launigkeit herunterkrächzt.
Ein armloses Paar von ihnen balgt sich grölend am Boden, in ver-
krüppelter stumpfer Spiegelfechterei.)*

DER VORARBEITER (bückt sich, die Stimme verdreht in der
Schnauze): Und wie Cairns runterkam von dem Gerüst in der
Beaver Street, was glaubt ihr macht der Kerl, der schüttet's einfach, tut das einfach so in den Portereimer, der da auf den Hobel-
spänen stand und auf Derwans Stukkateure wartete.

DIE BUMMELANTEN (wiehern schallend mit gespaltenem Gaumen):
O Jähähä!

(Ihre farbfleckigen Hüte wackeln. Bespritzt mit Leim und Kalk
springen sie gliederlos um ihn herum.)« [622]

Durch Nennung der Beaver Street sind die Bummler in eine
Schar schwerfälliger Tiere verwandelt, die mit dem Leim und

Kalk ihrer Bauten[7] bespritzt sind.

Bloom geht weiter.

»(*Aufgedonnerte Zierpuppenweiber lungern in den erleuchteten Torwegen herum, in Fensternischen, rauchen Birdseye-Zigaretten. Der Duft des widerlichsüßen Krauts flutet ihm in langsamen eirunden Ringeln entgegen.)*« [624] (Vergl. Circes Zaubertrank.) Der Anblick der beiden Polizisten in Regencapes ruft in seinem schuldbeladenen Gewissen die Gespenster vergangener und gegenwärtiger Fehltritte wach: beabsichtigt wurden sie mit Martha Clifford, ausgeführt mit dem Dienstmädchen Mary Driscoll.

Einige vornehme Damen, die er unkeusch von ferne begehrte, erscheinen und klagen ihn an vor dem Gerichtshof des Gewissens.

Der Henker Rumbold erscheint, und Bloom beteuert jämmerlich: »Ich war bei einer Beerdigung.« [643]

Blooms Suche nähert sich dem Ende; vor einem erleuchteten Hause, aus dem Küsse fliegen »und ihn zwitschernd, gurrend, tirilierend umschwirren« [645], macht er Halt.

Bloom hat Bella Cohens Haus, den Palast der Circe, in dem Stephen und Lynch sich mit drei jungen Huren unterhalten, erreicht. Zoe fühlt in Blooms Tasche und zieht eine schwarze, verschrumpelte Kartoffel hervor. (Vergl. die schwarze Zauberwurzel.)

Zoe spottet über Blooms Gerede: »Nur weiter so. Mach doch mal 'ne Wahlrede daraus.« [647]

Blitzartig verändert sich der Schauplatz, man wohnt einer öffentlichen Feier bei, Bloom wird als der »größte Reformator der Welt« [650] begrüßt und zum König von Irland gesalbt. John Howard Parnell, Tom Kernan, John Wyse Nolan und viele andere zollen ihm laut Beifall. Nur der geheimnisvolle Mann aus der Hades-Episode ist anderer Meinung.

»DER MANN IM MACINTOSH Glaubt bloß kein Wort von dem, was er sagt! Dieser Mann« ist Leopold M'Intosh, der berüchtigte Brandstifter. Sein wirklicher Name ist Higgins.« [653] Ein Priester steht auf und klagt ihn an, und (wie bei Parnell) wendet sich der Mob gegen ihn. Verschiedene Ärzte treten auf und bezeugen im Jargon ihrer Kunst Blooms Infirmitäten. Ihre Gutachten weichen – wie das ja immer der Fall ist – sehr voneinander ab. Während Dr. Mulligan den Angeklagten als virgo intacta bezeichnet, bittet Dr. Dixon »um Milde im Namen des heiligsten Wortes, das unsere Sprechwerkzeuge je zu bilden gerufen waren. Er sieht in

247

Kürze seiner Niederkunft entgegen« [661]. (Hier wird der Passus der »Lästrygonen« dramatisiert, in dem Bloom sich vorstellt, daß er die Qualen einer Geburt durchmacht.)

Die Gutachten der Ärzte entlasten ihn nicht.

»*(Alles Volk wirft sanfte Pantomimensteine auf Bloom. Viele* bonafide *Reisende und herrenlose Hunde nähern sich ihm und besudeln ihn…)*« [664] Schließlich steckt ein Offizier der Feuerwehr Bloom an, und ein »*(… Chor von sechshundert Stimmen, geleitet von Mr. Vincent O'Brien, singt unter der Orgelbegleitung von Joseph Glynn das Große Halleluja. Bloom wird stumm, schrumpft zusammen, verkohlt.)*

ZOE Quatsch von mir aus weiter, bis du schwarz wirst!« [665]

Die Gespenster verschwinden für kurze Zeit. Die Hure fordert Bloom auf, das neue Pianola zu besehen. »*(Mit kleinen gespreizten Krallen packt sie seine Hand, ihr Zeigefinger macht in die Fläche das Zeichen des geheimen Mahners, das ihn ins Verderben lockt.)*« [666 f.] (Diese Episode enthält viele derartige Anspielungen auf Freimaurerei.) Ihr »*Löwenruch*« [667] lockt Bloom, und jetzt sieht er in einer Vision männliche Tiere, die Opfer der Circe, die sie genossen haben und »*schwach brüllend, die betäubten Köpfe hin und her schwenken*« [667].

Bloom folgt Zoe ins Bordell. Stephen wendet sich bald darauf um, sieht ihn und murmelt: »Eine Zeit und zwei Zeiten und eine halbe Zeit.« [671] »*An einem endlosen unsichtbaren straff zwischen Zenit und Nadir gespannten Seil entlang kommt das Ende der Welt*« und »*Elias' Stimme, rauh heiser wie die eines Unglücksraben schnarrt in der Höhe*« [672], eine Erinnerung an den Dowie Zettel, den der junge Mann Bloom am Vormittag gab. Elias lädt die Gesellschaft ein zu einer Rutschpartie in den Himmel.

Ein Geisterzug zieht vorüber: die Mediziner, die Debatteure aus der Bibliothek, Mananaan. Plötzlich saust Lipoti Virág (Blooms Großvater) durch den Kamin. »*(… Er ist in mehrere Mäntel eingewurstet und trägt einen braunen Macintosh, unter dem er eine Pergamentrolle hält… Auf seinem Kopf sitzt ein ägyptisches Pschent. Hinter den Ohren steckt ihm je ein Federkiel.)*« [676] – Virág ist eins der seltsamsten Gespenster in Circes Palast.[8] Er nimmt eine Reihe epileptischer Posen ein, von denen einige wie Reproduktionen der Wasserspeier von Notre-Dame in Paris anmuten. Seine Rede ist gespickt mit scharfen Interjektionen, und gerne beendet er seine Deklamationen mit einem seltsam klin-

genden Wort: »Hippogriff. Habe ich recht?... Parallaxe! *(mit ei-
nem nervösen Kopfzucken)* Hast du gehört, wie mein Gehirn
schnapp gemacht hat? Pollysyllabaxe!« [677] In einem verrückten
Jargon klassifiziert er die Reize der drei Huren. Er bewundert
Nummer drei, die so »unverkennbar ein Säugetier« [678] ist.
»Derart fleischige Partien sind das Produkt sorgfältiger Ernäh-
rung. Bei Stallfütterung erreicht die Leber elefantenhafte Größe.
Kugeln aus frischem Brot mit gemeinem Bockshornklee und
Benzoeharz, heruntergespült mit Trünken grünen Tees, ver-
schaffen ihnen während ihrer kurzen Lebenszeit natürliche Na-
delkissen von förmlich kolossaler Specktranigkeit. Das paßt dir
wie die Faust aufs Auge, was? Fleischtöpfe Ägyptens, nach denen
es einen schon verlangen kann. Schwelge nur darin. Lycopodium.
(Seine Kehle zuckt krampfhaft) Zicke-zacke, peng! Da gehts
schon wieder los.« [678] Eine Motte, die dauernd um das Gaslicht
kreist und gegen den Schirm fliegt, erweckt in Virágs metalli-
schem Hirn irgendeine panische Furcht.

Fließende Anspielungen beschwören Ben Jumbo Dollard, der
mit »Kastagnettenknochen tackert« [686], Henry Flower (Blooms
Doppelgänger), die Krankenschwestern, Töchter des Sonnengottes, herauf. Florry sagt zu Stephen, er wäre doch sicher ein
verkrachter Priester, und »*Seine Eminenz, Simon Stephen Kardinal Dedalus, Primas von ganz Irland, erscheint in der Tür*« [687],
gibt den Osterkuß und schiebt ab.

*(Die Tür geht auf. Bella Cohen, eine massige Puffmutter, tritt
ein… An ihrer linken Hand steckt ein Ehe- und ein Schutzring.
Ihre Augen sind tief geschwärzt. Sie hat einen sprießenden
Schnurrbart. Ihr olivdunkles Gesicht ist dicklich, leicht verschwitzt
und vollnasig, die Nüsterngegend orangen getönt. Sie trägt große
hängende Beryll-Ohrringe).*« [690]

In der nun folgenden Szene zwischen Bloom und Bella vollzieht
sich die Metamorphose Blooms, der von Bellas Fächer, Circes
Zauberstab, geschlagen wird, zu äußerstem Animalismus. Mit jedem Szenenwechsel versinkt man tiefer in das Pestilenz-Miasma
der Feronianischen Sümpfe. Bloom wird gemartert, wird selbst
Hure[9], wird öffentlich verkauft. Aus Bella wird ein brutaler
Mann, der auf Bloom reitet.

Auf den Befehl Bellos: »Nieder auf die Hände« [693] sinkt
Bloom zu Boden, und wird zum Schwein. »*(Mit einem durchdrin-
genden epileptischen Schrei sinkt sie auf alle Viere, grunzt, schnüf-*

felt, wühlt zu seinen Füßen, liegt dann, scheintot, mit fest geschlos-
senen Augen und zitternden Lidern da, über den Boden gebeugt
in der Haltung des Allerhöchsten Meisters.)« [693f.] Bello »zieht«
sie, und sie wird eine Houri, ein sadistisches Opfer aus einem erotischen Schmöker.

Die Sünden der Vergangenheit stehen auf, erzählen Blooms ge-
heimste Infamien; Bello aber weidet sich an den Qualen seines
Opfers. Bloom verbeugt sich: »Herr! Herrin! Männerbändige-
rin!« [700], und als er die Arme hochhebt, fallen seine Spangen-
armringe ab. Schließlich bricht er zusammen, faßt sich an den
Kopf und schreit: »Meine Willenskraft! Gedächtnis! Ich habe
Sünde! Ich habe Schmer…« [705] Bello lacht höhnisch: »Heul-
suse! Krokodilstränen!« [706] Er stirbt, und die Gestalten der Be-
schnittenen in dunkeln Shawls drängen sich um ihn, jammern:
»*Schema Jisrael Adonai Elohenu Adonai Echad.*« [706]

»*(Vom Satti-Scheiterhaufen steigt die Flamme von Gummi-*
Henna auf. Das Leichentuch aus weihrauchigem Qualm ver-
schleiert und zerstiebt. Aus ihrem Eichenrahmen steigt eine Nym-
phe mit gelöstem Haar, leicht gekleidet in teebraune Kunstfarben,
von ihrer Grotte nieder, geht unter Eibengeschlingen her und steht
über Bloom.)
DIE EIBEN *(mit flüsternden Blättern):* Schwester. Unsere Schwester. Schschsch.« [706]

Das Nymphenbild aus den Foto Bits, das herrliche Meisterwerk
in Kunstfarben, das über dem Bett des Ehepaares Bloom hängt,
wird lebendig. Die Eiben sind eine Verwandlung der Bordelltta-
pete, des Waldes der Circe.

Die Handlung spielt weiter in ländlichem Milieu. Die halkyonischen Tage (eine Erinnerung aus Nausikaa) rufen Bloom, der
jetzt Schuljunge ist, zu: »Lebe uns wieder!« Bloom ruft schwach:
»Hurra für die Oberschule! Hurra!« Und das Echo antwortet:
»Du Narr.« [709] Die Nymphen und Eiben sprechen über Blooms
Jugendsünden. Eine Milchziege geht hoch über den Ben Howth
durch die Alpenrosen, wo Bloom in den Tagen seiner Liebe auf
ihr lag, sie küßte. Die Nymphe tadelt ihn wegen dessen, was sie,
als Göttin seines Schlafzimmers, alles sehen mußte. »Wir sind
steinkalt und rein. Wir essen elektrisches Licht.« [711] In einer
früheren Episode stellt sich Bloom die Nymphe vor, falls »sie es
täte, Pygmalion und Galatea«, fragte sich, wie ihr wohl ein Six-
pence-Lunch gefallen würde, nach »Nektar beim Göttermahl,

Geschirr aus Gold, alles ambrosisch... Nektar, das ist wie stell dir
vor, du trinkst Elektrizität«. [247] Bloom ärgert sich über diese
kalte Douche auf seine visionäre Glut. »Wenn es nur das Ätheri-
sche gäbe, wo wärt ihr dann alle, Postulanten und Novizen?
Scheu, doch willig, wie ein pissender Esel.

DIE EIBEN *(ihre Silberblätterfolie stürzt, ihre mageren Arme werden
alt und schwingen):* Abfallenderweise!« [712f.] (Das Silberpapier
ist die Packung einer Tafel Schokolade, die Bloom Zoe geschenkt
hat, die an ihr knabbert.)

    Von Bloom angegriffen, ergreift die Nymphe die Flucht, er
höhnt hinter ihr her. Der Spuk verschwindet, Bella Cohen steht
vor ihm und verlangt ihr Geld.

»ZOE *(liest in Stephens Hand)* Blauäugiger schöner Junge, ich will
dir aus der Hand lesen. *(Sie zeigt auf seine Stirn)* Kein Verstand,
keine Runzeln. *(Sie zählt)* Zwei, drei, Mars, das bedeutet Mut.
(Stephen schüttelt den Kopf) Kein Schmu!

LYNCH Mut beim Wetterleuchten. Der Jüngling, der auszog, das
Fürchten zu lernen. *(Zu Zoe)* Wer hat dir das Handlesen beige-
bracht?

ZOE *(wendet sich um):* Frag meine Eier, die ich nicht habe. *(Zu
Stephen)* Ich sehs in deinem Gesicht. Das Auge, etwa so. *(Sie
runzelt mit gesenktem Kopf die Stirn)*

LYNCH *(lacht, gibt Kitty zweimal einen Klaps auf den Hintern):*
Etwa so. Auf den Po.

    *(Zweimal kracht laut ein Bakelschlag, der Sarg des Pianolas fliegt
auf, der kahle kleine runde Kastenteufelkopf von Pater Dolan
springt hervor)*

PATER DOLAN Braucht hier mal wieder jemand 'ne Tracht Prügel?
Was, die Brille zerbrochen? Müßiger fauler kleiner Drückeberger! Sehs in deinem Auge.

    *(Mild, gütig, rektorial, mißbilligend steigt das Haupt von Don
John Conmee aus dem Pianola-Sarg)*

DON JOHN CONMEE Aber, aber, Pater Dolan! Ich bin sicher, dieser
Stephen ist ein herzensguter kleiner Junge.« [718f.]

    Hier handelt es sich um Erinnerungen aus Stephens Schulzeit;
der Vorfall wird im *Porträt* berichtet. Stephen hatte seine Brille
zerbrochen und konnte seine Schularbeiten nicht machen. Der
Studienpräfekt, Pater Dolan, inspizierte die »müßigen faulen
kleinen Drückeberger«, wie er die Jungen nannte. »Sehs in deinem Auge« [P 302] ist einer seiner Lieblingsausdrücke. Er be-

merkt, daß Stephen nicht arbeitet: »Müßiger fauler kleiner
Drückeberger. Sehs in deinem Auge« – und trotz Stephens er-
schreckter Erklärung, befiehlt er ihm, die Hand auszustrecken,
hält sie einen Augenblick an den Fingern (diese Berührung der
weichen, festen Finger des Präfekten hinterläßt bei dem Knaben
einen lebhaften Eindruck) und züchtigt ihn. Stephen beschwert
sich über die Ungerechtigkeit bei Rektor Pater Conmee, der ihn
mitleidig tröstet. Die Berührung der Finger Zoes und ihre Worte:
»Ich sehs in deinem Gesicht«, genügen, den ganzen Vorfall in
Stephen wieder lebendig werden zu lassen.

Zwei der Mädchen flüstern und kichern miteinander. Bloom
aber »schaut« die Zusammenkunft zwischen Marion und Blazes
Boylan; er erlebt als Diener mit gepuderter Perücke ihr Liebes-
spiel, hört ihr tierisches, ekstatisches Stöhnen und applaudiert
masochistisch dem Eroberer. Bella und ihre drei Disgrazien fangen an zu lachen.

»LYNCH *(zeigt):* Der Natur den Spiegel vor! *(Er lacht):* Hu hu hu
hu hu hu!

*(Stephen und Bloom starren in den Spiegel. Das Gesicht William
Shakespeares, bartlos, erscheint darin, starr von Gesichtslähmung,
gekrönt vom Widerbild des Rentiergeweihs vom Hutständer in der
Halle.)*

SHAKESPEARE *(in würdevollem Bauchrednerton):* Solch lautes
leeres Lachen verrät den leeren Geist. *(Zu Bloom)* Du wähntest
wohl, du wärest unsichtbar. Siehe! *(Er kräht ein grimmiges Ka-
paunengelächter)* Jagogo! Wie mein Oldfellow seine Donnersdä-
mona erwürgte. Jagogogo!« [722]

Lynchs Der-»Natur-den-Spiegel-Vorhalten« hat diese groteske
Halluzination des bartlosen, stotternden Shakespeare mit dem
gelähmten Gesicht heraufbeschworen. Hinsichtlich der in der
Scylla-und-Charybdis-Episode angemerkten Verschmelzung der
Personen ist es bezeichnend, daß Stephen und Bloom, die zusam-
men in den Spiegel sehen, das Gesicht Shakespeares erblicken.

Stephen unterhält nun die Gesellschaft; er kopiert einen französischen Fremdenführer, der in gebrochenem Englisch die At-
traktionen von Paris la nuit rühmt. Er denkt dann an seinen
Traum von der Melone, die Hurenstraße (Hier war es!) und den
roten, ausgebreiteten Teppich (vielleicht eine Traumerinnerung
an den ausgebreiteten Teppich der Königin von Saba, die der
Tentation, auf den der Traum vom Fliegen folgt). »Nein, ich bin

geflogen. Meine Feinde unter mir. Jetzt und immerdar. Welt
ohne Ende. *(Er schreit) Pater!* Frei!« [725]

Der »Pater!« hier ist eine Erinnerung aus der Scylla-und-Charybdis-Episode (erinnert natürlich auch an die Erzählung von
Dedalus' Flucht in den Metamorphosen): »Fabulöser Artifex,
der falkengleiche Mann. Du flogst… Schwingenschläger. Icarus.
Pater, ait.« [294] Hier dramatisiert Stephen die Flucht des Ikarus
und sieht, was von seiten Stephens ziemlich seltsam ist, in seinem
Vater den Erfinder Dedalus.

»Meinen Geist brechen, will er das? *O merde alors! (Er schreit,
die Geierkrallen geschärft)* Holla! Hilliho!

*(Simon Dedalus' Stimme halloht Antwort, etwas verschlafen,
doch auf dem Posten)*

SIMON So ist das nun einmal. *(Er schießt unsicher durch die Luft,
kreisend, anfeuernde Schreie ausstoßend, auf starken schwerfälli-
gen Bussardschwingen).*« [726]

Die Szene wird jetzt ein Rennplatz (eine Dramatisierung von
Stephens Tag-Traum, als er die Rennbilder in Deasys Studio be-
sah), und ein »*Außenseiter-Roß, reiterlos, schießt wie ein Phan-
tom am Zielpfosten vorüber, die Mähne mondschäumend, die
Augäpfel Sterne.*« [727]

Hier handelt es sich um ein Echo aus der Proteus-Episode, eine
Anspielung auf das Houyhnhnm Swifts, das in den Wald der Ver-
rücktheit lief, seine »Mähne schäumend im Mond, die Augäpfel
Sterne.« [57]

Das Bordell-Pianola mit den wechselnden Lichtern spielt jetzt
das Walzerlied: »Mein Mädchen ist ein Yorkshire-Girl« (siehe:
Irrfelsen). Der Tanzlehrer Maginni steht plötzlich zwischen den
Vorhängen; mit einem tüchtigen Stoß wirft er sich seinen Seiden-
hut auf den Kopf und »*kommt feschbehutet hereingeschlittert*«
[728], um als Maître de Cérémonies zu agieren. Die Lichter wechseln, glühend auf, verblassen: gold, rosa, violett.

»DAS PIANOLA

Zwei junge Burschen sprachen von ihren Girls, Girls, Girls,
Die hatten zurück sie gelassen…

*(Aus einer Ecke kommen die Morgenstunden gelaufen, goldhaa-
rig, schlank, in mädchenhaftem Blau, wespentaillig, mit unschul-
digen Händen. Hurtig tanzen sie, schwingen wirbelnd die Spring-
seile. Die Mittagsstunden folgen in Bernsteingold. Lachend
untergehakt, mit aufblitzenden hohen Haarkämmen, fangen sie die*

Sonne in Spottspiegeln ein, die Arme hebend.)« [729]

Dieser Stundentanz ist eine Erinnerung an den Schluß der Ca-
lypso-Episode.

»Am Morgen nach dem Wohltätigkeitsball, wo May's Tanzkapelle gespielt hatte, Ponchiellis Tanz der Stunden. Abendstunden, Mädchen in grauem Flor. Nachtstunden dann, schwarz, mit
Dolchen und Augenmasken. Poetische Idee, rosa, dann golden,
dann grau, dann schwarz. Aber lebenswahr auch.« [97f.]

*» (Die Nachtstunden stehlen sich auf den letzten Platz. Morgen-,
Mittags- und Zwielichtstunden weichen vor ihnen zurück. Sie sind
maskiert, haben durchdolchtes Haar und Armreifen mit dumpfen
Glöckchen. Müde kuschelmuscheln sie sich unter Schleier.)*
DIE ARMREIFEN Hoiho! Hoiho!

...

*(In müden Arabesken weben sie ein Muster auf den Boden, we-
ben, entweben, knicksen, drehen sich, glatt vom Schwindel gepackt).« [730]*

Diese ganze Stelle besteht aus Erinnerungen aus vorhergehenden Seiten. Das Muster auf dem Fußboden, das wie Penelopes
Schleier durch die Füße der Stunden[10] gewebt und entwebt wird,
ist eine Sublimation des Wachstuch-Mosaiks aus grünen, blauen
und roten Rhomboiden auf dem Fußboden des Bordells. *»Fuß-
spuren sind darauf abgeprägt in allen nur möglichen Kombinatio-
nen, Absatz an Absatz, Absatz an Hohlspann, Spitze an Spitze,
Füße geschlossen, ein Mohrentanz schlurfender Füße ohne Leib,
Phantome, alles ein wüstes Drunter und Drüber.«* [668] Die Stunden (die im *Ulysses* genauso wichtige Personen sind wie in Prousts
Werk) werden mit den Tänzern des Maurentanzes assoziiert. Die
dumpfen Glocken der Armbänder sind ein Echo des dunklen Ei-
sens der Glocken der St.-Georgs-Kirche, die Bloom hörte, als er
im Geiste Ponchiellis Stundentanz dramatisierte. »Glatt vom
Schwindel gepackt« ist seine Erinnerung an das Lied von den
»Mädchen vom Strand« und die Vision von der Königin der Ple-
jade (»ums Haupt einen Schleier aus wie nennt man das doch
Altweibersommer... getragen von Strömen kalten interstellaren
Winds sich windend, sich schlängelnd, glatt vom Schwindel gepackt« [582]).

Die Musik dröhnt immer verrückter. Kitty schreit: »Oh, das haben sie beim Pferdekarussell auf dem Mirus-Basar gespielt!«
[731], sie läuft zu Stephen und tanzt mit ihm. Die Orgie wird wil-

der: alle Huren tanzen und mit ihnen Bloom. Blooms Partnerin
ist Bella (vielleicht ein Nachkomme der Alten Hexe, der Partnerin des Mephistopheles, auf dem Hexensabbat).

»*(Däng neues Dädäng der Dienerglocke, Pferd, Klepper, Stier,
Ferkel, Conmee auf Christus-Esel lahm Krücke und Bein Seemann in Jolle armverschränkt taupullend festmachend stampfen
Hornpipe durch und durch, Bubumm! Auf Kleppern, Schweinen,
Schellenpferden, Gergesener Säuen, Corny im Sarg. Stahl Hai
steinern der einhenklige Nelson, zwei olle Zicken, pflaumenbefleckt, vom Kinderwagen fallend, jaulend. Kotz, er ist ein Champion. Zünderblauer spähn vom Faß Hochw. Abendlied Love auf
Kutschfahrt Blazes blind dorschdosengekrümmt Radfahrer Dilly
mit Schneekuchen keine seidenen Höschen. Dann in letztem Hick-
zuckruck aufplumpend und ab bumpst Schlumpe doch ein feines
Vizekönig und Königin Mädel wie sonst schlumpplump Bumps-
hire-Röschen. Bubumm!)*

*(Die Paare fallen nach den Seiten ab. Stephen dreht sich schwind-
lig. Der Raum umwirbelt ihn. Die Augen geschlossen, taumelt er.
Rote Schienen fliegen raumwärts. Sterne um Sonnen drehn sich
rundherum. Zuckende Mücken tanzen grell an Wand. Er steht to-
tenstill.)* [731f.]

Dieses crescendo enthält fast alle bisher behandelten Themen.
Durch sie trompetet das durchdringende Tripudium des Mädels
aus Yorkshire.

Die Glocke des Dieners ist die Handglocke in Dillons Auk-
tionslokal, die Dilly Dedalus um 3 Uhr nachmittags hörte, der
einarmige Matrose erhielt von Frau Bloom zu ungefähr der gleichen Zeit ein Almosen. Corny im Sarg ist ein Echo aus der Irrfel-
sen-Episode. Der Stahl Hai ist ein Kriegsschiff, eine Anspielung
auf die Nausikaa-Episode. Einhenkliger Nelson und die zwei ollen Zicken, pflaumenbefleckt, kommen in Stephens Parabel von
den Pflaumen vor. Der Kinderwagen ist eine Erinnerung an Baby
Boardman (Nausikaa). Zünderblauer ist ein Hinweis auf Kevin
Egans blauen Zünder; spähn vom Faß (wahrscheinlich) auf Gui-
neß Brauerei, Ehrw. Love ist der Altertumsforscher, der die Geraldines so verehrt; die dorschdosengekrümmt Radfahrer sind
von einem Plakat, das Bloom sah; Schlumpe ist eine Erinnerung
an »wenn ich sie da so sehe und dabei an die olle Schlumpe denke,
die zu Hause am Limehouse Way auf mich wartet« [430]. Diese
Vermischung von Stephens und Blooms Erinnerungen und Er-

fahrungen (persönlich oder von anderen durch eine Art Hellse-
hen assimiliert) zu wirbelnder, schwindelnder Bewegung auf
Tofts Karussell weist eine seltsame Ähnlichkeit mit Flauberts
»Lied der Dichter und Komödianten« (in der ersten Fassung der
»Tentation«) auf.

»Wir singen, wir schreien, wir weinen, wir tanzen mit großen
Balancierstangen auf dem Seil. Das Orchester rauscht, das Zelt
erzittert, Miasmen wirbeln auf, Farben drehen sich, die Menge
drängt sich, und aufgeregt das Auge auf das Ziel gerichtet, in unsere Arbeit vertieft, vollbringen wir das seltsame Blendwerk,
über das man mitleidig lacht oder vor Entsetzen aufschreit...
Kreisen wollen wir auf unseren Holzpferden, die ohne Unterlaß
galoppieren, und dem Beifall klatschenden Volk Sand in die Augen werfen.«

Plötzlich hört die Bewegung auf; totes Schweigen liegt im
Raum.

*» (Stephens Mutter, ausgemergelt, steigt starr aus dem Boden, in
Lepragrau, mit einem Kranz verblaßter Orangeblüten und einem
zerrissenen Brautschleier, das Gesicht zerfressen und nasenlos,
grün von Grabesfäule. Ihr Haar ist spärlich und schlaff. Sie richtet
ihr blaugeränderten hohlen Augenhöhlen auf Stephen und öffnet
den zahnlosen Mund zu einem stillen Wort. Ein Chor von Jung-
frauen und Bekennern singt stimmlos.)*

DER CHOR Liliata rutilantium te confessorum...

  Iubilantium te virginum...

  *(Von der Spitze eines Turms gafft Buck Mulligan in buntschecki-
gem Narrenkleid aus Flohbraun und Gelb und Clownskappe mit
wallender Schelle auf sie herunter, ein aufgeschlitztes dampfendes
bebuttertes Scone in der Hand)*

BUCH MULLIGAN Sie ist dreckig verreckt. So ein Jammer! Mulligan
begegnet der schmerzgebeugten Mutter. *(Er hebt die Augen empor)* Merkurius Malachi.

DIE MUTTER *(mit dem subtilen Lächeln des Todeswahnsinns):*
Einst war ich die schöne May Goulding. Jetzt bin ich tot.

STEPHEN *(von Grauen gepackt):* Lemure, wer bist du? Welchen
Teufels Trugbild narrt mich da?

BUCK MULLIGAN *(schüttelt die wallende Schellenkappe):* Sowas
Komisches! Kinch hat das Hundeaas Hündinnenaas umgebracht.
Sie hat ins Gras gebissen. *(Tränen aus geschmolzener Butter fallen
ihm aus den Augen auf das Scone)* Unsere große liebe Mutter!

Epi oinopa ponton.

DIE MUTTER *(kommt näher, haucht ihn sanft mit ihrem feuchten Aschenatem an):* Alle müssen da hindurch, Stephen. Mehr Frauen als Männer auf der Welt. Auch du. Die Zeit wird kommen.

STEPHEN *(würgend vor Furcht, Reue und Grauen):* Sie sagen, ich hätte dich umgebracht, Mutter. Er hat dein Andenken beleidigt. Der Krebs war es, nicht ich. Schicksal.« [732f.]

Diese Stelle ist eine Erklärung von Mulligans Bemerkung, daß Stephens Mutter »dreckig verreckte« und seiner Anspielung auf Stephen als »armes Hundeaas«. »Mehr Frauen als Männer auf der Welt« erinnert an Blooms Selbstgespräch bei Dignams Beerdigung: »Ein weises Wort. Gibt mehr Frauen als Männer auf der Welt« [144], welches wieder der Refrain eines lustigen Liedes ist.

Daß der Geist von Stephens Mutter Worte äußert, die früher am Tage im Geiste Blooms lebten, legt eine augenblickliche vollkommene Fusion ihrer Persönlichkeit, »vaterlosen Sohnes und sohnlosen Vaters«, nahe.

Wieder sagt die Mutter zu Stephen: »Ich bete für dich in meiner anderen Welt.« [733] Die »andern Welten« ist einer der Sätze, die dauernd in Blooms Selbstgesprächen wiederkehren. Es ist ein Fragment aus Marthas Brief: »weil ich von den andern Welten nichts wissen mag« [108] (»Worten« wollte sie schreiben). Die absichtliche Trivialität dieser Zitate ist charakteristisch für Joyces Handhabung tragischer Momente.

Stephen wird blaß, und Bloom öffnet das Fenster weiter.

»DIE MUTTER *(mit schwelenden Augen):* Bereue! Oh, das Höllenfeuer!

STEPHEN *(keuchend):* Der Leichenkauer! Rohkopf und blutige Knochen!« [734]

Stephens Ausruf: »Rohkopf und blutige Knochen« ist ein Echo von Blooms Ekel beim Anblick des lästrygonischen Schlächterladens. »Metzgereimer voll wabbliger Lungen. Geben Sie mir doch das Bruststück da am Haken. Plapp. Rohkopf und blutige Knochen.« [239f.] Hier wie anderswo sieht Stephen in der Gottheit einen Herrn des Todes, dioboia, Henkergott, einen Ghül, einen Schlächter.

Stephen zerschlägt die Lampe, »*läßt seinen Eschenstock fallen, stampft, Kopf und Arme heftig zurückgeworfen, auf den Boden und flieht aus dem Zimmer*« [735]. Bloom hebt den Eschenstock

auf und weist Bella darauf hin, daß nur der Papierschirm etwas
gelitten hat. Bella weicht mit lautem Schrei (genau wie Circe, als
Odysseus sein Schwert hebt) zurück: »Jesus! Nicht!« [735] Bloom
zahlt einen Schilling und läuft hinter Stephen her, den er bald ein-
holt. Stephen versucht mit zwei betrunkenen Soldaten eine philosophische Unterhaltung anzufangen; immer noch narren ihn
die Nebel der Trunkenheit. » *(lacht leer):* Mein Gravitationszen-
trum hat sich verschoben. Der Trick ist mir im Moment entfallen.
Setzen wir uns doch irgendwo hin und diskutieren wir... *(Er
schlägt sich vor die Stirn)* Doch hier drinnen steht, daß ich den
Priester und den König töten muß.« [740]

   Die Soldaten glauben, daß Stephen nach der Beleidigung ihres
Mädchens auch ihren König beleidigt, und fordern ihn auf, »sags
noch mal« [741]. Groteske Parteigänger intervenieren in diesem
Geisterkampf; Dolly Gray feuert die Soldaten an, die alte
Gummy Granny (die alte Milchfrau aus der ersten Episode, »die
alte Heimat Irland« [744], »des Königs von Spanien Tochter«
[744]) sitzt auf mitternächtlichem Giftpilz: »Laß ihn abfahren,
acushla« [748]. Eine irische Komposit-Wildgans, einer der verbannten Iren, die sich im Dienste fremder Staaten[11] einen Namen
gemacht haben, Don Emile Patrizio Franz Rupert Pope Hen-
nessy, der ein Gemisch von vielen Sprachen redet, drängt Stephen, die Schweine von »Johnbulls« flachzulegen: »Throw die
Lümmel da auf den Floor, diese riesengroßen porcos von Johnbulls, todos mit Soße bekleckert!« [742]

   Die Soldaten sind ungeheuer roh. Worte, wie die von ihnen ge-
brauchten, sind wahrscheinlich noch nie gedruckt worden. Es er-
tönt ein Schrei: »Polizei!« und ferne Stimmen rufen: »Dublin
brennt! Dublin brennt! Feuer! Feuer!« [746] Inmitten einer Göt-
terdämmerung aus Schwefelfeuer und dem Donner von Kanonen
stehen die Toten auf, ein Abgrund öffnet sich, es regnet Dra-
chenzähne, bewaffnete Helden springen auf aus Ackerfurchen,
und die irischen Clans kämpfen miteinander.

   Eine schwarze Messe, eine lästerliche Parodie des Sakraments,
wird zelebriert, in der die Stimmen Adonais und der Verdammten die Heiligen Worte verdrehen[12] und im Antiphon mit den
Gesegneten rufen: »Ttooooooog!« und »Nemmonegnie Hcier
sad tah Ttog egithcämlla red nned, Ajulellah!« [747f.][13]

   Der Spuk verschwindet. Trotz der Versöhnungsversuche
Blooms schlägt der Soldat Carr Stephen zu Boden. Corny Kelle-

her taucht plötzlich auf aus der Dunkelheit (wieder ein Beispiel
für die weiße Blume des Glücks, die aus dunkler Wurzel entspringt) und beruhigt die Polizisten. Bloom ist bald allein, er
beugt sich über Stephen, der am Boden liegt, allmählich zu sich
kommt und Fragmente aus Yeats Countess Cathleen murmelt.
»BLOOM *(im Zwiegespräch mit der Nacht):* Gesicht erinnert mich
an seine arme Mutter. Im schattigen Wald. Die tiefe weiße Brust.
Ferguson, soviel ich mitbekommen habe. Ein Mädchen. Irgendein Mädchen. Was Besseres konnte ihm gar nicht widerfahren...
(Er murmelt) ...ich schwörs, stets will ich achten, mehren, und
nie versehren, Art oder Arten, ihrer immer warten... *(Er mur-
melt)* in den rauhen Sanden der See... eines Kabels Länge vom
Strand... wo die Gezeiten ebben... und fluten unverwandt...
  *(Schweigend, gedankenvoll, wachsam, steht er seine Wache, die
Finger an den Lippen in der Haltung eines Geheimen Meisters.
Vor der dunklen Mauer erscheint langsam eine Gestalt, ein elfen-
hafter Knabe von elf, ein Wechselbalg, ein Entführter, in Eton-
tracht mit Glasschuhen und einem kleinen Bronzehelm, in einer
Hand ein Buch: Er liest unhörbar von rechts nach links, lächelt da-
bei, küßt die Seite.)*
BLOOM *(wundersam gepackt, ruft unhörbar):* Rudy!
RUDY *(sieht blicklos in Blooms Augen und liest, küßt, lächelt weiter. Er hat ein zartes malvenfarbenes Gesicht. An seinem Anzug
hat er Knöpfe aus Diamanten und Rubinen. In der freien linken
Hand hält er ein dünnes Elfenbeinstöckchen mit violetter Schleife.
Ein weißes Lämmchen lugt aus seiner Westentasche.)« [754 f.]
  Frühere Episoden enthielten Hinweise darauf, daß Bloom Freimaurer ist, und viele Ausdrücke und rituelle Formeln der Freimaurerei werden in dieser Zauber-Episode des *Ulysses* verwandt. Während Bloom auf Stephens abgerissenes Gestammel
(das er allerdings mißversteht) hört, murmelt er Fragmente aus
dem Eid der Freimaurer, alles geheimzuhalten.[14]
  In der Erscheinung von Rudy, Blooms totem Sohn, dem ruhigen
Schluß nach der Bestialität, dem Pandämonium, den Kataklys-
men der Circe-Pantomime, erlebt man einen Augenblick Schönheit, die keinerlei Spott umwölkt. Bloom, der Stephen ansieht,
denkt an Rudy in seinem Kindersarg aus weißem Holz, glasge-
deckelt, mit Bronze beschlagen, »ein Zwergengesicht, malven-
farbig und runzlig« [135], gekleidet in ein kleines Wams aus Schaf-
wolle, die letzte Gabe seiner Mutter, damit er nicht im Grabe

friert. Aus den Nebeln der Erinnerung beschwört er einen elfen-
haften Knaben von elf Jahren (Rudys Alter, wenn er am Leben
geblieben wäre) herauf. Der Schmuck des Todes verwandelt sich
in glänzende Kleidung aus Märchenland; ein Wechselbalg, weit
herrlicher als ein erdgeborenes Kind, wird wie die achäischen
Helden erlöst vom rohen Zauber des Schweinestalls einer Circe.
  Alle Bewegung ruht.
  Diese Ruhe, die auf einen Sturm der Leidenschaften folgt, ist
anders als der druidische Friede der Cymbeline, der den Gedan-
kenwirbel der Shakespeare-Episode beschloß; sie gleicht vielmehr der körperlichen Ruhe eines wogengehetzten Seemanns,
der wilden Zaubersturm überstanden hat und endlich doch im
Hafen landet, wohin ihn seine Sehnsucht trieb.

»Unsere Spieler,
Wie ich Euch sagte, waren Geister und
Sind aufgelöst in Luft, in dünne Luft:
Wie dieses Scheines lockrer Bau, so werden
Die wolkenhohen Türme, die Paläste,
Die hehren Tempel, selbst der große Ball,
Ja, was daran nur teil hat, untergehen,
Und, wie dies leere Schaugepräng verblaßt,
Spurlos verschwinden.«
                            Shakespeare: Der Sturm. 4. Akt.

16. Eumäus

Schauplatz: Die Kutscherkneipe
Stunde: Nach Mitternacht
Organ: Nerven
Kunst: Schiffahrt
Symbol: Matrosen
Technik: Erzählung (alt)

Es ist nach Mitternacht, nirgendwo ist ein Wagen zu finden. Bloom, der über die Art und Weise, wie die Freunde Stephen verlassen haben, empört ist, will den »echten Samariter« bis zum Ende spielen. Während sie schweigsam weitergehen, benutzt er Gelegenheit und Schweigsamkeit seines Gefährten, sich wortreich über die Gefahren der Nachtstadt und den von der Vorsehung geschickten Corny Kelleher zu äußern; wäre er nicht gekommen, hätte Stephen die Nacht vielleicht im Gefängnis zugebracht.

Auf ihrem Wege zur Kutscherkneipe kommen sie am Wachthäuschen eines städtischen Aufsehers vorbei, in dem Stephen mit Mühe einen gewissen Gumley erkennt, der früher seines Vaters Freund war und dem es jetzt sehr dreckig geht. »Eine Gestalt von mittlerer Größe« [764], die in der Dunkelheit umherstreift, grüßt Stephen, und als Bloom sieht, daß Stephen stehenbleibt, um mit dem Unbekannten zu sprechen, hat er einen Moment Angst. »Obwohl im Weichbild von Dublin ungewöhnlich, wußte er doch, daß die Stadt nicht ganz unbekannt für Desperados war, die so gut wie nichts zum Leben hatten, sich auf die Wegelagerei verlegten und gewöhnlich friedliche Fußgänger terrorisierten, indem sie ihnen an irgendeinem abgelegenen Ort außerhalb der eigentlichen Stadt eine Pistole an den Kopf setzten«. [764] Der Nachtvogel entpuppt sich als »Lord« John Corley, mit dessen Genealogie es folgende Bewandtnis hatte: »Er war der älteste Sohn des jüngst verstorbenen Inspektor Corley von der Abteilung G, welcher eine gewisse Katherine Brophy geheiratet hatte, die Tochter eines Bauern aus Louth. Sein Großvater, Patrick Michael Corley aus New Ross, hatte die Witwe eines Kneipwirts alldort geehelicht, deren Mädchenname Katherine (ebenfalls) Talbot gewesen war. Ein, allerdings unbewiesenes, Gerücht nun wollte es, daß sie

vom Hause der Lords Talbot de Malahide abstammte«. [764] Das
Äußere dieses Corley wird in »Zwei Kavaliere« *(Dubliner)* folgendermaßen beschrieben: »Es war ein großer, kugeliger und
öliger Kopf; er schwitzte bei jedem Wetter; und sein großer run-
der Hut, schräg daraufgestülpt, sah aus wie eine Knolle, die aus
einer anderen herausgewachsen war. Immer starrte er geradeaus,
als wäre er bei einer Parade, und wenn er auf der Straße jeman-
dem nachblicken wollte, mußte er seinen Körper aus den Hüften
herumschwenken. Im Augenblick lebte er in den Tag. Immer,
wenn eine Stelle frei war, fand sich ein Freund, der ihm die
schlimme Nachricht brachte.« [D 51] Nach seiner Gewohnheit
fragt er Stephen, »wo auf Gottes Erde er denn nur etwas finden
könne, ganz gleich was es sei« [765]. Stephen erwidert, morgen
oder übermorgen würde an der Schule des Garrett Deasy in Dalkey eine Stelle frei. Corley jammert los. »Obwohl sich derartiges
Geschwätz jede zweite Nacht, oder doch fast jede, abspielte, gewann Stephens Gefühl in gewissem Sinne die Oberhand, wenn er
auch wußte, daß Corleys nagelneue Litanei, gleichwertig der früheren, schwerlich viel Glauben verdiente.« [766] Er sucht in seinen Taschen nach Geld und zieht nach seiner Meinung Pennies
hervor. Corley weist Stephen loyal auf seinen Irrtum hin, nimmt
aber eine Halfcrown an. Stephen geht nun wieder zu Bloom, der
in der Nähe auf und ab gegangen ist; letzterer nimmt das Problem
wieder auf, wo Stephen, nachdem seine Freunde ihn versetzt haben, schlafen soll.

Sie kommen an einem Eiswagen vorbei, hören, wie einige Italiener sich unflätig beschimpfen, betreten dann schließlich die
Kutscherkneipe, die, wie man allgemein erzählt, von Fitzharris,
dem Invincible[1], der als Skin-the-Goat bekannt ist, geführt
wurde. Das Publikum der Kneipe besteht aus Kutschern, Güter-
packern und einem »rotbebarteten sauffreudigen Individuum,
dessen Haar bereits eine teilweise Ergrauung zeigte, vermutlich
ein Matrose« [773].[2] Bloom, der für Stephen eine Tasse Kaffee
und Brot bestellt hat, redet über die Schönheit der italienischen
Sprache. (»*Bella Poetria!* sie klingt so melodiös und voll. *Bella-
donna voglio*« [773]), deren korrekte Aussprache ihm viel Sorge
macht, weil zweifellos das Repertoire der Frau Marion Tweedy
zum Teil aus der italienischen Oper ist. Stephen bemerkt, daß
Töne trügen; die Italiener stritten sich nur um Geld.

Als der rotbärtige Matrose hört, daß Stephens Name Dedalus

ist, sagt er, er hätte von Stephens Vater gehört. »– Das ist ein Ire,
versicherte der Matrose kühn... Durch und durch Ire.
– Nur zu sehr Ire, entgegnete Stephen.« [775]

Der Matrose erklärt, er habe vor etwa zehn Jahren (Erinnerung
an Troja) in Stockholm, in Henglers Zirkus gesehen, wie Dedalus
zwei Eier von Flaschen linkshändig über die Schulter runter-
schoß. »Seltsame Koinzidenz« [776], vertraut Bloom leise seinem
jungen Gefährten an. Von Skin-the-Goat ermutigt, erzählt der
Matrose, nachdem er einen der »Straßenfahrer« um einen Priem
gebeten und diesen erhalten hat, eine Reihe grauslicher Geschichten.

Unser gezwungenerweise seßhafter Ulysses macht nun eine
Reihe imaginärer Reisen, deren Endziel wie gewöhnlich seine
Penelope ist. Er überlegt die Möglichkeiten einer ausgedehnten
Konzert-Tournee mit nur erstklassigen irischen Stars. Unterdessen spinnt der alte Matrose sein Garn weiter; »Kochen Ratten in
ihrer Suppe, die Chinesen« [782], so erzählt er; sie haben »kleine
Pillen wie aus Knetgummi«, und die gehen im Wasser auf, und
jede Pille ist was anderes, ein Haus, ein Schiff, eine Blume. Bloom
versucht vergebens, den Strom maritimer Erinnerung auf Gibraltar und Europa point, die Schauplätze der Jugend Marions, zu
lenken.

Der Seemann öffnet sein Hemd, »so daß sie über dem altehr-
würdigen Symbol für des Seemanns Hoffnung und Ruhe deutlich
die Zahl 16 sowie das Profil eines jungen Mannes erblickten, der
recht unmutig dreinsah« [787]. Er zieht die Haut stramm, und der
Tätowierte (Antonio heißt er) lächelt ein wenig.

»– Ja, ja, seufzte der Matrose, indem er an seiner Mannesbrust
niederschaute. Ist auch hinüber, der. Später von den Haien gefressen. Ja, ja.« [787f.]

»– Sauberes Stückchen Arbeit, sagte Hafenarbeiter Nummer
eins.

– Und wofür soll die Zahl da gut sein? erkundigte sich Strolch
Nummer zwei.

– Was, lebendig gefressen? fragte ein dritter den Matrosen.

– Ja, ja, seufzte der letztere erneut, etwas heiterer diesmal, mit
einer Art halbem Lächeln, für ganz kurze Dauer allerdings nur,
zu dem Mann hinüber, der nach der Zahl gefragt hatte. Ein Grieche war er.« [788]

Einen Augenblick lang sieht die »streichende« Hure mit dem

ausdruckslosen Gesicht in die Kneipe. Schon früher am Tage war Bloom ihr begegnet, als er die Insel der Sirenen verließ. Bloom äußert sich nun voller Mitleid über ihr unglückliches Los.

»Unglückliches Wesen! Natürlich, letzten Endes dürfte ja wohl irgendein Mann für ihren Zustand verantwortlich sein. Aber trotzdem, einerlei, wo die Ursache liegt ...« [789] Stephen, der sie nicht bemerkt hatte, zuckt mit den Schultern und sagt nur: »– In diesem Lande verkaufen die Leute viel mehr, als sie je gehabt hat, und machen ein Bombengeschäft dabei. Fürchtet euch nicht vor denen, die den Leib verkaufen und die Seele nicht können verkaufen. Sie ist eine schlechte Geschäftsfrau. Sie kauft teuer ein und verkauft billig.« [789]

Bloom faselt weiter über das notwendige Übel, das solche Frauen sind, dann wird ihm plötzlich die Bedeutung von Stephens Worten klar, und er fragt ihn ohne Umschweife, ob er an die Existenz der Seele glaube, und erhält eine charakteristische Antwort.

»– Nach allem, was ich aus bester Quelle weiß, handelt es sich bei ihr um eine einfache und daher unverwesliche Substanz. Sie würde, soweit ich sehe, unsterblich sein, bestünde nicht die Möglichkeit ihrer Annihilierung durch den Urgrund aller Dinge, der nach allem, was ich höre, durchaus dazu imstande ist, diesen Streich der Zahl Seiner anderen handgreiflichen Streiche hinzuzufügen, *corruptio per se* und *corruptio per accidens*, die beide von der Hofetikette ausgeschlossen sind.« [790]

Diese »mystische Finesse« ist zwar ein wenig außerhalb der sublunaren Tiefe Blooms, doch fühlt er sich zu einem Einwand verpflichtet.

»– Einfach? Ich glaube nicht, daß dies die rechte Bezeichnung ist. Natürlich räume ich ein, um in einem Punkte ein Zugeständnis zu machen, daß einem eine einfache Seele alle Jubeljahre einmal über den Weg kommt. Doch auf was ich hinaus möchte, das ist, es ist einerseits schon eine Sache, zum Beispiel, diese Strahlen, die Röntgen erfunden, zu erfinden, oder das Teleskop wie Edison, obwohl, ich glaube, das gab es schon vor seiner Zeit, Galileo war der Mann, den meine ich. Dasselbe gilt auch für die Gesetze eines, nur als Beispiel, so tragweiten natürlichen Phänomens wie der Elektrizität, aber ganz anders sieht die Geschichte doch aus, wenn Sie sagen, Sie glauben an die Existenz eines übernatürlichen Gottes.« [791]

Es ist seltsam, wie sehr in dieser ganzen Episode die beiden komplementären Personen, die nun endlich in intimer Unterhaltung zusammensitzen, aneinander vorbeireden. Bloom würde sagen: hier handelt es sich um: Ost ist Ost und West ist West. Aber hierin liegt vielleicht das Geheimnis der wahren Einswerdung. Ne rien comprendre c'est tout pardonner.

Bloom ergeht sich des längeren über das traurige Ende des Antonio, dann weiter über das hitzige Temperament der Italiener und Spanier im allgemeinen und die südlichen Reize von Calpes Tochter im besonderen. »Alle sind gewaschen im Blute der Sonne.« [796] Die Gäste in der Kneipe unterhalten sich unterdessen über Schiffbrüche, Baratterie und Ähnliches, bis ihnen Skin-the-Goat, der im Rufe steht, nie den Mut zu verlieren, die crambe repetita irischer Symposia, eine Diatribe über das Leid Irlands auftischt. Bloom hält seine Prophezeiung von Englands drohendem Niedergang für »ausgemachtes Gewäsch«, denn »ganz unabhängig von der Frage, ob besagtes Ende nun aufs innigste zu wünschen sein oder nichtsein sollte, war ihm vollauf die Tatsache geläufig, daß ihre Nachbarn jenseits des Kanals, sofern sie nicht noch größere Narren waren, als er sie einschätzte, ihre Stärke eher verbargen denn das Gegenteil« [802]. Er hielt es für »durchaus ratsam, in der Zwischenzeit aus beiden Ländern zu machen, was nur daraus zu machen war« [803]. Skin-the-Goats Ausbruch erinnert ihn an seinen Waffengang mit dem Zyklopen, und er fragt Stephen nach seiner Meinung über seine freundliche Äußerung, daß der Gründer der christlichen Religion Jude war.

»– *Ex quibus,* murmelte Stephen in unverbindlichem Tone, während ihre beiden oder vielmehr vier Augen sich trafen, *Christus* herkommt, heiße er nun Bloom oder letzten Endes wie es nur immer beliebt, *secundum carnem.*« [805]

Bloom bekennt sich als Anhänger eines vagen Sozialismus, schildert ein irisches Paradies: »wo man gut leben kann, wenn man arbeitet« [807].

»– Sie mutmaßen, erwiderte Stephen mit einer Art halbem Lachen, daß ich möglicherweise darum wichtig bin, weil ich zum *faubourg Sant Patrice* gehöre, kurz Irland genannt.

– Ich würde noch einen Schritt weiter gehen, deutete Mr. Bloom an.

– Aber ich mutmaße, unterbrach Stephen, daß Irland darum wichtig sein muß, weil es zu mir gehört.« [808][3]

Inzwischen ist die allgemeine Unterhaltung beim Lieblings-

thema solcher Zusammenkünfte vor dreißig Jahren angekommen
– dem verlorenen Führer Parnell und den Aussichten auf seine
Rückkehr.

»– Es sprach doch alles dafür, daß sie da einmal anlangen würden, sagte Mr. Bloom.

– Wer? fragte der andere, dessen Hand übrigens verletzt war.
Eines schönen Morgens würde man die Zeitung aufschlagen,
versicherte der Kutscher, und *Parnell zurückgekehrt* lesen.« [814]

Bloom denkt an den Tag, als Parnell in einem Handgemenge der
Hut vom Kopfe geschlagen wurde und er (Bloom) ihn aufhob und
ihn Parnell reichte. Parnell sagte nur: » *Besten Dank, mein Herr,*
und zwar in einem gänzlich anderen Tone als jener Schmuck des
Anwaltsstandes, dessen Kopfbedeckung Bloom früher im Laufe
des Tages ebenfalls zu ihrer rechten Form verholfen hatte, da die
Geschichte sich ja mit kleinen Unterschieden immer wiederholt«.
[824] (Diese letzten fünf Worte sind eine unbewußte Anspielung
auf die Bloom-Ulysses-Übereinstimmung.) Bloom setzt seine
Ansichten bezüglich der Möglichkeit und des Erwünschtseins der
Rückkehr Parnells auseinander. Er spielt auf die Frau an, die
Parnells Laufbahn vernichtete, »wenn ich mich nicht ganz gehö-
rig irre, war sie auch Spanierin« [819]. – Und benutzt die Gelegenheit, Stephen Frau Blooms Fotografie zu zeigen. Dann schweift
er ab in eine wirre Klage über die Haltung des Volkes und der
Presse ehelichen Komplikationen gegenüber.

Bloom hielt es für jammerschade, daß Stephen, der über so viel
Verstand verfügte, seine wertvolle Zeit mit liederlichen Weibern
vertat. »Es lag in der Natur des Junggesellenstandes, der heil'gen
Einsamkeit, daß er eines Tages ein Weib nehmen würde, wenn
die Richtige auf der Bildfläche erschien, aber in der Zwischenzeit
war die Gesellschaft von Damen eine *conditio sine qua non*, obschon er da die schwerstmöglichen Bedenken hatte, nicht daß er
Stephen auch nur im geringsten nach Miss Ferguson ausfragen
wollte (die möglicherweise speziell der Leitstern gewesen war,
der ihn so früh am Morgen nach Irishtown gebracht hatte), etwa
ob es ihm denn sonderliche Befriedigung bereite, sich beim Gedanken an die Liebeswerbung zwischen Jungen und Mädchen zu
erwärmen und die Gesellschaft von albern lächelnden jungen
Damen ohne einen Penny zu ihren Namen, zwei oder drei Mal
wöchentlich, mit dem üblichen einleitenden Komplimenten-
quatsch und Spaziergängen, was dann auf närrisches Geliebele

und Blumen und Pralinen hinauslief ... Die wunderlichen Sachen,
mit denen er jählich herausplatzte, zogen den Älteren an, der ihm
verschiedene Jahre voraus hatte oder gar wie sein Vater war.«
[825]

Bloom erfährt, daß Stephen noch nicht gegessen hat; sein inneres Bedürfnis, Stephen zu schützen, und das feinere Gefühl, dessen er sich kaum bewußt ist, treiben ihn, Stephen in seine Wohnung in der Eccles Street einzuladen, wo er die Nacht zubringen
soll. Sie lassen Kutscher und Seeleute allein in der Kneipe, und
da Stephen noch ein wenig »schwach auf den Beinen« [832] ist,
gibt Bloom ihm den Arm. Sie unterhalten sich nun über Musik:
voller Anerkennung spricht Bloom von Mercadantes »Hugenot-
ten«, Meyerbeers »Sieben letzte Worte am Kreuz« und die unsterblichen Stellen in Rossinis »Stabat Mater«. »Im Ganzen gesehen hatte er ... ein *penchant,* wenn auch bei nur oberflächlicher
Kenntnis, für die strenge klassische Schule wie etwa Mendelssohn.« [833]

Stephen dagegen »erging sich in Lobeshymnen über Shakespeares Lieder, zumindest die von aus jener beziehungsweise um
jene Zeit«[834], Dowland, Tomkins und John Bull; Bloom fragt
natürlich, ob es sich um die politische Berühmtheit desselben Namens handele. Die Episode endet mit Blooms peripatetischem
Traum von einer großartigen musikalischen Karriere für seinen
Schützling, der, während sie nach den wohlgebauten Hallen der
Penelope weitergehen, mit erstaunlich schöner Tenorstimme, sozusagen rückschauend, ein Lied singt:

Von der Sirenen Listigkeit
Tun die Poeten dichten.
——————————————
Und alle Schiffe brücken. [836]

Die Technik des Eumäus, der ersten der drei Episoden, die den
dritten und letzten Teil des *Ulysses* ausmachen und dem Nostos
des homerischen Triptychons entsprechen, ist »Erzählung (alt)«.
Sie hält der ersten Episode des ersten Teils (Telemachos), deren
Technik »Erzählung (jung)« ist, das Gegengewicht. Die Personen der Telemachos-Episode sind, bis auf eine, junge Leute; in
der Eumäus-Episode sind alle außer Stephen alt oder ältlich. Im
Telemachos ist es früh am Morgen; »Warmer Sonnenschein, hei-

ternd über der See.« [18] Auf ihrem Wege nach der Kneipe des
Eumäus gehen Bloom und Stephen durch dunkle, verlassene
Straßen, wo einsame Bummler, die unter dunklen Brückenbo-
gen, dunklen Höhlen, erwachen, und der Sensenwagen des Stra-
ßenfegers die einzigen Spuren menschlichen Lebens sind. Bloom
ist müde, und seine Gedanken brennen nicht länger mit heller roter Flamme. Er ist zu erschöpft, die meisten seiner Perioden zu
Ende zu denken. Unentschlossen, spannungslos verlaufen sich
seine Vorstellungen in dunkle Sackgassen. Eine Art geistiger He-
xenschuß, eine Nachwirkung von Circes Verzauberung, lähmt
den Stil. Der stumme Monolog zerfällt, wird in seiner Struktur zu
kraftloser Erzählung; nicht nur die Meditation Blooms, sondern
auch die beschreibenden Stellen liegen im dunklen Schatten der
Ermüdung. Stephen hat zuerst nur wenig zu sagen, nur langsam
erholt er sich von dem »enfer artificiel« der Circe. Selbst das wenige, was er sagt, während die Trunkenheit langsam verraucht,
scheint Bloom, der dem dedalischen Gedankenflug nicht folgen
kann, fast unverständlich.

Die von Skin-the-Goat geführte Kutscherkneipe entspricht dem
Gehöft des Sauhirten Eumäus, zu dem Odysseus als Bettler verkleidet bei seiner Rückkehr nach Ithaka kommt. Diese Kneipe
lag in der Nähe der Docks und wurde von Europäern und Asiaten
besucht, was für die beginnende Intimität zwischen Bloom und
Stephen (falls eine solche überhaupt möglich war) einen geeigne-
ten Hintergrund abgab. Die erdachte Geschichte, die Odysseus
dem Eumäus erzählt – seine kretischen Verwandten, seine Reisen nach Lybien und Dulichium, seine Fahrt nach Ägypten – findet ihren Erzähler in dem See-Münchhausen, einem Odysseus
Pseudangelos, der unter falscher Flagge segelt und den staunenden Kutschern sein Garn spinnt.

Eine der Personen, die Telemachos zu der Hütte des Eumäus
begleiteten, in der er nach seiner Rückkehr aus Pylos seinen Vater traf und beide die Vernichtung der Freier beschlossen, war der
Seher Theoklymenos (siehe: Hades). Die Eumäus-Episode enthält eine Stelle, die an jene erinnert, in der der »geheimnisvolle
Mann« M'Intosh auftaucht; sie macht in ihrer Belanglosigkeit
durchaus den Eindruck einer Einschiebung und berichtet Stephens kurze Begegnung mit Lord John Corley, der aus der Dunkelheit auftaucht und wieder in ihr verschwindet. Für die Erzählung selbst ist dieser Lord Corley bedeutungslos. Man kann sich

ganz gut vorstellen, daß nach 3000 Jahren ein Mars-Gelehrter in
diesem Zwischenfall die Einschiebung eines allzueifrigen Her-
ausgebers vermutet, der den Namen der Corleys aus Malahide
auf diese Weise verewigen wollte. Wie in den homerischen Texten eine Einschiebung zwischen zwei mehr oder weniger gleich-
lautenden Zeilen steht, beginnt auch hier Blooms Monolog, als
Stephen sich von Corley getrennt hat, genau wieder da, wo er ab-
brach, das heißt bei dem »Versetzen« Stephens durch die lustigen
Zechbrüder, die sich glücklich auf seine Kosten vollgesoffen haben. Wie Theoklymenos stammte auch Corley – seine Genealogie läßt das vermuten – aus guter Familie, wenn hierbei auch eine
gewisse »gaucherie« eine Rolle spielt. Derartige »Linkshändig-
keit« ist für die Eumäus-Episode charakteristisch. Der Stamm-
baum des Theoklymenos wird im XV. Buch der Odyssee in genau
derselben weitschweifigen Art berichtet.

Das Hauptthema dieser Episode ist die Heimkehr des Wande-
rers nach langer Abwesenheit; dies ist ein ebenso geliebtes epi-
sches Thema, wie das vom Sohn, der die Welt auf der Suche nach
einem Vater durchstreift[4]; beide Themen sind (wie auch hier)
miteinander verbunden. Am Ende der Proteus-Episode sah Stephen: »gleitend durch die Luft die hohen Spieren eines Dreimasters, die Segel gegeit an den Kreuzhölzern, heimwärts, stromauf,
still gleitend, ein schweigendes Schiff« [73], und zwei Stunden
später segelte Blooms Skiff Elias, leicht zusammengeknüllter
Zettel, den man wieder wegwirft, ostwärts vorbei an dem Drei-
master Rosevean von Bridgewater mit Backsteinen. Dieses Schiff
trug den sogenannten Wanderer, den wogenwunden Vollmatro-
sen und Pseudangelos W. B. Murphy, an sein heimatliches Gestade.

»– Stimmt, sagte der Matrose. Fort Camden und Fort Carlisle.
Genau da stamm' ich her. Meine kleine Frau ist noch da unten.
Sie wartet auf mich, das weiß ich. *Für England, Heimat und
Schönheit.* Sie ist mein liebes treues Weib, und sieben Jahre hab'
ich sie jetzt nicht mehr gesehen, dauernd nur gesegelt.« [776]

»Mr. Bloom vermochte sich leicht seine Ankunft auf dem ge-
nannten Schauplatz vorzustellen – die Heimkehr zur Schutzhütte
am Straßenrand, nachdem er dem Vater Ozean ein Schnippchen
geschlagen – in einer regnerischen Nacht mit blindem Mond.[5]
Quer durch die weite Welt für eine Frau. Zu diesem speziellen
Alice-Ben-Bolt-Thema gab es ja eine ganze Anzahl von Ge-

schichten, Enoch Arden und Rip van Winkle, und erinnerte sich
hier in der Runde wohl jemand an Caoc O'Leary... Nie etwas
über die entlaufene Frau, die zurückkommt, wie treu ergeben sie
dem Abwesenden auch geblieben war. Das Gesicht am Fenster!
Man konnte sich sein Erstaunen malen, wie er dann schließlich
das Zielband zerriß und ihm die furchtbare Wahrheit bezüglich
seiner besseren Hälfte dämmerte, den Schiffbruch seiner Gefühle. Du hast mich wohl kaum erwartet, doch ich bin gekommen,
um daheim zu bleiben und noch einmal frisch von vorne anzufangen. Da sitzt sie, eine Strohwitwe, an ganz dem selbigen Kamin.
Glaubt mich tot... Kein Stuhl für Vattern. Puh! Der Wind! Ihr
nagelneuestes Ankömmsel sitzt auf ihrem Knie, *post-mortem*-
Kind. Hoppe hoppe Reiter, wenn er fällt dann schreit er. Man
muß sich dem Unvermeidlichen beugen. Gute Miene zum bösen
Spiel. Ich verbleibe mit gebrochenem Herzen dein dich liebender
Gatte W. B. Murphy.« [776f.]

Das Fliegende-Holländer-Motiv, das zuerst in der Proteus-Episode erscheint, taucht in der Eumäus-Episode wieder auf.

»Um jedoch wieder auf Freund Sindbad und seine gruseligen
Abenteuer zurückzukommen (er erinnerte ihn ein wenig an Ludwig, *alias* Ledwidge, damals, wie er im Gaiety auf den Brettern
auftrat, die die Welt bedeuten, als Michael Gunn die Organisa-
tion hatte, im *Fliegenden Holländer,* ein geradezu stupender Erfolg, und seine Bewunderer kamen in großen Scharen geströmt,
bloß einfach um ihn zu hören, obwohl ja Schiffe aller Art, ob Gei-
ster- oder das Gegenteil, sich auf der Bühne gewöhnlich ein bißchen deplaziert ausnahmen, wie ebenfalls auch Eisenbahnzüge),
so war nichts eigentlich Ungereimtes daran, mußte er zugeben.«
[795]

Die Tätowierung auf der Brust des Matrosen, die Zahl 16[6] neben Antonios Gesicht – ein Grieche[7] war er – kann historisch mit
der »Heimkehr« eines Prätendenten assoziiert werden, denn Tä-
towierungen haben bei der Lösung von Identitätsproblemen, wie
im Tichbourne-Fall zum Beispiel, oft eine wichtige Rolle gespielt.
So sagte Lord Bellew, ein Schulfreund des Roger Tichbourne,
aus, er habe auf dem Arm des letzteren Kranz, Herz und Anker
tätowiert gesehen und selbst in Tusche die Buchstaben R. C. T.
hinzugefügt. Das Nichtvorhandensein solcher Tätowierung war
schlüssiger Beweis für die vorgetäuschten Ansprüche, die der
heimkehrende australische Kläger geltend machte. Bloom spielt

im Verlauf seines Monologs direkt auf den Tichbourne-Fall an:
»Trotzdem, was die Rückkehr betraf, so konnte man von Glück
sagen, wenn sie nicht die Hunde auf einen ansetzten, sobald man
zurück war. Dann folgte gewöhnlich ein endloses Hin und Her
von fauler Druckserei. Tom dafür und Dick und Harry dagegen.
Und dann, das vor allem, bekam man es mit dem Mann zu tun,
der grad die erste Geige spielte, und mußte seine Legitimationen
auf den Tisch legen, wie der Bursche im Fall Tichborne mit seinem Anspruch. Roger Charles Tichborne, *Bella* hieß das Schiff,
wenn ihn sein Gedächtnis nicht im Stich ließ, in dem er, der Erbe,
untergegangen war, wie die Indizien darzutun schienen, und es
gab da auch noch ein besonderes Kennzeichen, eine Tätowierung
mit chinesischer Tusche, Lord Bellew, nicht wahr? Da er die Einzelheiten ja ganz leicht bei irgendeinem Kumpel an Bord aufge-
schnappt haben konnte, um dann, wenn er sein Äußeres mit der
erhaltenen Beschreibung übereingebracht, sich mit einem *Entschuldigung, mein Name ist Soundso* oder sonst einer Allerwelts-
bemerkung vorzustellen.« [816]

Blooms Gedanken über die Aufnahme Parnells, falls er, wie
viele vermuteten, nicht wirklich tot wäre und nach Irland zurückkehrte, bedeuten eine Erweiterung des Rip-van-Winkle-The-
mas[8], das in seinen Gedanken, seinen Unterhaltungen[9], zusammen mit anderen Geschichten einer Rückkehr nach langer
Abwesenheit in fernem Land, auf einem andern Planeten, an den
häuslichen Herd, ins Wigwam oder in die fleischliche Hülle, häufig wiederkehrt.

Auch Bloom ist ein wandernder Jude, ist ein Verbannter, wenn
er auch eine Rückkehr nur halb ersehnt; der Agendath-Netaim-
Prospekt, den er früh am Morgen im Laden seines Landsmanns,
des Metzgers, von der Theke nahm, bedeutet für ihn mehr als eine
bloße Aufforderung, sich aus geschäftlichen Gründen für
Orangenhaine und weite Melonenfelder nördlich von Jaffa zu in-
teressieren. Sein gesunder Menschenverstand sagt ihm, daß die
Freuden einer solchen Rückkehr, sei es nun seine oder die Parnells oder die des Enoch Arden, sich nur zu leicht als bloßes Hirn-
gespinst, als eitler Traum erweisen könnte.[10] Bloom kommt zu
dem Schluß, daß Parnells Rückkehr aus vollkommener Vergessenheit »ganz und gar unratsam wäre« [814]. Man würde »die
Hunde auf ihn ansetzen« [816], Parnell hätte seine Rolle ausgespielt. Eine »linkshändige« Liaison mit einer verheirateten oder

geschiedenen Frau könnte wohl in katholischen klerikalen Kreisen geduldet werden, aber eine nachfolgende Ehe mit ihr stelle den Beleidiger außerhalb der Gesellschaft. Bloom sieht den Tatsachen ins Gesicht und kennt Stephens Abneigung gegen ihre Logik nicht. Er hat das Alter erreicht, in dem man den Wert der Konvention und selbst den der Zensur schätzt.

Im Eumäus finden sich viele Anspielungen auf die linke Hand; zum Beispiel Corleys »linkshändige« Abkunft; Dedalus schießt links, Personen, die von den Howth-Klippen fallen, landen meist auf dem linken Fuß. Solche Hinweise betonen das Thema des lügenden Boten, der unter falscher Flagge segelt. Bloom, der darüber spricht, wie Mulligan Stephen in seiner Abwesenheit verunglimpft, weist darauf hin, daß diese Gewohnheit »auf diese Seite im Charakter eines Menschen ein schlechtes Seitenlicht warf – was durchaus kein Witz sein wollte« [838]. Als Stephen und sein Pseudovater zusammen die Kutscherkneipe verlassen, schob letzterer seinen linken Arm unter Stephens rechten, eine ungewöhnliche und symbolische Bewegung.

Jeder Mensch hat wie der Mond eine verborgene Seite, jede Familie ein schwarzes Schaf, das geschickt verborgen wird, und »nostalgia« kann, wie »amor matris« [11], eine doppelte Bedeutung haben. Sorge wegen Abwesenheit und Sorge wegen Rückkehr. Ein Nostos erweist sich irgendwie immer als Enttäuschung, als »linkshändige« Gabe; der Mensch erreicht nur im »Traum«, nur wenn er in den Wolken schwebt oder auf dem Wege nach Cythera ist, allerhöchstes Glück.

»Die ganze Klimax des *Ulysses*«, schreibt Cyril Connolly, »besteht aus einem einzigen Augenblick der Intimität, als Bloom, die komische Figur, Stephen in einem besoffenen Streit zur Hilfe kommt. Bloom hatte einen Sohn, der gestorben ist, Stephen hat einen Vater, der lebt; für diesen Augenblick geistiger Vaterschaft wird die ganze Hitze jenes Stadtsommers, werden alle mittäglichen Wirtshausfreunde Blooms und Stephens, werden Ungeziefer, Schuppen und Schlangen auf die Beine gebracht.«

»Wenn sie auch nicht alles mit gleichen Augen betrachteten« [826], überlegt Bloom, »war doch irgendwie eine gewisse Analogie vorhanden, so wie wenn ihrer beider Geist sozusagen im gleichen Gedankenzug reiste.« (Diese transitorische Intimität »im gleichen Gedankenzug« wurde humoristisch in Blooms Fahrt vom Westland-Row-Bahnhof angedeutet: »Schöne Besche-

rung... Und dann in die Erste Klasse mit einem Billett Dritter...
Weshalb lauf ich ihm eigentlich nach?« [623])

   Die letzte Rückkehr nach dem »größtmöglichen Intervall« [670]
ist eine leere Konsonanz; das Interesse lag in den Modulationen,
dem Streben nach dem Ziel. Nach dem Circeschen Wirbel wech-
selnder Lichter kommt die dunkle, zögernde Prosa des Eumäus
als Antiklimax; die Schuppen der Schlange sind zur Ruhe gekommen, und ihr Funkeln ist erloschen.

17. Ithaka

Schauplatz: Das Haus
Stunde: Nach Mitternacht
Organ: Knochengerüst
Kunst: Wissenschaft
Symbol: Kometen
Technik: Katechese (unpersönlich)

Diese Episode ist bar allen Fleisches des Gefühles, allen Schmucks des Stils, ist nur Skelett. Was sich zwischen Stephen und Bloom in der Küche des Hauses Eccles Street Nr. 7 ereignete, ihre Verschiedenheiten und Ähnlichkeiten, der Inhalt von Blooms Haus und Geist werden bis ins kleinste beschrieben, das heißt nicht nur beschrieben, sondern auch katalogisiert und definiert.

Die Technik dieses Mittelkapitels des Schlußteils (Katechese, unpersönlich) entspricht der Nestor-Episode, dem Mittelkapitel der Telemachie. Während die Katechese dort persönlich, anspruchslos und menschlich war, zuerst Frage und Antwort zwischen Stephen und seinen schläfrigen Schülern, dann zwischen Deasy und seinem jungen Hilfslehrer, handelt es sich hier um eine detaillierte Analyse, die haarscharf ist wie die Summa Theologiae, wie die Unbarmherzigkeit einer theologischen Inquisition.

Eine derartige Behandlung der Personen des *Ulysses*, ihres Trachtens, der Ökonomie und einfachen Einrichtung von Blooms Wohnung wirkt auf all dies vernichtender als irgendwelche berechnete Geste der Verachtung.

Man betrachte die lebendige Helena, die Königin der Schönheit, die nie stirbt und einmal im Leben durch Aphrodites Gnade sich jedermann enthüllt, und sehe, wie sie beschaffen ist. Man messe ihre Nase, ihre Ohren und zähle die Haare ihrer Wimpern; man berechne Zahl und Sekretion ihrer Poren, entziehe ihr die Quarten, Pinten und Gallonen überall vorhandener Flüssigkeit (90%, wie in dieser Episode konstatiert wird). Was wäre sie »unverfälscht«? Eine Perle – oder ein Klümpchen Dreck? Man bedenke, wieviel Zentner Fleisch zu ihrer Gestaltung nötig waren, wieviel Geister der Geschlachteten den Hof der Schönheit umlagern. Und, ach, wie in der Vision des Theokylmenos:

>Blut auch sprengte die Wänd' und jegliche schöne Vertiefung!
Voll ist schwebender Schatten der Flur, und voll auch der Vorhof.
Aber die Sonn' ist
Ausgelöscht am Himmel, und rings herrscht gräßliches Dunkel!«

Man beachte genau, wie es Virág seinem Enkel befahl, »die Masse sauerstoffgesättigter pflanzlicher Substanz auf ihrem Schädel« [677]. Eine solche Analyse ist das sicherste Gegengift gegen Verführung, ein Gemetzel der Freier der Phantasie. Denn wir sind jetzt in den frühen Stunden des Freitag, 17. Juni, und Freitag ist, wie Bloom (Hades) berichtet, Schlachttag in Dublin.

  Vor den Pfeilen der Vernunft (Bloom spannt den Bogen, die Sehne aber ist Stephens logische Methode) vergehen Skrupel und falsche Gefühle

>wie die Herde der Rinder,
Welche die heftige Bremse voll Wut nachfliegend umherscheucht,
Einst in der Frühlingszeit, wann längere Tage gekommen.«

Dieses Gemetzel der Skrupel, die die Herzen der Protagonisten zerfressen haben, ist in seiner Weise genauso gründlich wie das homerische Gemetzel der Herren der Insel.[1]
  Selbst der stolze Eurymachus, der Freier, der kühn sein Schwert hob gegen den Liebling Athenes, Boylan der »Gauner«, fällt schließlich.

>Doch zugleich der edle Odysseus
Schnellte daher ein Geschoß und traf ihm die Brust an der Warze.
Tief in die Leber ihm bohrte der stürmende Pfeil; aus der Rechten
Sank zur Erde das Schwert, und übergewälzt mit dem Tische
Taumelt' er schwindelnd hinab und warf zur Erde die Speisen
Samt dem doppelten Becher; er schlug mit der Stirne das Estrich,

Voll der entsetzlichen Angst, und den Thron mit zappelnden
Füßen
Rüttelt' er weg, und die Augen umzog ihm nachtendes Dun-
kel.«

Bloom und Stephen gehen in normalem Spazierschritt, denn alles
in dieser Episode ist normal, allzu normal, nach der Eccles Street,
der Straße mit dem griechisch klingenden Namen, der Straße der
Begegnung, bis in welche hinein die Glocken der St.-Georgs-Kir-
che, der einzigen Kirche in Dublin, die eine griechische Inschrift
hat, klingen. (In *Finnegans Wake* wird sie St. Georg der Grieche
genannt.) Und die Nummer von Blooms Haus in der Eccles Street
ist sieben, die heilige Zahl des Ostens, der homerischen Welt.
Bloom stellt fest, daß er den Hausschlüssel vergessen hat (Freudianer, Achtung!) und ist doppelt ärgerlich. »Weil er vergessen
hatte und weil ihm einfiel, daß er sich zweimal gemahnt hatte,
nicht zu vergessen.« [843] Wie ein Bettler gelangte Odysseus in
seinen Palast durch die Hintertür. Denselben Weg geht auch
Bloom.

Nachdem er sich wie ein Einbrecher verspäteten Zugang in die
Küche verschafft hat, zündet er das Gas an (14 K. S.) steigt die
Treppen hinauf (beim Lichte einer Kerze) (1 K. S.), läßt Stephen
durch die Flurtür hinein und führt ihn in die Küche. Auf dem Rost
errichtete er einen Scheiterhaufen, »setzte denselben an drei vor-
springenden Papierenden mit einem einzigen entzündeten
Streichholz in Brand, indem er das in dem Brennstoff enthaltene
Energiepotential dadurch freisetzte, daß er seine Kohlen- und
Wasserstoffelemente eine ungehinderte Verbindung mit dem
Sauerstoff der Luft eingehen ließ« [845].

Alles, was die Küche enthält, wird bis ins kleinste berichtet.
Bloom setzt einen Kessel aufs Feuer. Jetzt wird das Dubliner
Wasserversorgungssystem wie von einem städtischen Ingenieur
beschrieben, die Eigenschaften des Wassers werden genau analysiert. Bloom wäscht sich die Hände mit einem halbgeschmolze-
nen, nach Zitrone duftenden Stück Barrington-Seife, an der noch
Papier klebte »(gekauft dreizehn Stunden vorher zum Preis von
4 Pence und noch unbezahlt)« [850]. Durch die größere Odyssee
Blooms läuft eine kleinere, eine Saponeia, die Irrfahrten der Seife
– ein komisches Gegenstück zu der Heldensage. Bloom verließ
den Laden des Drogisten, hatte die kühl verpackte Seife, »süßes,

zitroniges Wachs« [119], in der Hand. Auf dem Wege zum türkischen Bad faltet er seine Zeitung, die er doch »gerade wegwerfen
wollte« [120], zu einem Viereck und legte die Seife hinein; ein paar
Minuten später benutzt er dann die Seife im Bade. Während er
in der Kutsche hinter Dignams sterblichen Resten herrattert,
vermehrt die Seife, die jetzt in seiner Hüfttasche steckt, sein Unbehagen: »Besser doch woanders hin damit.« [123] Bei der ersten
besten Gelegenheit steckt er »die am Papier klebende Seife« [142]
in die innere Taschentuchtasche. In der Redaktion zog er »sein
Taschentuch, um sich die Nase zu betupfen. Zitronelemone? Ah,
die Seife, richtig, die hab ich da ja hingesteckt. Verlier sie noch
aus der Tasche. Das Taschentuch zurücksteckend, nahm er die
Seife heraus und verstaute sie neu, knöpfte sie ein in die Gesäßtasche seiner Hose« [173]. Am Schluß der Lästrygonen-Episode –
er sieht Blazes Boylan in der Ferne – sucht seine Hand »nach der
wo hab ich denn bloß und fand in der Gesäßtasche die Seife, Toilettewasser, muß noch wieder vorbei, lauwarmes Papier, angeklebt. Ah, da ist ja die Seife! Ja« [258]. Nach der Mahlzeit im Sirenen-Restaurant stand Bloom auf. »Aua. Die Seife fühlt sich aber
ziemlich klebrig an da hinten.« [397] Nachdem Nausikaa Bloom
verlassen hat, steckte er »die Nase. Hm. In den. Hm. Ausschnitt
seiner Weste. Mandeln oder. Nein. Zitrone ists. Ah, nein, das ist
die Seife« [525]. Als er sich dem Palast der Circe nähert, laufen
ihm ein paar Kinder zwischen die Beine. (... *Bloom tastet mit paketbepackten Händen nach Uhr, Uhrtasche, Brusttasche, Geldtasche, Süße der Sünde, Kartoffel, Seife.*)« [611] Dann erinnert er
sich zum xtenmal, daß er das Gesichtswasser für seine Frau vergessen hat, und beschließt, es gleich am nächsten Morgen zu besorgen; wir erleben die Apotheose der Seife.

   » *(Er zeigt nach Süden, dann nach Osten. Ein Stück neue saubere
Zitronenseife steigt auf, verbreitet Licht und Duft.)*

DIE SEIFE

Ein Pfundspärchen sind wir, der Bloom und ich;
   Durch ihn Licht der Erde, dem Himmel durch mich.

   *(Das sommersprossige Gesicht des Drogisten Sweny erscheint in
der Scheibe der Seifensonne.)*

SWENY Drei und einen Penny, bitte.« [614]

   Zum Schluß wird dann der Held dieser kleinen Odyssee aus dem
ein himmliches »numen« geworden ist, voller Ehrfurcht in der
Litanei der Töchter Erins angerufen.

»Wandernde Seife, bitt' für uns.« [665]

Stephen lehnte Blooms Anregung, sich die Hände zu waschen, ab, weil »er wasserscheu war, ... den partiellen Kontakt mit kaltem Wasser durch Immersion ebenso haßte wie den totalen durch Submersion (in Folge wessen sein letztes Bad auch im Monat Oktober des vergangenen Jahres stattgefunden hatte), ... ihm die wasserähnlichen Substanzen Glas und Kristall unangenehm waren, ... er Wäßrigkeiten in Gedanke und Sprache mißtraute« [850]. Inzwischen kocht das Wasser im Kessel, und Bloom bereitet zwei Tassen Kakao. »Indem er sich seines symposiarchalen Rechtes auf die ihm von seiner einzigen Tochter Millicent (Milly) geschenkte Schnurrbarttasse aus imitiertem Crown Derby begab, dieselbe durch eine mit derjenigen seines Gastes identische Tasse ersetzte und seinen Gast mit der dickflüssigen, gewöhnlich für das Frühstück seiner Frau Marion (Molly) reservierten Sahne in außergewöhnlichem, sich selbst aber in nur geringem Maße versorgte.« [855] Scherzhafterweise lenkte Bloom die Aufmerksamkeit seines jungen Gastes auf diesen Beweis der Gastfreundschaft –, die Darbietung der Ambrosia, die gewöhnlich einer Göttin vorbehalten war –, den dieser ernst hinnahm »indessen sie in schernster Stelle Epps' Maessenprodukt tranken, den sahnungsvollen Kakao« [855].

Dann folgt eine katechetische Darstellung der Jugendjahre des Helden, seiner ersten Dichtversuche, seiner Freundlichkeit Frau Riordan gegenüber (Dante des *Porträt,* ein Verbindungsglied zwischen Stephen und Bloom), seiner geringen turnerischen Tüchtigkeit. Keiner spielte auf ihre Rassenverschiedenheit an, doch waren sich beide derselben bewußt.

»Was waren, auf ihre einfachste wechselseitige Form reduziert, Blooms Gedanken über Stephens Gedanken über Bloom und Blooms Gedanken über Stephens Gedanken über Blooms Gedanken über Stephen?

Er dachte, er dächte, er wäre Jude, wohingegen er wußte, daß er wußte, daß er wußte, daß er's nicht war.« [862]

Blooms wissenschaftliche Neigung (im Gegensatz zu der künstlerischen Stephens) ließ ihn Erfindungen wie »astronomische Kaleidoskope, welche die zwölf Sternbilder des Tierkreises vom Widder bis zu den Fischen zeigten« [864], planen, wenn auch nicht ausführen. Vergeblich versuchte er Frau Bloom zu unterrichten, die leicht vergaß: eine Gaea-Tellus, die sich um die Erfindungen

ihrer Geschöpfe, Religionen, Philosophien nicht kümmert –
Spielzeug, das die Menschen erfanden, um nicht immer an ihre
Gleichgültigkeit zu denken.«Ungewöhnliche mehrsilbige Worte
fremden Ursprungs interpretierte sie phonetisch oder durch falsche Analogie oder durch beides: Metempsychose (mit ihm zig
Hosen), *alias* (eine verlogene Person, die in der Heiligen Schrift
vorkommt).« [869]

Nachdem Stephen seine Parabel von den Pflaumen wiederholt
hat, nennt Bloom drei Beispiele »postexilischer Größe« [870]:
Moses aus Ägypten, Moses Maimonides (an diese beiden Sucher
der reinen Wahrheit hat Stephen im Laufe des Tages öfters gedacht) und Moses Mendelssohn. Sie vergleichen jetzt die hebräische und die irische Sprache und Geschichte und entdecken (wie
der Redner Taylor) Ähnlichkeiten. Stephen singt mit modulierter
Stimme eine seltsame Sage über ein verwandtes Thema – die Bal-
lade von Hugh of Lincoln, oder vielmehr eine abgekürzte Variante, denn von dem Apfel grün und rot oder der Stimme aus dem
tiefen Ziehbrunnen hört man nichts. Stephens Kommentar zu
dieser Geschichte eines Ritualmordes, des Mordes des kleinen
Christen durch die Tochter des Juden, ist charakteristisch.

»Einer von allen, der Geringste von allen, ist das prädestinierte
Opfer. Einmal aus Unachtsamkeit, zweimal mit Absicht fordert
er sein Schicksal heraus. Es kommt, wenn er verlassen ist, es fordert ihn, obwohl er widerwillig, heraus, und es hält ihn, als Erscheinung der Hoffnung und Jugend, ohne Widerstand in seinem
Bann. Es führt ihn in eine wunderliche Behausung, in ein gehei-
mes heidnisches Gemach, und dort opfert es ihn, den Fügsamen,
unerbittlich.« [876]

Ähnliches war Stephen in der Tat im Bordell zugestoßen, wohin
er, von allen außer von Judas verlassen, durch eines Juden Tochter verführt worden war (? Zoe). Selbst Lynch ließ Stephen im
Stich, als er mit den Rotröcken Streit bekam. Als Lynch ver-
schwand, zeigte Stephen auf ihn und sagte: »*Exit Judas. Et laqueo
se suspendit.*« [748]

Die Kinderjahre der Milly Bloom werden analysiert, und ihre
Ähnlichkeit mit der Hauskatze wird auseinandergesetzt. Zusam-
menfassend kommt der Katechist zu dem Schluß: So wiesen also
»in ihrer Passivität, ihrer Ökonomie, ihrem Instinkt für Tradition,
ihrer Unerwartetheit« [879] ihre Unterschiede Ähnlichkeiten auf.

Bloom schlägt Stephen vor, die Nacht oder was von derselben

noch übrig ist in seiner Wohnung zu verbringen. Stephen lehnt
»prompt, unerklärlicherweise, auf liebenswürdige Art, mit Dank
ab« [881], ist aber bereit, einen Gesangskurs mit Frau Bloom und
peripatetische geistige Dialoge mit seinem Gast zu beginnen.

»Was machte für Bloom die Verwirklichung dieser einander
ausschließenden Vorschläge problematisch?

Die Unwiderruflichkeit der Vergangenheit: einmal bei einer
Vorstellung von Albert Henglers Zirkus in der Rotunda, Rutland
Square, Dublin, war ein intuitionsreicher, bunt geschminkter
Clown, der nach seinem Vater suchte, aus der Arena zu einem
Platz im Auditorium vorgedrungen, wo Bloom, ganz einsam und
allein, saß, und hatte öffentlich einem erheiterten Publikum erklärt, er (Bloom) wäre sein (des Clowns) Papa. Die Unvorher-
sehbarkeit der Zukunft: einmal im Sommer 1898 hatte er
(Bloom) einen Florin (2 S.) am gerändelten Rand mit drei Ker-
ben markiert und ihn zur Bezahlung einer von J. und T. Davy,
Hauslieferanten in Kolonialwaren, 1 Charlemont Mall, Grand
Canal, empfangenen Rechnung verwendet, damit er (der Florin)
auf den Wassern des bürgerlichen Finanzverkehrs zirkuliere und,
möglicherweise, auf Umwegen oder direkt, einmal zu ihm zu-
rückkehre.

War der Clown Blooms Sohn?
Nein.

War Blooms Münze zurückgekehrt?
Nie.« [882]

(Hier scheint es sich um ein Hinzielen auf die Themen Vaterschaft und Rückkehr, die im Verlauf des *Ulysses* so oft auftraten,
zu handeln.)

Blooms Glaube an die Vervollkommnungsfähigkeit wird auseinandergesetzt. Stephen äußert sein Credo, wenn man es so
nennen darf. »Er bekräftigte seine Signifikanz als die eines mit
Bewußtsein ausgestatteten, vernunftbegabten Lebewesens, das
syllogistisch vom Bekannten zum Unbekannten fortschritt, und
eines bewußten, vernünftigen Reagens zwischen einem Mikro-
und einem Makrokosmos, die beide unausweichlich auf die Ungewißheit der Leere gegründet waren.« [883 f.]

Das Symposion ist nun zu Ende, und Stephen verläßt Blooms
Haus; seinen Diakonhut trägt er auf seinem Augurenstab,
dem Eschenstock.

»Welcher Gedenkpsalm wurde dabei *secreto* intoniert?
Der 113., *modus peregrinus: In exitu Israël de Egypto: domus
Jacob de populo barbaro.*« [884]

An der Tür betrachten sie zusammen den Himmelsbaum der
Sterne, »behangen mit feuchter nachtblauer Frucht« [885]. Bloom
redet noch lange über Astronomie.

Was die astrologischen Einflüsse auf sublunares Unglück betrifft, schienen diese Bloom »des Beweises ebenso wie der Wi-
derlegung fähig zu sein, und die in ihren selenographischen Kar-
ten verwendete Nomenklatur dünkte ihn rückführbar auf
verifizierbare Intuition ebenso wie auf trugschlüssige Analogie:
der See der Träume, das Meer des Regens, der Golf des Taus, der
Ozean der Fruchtbarkeit« [889].

Die Uhr der Sankt-Georgs-Kirche schlägt die Stunde. Stephen
hört in dem Klang das Gebet, das er immer mit dem Tode seiner
Mutter assoziiert: »*Liliata rutilantium. Turma Circumdet. Jubi-
lantium te Virginum. Chorus excipiat.*« [893]

Bloom hört ein viermal wiederholtes Bimbam (die Armband-
glocken der Stunden).

Als Bloom wieder im Haus ist, wird sein Eintritt ins vordere
Zimmer plötzlich durch eine harte Holzecke aufgehalten. Während des Tages ist Frau Bloom einem ihrer Einfälle gefolgt und
hat die Möbel umgestellt. Bloom ist gegen das verstellte Nuß-
baum-Buffet gerannt. »An nichts hat die Natur mehr Freude als
an der Veränderung der Dinge und deren Darstellung unter einer
andern Form.« Wieder folgt eine genaue Beschreibung der Ein-
richtungsgegenstände, der Stühle, des Klaviers, der Noten, und
es wird auf die »Signifikanzen der Ähnlichkeit, der Positur, des
Symbolismus, des Indizienbeweises, der Beglaubigung der Su-
permanenz« [896] hingewiesen.

Blooms Bibliothek wird katalogisiert, die verschiedenen Gegenstände, auf die sein Blick fällt, werden definiert. Als er an-
fängt, sich zu entkleiden, werden seine Bewegungen und die
nacheinander enthüllten Teile seines Körpers graphisch, kine-
matographisch beschrieben. Jetzt macht er eine Pause, denkt
nach. »Es war eines seiner Axiome, daß solche und ähnliche Me-
ditationen oder die automatische Beziehung einer ihn berühren-
den Erzählung auf die eigene Person oder ruhige Erinnerung an
die Vergangenheit, wenn man dergleichen gewohnheitsmäßig
übte, bevor man sich zur Ruhe begab, die Müdigkeit lösten und

infolgedessen einen gesunden Schlaf und erneuerte Lebenskraft zeitigten.« [914]

Blooms Ideal-Heim – Bloom Cottage oder Saint Leopold's oder Flowerville, seine Gärten und Zubehör lernt man kennen, erfährt den genauen Lohn seines (idealen) Personals und besucht sogar seinen Geräteschuppen für verschiedene, inventarisierte Geräte.

Verschiedene Pläne, schnell zu Geld zu kommen, werden bis ins kleinste erwogen und die Aussichten bezüglich der Verwirklichung dieser Pläne abgeschätzt. Der Inhalt der ersten Schublade seines Schreibtisches wird katalogisiert: ein Durcheinander von Fotografien, Dokumenten, Annoncen, seine Korrespondenz mit Martha Clifford und »die Transkription von Name und Adresse des Absenders der 3 Briefe in umgekehrt alphabetischem boustrophedontischem punktiertem quadrilinearem Kryptogramm (Vokale ausgelassen): N. IGS/WI. UU. OX/W. OKS. MH/Y. IM« [916], in der zweiten Schublade sind verschiedene amtliche Dokumente, ein Zeitungsausschnitt bezüglich der Namensänderung des Rudolf Virág in Bloom, andere Familienpapiere, ein Aktienzwischenschein usw.

Eine Aufgabe wird gestellt:

»Mache Bloom durch kreuzweise Multiplikation von Schicksalsschlägen, vor denen diese Mittel ihn schützten, und durch Eliminierung aller positiven Werte zu einer negativen irrationalen unwirklichen *quantité négligeable*.« [922] In der Lösung wird Blooms allmählicher Niedergang dargestellt, bis er als gemeinster Bettler von herumstrolchenden Hunden beschmutzt, von Kindern mit »pflanzlichen Geschossen« [923] beworfen wird. Einer solchen Situation konnte man durch Tod (Änderung des Zustandes), durch Fortgang (Änderung des Ortes) zuvorkommen.

Eine hypothetische Reise, ein Verschwinden wird analysiert; hiermit könnte man die Sagen und Spekulationen gewisser posthomerischer Schreiber über die späteren Fahrten des Odysseus nach seiner Rückkehr nach Ithaka und die Vernichtung der Freier vergleichen. Odysseus wurde tatsächlich von Teiresias eine zweite Fahrt geweissagt, eine Fahrt weit ins Land, bis er zu den Menschen käme, die weder das Meer kannten noch die Speisen würzten mit Salz. Nach einem Bericht fuhr Odysseus nach Aetolia², heiratete eine Prinzessin und starb hier hochbetagt; eine andere Sage berichtet, daß sich Odysseus in Thesprotia niederließ, die Königin Kallidike heiratete, die Thesprotier zu vielen Siegen

führte und hochgeehrt im Lande seiner Wahl starb. So sieht sich
Bloom nach Jerusalem, ins Land der Eskimos (Seifenesser), das
verbotene Land Tibet (aus dem kein Reisender zurückkehrt),
nach der Bucht von Neapel (welche sehen Sterben bedeutet), ans
Tote Meer reisen. Die Folgen eines solchen Verschwindens werden auseinandergesetzt, und man liest die Annonce: »£ 5 Belohnung! Verlorengegangen, gestohlen worden oder entlaufen
ist...« [925], durch die die Strohwitwe versuchen würde, ihren
verlorenen Abenteurer wiederzubekommen. Eine astronomische Version des Rückkehr-Motivs folgt.

Die Ereignisse des Tages werden jetzt in rituellen Ausdrücken
noch einmal zusammengefaßt: Zubereitung des Frühstücks
(Brandopfer); das Bad (Ritus des Johannes); die Beerdigung
(Ritus des Samuel); Krach mit einem ungeschlachten Troglody-
ten in Bernard Kiernans Lokal (Holokauste); Besuch in dem liederlichen Hause der Bella Cohen, und dann Streit (Armage-
ddon); nächtliche Wanderung nach und von der Kutscherkneipe,
Butt Bridge (Sühnetod).

Der Anblick des besetzten, wünschenswerten und erwünschten
Bettes reizt die wunde Stelle in Blooms Bewußtsein: die bonne
fortune des Blazes Boylan; aber glücklicherweise ist Bloom ein
Mann, der auf der »Universität des Lebens« viel gesehen und gelitten, hat.

»Wenn er gelächelt hätte, warum hätte er gelächelt?

Bei dem Gedanken, daß jeder, der hereinkommt, sich einbildet,
er sei der erste, der hereinkommt, während er doch immer der
letzte einer vorangegangenen Reihe ist, selbst wenn er der erste
einer nachfolgenden ist, insofern als sich jeder einbildet, der erste, letzte, einzige und alleinige zu sein, während er doch weder
der erste noch der letzte noch der einzige und alleinige ist in einer
Reihe, die im Unendlichen beginnt und ins Unendliche sich fort-
setzt.« [930]

Der ganze Strudel strebt nach oben:

Du glaubst zu schieben, und du wirst geschoben.[3]

Die Stelle umfaßt natürlich viel mehr als die »Liebe« der Molly
Bloom, die in vielen ihrer Aspekte die Erde, die Natur selbst
darstellt. Jeder glaubt, der erste, letzte, einzige und alleinige zu
sein – das ist tatsächlich die Illusion des Lebens, doch darf man
wohl annehmen, daß der Demiurgos über solche Schwachköpfig-
keit lächelt.

Molly, die wach im Bett liegt, erzählt der heimgekehrte Wanderer seine Abenteuer, aber wie Odysseus Nausikaa nicht erwähnte, unterschlägt auch er vorsichtigerweise gewisse Einzelheiten. Stephen Dedalus, der Hauptpunkt seines Berichtes, wird Professor und Dichter.

»In welchen Richtungen lagen Zuhörerin und Erzähler?

Zuhörerin Ost-Südost: Erzähler West-Nordwest: auf dem 53. Grad nördlicher Breite und dem 6. Grad westlicher Länge: in einem Winkel von 45 Grad zum Äquator der Erde.

In welchem Zustand der Ruhe oder Bewegung?

In dem der Ruhe bezüglich ihrer selbst und gegenüber einander. In dem der Bewegung, da sie beide von der unaufhörlichen Eigenbewegung der Erde westwärts, vorwärts beziehungsweise rückwärts, getragen wurden, auf immer sich ändernden Wegen durch nimmer sich wandelnden Raum.

...

Er ruht. Er ist gereist.

Mit?

Sindbad dem Seefahrer und Tindbad dem Teefahrer und Findbad dem Feefahrer und Rindbad dem Rehfahrer und Windbad dem Wehfahrer und Klindbad dem Kleefahrer und Flindbad dem Flehfahrer und Drindbad dem Drehfahrer und Schnindbad dem Schneefahrer und Gindbad dem Gehfahrer und Stindbad dem Stehfahrer und Zindbad dem Zehfahrer Und Xindbad dem Ehfahrer und Yindbad dem Sehfahrer und Blindbad dem Phthefahrer.

Wann?

Es begab sich zu finsterem Bette ein vierschrötig rundes Sinnbad des Sehfragers Rock Alkes Ei in der Nacht des Bettes der Alke aller der Rocke von Finstbatt dem Helltagler.

Wohin?

●« [937ff.]

»Kaum nun hatt' er das Letzte gesagt, da der Schlaf ihm die Glieder
Sanft auflösend umfing, der Seel' Unruhe zerstreuend.«[4]

18. Penelope

Schauplatz: Das Bett
Stunde: ...
Organ: Fleisch
Kunst: ...
Symbol: Erde
Technik: Monolog (weiblich)

Satire ist ein Spiegel, in dem der Betrachter im allgemeinen das
Gesicht jedes andern, nur nicht sein eigenes sieht. Über diese
letzte Episode des *Ulysses* wird die Durchschnittsfrau sagen:
»Wie wahr ist diese Art Frau, mit der ich, Gott sei Dank, nichts
zu tun habe.« Die Stärke dieser langen, interpunktionslosen Meditation, in der die schweifenden Gedanken einer halbschlafen-
den Frau in all ihrer nackten, selbstenthüllenden Offenheit als
geschriebener Bericht wiedergegeben werden, liegt gerade in ihrer Universalität.

»Der lange stumme Monolog der Frau Bloom, der das Buch beschließt, einige 25000 Worte ohne jegliche Interpunktion,
könnte in seinem durchaus überzeugenden Realismus ein Doku-
ment sein, der magische Bericht des innersten Gedanken einer
Frau, die wirklich lebt. Rede noch einer davon, weibliche Psychologie zu verstehen! Nie habe ich etwas gelesen, das diesen
Monolog übertrifft, und ich bezweifle, je etwas gelesen zu haben,
das ihm gleichkommt.« (Arnold Bennett in The Outlook.)

Nach der Rückkehr ihres Gatten und nach seinem Bericht über
die Abenteuer des Tages will Frau Bloom nun schlafen. Aber ihr
Geist ist ruhelos, und auch in ihrem Körper ist eine Unrast, ein
pünktlich eintretendes Strömen von »Fluten, myriadenfach
durchinselt, in ihrem Innern« [68]. Murphy (wie Bloom den
Traumspender scherzhaft nennt) versagt ihr seine Gabe. Die
Nachtstunden vergehen, öfters verändert sie ihre Lage, sie findet
keinen ruhebringenden Schlaf; weit schweifen ihre Gedanken, sie
wirft, wie Bloom von einer anderen Dame spanischer Herkunft
sagt, »jeden Fetzen Anstand in den Wind« [819]. Sie sieht sich als
Backfisch in Gibraltar, sie denkt an ihre ersten Geliebten, an ihre
Einfalt, die Liebhabereien des Major Brian Cooper Tweedy, ihres Vaters, dieses Offiziers, der von der Pike auf diente, und

schlauen Philatelisten, an die Wärme und das Sonnenlicht des
Südens, an den Felsen, der da steht »wie ein großer Riese« [968].
Zwei Männer kehren in dieser »Fantasia« ihrer Gedanken immer
wieder: der herzlose (wie sie genau weiß) Blazes Boylan mit seinen schlechten Manieren, der aber ihre widerstrebende Bewunderung durch seine rote Männlichkeit erzwingt; Poldy, ihr unbe-
friedigender, alternder Mann, für den sie, selbst in den
aggressivsten Stellen, in denen sie dem klassischen Zorn des ewigen Weibchens gegen sein angetrautes Männchen Luft macht,
dennoch eine quasi-mütterliche Zuneigung an den Tag legt – ein
Beitrag zu der seltsamen Solidarität, die durch das Ritual und
Gewohnheit geheiligte Zusammenleben selbst eines Paares, das
schlecht zueinander paßt, immer neu gestärkt wird. Gegen Schluß
drängen sich Gedanken an ein drittes »Männchen«, an Stephen
Dedalus, für kurze Zeit in den Vordergrund des Monologs.
Bloom hat ihr den jungen Mann beschrieben, und der Vorschlag,
daß er bei ihnen wohnen soll, ist ihr sehr willkommen. Blooms
Ideal-Nymphe (das Bild aus den Foto Bits) hat für Molly ein Gegenstück in der kleinen Statue eines nackten Knaben: »...diese
kleine Statue die er gekauft hat die könnte ich mir den ganzen Tag
ansehn den Lockenkopf und die Schultern den Finger gehoben
wie wenn man zuhören sollte was er sagt das ist doch mal wirkliche Schönheit und Poesie ich hab oft das Gefühl gehabt ich möcht
ihn von oben bis unten abküssen...«. [1003]
In Stephen findet sie vielleicht diesen Jüngling, »echte Schönheit und Poesie«, nach der sich ihre Reife sehnt.

Bloom hat vorsichtigerweise darauf verzichtet, seine Begegnung
mit Nausikaa zu erwähnen, doch hat seine Frau ein Flair für derartige sinnliche Unbesonnenheiten und ahnt etwas. Er hat darum
gebeten, im Bett frühstücken zu dürfen, und sie fragt sich er-
staunt, ob er wohl krank ist. Wenn ja wäre es viel besser für ihn,
er ginge in ein Krankenhaus, kranke Männer sind so lästig.

Nein, dies alles ist wahrscheinlich die Folge irgendeiner sentimentalen Begegnung. Sie denkt an Blooms unüberlegtes Wohl-
wollen einem Dienstmädchen gegenüber, das sie in besseren Zeiten hatten.

Molly Blooms Eifersucht ist hauptsächlich Sparsamkeit und Be-
sitzenwollen, denn die Zeit der Zärtlichkeiten mit Poldy ist ein
für allemal vorbei. »...das ist bloß beim erstenmal so dann später
ists bloß noch immer dieselbe alte Gewohnheitsleier und man

denkt sich gar nichts mehr dabei wieso kann man eigentlich einen
Mann nicht küssen ohne gleich erst mit ihm aufs Standesamt man
liebt eben manchmal zu wild wenn man spürt wie einem das so
richtig schön durch den ganzen Körper geht da kann man gar
nicht anders...«. [944 f.] Das Boylan-Thema erscheint wieder,
Frau Bloom vergißt keine Einzelheit ihrer nachmittäglichen Erfahrungen; sie denkt an Poldys Werbung und ihren ersten Streit.
»...das war auch der Grund daß wir uns dann nach Takt und Noten über Politik in die Haare geraten sind damit hat nämlich er
angefangen nicht ich wie er das sagte wegen unserm Herrn Jesus
daß der Tischler gewesen wäre am Schluß hatte er mich glatt so
weit daß ich am heulen war natürlich Frauen sind ja so empfind-
lich in all den Sachen hinterher war ich stinkwütend auf mich selber daß ich nachgegeben hatte bloß weil ich wußte er war ver-
knallt in mich und Er sagte er war der erste Sozialist also damit
hat er mich derart geärgert daß mir einfach die Spucke wegblieb
trotzdem er weiß ja eine Menge von lauter so Sachen besonders
über den Körper und das Innere ich wollte das selber schon oft
mal studieren was wir so alles in uns haben in dem ärztlichen Rat-
geber für die Familie ich konnt ihn dauernd reden hörn seine
Stimme wie das Zimmer gerappelt voll war und beobachten hinterher ich hab dann so getan wie wenn ich mit ihr überkreuz wäre
wegen ihm weil er doch immer auf die eifersüchtige Tour kam
etwa wenn er fragte wo gehst du hin und ich sagte zu Floey und
da hat er mir dann Lord Byrons Gedichte geschenkt und die drei
Paar Handschuhe und damit war das erledigt...« [948 f.]

    Nur gut, daß sie nicht wie ihre Freundin Josie Powell einen Ver-
rückten heiratete wie den alten Breen, der »manchmal immer ins
Bett geht mit seinen dreckigen Schuhen an wenn er seinen Rappel
kriegt...« [950]. Poldy hat auch seine guten Seiten; er putzt sich
die Füße ab, wenn er hereinkommt, und nimmt immer den Hut
ab, wenn er einem auf der Straße begegnet. Dann denkt sie daran,
wie sie Boylan zum erstenmal sah, wie er sie anblickte, an den Tenor Bartell d'Arcy, der sie auf der Treppe zum Chor küßte (»Tenöre kriegen die Frauen schockweise« [379], wie Bloom früher am
Tage bemerkte). Ihre Erinnerungen wandern zurück zu Leutnant
Gardner, einem früheren Geliebten, der im Burenkrieg fiel. Frau
Bloom zeigt in ihrer Haltung dem verderblichen und perversen
Zeitvertreib des Mannes, dieses unverbesserlichen Träumers,
dem Spiel von Krieg und Politik gegenüber jene natürliche Philo-

sophie, die die Prärogative ihres Geschlechtes ist oder zumindest
früher war. »...ich finde dies ganze Gerede über denen ihre Politik einfach gräßlich... sie hätten wahrhaftig am Anfang gleich
Frieden schließen können oder der alte Ohm Paul und die übrigen alten Krügers hätten die Sache unter sich selber ausfechten
sollen anstatt alles jahrelang hinzuziehen und so viele hübsche
Männer umzubringen...« [958 f.] Selbst Chimäre, jagt das Weib
keiner Chimäre nach – »...mir ist das doch schnurzegal was die
Leute sagen jedenfalls wär es viel besser für die Welt wenn sie
von den Frauen regiert würde von Frauen hat man noch nie gesehn daß sie sich gegenseitig umbringen und schlachten wann hat
man überhaupt mal gesehen daß Frauen sich besoffen rumtreiben
wie die das machen oder daß sie den letzten Penny den sie haben
im Spiel riskieren und bei Pferdewetten verlieren ja weil nämlich
eine Frau egal was sie macht weil die weiß wann sie aufhören
muß...« [1007].

Die nächste Phase ihres Monologs verrät ihren Kult für persönliche Schönheit und feine Kleidung und führt über zu einer charakteristischen Predigt über den Schaden, den ein Mann anrich-
ten kann, wenn er mit einkaufen geht.

Frau Blooms Gedanken über ihr Äußeres führen sie dann zu einem Vergleich der männlichen und weiblichen Reize. »...Schön-
heit sind natürlich doch nur die Frauen das ist anerkannt...« [966].
Beispiel: »die Statuen im Museum« – wieder ein Bindeglied zwischen ihr und dem Wanderer, der neben ihr in der seltsamen »an-
tipodischen« Lage schläft.

In der Ferne fährt ein Zug vorbei, und sein Rhythmus wird in
den Refrain von Love's Old Sweet Song, das sie auf Boylans
Konzerttournee singen soll, verwoben.

Es folgen Erinnerungen an Gibraltar, an eine Freundin dort, an
die Bücher, die sie damals las, Eugene Aram, Molly Bawn, an
»das verdammte Kanonengebumse« [972] am Geburtstag der Königin. Nie bekam sie Briefe außer denen, die sie sich selbst
schrieb. Briefschreiben erinnert sie an die langen Briefe, »...wie
Atty Dillon die immer schrieb an diesen Burschen der irgendwas
in den Four Courts war der sie dann später sitzengelassen hat...«
[974]. Ihren ersten Liebesbrief bekam sie von einem jungen See-
offizier, Leutnant Mulvey; Frau Rubio, die alte Haushälterin der
Familie, »dieses ungefällige alte Ding« [975], brachte ihn ihr ans
Bett.

Um Mulvey zu ärgern, erzählte sie ihm, sie sei mit dem Sohn eines spanischen Edelmanns Don Miguel de la Flora verlobt: »manch wahres Wort wird im Scherz gesprochen« [976]. Als er fortsegelte, kletterte sie auf den Hügel und sah ihm nach durch Captain Rubios[1] Teleskop, »...die Meerenge leuchtete ich konnte rüber bis nach Marokko sehen fast bis zur Bucht von Tanger das ganz weiß war und das Atlasgebirge mit Schnee drauf und das Wasser war wie ein Fluß so klar Harry Molly Liebling ich hab immer an ihn gedacht auf dem Meer hinterher die ganze Zeit bei der Messe wie mein Unterrock auf einmal zu rutschen anfing bei der Wandlung...« [980].

Wieder rattert ein Zug in der Ferne die Begleitung zu ihrem gemurmelten sweet sooooong, zu Gedanken an ihr Konzert, an Kathleen Kearney und ihresgleichen: »...hausbackene irische Schönheiten die sind eine Soldatentochter jawoll und was seid ihr Bälger von Schuhmachern und Kneipenwirten och Entschuldigung Miss Kutsche ich dachte Sie wären ein Bollerwagen...« [981].

Ihre Gedanken beschäftigen sich nun wieder mit der Gegenwart, sie denkt wieder an Blooms späte Heimkehr, sie hofft, daß er nicht auf der Bummelbahn ist, und dann denkt sie an die Zukunft, plant ein Picknick en famille, und Boylan soll mitmachen. »...auf keinen Fall an einem Bankfeiertag ich hasse dies Gedrängel von zickigen Gesangvereinen die einen Ausflug ins Grüne machen der Pfingstmontag ist auch so ein Unglückstag kein Wunder daß diese Biene ihn gestochen hat lieber doch an die See aber nie im Leben steig ich nochmal in ein Boot mit ihm nach der Sache damals bei Bray wo er den Bootsleuten erzählt hat er kann prima rudern also wenn den jemand fragte ob er das Hindernisrennen um den Goldpokal reiten kann er würde ja sagen ja und dann gings los und wurde stürmisch und der alte Kahn hopste bloß so rum und lag schief mit dem ganzen Gewicht nach meiner Seite rüber und er rief mir zu ich soll die Zügel ziehn rechts jetzt links ziehn und das Wasser schwappte überall massenhaft rein auf der hinteren Seite und sein Ruder schlüpfte ihm aus der Zwinge ist ein wahres Wunder daß wir nicht ertrunken sind alle das heißt er kann natürlich schwimmen ich aber nicht absolut kein Grund zur Besorgnis immer schön die Ruhe bewahren er in seinen Flanellhosen ich hätt sie ihm am liebsten runtergefetzt vor allen Leuten und ihm das verabreicht was der Mann da in dem Buch flagellieren nennt bis er schwarz und blau war...« [984 f.].

Nach dem Gatten die Tochter; eine Zeitlang steht mütterlicher
Ärger im Vordergrund von Frau Blooms Bewußtsein: die Unar-
ten ihrer Tochter Milly.

»...ich konnte mich ja nicht mehr umdrehn hier in der Wohnung
in letzter Zeit ohne daß ich vorher die Tür abgeschlossen hatte
richtig kribbelig hat mich das gemacht wie sie immer reinkam
ohne erst anzuklopfen... das geht einem ja doch auf die Nerven
sowas und dann die gepflegte feine Dame spielen den ganzen Tag
am besten in einen Glaskasten mit ihr wo man sie dann paarweise
anschauen kann...« [987].

Ein körperliches Unbehagen lenkt ihre Aufmerksamkeit auf die
innere Welt, beschwört Erinnerungen herauf an ihre Erfahrung
mit Ärzten, den professionellen Ausbeutern ihrer bêtes noires,
mit den »kieferzerbrechenden« technischen Ausdrücken. Ekel-
hafte Kreaturen sind die Männer! Und so enttäuschend!

Doch hat Bloom auch seine guten Seiten, selbst wenn er mal spät
nach Hause kommt. »...aber die kriegen mir meinen Mann nicht
wieder in die Klauen wenn ich da ein Wörtchen mitzureden habe
machen sich ja doch nur über ihn lustig hinter seinem Rücken ich
weiß bescheid wenn er loslegt mit seinem blöden Kram weil soviel
Verstand hat er ja doch noch daß er ihnen nicht jeden Penny den
er verdient durch die Gurgel rinnen läßt und sich um seine Frau
und seine Familie kümmert...« [1000]. Die Saufereien der Dubliner Männer lenken ihre Gedanken auf Dignam, auf Simon Dedalus, der immer halb betrunken in die Konzerte kam, dann auf
Stephen Dedalus, dessen augenblickliches Alter sie ausrechnet,
wobei sie freudig einfügt: »da bin ich nicht zu alt für ihn« [1002].
Sie vergleicht Hugh Boylan mit Stephen (wie sie ihn sich vorstellt). »...nein das ist doch keine Art bei ihm er hat überhaupt
keine Manieren und überhaupt kein Benehmen und überhaupt
kein gar nichts in seiner Natur mir derart auf den Hintern zu klap-
sen bloß weil ich ihn nicht Hugh nennen wollte dieser Dummkopf
der ein Gedicht nicht von einem Kohlkopf unterscheiden
kann...« [1004]. Doch bald ist sie wieder bei ihrem Ärger über
Don Poldo de la Flora. »...für weiß der Himmel was ich weiß
nicht und da soll ich rumschlurfen unten in der Küche daß seine
Lordschaft sein Frühstück kriegt während er da zusammengerollt
rumliegt wie eine Mumie also soll ich das überhaupt hast du mich
schon mal rennen sehn ich würd mich ja eigentlich ganz gerne mal

selber dabei sehen wenn man aufmerksam ist gegen sie behandeln
sie einen wie den letzten Dreck…« [1007]. Ein Heim ohne Frau
bricht zusammen. »Die Hand die die Wiege schaukelt…« [399]
wie der schlafende Poldy sagen würde. Deshalb allein läuft Stephen… »jetzt immer weg des Nachts von seinen Büchern und
Studien und wohnt und lebt nicht zu Hause weil da wahrscheinlich der übliche Krach ist dauernd na ja es ist schon ein trauriger
Fall das da haben Leute nun so einen schönen Sohn und sind nicht
zufrieden und ich hab keinen…« [1007]. Sie denkt nun an Rudy,
den Feenknaben: »…mich hat das ja doch total entmutigt ich
glaube vielleicht hätt ich ihn doch nicht in dem kleinen Wolljäck-
chen beerdigen sollen wo ich so geweint hab beim Stricken sondern es irgendeinem armen Kind schenken aber ich hab gleich
genau gewußt ich krieg nie wieder eins unser erster Todesfall war
das auch es war nicht mehr wie früher mit uns seitdem…« [1008].
Wieder neuer Ärger. Männer »haben Freunde mit denen sie reden können wir haben keine entweder will er was er doch nicht
kriegt oder es ist irgendeine Frau die einem jeden Moment das
Messer in den Leib stoßen kann ich hasse das bei Frauen kein
Wunder daß sie uns so behandeln wie sies tun wir sind schon
gräßliche Luder wahrscheinlich kommt das von den ganzen
Schwierigkeiten die wir haben die machen uns so böse…« [1008].

Schade, daß Stephen Poldys Einladung, die Nacht bei ihnen zu
bleiben, nicht annahm.

»…ich hätte ihm das Frühstück ans Bett bringen können mit ein
bißchen Toast zum Beispiel das heißt solange wie ichs nicht am
Messer gemacht hab weil das Unglück bringt oder wenn die Frau
mit der Wasserkresse vorbeikam und irgendwas schönes und lek-
keres in der Küche sind noch paar Oliven die er vielleicht mag
ich selber hab sie ja nie riechen können in Abrines ich könnte die
criada machen…« [1009]. Als dann der Schlaf naht, wird ihre
Stimmung milder. Sie will Poldy noch einmal eine Gelegenheit
geben; sie will früh auf den Markt gehen und ihm das Frühstück
ans Bett bringen, die treue Penelope spielen. Aber wenn sie nicht
treu ist, ist es seine Schuld – und »…das soll er dann auch ruhig
alles erfahren…« [1011]. Eine Welle der Bitternis fegt über sie
hinweg. »…ist alles seine eigene Schuld wenn ich eine schändli-
che Ehebrecherin bin wie dieser Doofmann auf der Galerie gerufen hat oh also wenn das alles ist an Schlimmem was wir in diesem
Jammertal getan haben weiß Gott dann ist das nicht viel und so-

wieso tut das doch jeder bloß daß es alle bloß heimlich machen
und nicht zugeben und wahrscheinlich ist es das ja auch wozu eine
Frau überhaupt da ist sonst hätte Er uns ja wohl nicht so gemacht
wie Er hat so anziehend für Männer...« [1011]. Doch schmilzt dieser Trotz schnell dahin, und freundlichere Gedanken beschäftigen sie, während sie zum letztenmal, ehe ihr die Augen zufallen,
an die schönen Himmel Andalusiens denkt; in einem »Akt der
Zerknirschung« vermischt sie mit diesen Erinnerungen die an
Poldys Liebe unter den Alpenrosen auf dem Hill of Howth, in jenem Schaltjahr vor sechzehn Jahren, als sie ihn durch ihre Blicke
aufforderte, noch einmal zu fragen und Ja sagte, Ja.

  Molly Bloom, Tochter des Brian Cooper Tweedy und der spanischen Jüdin mit dem schönen Namen Lunita Laredo ist, unter ihren prototypen und symbolischen Aspekten betrachtet, eine
Dreiheit: Penelope, Calypso und Gaea-Tellus, die Erde selbst.
Die Assoziation der Penelope, des Vorbilds treuer Gefährtinnen,
mit Blooms leidenschaftlicher Bettgenossin mag zuerst überra-
schen. In einer Hinsicht sind beide unverkennbar einig: trotz Untreue und all ihres Ärgers wünscht Frau Bloom, wie man aus ihrem Monolog erkennt, eigentlich keine »Veränderung«. Homers
Penelope, die den Werbungen der jungen lustigen Freier vom
Typ eines Boylan widerstand, blieb dem »kahlen Mann in mittleren Jahren« (wie Samuel Butler ihn nannte) treu, der ihr gesetzli-
cher Gatte war; auch Molly Bloom ist – wenn auch auf ihre Weise
– treu. Ihre Liebhaber sind für sie nur Spielzeug, und ihre Vergehen sind, wie Bloom sagen würde, ihrer Natur nach ein natürliches Phänomen.

  Man könnte die »natürliche« Unkeuschheit der Molly Bloom
als Ausfluß der Calypso- oder irdischen Seite ihres Charakters
erklären, doch liegt eine andere, plausiblere Deutung näher, die
auf Samuel Butlers »Authoress of the Odyssey« (Die Verfasserin
der Odyssee) basiert. Es sei vorweg darauf hingewiesen, daß Homers Bericht über die absolute Treue der Penelope von späteren
Dichtern des Altertums nicht übernommen wurde. Herodot berichtet, daß sie von Hermes oder (wie ein Scholiast meint) von
allen Freiern zusammen die Mutter Pans wurde. Nach einer anderen Sage heiratete sie Telegonus (Odysseus' Sohn von Circe),
nachdem Telegonus Odysseus erschlagen hatte. Butler weist darauf hin, daß selbst die homerische Version nirgend berichtet, sie
habe klipp und klar gesagt, sie wolle nicht wieder heiraten.

»Aber«, sagt Telemachus, »nicht ausschlagen die schrecken-
volle Vermählung kann sie und nicht vollziehen.« Augenscheinlich nicht; aber wenn nicht, warum nicht? Nicht sofort »ausschlagen« fordert zu weiterem Werben auf; und hätte sie das nicht
beabsichtigt, scheint sie in der Kunst, die Männer zu hintergehen,
so erfahren gewesen zu sein, daß sie leicht Mittel und Wege hätte
finden können, die »Sache zu einem Ende zu bringen«. »Wenn
sie ihren Bewunderern Liebesbotschaft sendet, ist das sicher nicht
der Weg, sie los zu werden. Versucht sie je, sie zu tadeln? Nichts
dergleichen wird berichtet. Sagte sie je: Nun, Antinous, wen ich
auch heirate, verlaß dich darauf, du wirst es nicht sein? Versuchte
sie je, den Freiern langweilig zu werden? Las sie ihnen etwa
Briefe ihres Großvaters vor? Sang sie ihnen eigene Lieder, spielte
sie ihnen selbst komponierte Musik vor? Solches Verfahren hat
sich immer als sehr praktisch erwiesen, wenn ich Leute loswerden
wollte. Manches deutet allerdings darauf hin, daß in dieser Richtung etwas getan wurde, denn die Freier erklären, sie könnten ihren Unsinn über Kunst und ihr ›ästhetisches‹ Gerede nicht länger
mehr anhören, doch ist es wahrscheinlich, daß sie eher versuchte
sie anzuziehen als sie abzustoßen. Hetzte sie sie gegeneinander,
indem sie jedem mit Übertreibungen wiederholte, was jeder ihr
über jeden gesagt hatte? Bat sie Antinous oder Eurymachus, ihr
für ihr Gewebe zu sitzen, gab sie ihnen eine schöne, steife Pose,
in der sie sich nicht rühren durften, und redete sie die ganze Zeit
fleißig auf sie ein? Schickte sie sie auf Botengänge, schalt sie sie
und sagte sie ihnen dann, sie könne sie nicht brauchen? Oder ließ
sie sie Besorgungen machen und vergaß dann, ihnen das Geld
wiederzugeben oder schickte sie sie zum Umtausch der Waren
wieder in den Laden? Sagte sie ihnen, sie hätten zu viel Geld ausgegeben und es wäre viel gescheiter gewesen, sie hätte alles selbst
besorgt? Bestand sie darauf, daß sie die Familienandacht mit-
machten? Kurz, hat sie wohl eines der tausend Dinge getan, auf
die eine so schlaue Matrone leicht gekommen wäre, falls sie
ernstlich gewünscht hätte, daß man ihr nicht mehr den Hof
machte? Betrachtet man dies alles mit gesundem Menschenverstand, so fällt alles in sich zusammen.«

Selbst in ihrer Jugend, hätte Butler hinzufügen dürfen, konnte
sich Penelope nur schwer für den Mann entschließen, den sie
liebte. Pausanias berichtet, daß, als Odysseus die Hand der Penelope gewann, er von ihrem Vater Ikarius, einem Lakedämo-

nier, gebeten wurde, in Sparta zu bleiben, was er aber ablehnte.
Da bestand Ikarius darauf, daß seine Tochter bleiben sollte. Als
Odysseus sie bat, die Entscheidung zu treffen, weigerte sie sich
zuerst, eine Antwort zu geben; schließlich sagte sie dann, be-
scheiden ihr Gesicht verhüllend, sie wolle Odysseus folgen.
Macht man sich Butlers ungalante Ansicht zu eigen, könnte man
wohl vermuten, der Grund für Penelopes Zögern, die Heimatstadt zu verlassen, sei ein Liebesverhältnis gewesen; aber wenn
dem so war, wußte ihr Vater bestimmt nichts davon, denn um ihre
reizende Geste der Nachwelt zu erhalten, ließ er an der Stelle ein
Standbild der Bescheidenheit errichten.

Wird Dublin der Molly Bloom auch eines Tages ein Standbild
errichten?

Der junge Leutnant Mulvey, er war Offizier an Bord der »Calypso«, der Vorgänger des Odysseus, war der erste Freier der
jungen Nymphe von Calpe.

Zusammen kletterten sie auf den Felsen, und Molly erzählte ihm
alles über die »…Berberaffen die sie nach Clapham schickten
ohne Schwanz die liefen immer einer auf dem andern seinem
Rücken bei der ganzen Vorstellung…«. [976] Sie denkt an die
Sankt-Michaels-Höhle. »…bestimmt ist das der Weg runter wo
die Affen unter dem Meer nach Afrika laufen wenn sie sterben…«. [977] Die sterbenden Affen kehren nach Apes Hill
(Abila-Atlas) an der afrikanischen Küste, den »Vater« der Insel
Calypsos, zurück. »…er ist dann nach Indien gegangen wollte mir
schreiben die Reisen die doch diese Männer immer machen müssen bis ans Ende der Welt und wieder zurück da ist es doch wirklich nicht zuviel wenn sie mal in die Arme einer Frau möchten solange sie noch können wo sie doch dann weggehen und irgendwo
ertrinken oder in die Luft fliegen…«. [980]

Genau so landete vor 3000 Jahren ein gewisser phönizischer
Räuber, der von Tyrus oder Carthago nach den Säulen des Himmels am Ende der Welt fuhr, auf dieser geheimnisvollen Insel, wo
in ihrer tiefen Grotte die Nymphe mit dem geflochtenen Haar
wohnte, und um die Grotte war blühender Wald, Ellern und Pappeln und süß-duftende Zypressen und Wiesen mit Veilchen und
Petersilie; nachdem er unsere liebe Frau mit dem Schleier ein
oder zweimal umarmt hatte, fuhr er ostwärts nach sichereren
Meeren.

Als Calypso und Gaea-Tellus bekennt sich Molly Bloom zu ei-

ner Rassenverwandtschaft mit dem Gigantischen; ihre Zuneigung zu Blazes Boylan hat zum Teil ihren Ursprung in dessen Gigantismus, er ist ein »Sir Lout«. Wie die Nymphe Calypso zeigt
sie fromme Bewunderung für Atlas, ihren Verwandten, den gewaltigen Träger des Himmels. »…der starke Ostwind kam
schwarz wie die Nacht und der gleißende Felsen wie der dadrin
stand wie ein großer Riese verglichen mit denen ihrem 3 Rock
Mountain wo sie sich einbilden daß der so groß wäre…«. [968] In
ihrem Monolog stellt Frau Bloom dauernd Vergleiche an zwischen ihrer früheren »Größe« und der Kleinheit des irischen Milieus. Das Reich der Calypso ist eine kleine Insel, nur ein Nabel
auf dem großen Schild der Wasser, aber sie nimmt teil an dem
Aufragen ihres Vaters, »des höchsten Felsens den es gibt« [977].
Eines der vielen Verbindungsglieder zwischen *Ulysses* und der
sagenhaften Vergangenheit (in jenen Zeiten gab es Riesen) ist
der häufige Hinweis auf Wesen von übermenschlicher Gestalt.
Die Felsblöcke am Strande, an dem Stephen am Vormittag spazieren ging, sind des Riesen Sir Lout Spielzeug. »Paß auf, daß du
keinen an den Kopf gepengt kriegst. Ich bin der böseböse Riese,
roll' all die bösenbösen Riesenfelsen.« [64] In der Cyklop-Episode findet sich nicht nur eine genaue Beschreibung eines Riesen,
Gigantismus ist sogar die Technik dieser Episode. Der Glaube,
daß solche Wesen in einem frühen Entwicklungsstadium der Welt
vorhanden waren, ist den Traditionen aller Nationen gemeinsam
und wird bis zu einem gewissen Grade von Palaeontologen anerkannt. Er ist auch einer der Ausgangspunkte von Vicos Scienza
nuova, deren Einfluß auf Joyces Werk schon erwähnt wurde.
Nach der Sintflut waren die einzig Überlebenden sicher Riesen,
die einsam, jeder ein Gesetz in sich, auf den Bergeshöhen umher-
schweiften, bis ein plötzlicher Donnerschlag ihren Geist zu Ehrfurcht und Gehorsam gegenüber dem himmlischen »numen«
zähmte. »Allmählich«, so meint Vico, »verloren ihre Söhne unter
dem Einfluß zivilisierter Verhältnisse jene ungeheuerliche Statur
und schrumpften zu natürlicher Größe zusammen. Wie wunderbar sind die Wege der Vorsehung, die in früheren Tagen die
Menschen zu Riesen machte, denn sie brauchte in jenen Zeiten
des Wanderns eine robuste Konstitution, um die rauhen Winde
und die Unbill der Jahreszeiten zu ertragen, und dazu eine über-
menschliche Kraft, sich durch die weiten Wälder, die die Erde
bedeckten, einen Weg zu bahnen.« Der Kult des Gigantischen ist

zugleich Tochter-Instinkt der Atlantide Molly Bloom (sie teilt
diesen Instinkt mit der Anna Livia in *Finnegans Wake*) und Erinnerung der »Erde« an die Urform der Menschen, »verdammt
tüchtige Riesen«, und Cyklopen »wie ein bewaldeter Gipfel sich
auftürmender Hügel.«

Frau Bloom ist nicht nur eine Frau, die Zeit gewinnen will, zu
Hause ein wirres Gewebe webt und entwebt und auf die späte
Rückkehr eines Rip van Winkle wartet, nicht nur eine unsterbliche, ambrosiagenährte Nymphe, die kühne Befahrer des wein-
dunklen Meeres gastfreundlich bewirtet, sie personifiziert etwas
Älteres und Größeres als dies: Gaea-Tellus, die Große Mutter,
Cybele.[2] Nach dem Glauben der Griechen war Gaea, die Erde,
das erste Wesen, das aus dem Chaos entstand, und war durch ih-
ren Sohn Uranus (Himmel) die Mutter eines Riesengeschlechts.[3]
Mater omnipotens et alma, sie war die freigebige All-Schafferin[4]
und Schutzherrin der Ehen. Die Römer verehrten sie unter dem
Namen Tellus und riefen sie an, indem sie die Arme zur Erde
senkten, anstatt sie, wie bei Anrufung der anderen Götter, zum
Himmel zu heben. Cybele war die größte der levantinischen Göttinnen und wurde, da sie eine Gottheit der Erde war und der
Löwe das stärkste und edelste der Geschöpfe der Erde ist, immer
von Löwen begleitet. So vergleicht Molly Bloom Boylan mit einem Löwen als Bettgenossen, fügt aber ziemlich verächtlich
hinzu: »...also bestimmt wäre mit dem was besseres anzufangen...«.[1004]

Der Ton ihres Monologes ist unverkennbar »irdisch«, buchstäblich terre à terre, Gedanken, die kein Empor kennen, sondern
herabsinken auf die Erde. Als sie ein paar Straßenjungen eine ge-
meine Schweinerei sagen hört, wird sie »...nichtmal rot... deswegen warum sollte ich auch ist doch bloß die Natur...«. [1004]
Warum auch? Molly selbst ist eben durchaus Natur. Aber obwohl
sie die Dinge bei ihren vulgären Namen nennt (und einige ihrer
Worte sind in der Tat höchst vulgär) – weidet sie sich nicht wie
gewisse moderne Pornosophen an ihnen. Sie hat, wie ein französischer Autor von Swift sagte, eine »sérénité dans l'indécence«,
die unsere Bewunderung erzwingt, etwas von dieser mütterlichen
Langmut (mater alma), die die Frau befähigt, selbst bei den
schlimmsten Krankheiten ohne Ekel die Rolle des Samariters zu
spielen. In ihrem Monolog hat sie, die wenigen Momente ausge-
nommen, in denen sie an ihre katholische Erziehung denkt, für

ihr Verhalten nur einen Prüfstein: Ist das natürlich? Doch predigt
sie nicht, wie so manche moderne Frau die »Rückkehr zur Natur«, kennt keinen Phallus-Kult usw.; sie ist die Stimme der Natur
selbst und urteilt wie die Große Mutter, deren Funktion Fruchtbarkeit, deren Evangelium das »gebot... welches... die verrichtung des unablässigen fortpflanzens ihrer art auf ewig unwiderruflich anbefohlen hat« [538], deren Freude die Schöpfung und
der vorhergehende Ritus ist.[5]

In ihrem langen Monolog sind viele Stellen, in denen sie, durchaus geotropisch, voll des Geistes der Natur, mit der Stimme der
Genetrix, der Erde, spricht. »Ich fühle Feuer in mir.« »...ich
liebe ja Blumen am liebsten hätt ich die ganze Wohnung täte in
Rosen schwimmen«. [1013] Als sie die Blumen der Tapete betrachtet, sind sie ihr »wie die Sterne« [1012]. Sie blickt zurück auf
ihre Jugend, »...man sieht alles wie durch einen Nebel fühlt sich
so alt...« [970], erinnert sich des alten Konsuls von Gibraltar,
»...der da schon seit vor der Sintflut war...« [972], wie »...war
das lausig kalt in dem Winter damals wie ich erst so zehn war oder
war ich ja doch stimmt ich hatte die große Puppe damals mit all
den komischen Kleidchen...« [983] – ihre Eiszeit mit den seltsamen Mastodonten. Ausdrücke wie »nichts auf Erden«, »sieht alles um sich wie eine neue Welt«, »eine unirdische Stunde« sind
bei ihr ganz natürlich. Sie will früh aufstehen und sehen, wie die
Produkte der Erde auf den Markt kommen: »...mir das ganze
Gemüse ansehn und den Kohl und Tomaten und Möhren und alle
möglichen Sorten herrliches Obst was alles so schön frisch rein-
kommt da und wer weiß wer mir dann als erster Mann über den
Weg liefe...« [1010]: eine Eva vor dem Fall auf der Suche nach
ihrem Adam. Sie will mit dem ersten Morgenlicht auf und draußen sein, will der dunklen Höhle der Eccles Street entfliehen:
»...das alte Bett von diesem Cohen bin ich sowieso satt...«. [1010]
Aber sie ist älter als das Bett, in dem sie schläft; wenn sie versucht,
sich ihres Alters zu erinnern, muß sie die Daten ihrer Heirat und
der Geburt ihrer Tochter zur Hilfe nehmen; und doch kommt sie
wie die Geologen auch so zu keinem positiven Schluß.

Die »Bewegungen« der Gedanken der Molly Bloom in dieser
Episode erscheinen auf den ersten Blick kapriziös und keinem
Gesetz unterworfen. Eine genaue Prüfung zeigt aber, daß gewisse
Worte bei ihrem Auftauchen jedesmal den Strom ihrer Gedan-
ken abzulenken scheinen, man könnte sie die »schwankenden

Punkte« des Monologs nennen. Solche Worte sind »Frau«, »Hintern«, »er«, »Mann«; nach jedem derselben divagieren ihre Gedanken, die sich im allgemeinen nur um sie selbst drehen. Außer der dauernden Bewegung um ihre Achse von Westen nach Osten hat die Erde nicht weniger als zehn deutliche Bewegungen, die hauptsächlich eine Folge der Anziehung anderer Körper sind. Diese sind a) Revolution um die Sonne über die Bahn der Ekliptik. b) Präzession. Die Stellung der Erdachse im Raum ist nicht unverändert dieselbe; wie die Achse eines Kreisels, der sich nicht mehr in der Vertikalen dreht, beschreibt sie in einer gewissen Zeit einen Kegel. Diese Bewegung, die Präzession der Äquinoktien, beruht auf der Tatsache, daß die Anziehung der Sonne und des Mondes auf die Erde nicht als eine Kraft wirkt, die durch ihren Schwerpunkt geht. Die Erde hat eine sphäroidale Gestalt, eine »üppige Form« wie Bloom sagen würde, und der Äquator wird stärker angezogen; die Folge hiervon ist ein Schwanken der Achse. Präzession ist doppelter Art: lunar und solar. c) Nutation: Unregelmäßigkeiten in den Anziehungskräften, die Präzession verursachen, verursachen auch eine leichte Schwankung rückwärts und vorwärts, wobei der Pol eine wellenförmige Bewegung vollführt. Auch diese Bewegung ist doppelter Art; solar und lunar. d) Planetarische Präzession. Die Erdbahn, die Ekliptik, ist einer Bewegung unterworfen, die auf der Anziehung der Erde durch die Planeten beruht. e) Säkulare, annuale, diurnale Bewegungen; f) Variation der Breite. Die Rotationsachse ist nicht starr innerhalb der Erde fixiert, ihre polaren Enden bewegen sich in einem Kreis von ungefähr 50 Fuß im Durchmesser. Die allgemeine Bewegung des Monologs der Molly Bloom ist egozentrisch; sie denkt an sich, ihren Kummer, ihre Jugend. Aber man bemerkt, daß sie von Zeit zu Zeit eine äußere Kraft fühlt, die Anziehung des Poldy, ihres Apollo, um den sich ihre Gedanken halb widerwillig drehen. Gelegentlich wird auch nach dem Auftreten eines »schwankenden Punktes« die Bewegung abgelenkt; ein lunarer Einfluß lenkt ihre Gedanken auf eine Frau, Hester zum Beispiel – ein Symbol lunarer Präzession. Das Wort »Hintern« veranlaßt eine Abweichung auf den augenblicklich herrschenden Planeten, ihren Liebhaber Boylan. Die Worte – »auf den Müll« [975] bezeichnen das Ende einer Periode und eine neue Divagation auf spanische Erinnerungen, Frau Rubio und ihre »schwarze heilige Jungfrau mit dem Silberkleid« [975] – lunare Nutation.

»Fluten, myriadenfach durchinselt, in ihrem Innern... Siehe des
Mondes Magd.« [⁶⁸]

Die Bestimmung der Gestalt der Erde ist insofern für die Astronomie ein Problem von höchster Wichtigkeit, als der Durchmesser der Erde die Einheit ist, auf die alle »himmlischen« Differen-
zen bezogen werden müssen. So ist Molly Bloom das Paradigma
oder der Maßstab aller Charaktere (oder fast aller) im *Ulysses*.
Sie summiert sie in ihrem Monolog, und im Lichte ihres natürlichen Verstandes sieht man ihre Proportionen in ihrer wirklichen
Größe. Sie mißt sie nach einer alten Weisheit: der warmblütigen,
doch unsentimentalen Erfordernis der Lebenskraft. Diese Episode ist an keine Zeit gebunden und illustriert auch keine Kunst.
Gaea-Tellus ist zeitlos, kunstlos. In ihrer Kindheit waren, wie sie
sich dunkel erinnert, die Einflüsse verschieden, in jenen Tagen
schlief sie halb, kämpfte gegen bittere Kälte draußen und Feuer
innen, »...dieser eisige Wind der von den Bergen rüberkam...
ich stand immer am Feuer mit dem winzigen bißchen von kurzem
Hemd...«. [⁹⁸³] Im ganzen Monolog bewegt sie sich, wächst, wird
weiter, genau wie sich in immer wachsenden Kreisen die Vision
des Kindes allmählich über die nebligen Grenzen der Kindheit zu
größerer Erfahrung dehnt. Sie beginnt klein, als ganz gewöhnliche Frau, als »petite bourgeoise« der Eccles Street, als kleinere
Madame Bovary und endet als die große Mutter der Götter, der
Riesen und der Menschheit, als Personifikation der unendlichen
Mannigfaltigkeit der Natur, wie sie sich durch allmähliche Diffe-
renzierung aus dem uniformen Plasma ihres Anfangs entwickelt
hat.

Die Schlußseiten sind voll lebendiger lyrischer Schönheit, sie
sind intensiv persönlich und symbolisch für die göttliche Liebe
der Natur zu ihren Kindern, sind ein Frühlingsgesang der Erde;
für die, die in Joyces Philosophie nur krassen Pessimismus, ein
Evangelium der Verneinung sehen, ist der Hinweis bedeutsam,
daß der *Ulysses* mit einem dreifachen Päan der Bejahung endet:
»...ich liebe ja Blumen am liebsten hätt ich die ganze Wohnung
täte in Rosen schwimmen Gott im Himmel es geht doch nichts
über die Natur die wilden Berge dann das Meer und die Wellen
wie sie am rauschen sind und das schöne Land mit Hafer und
Weizenfeldern und allen möglichen Sachen und das ganze schöne
Vieh am weiden das täte einem so richtig gut mal wieder Flüsse
zu sehen und Seen und Blumen alle möglichen Formen und Düfte

und Farben sogar in den Gräben sprießen die überall Schlüssel-
blumen und Veilchen das ist die Natur... oh der reißend tiefe
Strom oh und das Meer das Meer glührot manchmal wie Feuer
und die herrlichen Sonnenuntergänge und die Feigenbäume in
den Alamedagärten ja und die ganzen komischen kleinen Straßen
und Gäßchen und rosa und blauen und gelben Häuser und die
Rosengärten und der Jasmin und die Geranien und Kaktusse und
Gibraltar als kleines Mädchen wo ich eine Blume des Berges war
ja wie ich mir die Rose ins Haar gesteckt hab wie die andalusi-
schen Mädchen immer machten oder soll ich eine rote tragen ja
und wie er mich geküßt hat unter der maurischen Mauer und ich
hab gedacht na schön er so gut wie jeder andere und hab ihn mit
den Augen gebeten er soll doch nochmal fragen ja und dann hat
er mich gefragt ob ich will ja sag ja meine Bergblume und ich hab
ihm zuerst die Arme um den Hals gelegt und ihn zu mir niederge-
zogen daß er meine Brüste fühlen konnte wie sie dufteten ja und
das Herz ging ihm wie verrückt und ich hab ja gesagt ja ich will
Ja.« [1013 f.]

Anmerkungen

I

1 Das *Porträt* ist fast ganz autobiographisch. In ihm werden viele der ästhetischen Anschauungen, auf denen der *Ulysses* basiert, von dem jungen Stephen Dedalus erörtert. Ein sorgfältiges Studium des *Porträt* ist für das Verständnis des *Ulysses* unerläßlich.

2 Siehe: *Porträt*, Seite 486. Stephen, dessen ästhetische Anschauungen auf Thomas Aquino basieren, übersetzt diese Worte: »*Dreierlei ist der Schönheit wesentlich, Ganzheit, Harmonie und Ausstrahlung.*«

3 Eine Ausnahme bildet Arnold Bennetts Pretty Lady. In einer interessanten Studie über Bennett (Nouvelles Littéraires, Oct. 19, 1929) bezeichnet André Maurois als einen der Hauptwesenszüge Bennetts dessen: »Horreur de la sexualité sentimentale ou, plus généralement, du sentimentalisme.« Aber, ist Bennetts Anti-Sentimentalismus nicht auch ein parti pris? Gewöhnlich wird er doch als einer von jenen geschildert, die unter einer rauhen Schale ein goldenes Herz verbergen. Die ganze englische Literatur hat keine ergreifendere Geschichte aufzuweisen als sein »Old Wives' Tale.«

4 Sayce, Introduction to the Science of Language. Viele Philosophen, unter diesen Locke, Hegel, Schopenhauer, teilen diese Ansicht. Vergleiche die Ansicht Platos (Sophist): »Sind Gedanken und Rede nicht dasselbe nur mit folgender Ausnahme: Gedanke ist die ungeäußerte Unterhaltung der Seele mit sich selbst?«

5 Der Schlüssel zu *Finnegans Wake* liegt, wie Cyrill Conolly in einem interessanten Essay (Life and Letters, April 1929) bemerkte, in der Pietät des Autors für seine Heimatstadt. Sein Leben gleicht dem der alten griechischen Dichter: die Jugend wird mit Stadtpolitik und Gelagen verbracht, dann Verbannung, zehn Jahre später die Veröffentlichung eines Meisterwerks, wie Dedalus es versprach. Jetzt dient seine ganze Kunst der Verherrlichung seiner Geburtsstadt, wenn auch seine Gefühle Dublin, dessen Plätzen, seinem Stew und bierigen Straßen gegenüber von der provinziellen Qualität irischen Patriotismus genau so verschieden sind, wie sie dem heidnischen Gefühl für Heimat bei Virgil und Theokrit, bei Sophokles und Odysseus gleichen.

6 Cf. *Ulysses*: »...in nachlässiger vergeßlichkeit von jenem evangelischen gebot zugleich und versprechen welches allen sterblichen mit der verheißung reichen wachstums beziehungsweise der drohung der verminderung die verrichtung des unablässigen fortpflanzens ihrer art auf ewig unwiderruflich anbefohlen hat«. [538]

7 Emile Pons. Swift, Les Années de Jeunesse.

II

1 Zusammen ergeben sie den ganzen Körper, der so ein Symbol der Struktur des *Ulysses* und der natürlichen, gegenseitigen Abhängigkeit der einzelnen Teile ist. Eine ähnliche Symbolik verwendet Blake in »Jerusalem«, in dem (wie Forster Damon meint) Juda, Issachar und Zebulon Kopf, Herz und Lenden des Luvah bedeuten.

III/1

1 Ein anderes, ewig wiederkehrendes Motiv ist der Satz (erfunden wurde er von Tom Kernan, einer der Nebenpersonen des *Ulysses*) »in einer Art retrospektivem Arrangement« [335], der mit dem Metempsychose-Motiv eine gewisse Verwandtschaft hat.

2 A. P. Sinnet: The Growth of the Soul, S. 58. Cf. Stephens Epilog im *Porträt:* »Als Millionster zieh ich aus, um die Wirklichkeit der Erfahrung zu finden...« [533]

3 A. P. Sinnett: Esoteric Buddhism, S. 209.

4 Beide, manvantara und pralaya, werden im *Ulysses* erwähnt. Cf. Proteus-Episode.

5 Siehe Kapitel IV der Einleitung.

6 *Porträt*, S. 522.

7 Der »Bürger« war Champion von ganz Irland im Steinstoßen.

8 Cf. *Ulysses:* »Averroes und Moses Maimonides, ... die in ihren Spottspiegeln die obskure Seele der Welt aufblitzen ließen«. [40] – Ein anderer Ire, Bernard Shaw, ist wahrscheinlich dann am ernstesten, wenn er den Marktschreier zu spielen scheint. Vielleicht auch Oscar Wilde in seinen Paradoxen.

III/2

1 Mauthner, Kritik der Sprache, Bd. I, S. 160.

2 Man darf nicht glauben, daß derartige Interpretationen erzwungen und nichts weiter als Vermutungen geistreicher Männer sind; bedenkt man die große Weisheit des Altertums, Homers hervorragende Klugheit und genaue Kenntnis jeder Tugend, kann nicht geleugnet werden, daß er auf die Bilder von Dingen göttlicherer Natur in der Fiktion einer Fabel dunkel hingewiesen hat. (Porphyrios: Quaestiones homericae.)

3 Blavatsky. Isis Unveiled, Bd. I, S. 91.

4 Stephen echot eine Stelle aus dem Third Century des Thomas Traherne, des edelsten und aufrichtigsten der englischen Mystiker.

5 Arnould: Les Croyances fondamentales du Bouddhisme, S. 42.

6 Sinnett: The Growth of the Soul, S. 125.

7 Sinnett: The Growth of the Soul, S. 137.

8 Arnould: Les Croyances fondamentales du Bouddhisme.

9 Im Second Century des Thomas Traherne findet sich schon dieser Gedanke Blakes: Denkt an einen Fluß oder einen Wassertropfen, einen Apfel oder ein Sandkorn, eine Kornähre oder ein Gras: Gott kennt mehr unendliche Vortrefflichkeiten in ihnen als wir. Er sieht, in welchen Beziehungen sie zu Engeln und Menschen stehen; wie sie alle Seine Attribute darstellen; wie jedes an seinem Platz durch das beste Mittel den besten Zweck erfüllt: und deshalb kann jedes nicht genug geliebt werden. Gott der Schöpfer und Gott der Erde muß in jedem geliebt werden: Engel und Menschen müssen in jedem geliebt werden; und jedes muß hoch geschätzt werden wegen ihrer aller. O! welch ein Schatz in jedem Sandkorn, wenn es nur richtig verstanden wird.

10 Cf. Blakes Ansicht, daß alles, was lebt, heilig ist. »Der Mensch hat keinen Kör-

per, der von seiner Seele verschieden ist; denn dieser Körper ist ein Teil der Seele, der ausgezeichnet ist durch die fünf Sinne, die Haupteingänge der Seele in dieser Zeit.« Verachtung des Körperlichen, übertriebenes Seelen-Bewußtsein ist ein Kennzeichen für einen moralischen Snob. Für Blake war der Körper durchaus nicht der unbeherrschte Diener, der in Zucht gehalten werden muß.

11 »Die Irrtümer eines Weisen werden eher zur Richtschnur als die Vollkommenheiten eines Narren.«

12 Die Seele wird Kreis genannt, weil sie sich selbst sucht und selbst gesucht wird, sich selbst findet und selbst gefunden wird. Aber die unvernünftige Seele ahmt eine grade Linie nach, denn sie kehrt nicht in sich selbst zurück wie ein Kreis. (Olympiodorus.)

13 »Gebrüll auf den Gassen« [50] – von Stephen zur Bezeichnung der Stimme Gottes: Jupiter tonans oft gebraucht.

III/3

1 Isis Unveiled, XIV.

2 Ilias XI, 34.

3 A. P. Sinnett. Esoteric Buddhism.

4 A. Arnold: Les Croyances fondamentales du Bouddhisme.

5 Neue Schweizer Rundschau, Heft I, 1929.

6 Das Motto der Sinn Fein.

7 Bérard: Les Phéniciens et l'Odyssée, Bd. I, S. 190.

8 Die runden Türme Islands, die zur Zeit der Einfälle der Wikinger als Zufluchtsort für die Mönche gebaut wurden, waren schlank, obeliskartig und in der Form von den gedrungenen Martello-Türmen verschieden, die (wie Mulligan sagt), von Pitt gebaut wurden, als die Franzosen auf dem Meere waren. (Mulligan zitiert hier aus dem Lied: Oh the French are on the sea, Says the Sean Bhean Bhocht. Die drei letzten Worte bedeuten die arme alte Frau: Irland. Sie ist den jungen Männern grade in einem Martello-Turm in der Gestalt einer armen, alten Milchfrau erschienen.) Beide Arten von Türmen waren rund, und Blooms Hinweis auf runde Türme ist wahrscheinlich eine Anspielung auf den Omphalos. Diese Anspielung ist natürlich unbewußt. Bloom hat aber einen Flair für das Esoterische, und zwischen seinen und Stephens Gedanken bestehen viele Verbindungen.

9 Sankt Barbara ist die Schutzherrin der Büchsenschmiede. Die Pulverkammer auf italienischen Schiffen heißt Santa Barbara. (Cf. das französische St-Barbe.) Der Altar des omphalos ist ein Pulvermagazin, Leib mit dynamischer Explosionskraft.

III/4

1 Der Komplex des Vater-Sohn-Problems, wie E. R. Curtius es nannte. (Neue Schweizer Rundschau, Januar 1929.)

2 Hartmann: Magic, S. 70.

3 Sinnett: The Growth of the Soul, S. 66.

4 Ibid. S. 57.

5 Im Ulysses ist, wie in gewissen alten Kulten, die dritte Person das weibliche Ele-

ment. »Die Trinität der Ägypter und die der mythologischen Griechen«, bemerkt H. P. Blavatsky in Isis Unveiled, »waren gleiche Darstellungen der ersten dreifachen Emanation, die zwei männliche und ein weibliches Prinzip enthielt. Aus der Vereinigung des männlichen Logos oder Weisheit, der offenbarten Gottheit, mit der weiblichen Aura oder Anima Mundi – der heiligen Pneuma, die die Sephira der Kabbalisten und die Sophia der geläuterten Gnostiker ist – entstanden alle sichtbaren und unsichtbaren Dinge.«

IV/1

1 P. W. Joyce: A Concise History of Ireland.
2 Rückschauend sieht sich Stephen als einen der edlen Rasse der Lochlanns (wie eine alte irische Chronik sie beschreibt); doch sieht er sich in diesem wie in jenem Leben als Wechselbalg, als einen Sohn, der für immer von seinem Vater verbannt ist.
   »Lochlann-Galeeren liefen hier an Strand, auf Beutesuche, tief strichen ihre blutigen Bugschnäbel über eine Brandung aus geschmolzenem Zinn. Danowikinger, Torques von Streitäxten glitzernd auf der Brust, als Malachi trug das Halsband von Gold. Eine Herde Turlehide-Wale strandete im heißen Mittag, Fontänen spritzend, hoppelnd im Flachwasser. Dann aus der verhungernden Flechtwerkstadt eine Horde kurzbewamster Zwerge, mein Volk, mit Schindermessern, rennend, stürmend, hackend in grüntraniges Walfleisch. Hungersnot, Pest und Gemetzel. Ihr Blut ist in mir, ihre Lüste sind meine Wellen. Ich habe mich unter ihnen bewegt auf der gefrorenen Liffey, jenes Ich, ein Wechselbalg, unter den sprühenden Harzfeuern. Ich sprach mit keinem: keiner mit mir.« [65] Vergleiche hierzu eine ähnliche Stelle aus dem *Porträt*. »Er hörte in seinem Innern eine verworrene Musik wie von Erinnerungen und Namen, deren er sich fast bewußt war und die er doch nicht, auch nur einen Augenblick, fassen konnte; dann schien die Musik zu verebben, verebben, verebben: und aus jedem verebbenden Zug der nebelhaften Musik klang stets *ein* langgezogener rufender Ton, der wie ein Stern das Dämmerschweigen durchstach. Wieder! Wieder! Wieder! Es rief eine Stimme von jenseits der Welt.« [P 436]
   »Jetzt, wie nie zuvor, erschien ihm sein sonderbar-fremder Name als eine Prophezeiung. So zeitlos schien die graue warme Luft, so fluid und entpersönlicht seine eigne Stimmung, daß alle Zeitalter vor ihm wie eins waren. Einen Augenblick zuvor hatte der Geist des alten Königreichs der Dänen durch die Gewandung der dunstumhüllten Stadt geschaut.« [P 437]
3 C. Haliday: The Scandinavian Kingdom of Dublin, S. 116.
4 Wichtigkeit und Einfluß der Zahlen wurden von vielen Schulen der Mystiker, von denen die der Pythagoreer wohl die wichtigste war, erkannt. Da von allen Dingen die Zahlen die ersten waren, sagt Aristoteles, glaubten sie (die Pythagoreer) in den Zahlen viele Analogien zu den existierenden Dingen zu erkennen ... Sie hielten die Elemente der Zahlen für die Elemente aller Dinge. Zahlen spielen im *Ulysses* eine große Rolle. Bloom bemerkt: »Man kann machen, was man will, wenn man mit Zahlen jongliert« [385]; seine Hausnummer in der Eccles Street ist eine mystische Zahl. Der Neun-Männer-Tanz ist eine Anspielung auf den arabischen Ursprung des Dezimalsystems, das das Fünfersystem ersetzte. Hier sei darauf hingewiesen, daß *Finnegans Wake* eine Phantasie über das Fünfersystem enthält. In Stephens leeren Quinten, dem größten möglichen Intervall

zwischen den Noten der Oktave, liegt wohl eine Anspielung auf dieses System; hier handelt es sich auch zweifellos um eine Erinnerung an ein pythagoräisches Dogma, die Behandlung der Oktave als Versöhnung des Unbegrenzten und des Begrenzenden.

5 A. Walsh: Scandinavian Relations with Ireland, S. 22. Die Handlung des *Ulysses* spielt innerhalb des Dyflinarski, welches nicht nur die Grenze der Ostmannen ist, sondern auch mit der geistlichen Jurisdiktion der Bischöfe von Dublin und Glendalough zusammenfällt. So wird die Einheit des Ortes durch die weltliche und geistliche Behörde bestätigt.

6 Die folgenden Ausführungen basieren auf den Forschungen des hervorragenden Hellenisten Victor Bérard, die in »Les Phéniciens et l'Odyssée« niedergelegt sind.

7 Wie die wikingischen Berserker, die die irischen Heiligen und Weisen besiegten, waren die Achäer viel weniger kultiviert als die Ureinwohner, die durch ihren Verkehr mit den Phöniziern, die sie vertrieben, viel gelernt hatten.

8 F. Keary: The Vikings.

9 Script. Hist. Island, I, S. 120.

10 Odyssee, III, 71-74.

IV/2

1 M. Bréal, Revue de Paris, 15. Februar 1903.

2 Dublin war in der Wikingerzeit ein wichtiges Handelszentrum. Diese Kaufmann-Fürsten plünderten in einem Lande und verkauften ihre Beute in einem andern; Dublin war oft ihr Verkaufsplatz. Daher finden wir, daß Thorer, der lange auf Winkingerfahrten gewesen war, auf einer Handelsreise nach Dublin fuhr, »wie viele andere es auch taten«. Haliday (der die Olaf Trygv. Saga zitiert).

3 Herodotus II, 112.

4 Strabo I, 2, 9. ἐκ μηδενὸς δε ἀληθοῦς ἀνάπτειν κενὴν τερατολογίαν οὐχ ὁμερίχον.

5 Cf. Mulligans Worte zu Stephen: »wenn wir beide bloß zusammenarbeiten könnten, wir würden vielleicht was tun für die Insel! Sie hellenisieren«. [13]

1. Telemachus

1 Die durch den Namen Dedalus gekennzeichnete Periode war die, in der solche Formen (die konventionellen Kunstformen) zuerst durchbrochen wurden: es wurde der Versuch gemacht, Statuen einen natürlichen und lebendigen Ausdruck zu geben; wie in allen Kunstzweigen war auch diese Entwicklung von einer großen Verbesserung der Technik der Kunst begleitet. (Smith's Dictionary of Biography and Mythology.)

2 Nach Lukian.

3 Erst als Athene ihm Mut machte, gab Telemachus sein »trauriges Brüten«, das Schweigen der Verzweiflung auf. Als er, von der Göttin ermutigt, Penelope sagte, daß er endlich wie ein Mann sprechen wollte, »ging sie staunend zurück in ihre Gemächer.« (Odyssee, I, 360.)

4 »Irland ist die alte Sau, die ihre eigenen Ferkel frißt.« (*Porträt*, S. 477.)

5 Wie Stephen zu Haines sagt, hat er drei Herren: den Briten, den Iren und die

heilige römisch-katholische und apostolische Kirche.
6 Die Kunst dieser Episode ist Theologie: Daher die häufige Verwendung religiö-
ser Symbolik. Cf. die Theotechnie des ersten Buches der Odyssee.

2. Nestor

1 Vide: Victor Bérard: Pénélope, S. 246.
2 Odyssee, III, 239-312.
3 »Wieder: ein Tor. Ich bin mitten unter ihnen, unter ihren kämpfenden Körpern
mitten im Gemenge, dem Turnier des Lebens. Du meinst das x-beinige Mutter-
söhnchen dort, das leicht magenkrank zu sein scheint? Turniere. Die empörte
Zeit prallt zurück, Zuck um Zuck. Turniere, Tjoste, Schlamm und Schlachten-
lärm, der gefrorene Todesauswurf der Erschlagenen, ein Gebrüll von Speerspit-
zen, satt vom Blutfraß in Männereingeweiden.« [47]

3. Proteus

1 Vide: Victor Bérard: Les Phéniciens et l'Odyssée, II, 52.
2 Isis Unveiled, I, 257.
3 Cf. Blooms Gedanken, als er bei Sonnenuntergang den Felsblock betrachtet, auf
dem Nausikaa sich ihm enthüllte: »Flut reicht bis hier, eine Pfütze neben ihrem
Fuß. Bück mich, seh mein Gesicht drin, dunkler Spiegel, atme ich drauf, wellt
er sich. Die ganzen Felsen hier voll Linien und Schrammen und Buchstaben.«
[534] Narben sind die Siegel der Geschichte. Stephen sieht in dem »gehrenge-
narbten« [35] Buch nach der Jahreszahl der Schlacht bei Ausculum.
4 In der Circe-Episode liest Zoe in Stephens Hand.
ZOE *(untersucht Stephens Handfläche):* Eine Frauenhand.
STEPHEN *(murmelt):* Mach nur weiter. Lüge. Halt mich. Streichle. Nie habe ich
Seine Handschrift lesen können, mit Ausnahme Seines kriminellen Daumenab-
drucks auf dem Schellfisch.« [719]
5 Hartmann: Magic, S. 63.
Dies ist natürlich der extreme magische Gesichtspunkt, der in magischer Termi-
nologie zum Ausdruck gebracht wird. Credat Judaeus Apella.
6 Zu dieser selben Mittagsstunde und in einer so brennenden Welt wurde Proteus
von Menelaus gefangen genommen.
7 Die Farbe dieser Episode ist grün: des Meeres, des Mondlichtes, des Absinths,
der Epiphanien Stephens usw.
8 A. P. Sinnett: Esoteric Buddhism, S. 171.
9 Ägypten (besonders die Stadt Theben) war für die Achäer was Paris für die Dänen war und noch für die Völker des Nordens und Westens ist, ein arbiter ele-
gantiae für gewisse Äußerlichkeiten und die Kunst des savoir vivre. Eine alte
Chronik berichtet, daß dänische Adelige ihre Söhne nach Paris sandten, damit
sie sich nicht nur auf die geistliche Laufbahn vorbereiteten, sondern auch eine
Kenntnis des feinen Benehmens erwürben. Die Achäer nahmen (nach Bérard)
von den Ägyptern das Leinen an, ersetzten die Lederwämse und starren Rüstungen durch den Kettenpanzer. Stephen nahm den Quartier-latin-Hut und
eine Vorliebe für schwarzen Tee an.
10 Das Thema des Verbannten, dessen Rückkehr in die Heimat von den Göttern

verboten ist, ist sowohl der Geschichte des Menelaus (wer von den Unsterblichen fesselt mich hier?) als auch der Noferkephtah-Sage gemeinsam. Toth be-
klagte sich bei Ra wegen Noferkephtahs Raub, und Ra sandte ein göttliches
Verbot vom Himmel gegen seine Rückkehr nach Memphis, seiner Heimat.

11 Herausgegeben von Max Rychner, erschienen im Verlag der Neuen Schweizer
Rundschau, Zürich, 1929.

12 Der Ertrinkende soll blitzartig in das ungeheure Repositorium Einblick tun, in
dem die Berichte über das Leben jedes Menschen und jedes Pulsschlages des
sichtbaren Kosmos für alle Ewigkeit aufgespeichert sind, das heißt also in die
Akasha-Chronik, auf die Stephen in der Äolus-Episode anspielt. Bloom, der
Avatar eines phönizischen Abenteurers, bemerkt: »Ertrinken, sagt man, ist die
angenehmste Art. Sein ganzes Leben sieht man wie einen Blitz vorüberhuschen.
Aber dann wiederbelebt werden, nein.« [162]

4. Calypso

1 Cf. Kapitel II, Metempsychose.

2 Cf. Calpe – der Ring des Meeres, die Schale. In der ersten Episode findet sich
ein Hinweis auf die Entsprechungen Calypso-Frau Bloom Ogygia-Dublin, als
Stephen den »Ring aus Bai und Horizont« [11], »ein Becken voll bittrer Wasser«
[16], beobachtet.

3 Siehe hierzu: Penelope.

4 Cf. die eurafrikanische Insel der Calypso und die »maurischen« Hinweise in der
irischen Geschichte und im Ulysses, die schon erwähnt wurden.

5 Dies ist die Sitte des Hauses, seine Ökonomie; die Kunst dieser Episode ist die
Ökonomie.

6 Odyssee, V, 196-9.

7 Vergleiche die Symbolik des Schleiers in Isoldens berühmter Bewegung. Die
von Tristan angerufene Nacht ist die Liebesnacht des Todes, des Nie-wieder-
Erwachens, und in dem Wehen des Schleiers liegt eine Prophezeiung des Lie-
bestodes,

sehnend verlangter
Liebestod!

5. Die Lotophagen

1 Wie Stephen Dedalus.

2 Eins der seltenen Beispiele, daß der Dichter des Ulysses dem Leser seine Technik erklärt.

3 Odyssee IV, 603, 604.

4 Ceylon ist den Buddhisten als die »Fähre nach Nirwana« bekannt. In der südlichen Insel erschien Buddha und lehrte das Gesetz der Befreiung vom Karma.
Nur hier ist das Ende der ermüdenden Reinkarnationen, die ersehnte Narkose,
in Sicht.

5 Cf. Stephens Gedanken, als er ungefähr um die gleiche Zeit die strömende Flut
(eines der vielen Beispiele für die Symphysis zwischen Blooms und Stephens
Geist) beobachtet: »Rieselnd noch fleußt er, weit ausfließend, flutender
Schaumpfuhl, Blume, sich entfaltend.« [71]

6 Hätte jede Episode des *Ulysses* eine geometrische Entsprechung, wäre die für die Lotophagen der Kreis. Die glatte Rundung des Kelches des Lotos ist bezeichnend. Hinweise auf Kreise und runde Gegenstände sind in dieser Episode auffallend häufig.

7 Der Dichter der Odyssee hat, worauf Bérard hinweist, um die semitische Wurzel lot ein charakteristisches Wortspiel geschaffen; er hat aus der Lotos die Frucht des Vergessens λήθω, λήθη gemacht und sie so mit Lethe, dem Fluß der Vergessenheit, assoziiert.

6. Hades

1 Odyssee, XVII, 290-323.

2 Daniel O'Connell starb in Genua. Nach seinem letzten Willen wurde sein Herz nach Rom gebracht, seine Leiche wurde auf dem Glasnevin beerdigt.

3 Die Episode der Odyssee, die den Besuch des Odysseus in der Unterwelt beschreibt (Buch XI) und allgemein als Nekuia bekannt ist, ist in Wirklichkeit eine Nekuomanteia, eine Heraufbeschwörung der Schatten, wie die des Samuel durch die Hexe von Endor oder der Melissa durch die Boten des Periander.

4 Cf. die Gedanken des jungen Patrick Aloysius Dignam: »Sein Gesicht wurde ganz grau, anstatt rot zu sein, wie es sonst war«. [349]

5 Die Etymologie des Wortes Hades ist ungewiß: die einleuchtendste Ableitung ist von ἅδω oder χάδω – so daß Hades bedeuten würde: der Allumarmer, das genaue Äquivalent von: Katholisch.

6 So wurden Könige und Krieger im heidnischen Irland beerdigt.

7 Die semitische Wurzel K M R bedeutet Dunkelheit. So wird in der Bibel eine plötzliche Dunkelheit, das Verschwinden des Tageslichtes durch Kimeriri bezeichnet.

7. Äolus

1 Dieses Büro wurde während des Aufstandes 1916 niedergebrannt. Einige Jahre vorher hatte die Zeitung nach 150jährigem Bestehen ihr Erscheinen eingestellt.

2 Der Stil der Schlagzeilen ändert sich langsam im Verlaufe der Episode; die ersten sind verhältnismäßig würdig oder klassisch anspielend, ganz in der victorianischen Tradition; spätere Schlagzeichen reproduzieren in ihrer lärmenden Art die wertlose Glätte der modernen Presse. Diese historisch-literarische Technik bereitet auf die Verwendung der gleichen Methode – allerdings in größerem Maße – in der Episode der Rinder des Sonnengottes vor.

3 Es ist für diese Episode charakteristisch, daß der von Stephen zitierte und verwünschte Kirchenvater einer der größten Rhetoriker aller Zeiten ist.

4 Der Freeman machte (nach O'Connell Centenary Record) im Laufe seines Bestehens seltsame Wandlungen durch; einmal war er für, das andere Mal gegen die irischen Interessen.

5 Bei der politischen Versammlung in Tara (August 1843) waren, nach Schätzung der Times, eine Million Iren versammelt, um O'Connells Rede zu hören. In Mullaghmast (Oktober 1843), wo eine ähnliche Versammlung stattfand, wurde O'Connell von dem Bildhauer Hogan gekrönt.

6 A. P. Sinnett: The Growth of the Soul, S. 216.

7 Isis Unveiled, II, 31.
8 »Il arrive souvent que la fumée se répand sur l'île entière et l'obscurcit comme
   un brouillard pluvieux«. *Spallanzani.*
9 A Tale of a Tub, Abschn. VIII.

9. Scylla und Charybdis

1 Eine Reminiszenz an John F. Taylors Rede (siehe Äolus-Episode). Äolus
   Crawford hat etwas von dem Vogelgott Thoth an sich, wie ja auch der Journalismus als eine Art Literatur bezeichnet werden kann.
2 Cf. Hamlets »tragical-comical-historical-pastoral scene« (II, 2) und Swifts »hi-
   storitheophysiological account of zeal«. (Tale of a Tub.)
3 Es ist beachtenswert, daß der einzige klare Hinweis in dieser Episode, die von
   der Kunst der Literatur handelt, auf die irische literarische Bewegung (die sonst
   im *Ulysses* vollständig ignoriert wird) dem Wüstling Buck Mulligan in den Mund
   gelegt wird und zwischen einigen Zeilen Kauderwelsch und Mulligans obszönem
   Spiel steht.
4 Neue Schweizer Rundschau, Heft I, Januar 1929.
5 Aber dies alles ist doch ausgezeichnetes ästhetisches Material für den Künstler.
   Scheinbar überschätzt der gelehrte Kritiker den Pessimismus des *Ulysses* und
   vergißt ein wenig die Tatsache, daß sein Verfasser Ire ist. Stephen sowohl wie
   Bloom finden anderswo ihren Trost – Stephen in seiner Kunst, Bloom in seinem
   starken Interesse für materielle Einzelheiten. Und beide haben (besonders
   Bloom) einen ausgeprägten Sinn für Humor.

10. Die Irrfelsen

1 Die Worte *principes persecuti sunt me gratis* sind für die Rolle Vater Conmees
   in diesem Kapitel symbolisch; er steht dem Gegenspieler dieser Episode, dem
   Vizekönig, feindlich gegenüber, wie die irisch-katholische Kirche der britischen
   Herrschaft, Christus dem Kaiser gegenüber feindlich ist.
2 Die »Schnelligkeit« und der Umfang von Stephens Gedanken stehen in auffallendem Gegensatz zu dem langsamen Tempo und Provinzialismus von Blooms
   stummem Monolog.
3 Hamlet, Akt II, Szene II.

11. Die Sirenen

1 Neue Schweizer Rundschau, Heft I, Januar 1929.
2 Inmitten der musikalischen Begeisterung, des Dialogs zwischen Melodie und
   Begleitung, gibt es ein Instrument, das zuverlässigste von allen, einen Odysseus,
   der mit offenen Ohren an der gefährlichen Insel der Sirenen vorbeifährt – welches nicht spielt –, die Stimmgabel, die »Norm« der Episode. Sie ist ein Emblem
   Blooms; unter diesen exzentrischen Menschen, diesen Begeisterten, Patrioten
   und Prahlern ist er allein die Norm der Menschheit, der homo, der so gern sapi-
   ens wäre.
3 Cf. Stephens Monolog in der Proteus-Episode: »Fluten, myriadenfach durchin-

selt, in ihrem Innern, Blut, nicht meines, *oinopa ponton,* weindunkle See« [68].
Dies ist eine der vielen Stellen in den ersten Episoden des *Ulysses,* die den Geist
des Lesers auf die Begegnung zwischen Stephen und Bloom vorbereiten, ein
Hinweis auf ihr mystisches Einswerden.

4 Odyssee, XII, 186-88.

12. Der Cyklop

1 Wie Samuel Butler in The Authoress of the Odyssey, S. 146, darlegt, waren
Auseinandersetzungen über die Frage: Welches ist eines Menschen Vaterland?
den Griechen durchaus geläufig. Bei Aristophanes liest man, daß eines Menschen Vaterland jeder Ort ist, wo er Geld verdient, bei Euripides, daß es dort
ist, wo er seine Nahrung findet. Siehe hierzu Kapitel IV der Einleitung.

2 Es sei hier darauf hingewiesen, daß vom semitischen Standpunkt aus Anonymität tatsächlich mit Nonentität gleichbedeutend ist.

3 Bérard: Les Phéniciens et l'Odyssée, Bd. II, S. 114-79.

4 Garryowen wird als Großpapa Giltraps netter Hund Garryowen bezeichnet, der
fast sprechen konnte. Der namenlose Bürger darf nicht mit Großpapa Giltrap
identifiziert werden. Er geht wohl mit dem »verdammten Köter« aus, dieser gehört ihm aber nicht.

5 i. e. Allsop; auf den Flaschen befindet sich eine hochgestreckte Hand.

13. Nausikaa

1 Blake's Guide to Ireland.

2 Die Kunst dieser Episode ist Malerei; Blooms Monolog ist hier nur selten medi-
tativ; er besteht aus einer Reihe von Bildern. Auch Gerty *sieht* ihre Erinnerungen und Sehnsüchte.

14. Die Rinder des Sonnengottes

1 Die Apotheose des Dreiecks, ein Zeichen auf der Stirn des Taurus, ist bedeutsam.

2 Weiß ist die Farbe dieser Episode: die weißen Töchter des Sonnengottes, Tageslicht selbst, ›Samen der Helle‹, das weiße Haus des Lebens im Gegensatz zu der
Finsternis der Unterwelt.

3 Daß Blooms Begegnung mit der Biene, die in dieser Episode zweimal erwähnt
wird, zu dem allgemeinen Thema paßt, erhellt aus einer Stelle in Porphyrios:
Quaestiones homericae. »Die Priesterinnen der Ceres, die in die Geheimnisse
der Erdgöttin eingeweiht waren, wurden von den Alten Bienen genannt, Proserpina selbst hatte den Beinamen die Honigsüße. Auch der Mond, der Zeuge
der Zeugung, wurde von ihnen Biene oder Stier genannt. Und Taurus ist die Ex-
altation des Mondes. Aber Bienen sind von Ochsen gezeugt. Diese Symbolik
gilt auch für Seelen, die ins Leben eintreten. Der Gott, der okkult mit der Zeugung verbunden ist, ist ein Ochsendieb.«

4 Während ihres Aufenthaltes auf der Insel des Sonnengotts zwang der Hunger
die Gefährten des Odysseus, Fische zu fangen und zu verzehren; gegen diese

Nahrung hatten die homerischen Helden eine tiefe Abneigung. Trotz ihres Versprechens schlachteten sie schließlich die heiligen Rinder des Sonnengotts und verzehrten sie.

5 Das Wort Sizilien stammt aus dem semitischen Wort sikoulim, sekoul, wodurch das Los eines einsamen, von allen verlassenen Menschen bezeichnet wird. Bérard weist darauf hin, daß das Thema der Alleinheit im Abenteuer des Odysseus auf der Insel des Sonnengottes eine große Rolle spielt. Er allein war gegen die Landung, er setzte allein die Fahrt fort, nachdem alle seine Gefährten im Sturm umgekommen waren. Stephen ist scheinbar in der Gesellschaft der betrunkenen Mediziner zu Hause, aber er weiß, und sie wissen das auch, daß er doch abseits steht; als die Wirtschaft geschlossen wird und sie nicht länger auf seine Kosten saufen können, lassen sie ihn alle allein.

6 Als Nicholas Brakespeare Papst Adrian IV. wurde, übertrug er die Herrschaft über die Insel (Irland) Henry II., damit er, wie es in der Bulle heißt, »die Laster, die dort Wurzel geschlagen hatten, ausrottete«. (Haliday.)

7 Nach der Tötung der Rinder des Sonnengottes durch die Gefährten des Odysseus,
Krochen ringsum die Häute, auch brüllte das Fleisch um die Spieße,
Rotes zugleich und gebratenes und laut wie Rindergebrüll scholl's.

8 In der Astrologie beherrscht die Virgo den Leib (Uterus); das Körperorgan dieser Episode ist der Leib (Uterus).

15. Circe

1 Lynch ist einer von Stephens ältesten Freunden. Mit ihm sprach Stephen über Ästhetik, aus welchem Gespräch so oft zitiert wurde.

2 Das Wort Wildgans ist hier durchaus passend, nicht nur weil es eine Tier-Metapher ist und so in die Circe-Episode paßt, sondern weil Stephen eine Wildgans in der irischen Bedeutung des Wortes ist: ein Ire, der nicht in seiner Heimat bleiben will, sondern in fremde Länder auswandert: zum Beispiel Triest-Zürich-Paris.

3 Salios ancilia ferre ac per urbem ire canentes armina cum tripudiis sollenique saltatu jussit (Liv. I, 20). Dieser Gedanke eines rituellen Tanzes paßt durchaus in die Circe-Episode. Stephen ruft: »Schnell! Schnell! Wo ist meine Augurenrute? *(Er läuft zum Klavier und ergreift seinen Eschenstock, mit dem Fuß im Tripudium stampfend).*« [⁷²⁸] Diese Anspielung wurde in der Proteus-Episode schon vorbereitet.

4 Fage: Sermons, Bd. II, S. 305, 198. (Es handelt sich hier um ein religiöses, nicht rationalistisches Werk.)

5 So vermutet Bloom, daß Stephen betäubt worden ist.

6 Bérard sieht in der Moly die atriplex halimus, eine gelbblühende Staude, die man in jener Gegend findet. Andere vermuten, daß der Knoblauch gemeint ist. Ich vermute, daß es sich um Opium handelt, so paradox diese Vermutung auch klingen mag. Der Opium-Mohn hat eine weiße Blüte und wird sowohl in Kleinasien als auch im fernen Osten angebaut. Er kam getrocknet in den Handel und glich in dieser Form einer Wurzel; vielleicht haben ihn die Griechen für eine solche gehalten. Die phönizischen Opium-Anbauer hatten natürlich kein Interesse daran, sie aufzuklären; wenn ein Grieche nach vergeblichen Versuchen, Opium aus der Wurzel zu ziehen, bei dem Orientalen Rat suchte, antwortete letzterer

wohl: Sie ist für Sterbliche schwer zu graben. Wir allein kennen das Geheimnis.
– Opium ist den Reisenden als wertvolles Mittel gegen die tödlichen Fieber der
immergrünen Dschungel der Birma-Hügel bekannt.

7 Menschliche und tierische Formen gehen dauernd durcheinander. Die Personen
knurren, grunzen, zwitschern, krächzen. Circe gleicht einem mittelalterlichen
Bestiarium.

8 Wie die Medusa in der Brocken-Szene hat er einen abnehmbaren Kopf, den er,
als er gehen will, im Nu abschraubt und unter dem Arm fortträgt.

9 Cf. den Wechsel des Geschlechts in dem Attis Gedicht des Catullus (LXIII), in
dem auch der rituelle Tanz des Tripudiums erwähnt wird.

   Quo nos decet citatis celerare tripudiis.

   Simul haec comitibus Attis cecinit, notha mulier…

   Auch Bloom ist hier eine notha mulier. Das Attis-Gedicht steht mit der Verehrung der Cybele, Tellus, der Großen Mutter, in Verbindung (siehe Penelope):
die Charakteristika ihres Ritus waren wahnsinnige Erregung, Selbstkastrierung;
der Anbeter machte sich zur Dienerin, zur Gehilfin der Göttin, ministra et Cy-
beles famula.

10 Circes Heimat ist die Insel Aiaia, »wo Dämmerung wohnt, der Finsternis Tochter, und die Tanzplätze sind und der Aufgang der Sonne«. Den seltsamen Ausdruck »Tanzplätze« χοροί erklärt Bérard als ägyptischen Ursprungs. Der Sonnengott Ra hatte vier Manifestationen: als Gott des Frühlings und der
Dämmerung, des Sommers und des Morgens, des Herbstes und des Nachmittags, des Winters und der Nacht. Ra vollführte täglich eine danse en ronde,
durchlief jede dieser Verwandlungen, während er von einem Zimmer seines Palastes in ein anderes ging. Der Stundentanz erinnert an den rituellen Tanz des
Sonnengottes.

11 Zum Beispiel MacMahon in Frankreich, O'Donnell, Herzog von Tetuan, in
Spanien, Taaffe in Österreich.

12 Cf. das kabbalistische Axiom: Daemon est Deus inversus.

13 Der Ruf Alleluia! klingt seltsam griechisch, bemerkt Bérard. Das Wort olo-
luxan, mit dem der Dichter die Rufe der Archäerinnen bezeichnet, scheint diesem Alleluia sehr verwandt, das unsere Gläubigen wiederholen, ohne zu wissen,
daß sie Hebräisch sprechen.

14 Die Brüderschaft (der Freimaurer) hat ihren Ursprung in der Magie, bei Alchimisten und Magiern. (A. E. Waite: The Occult Sciences.)

16. Eumäus

1 Als »Invincibles« bezeichnete sich die Bande, die am 6. Mai 1882 an hellichtem
Tage den Chief Secretary Lord Frederick Cavendish und den Under-Secretary
Thomas Burke im Phönix-Park ermordeten. Die Mörder wurden entdeckt und
gehenkt; andere »Invicibles« wurden zu Zwangsarbeit verurteilt. Die Phönix-
Park-Mörder werden in der Äolus-Episode erwähnt.

2 Alle diese Personen haben mit Schiffahrt, Seeschiffahrt und Binnenschiffahrt zu
tun. Die Kunst dieser Episode ist Schiffahrt.

3 Cf. Stephens Worte zu den betrunkenen Soldaten: »Sie sterben für Ihr Vaterland, nehme ich an… Aber ich sage: Soll mein Vaterland doch für mich sterben.« [741] – So antwortete Plotinus anmaßend, als man von ihm verlangte, der
Anbetung der Götter beizuwohnen: Ihre Sache ist es, zu mir zu kommen. (Isis

Unveiled, I, 489.)

4 Albert Hartmann bemerkt in seinen »Untersuchungen über die Sagen vom Tod
    des Odysseus«: Diese Untersuchung hat gezeigt, wie man das Motiv vom Sohn,
    der den fernen Vater sucht, im Lauf der Zeit durch alle Möglichkeiten hindurch
    variiert hat. Daß ein Sohn nach dem fernen Vater in die Welt auszieht, ist bei
    Irrfahrtsagen eine denkbar naheliegende und einfache Erfindung; die verschie-
    denen Möglichkeiten des Ausgangs sich auszudenken erfordert nicht viel mehr
    Erfindungsgabe.

5 Vergleiche die Geschichte des Odysseus Pseudangelos im XIV. Buch der Odys-
    see:

       Sieben Jahre verharrt' ich daselbst und sammelte Güter
       Mir im aigyptischen Volke genug...
       »Als wir nunmehr von Kreta entfernt hinsteu'rten, und nirgends
       Anderes Land noch erschien, nur Himmel umher und Gewässer,
       Siehe, da breitete Zeus ein düsterblaues Gewölk aus
       Über das räumige Schiff, und es dunkelt drunter die Meerflut.«

    Odysseus berichtet dann weiter, wie das Schiff vom Glutstrahl des Zeus getrof-
    fen wurde, wie alle aus dem Schiffe stürzten und Zeus ihnen die Heimkehr
    nahm. Er allein wurde gerettet nach neuntägiger Gefahr auf den hochrollenden
    Wogen, indem er sich an den gewaltigen Mast des schwarz-geschnäbelten Schif-
    fes klammerte.

6 Blasio sah in Neapel eine Prostituierte, die auf dem Bauch eine nackte Frau
    hatte, auf deren rechter Brust man die beiden Ziffern 6 und 16 las, die im Argot
    von Neapel zwei Formen des Koitus bedeuten; darüber stand der Name der Frau
    neben dem des Geliebten, der die Tätowierung ausgeführt hatte.
    Les Tatouages, Collection de Psychologie Populaire de Dr. Jaf.

7 Cf. hierzu Mulligans Worte über Bloom, den er beobachtete, als er die Statuen
    im Museum a posteriori betrachtete: »Ah, ich fürchte mich, er ist griechischer
    als die Griechen. Seine blassen Galiläeraugen ruhten auf ihrem Mittelgrübchen.
    Venus Kallipyge.« [282]

8 In einem interessanten Essay in Our Exagmination round his Factification for
    Incamination of *Work in Progress* über den Zeitfaktor in Joyces Werk bemerkt
    Marcel Brion, daß Joyce die engen Grenzen von Raum und Zeit durchbrochen
    hat. Gewisse Denker haben sich gefragt, ob der Hauptunterschied zwischen
    Mensch und Gott nicht ein Zeitunterschied ist. Wir messen die Zeit, wissen aber
    nicht, was sie ist. In der mystischen Literatur begegnet man oft der Geschichte
    von dem Mönch oder Dichter, der im Walde einschläft. Als er erwacht, erkennt
    er weder Menschen noch Landschaft. Seine Meditation oder sein Schlaf, die ihm
    sehr kurz erscheint, hat in Wirklichkeit Hunderte von Jahren gedauert. Aber
    während des Augenblickes, in dem er von der Tyrannei der Zeit befreit wurde,
    hat er die geheimnisvollen Aspekte der Unendlichkeit geschaut, hat er sich den
    Gesetzen des Kosmos, dem Throne Gottes genähert. Die Struktur des *Ulysses*
    zeigt (wenn auch in geringerem Maße als die des *Work in Progress*), daß Joyce
    danach strebt, sich über die Kategorie der Zeit zu stellen und ein gleichzeitiges
    Universum zu sehen – den Kosmos sozusagen mit dem Auge Gottes zu schauen.

9 Cf. G. Hauptmann: Der Bogen des Odysseus (Akt III. Inneres der Hütte des
    Eumäus.)
    Der erste Hinweis auf dieses Thema findet sich im *Ulysses* in der Calypso-Epi-
    sode: »Kalte Öle schlüpften durch seine Adern, durchfröstelten sein Blut: Ural-
    ter umkrustete ihn wie ein Mantel von Salz.« [86] Ein anderer findet sich in der

Nausikaa-Episode, als sich Bloom (die Anspielung auf die zyklische Rückkehr
der Metempsychose ist in diesem Zusammenhang bedeutungsvoll) mit einem
Zirkuspferd vergleicht, das »immer im Kreis läuft« [528] ...»Dann machte ich
den Rip van Winkle, wie er zurückkommt. Sie lehnte am Büffett und beobachtete. Maurische Augen. Zwanzig Jahre geschlafen in Sleepy Hollow. Alles
verändert inzwischen. Vergessen. Die Jungen sind alt. Seine Büchse rostig vom
Tau.« [528]
Das Thema tritt in der Circe- und Ithaka-Episode wieder auf.

10 Selbst der »gottermöglichte« Nostos des Moses war, wie J. J. O'Molloy sagt, eine
Enttäuschung für Moses. »Er starb, ohne in das Land der Verheißung eingezo-
gen zu sein.«

11 »*Amor matris*, subjektiver und objektiver Genitiv, ist vielleicht das einzige
Wahre im Leben.« [290]

17. Ithaka

1 Es ist bedeutsam, daß Joyce, der gegen jedes Gemetzel Widerwillen empfindet,
sein homerisches Vorbild, die Tötung der Freier, die ein Viertel des ganzen Epos
ausmacht, in eine einzige Episode (ein Zehntel des *Ulysses*) zusammenpreßt.

2 Albert Hartmann: Untersuchungen über die Sagen vom Tod des Odysseus.

3 Goethe: Faust, Brocken-Szene.

4 Odyssee, XXIII, 342, 343.

18. Penelope

1 Die Namen Frau Rubio und Captain Rubio erinnern an das Rubin-Thema, ein
dauernd wieder auftretendes Leitmotiv, das mit Bloom assoziiert ist. Es ist
wahrscheinlich eine Anspielung auf den phönizischen Prototyp Blooms, denn
die Phönizier waren, wie schon ihr Name sagt, für die Hellenen Rothäute. Es
sei auch darauf hingewiesen, daß Europa die Tochter des rot-goldenen Phönix
und Urgroßmutter des Minos, des Schutzherrn des Künstlers Dedalus, war.

2 Lucretius, II, 600.

3 Die Giganten waren, wie ihr Name sagt, die Erdgeborenen.

4 Terra mater est in medio quasi ouum corrotundata, et omnia bona in se habet
tanquam fauus. Petronius, Satiricon XXXIX.

5 Die »Große Mutter« war eine der beiden höchsten Gottheiten der frühasiati-
schen Götterwelt; die andere war der Stier-Gott, ein männliches Prinzip. (Cf.
Rinder des Sonnengottes Episode.) Als Ishtar wurde sie in Babylon verehrt; bei
den Phöniziern hieß sie Astarte, bei den Syriern Atargatis. In Verbindung mit
»Mutter« und »Stier« wird ein junger Gott Tammuz oder Adonis genannt, der
als der Sohn der Mutter oder als ihr Liebhaber oder als beides zugleich dargestellt wird. In diesem Zusammenhang ist der Hinweis interessant, daß sich Molly
Bloom zu dem jungen Stephen, Blooms geistigem Sohn, hingezogen fühlt und
diesen »netten jungen Mann« in ihrer Träumerei idealisiert, um nicht zu sagen,
vergöttert. Mit Gedanken an Stephen verbindet sie den Plan, den Markt zu besuchen, um zu sehen, wie das Gemüse und die herrlichen Früchte hereinkom-
men. Adonis war der Gott der Wiedergeburt der Natur im Frühling. Eine phönizische Sage verband Adonis mit dem gleichnamigen Fluß, dessen Wasser zu

einer gewissen Zeit jährlich blutrot in der Nähe von Byblos ins Meer floß: das
bedeutete den »Tod« des jungen Gottes, auf den jährlich der grüne Zauber seiner Reinkarnation folgte.

Zeittafel

1882   2. Februar: in Rathmines, einem Stadtteil von Dublin, geboren
1885   John Stanislaus Joyce geboren
1888   Joyce tritt in das College von Clongowes Wood ein
1891   *Et Tu, Healey!,* Joyces erstes Gedicht
1898   Joyce besucht das University College in Dublin
1900   Joyce veröffentlicht den Aufsatz *Ibsen's New Drama* und beginnt
        die Arbeit an *Stephen Hero*
1902   Joyce erwirbt den Bachelor of Art und verläßt Irland
        in London Bekanntschaft mit W. B. Yeats und Arthur Symons
        Joyce geht nach Paris, um dort Medizin zu studieren
1903   der Tod der Mutter ruft Joyce nach Dublin zurück
        Beginn der Niederschrift von Erzählungen, die später unter dem
        Titel *The Dubliners* erschienen
1904   Gedichtveröffentlichungen in Zeitschriften
        am 10. Juni lernt er Nora Barnacle kennen. Im Oktober verläßt er
        mit ihr Irland. Nach kurzem Aufenthalt in Zürich Weiterreise
        nach Pola
1905   Joyce unterrichtet in Triest an der Berlitz-School
        Geburt des Sohnes Giorgio
1906   Joyce beendet *The Dubliners* und setzt die Arbeit an *Stephen Hero*
        fort
        Bekanntschaft mit Italo Svevo (Ettore Schmitz)
        erste Ideen zu Ulysses
        Übersiedlung nach Rom, wo er als Korrespondent in einer Bank
        arbeitet
1907   *Chamber Music* erscheint
        Joyce kehrt nach Triest zurück, wo er wieder unterrichtet. Beginnt
        mit der Umarbeitung des *Stephen Hero* zu *A Portrait of the Artist*
        as a Young Man
        Geburt der Tochter Lucia
1912   Joyce zum letzten Mal für kurze Zeit in Irland
1914   *The Dubliners* erscheint. Joyce beendet *Portrait,* arbeitet an *Exi-*
        les, beginnt *Ulysses*
1915   Joyce läßt sich in Zürich nieder
1917   *Portrait of the Artist as a Young Man* erscheint in New York
1918   *Exiles* erscheint. Auszüge aus *Ulysses* in *The Little Review*
1919   Joyce wieder in Triest. Aufführung von *Exiles* (Die Verbannten)
        in München
1920   Joyce läßt sich in Paris nieder
        Bekanntschaft mit Ezra Pound, Valery Larbaud, Aragon, Eluard
        u. a.

1921	Joyce beendet *Ulysses*
1922	*Ulysses* erscheint in Paris bei Shakespeare & Co. (Sylvia Beach) erste Ideen zu *Finnegans Wake*
1923	Joyce beginnt in Nizza die Arbeit an *Finnegans Wake*
1924	erste Bruchstücke von *Finnegans Wake* erscheinen (*Work in Progress*)
1926	unautorisierte Veröffentlichung von *Ulysses* in den Vereinigten Staaten *Work in Progress* erscheint fortlaufend in *Transition* deutsche Übersetzung von *Portrait* (Jugendbildnis)
1927	deutsche Übersetzung von *Ulysses*
1928	*Anna Livia Plurabelle,* ein Teilstück aus *Finnegans Wake,* erscheint deutsche Übersetzung von *Dubliners* (Dubliner)
1930	Joyces Vater stirbt Reisen in die Schweiz und nach Österreich
1934	*Ulysses* erscheint in New York
1936	Veröffentlichung der *Collected Poems*
1940	Joyce flieht aus Paris und lebt in der Provinz; unter großen Schwierigkeiten gelingt es ihm, die Einreisegenehmigung in die Schweiz zu bekommen; er läßt sich in Zürich nieder
1941	13. Januar: Joyce stirbt in Zürich
1944	*Stephen Hero* erscheint
1969	erscheint Band 1 der 7bändigen »Frankfurter Ausgabe« der Werke von James Joyce im Suhrkamp Verlag

James Joyce im Suhrkamp Verlag

Werke. Frankfurter Ausgabe. Redaktion Klaus Reichert und Fritz Senn
Band 1:   Dubliner. Deutsch von Dieter E. Zimmer
Band 2:   Stephen der Held. Ein Porträt des Künstlers als junger Mann
            Deutsch von Klaus Reichert
Band 3.1   Ulysses. Aus dem Englischen von Hans Wollschläger
und 3.2:
Band 4.1:   Kleine Schriften. Aufsätze. Theater. Prosa. Aus dem Engli-
            schen von Hiltrud Marschall und Klaus Reichert
Band 5:   Briefe I. 1900-1916. Herausgegeben von Richard Ellmann.
            Deutsch von Kurt Heinrich Hansen. Ergänzungen der Anmer-
            kungen durch Fritz Senn
Band 6:   Briefe II. 1917-1930. Herausgegeben von Richard Ellmann.
            Deutsch von Kurt Heinrich Hansen
Band 7:   Briefe III. 1931-1941. Herausgegeben von Richard Ellmann.
            Deutsch von Kurt Heinrich Hansen

Neue deutsche Übersetzungen:
Anna Livia Plurabelle. Englisch/Deutsch. Einführung von Klaus Rei-
    chert. Übertragungen von W. Hildesheimer und H. Wollschläger.
    1970. *Bibliothek Suhrkamp* 253
Die Katze und der Teufel. Ein Märchen. Aus dem Englischen von Fritz
    Senn. Farbig illustriert von Richard Erdoes. 1964
Die Toten/The Dead. Zweisprachig. Deutsch von Dieter E. Zimmer. Mit
    einem Nachwort von Richard Ellmann. 1976. *Bibliothek Suhrkamp*
    512
Dubliner. Erzählungen. Aus dem Englischen von Dieter E. Zimmer.
    1974. *Bibliothek Suhrkamp* 418
Giacomo Joyce. Herausgegeben und eingeleitet von Richard Ellmann.
    Ergänzungen und Anmerkungen von Fritz Senn. Aus dem Englischen
    von Klaus Reichert. Zweisprachig. Mit den Faksimiles des vollständi-
    gen Textes. 1968
Giacomo Joyce. Herausgegeben und eingeleitet von Richard Ellmann.
    Ergänzungen von Fritz Senn. Deutsch von Klaus Reichert. 1970. *Biblio-
    thek Suhrkamp* 240
Kritische Schriften. Aus dem Englischen von Hiltrud Marschall-Grim-
    minger. 1972. *Bibliothek Suhrkamp* 313
Ein Porträt des Künstlers als junger Mann. Deutsch von Klaus Reichert.
    1973. *Bibliothek Suhrkamp* 350
Stephen der Held. Deutsch von Klaus Reichert. 1973. *Bibliothek Suhr-
    kamp* 338
Verbannte. Schauspiel. Aus dem Englischen von Klaus Reichert. 1968.
    Bibliothek Suhrkamp 217

Übersetzungen von Georg Goyert:
Dubliner. Kurzgeschichten 1967. *Bibliothek Suhrkamp* 200
Ulysses. Roman. Einführung von C. Giedion-Welcker. 1956

Materialien zu James Joyces ›Dubliner‹. Herausgegeben von Klaus Reichert und Fritz Senn. 1969. *edition suhrkamp* 357
Materialien zu James Joyces ›Porträt des Künstlers als junger Mann‹. Herausgegeben von Klaus Reichert und Fritz Senn. 1975. *edition suhrkamp* 776
Frank Budgen, James Joyce und das Entstehen des Ulysses. Aus dem Englischen von Werner Morlang. 1976

st 324 Stanisław Lem, Transfer. Roman
Phantastische Bibliothek Band 7
Deutsch von Maria Kurecka
254 Seiten
Die Überlebenden einer verlustreichen Weltraumexpedi-
tion finden bei der Rückkehr eine völlig veränderte Erde
vor. Lem konfrontiert den Leser hier mit grundlegenden
Fragen über den Sinn des Lebens in der heutigen Zeit.
»Lem schreibt von sich selbst, daß er lachend hinaus-
schreit, was man ernsthaft nicht zu flüstern wagt . . .
unerbittliche Logik im absurden Nachzeichnen futuro-
logischer Bedrohungen, die kristallene Präzision seiner
Formulierungen, seine überschäumende sprachliche und
gedankliche Phantasie . . .« *Neue Zürcher Zeitung*

st 325 Günther Rühle, Theater in unserer Zeit
Mit Abbildungen
320 Seiten
Theater in unserer Zeit enthält Aufsätze zur Geschichte
des deutschen Theaters in diesem Jahrhundert, über Tendenzen der zwanziger Jahre, über die Arbeit Jeßners. Die
Entstehung des neuen deutschen dokumentarischen Dra-
mas, die Verschiebung der Positionen Brechts in den
sechziger Jahren, die Zeit der Experimente, die Jahre
der Aggression und die Entwicklung einer neuen Bilder-
sprache am Bremer Theater sind Hauptthemen. Am Ende setzt sich der Autor mit der Frage auseinander, ob
man für das Theater noch mehr Geld bezahlen solle
und warum.

st 326 Uwe Johnson, Zwei Ansichten
246 Seiten
Das Westberlin des jungen Herrn B. hat mit dem
Westberlin der Krankenschwester D. so wenig zu tun
wie deren Ostberlin mit dem seinen. Sie haben »zwei
Ansichten«, zwei Ansichten von Berlin ebensogut wie
von ihrem Leben.
»Worauf Johnson sich meisterhaft versteht, ist die Schilderung von Situationen und Vorgängen: des Menschen
in seiner Umgebung . . ., des Menschen, wie ihn ein sehr
genauer Beobachter von außen sieht.« *Rudolf Hartung*

st 327 Gerhard Roth, Der große Horizont. Roman
224 Seiten
Der Entwicklungsroman stellt die amerikanischen Verhältnisse, mit ihrem chaotischen Durcheinander von zer-
brochenen Schicksalen und individuellen Rettungsversu-
chen dar als eine Realität, die nicht herbeizitiert, sondern
persönlich erfahren wird.
»Gerade das Unsensationelle, absolut Unprätentiöse von
Roths Erzählsprache ist es, was einen in das Buch hinein-
zieht.« *Jörg Drews*

st 328 Bernard Shaw, Der Aufstand gegen die Ehe
Autorisierte deutsche Übersetzung von Siegfried Tre-
bitsch
154 Seiten
Der »Aufstand gegen die Ehe« ist keine Anklage der
Sache selbst, sondern lediglich ihrer Umstände und oft
menschenunwürdigen Bedingungen. Der Text ist eine
witzige und systematische Aufrechnung aller Vor- und
Nachteile der Ehe.

st 329 Eduard Beaucamp, Das Dilemma der Avantgarde.
Aufsätze zur bildenden Kunst
Mit Abbildungen
276 Seiten
Zur Debatte steht die moderne Kunst. Sie wird nicht
als Geschichte formaler Revolutionen und absoluter
Neuanfänge gesehen, sondern auf eine geistesgeschicht-
liche Tradition und einen ästhetisch-konstruktiven, romantischen Künstlertyp bezogen.

st 330 Politik ohne Gewalt? Beispiele von Gandhi bis
Câmara
Mit einem Geleitwort von Gustav W. Heinemann
Herausgegeben von Hans Jürgen Schultz
180 Seiten
Wer behauptet, unblutige Umstürze gäbe es nicht, irrt
sich. In diesem Buch werden Gegenbeispiele geschildert.
Der Pazifismus der Menschen, von deren Leben und
Lehren hier erzählt wird, ist kein Passivismus.

st 331 Über Hermann Hesse
Erster Band 1904–1962
Herausgegeben von Volker Michels
482 Seiten
Dieser erste Band *Über Hermann Hesse* versucht, in
einem repräsentativen Querschnitt das Echo zu überlie-
fern, das Hesse und sein Werk noch zu seinen Lebzeiten
gefunden haben.
Mit Beiträgen von Hugo Ball, Max Brod, C. J. Burck-
hardt, Otto Flake, André Gide, Oskar Maria Graf,
Theodor Heuss, Hermann Kasack, Siegfried Kracauer,
Oskar Loerke, Thomas Mann, Hans Mayer, Walther Ra-
thenau, René Schickele, R. A. Schröder, Kurt Tucholsky,
Robert Walser, Arnold Zweig u. a.

st 334 Adolf Muschg, Albissers Grund. Roman
380 Seiten
Im Spätsommer 1973 schießt Dr. phil. Peter Albisser auf
Constantin Zerrut und verletzt ihn schwer. Die Fragen
und Nachforschungen der Untersuchungsrichter sind der
erzählerische Anlaß: Die Suche nach dem Motiv.
Albissers Grund ist ein sehr realistisches, weil poetisches
Buch. Es vereinigt in sich die Spannung des Kriminal-
romans, die stoffliche Fülle des Entwicklungsromans und
die kritische Humanität in der Darstellung zeitgenössi-
scher Wirklichkeit.
»Muschg stellte sich so dicht neben die beiden Haupt-
figuren, daß Wahrnehmung und Analyse nahezu identisch werden, daß sie sich zu einem poetischen Erkennt-
nisprozeß von so nüchterner, lückenloser Wahrhaftigkeit
zusammenschließen, wie man das seit Italo Svevo kaum
je erlebt hat.« *Günter Blöcker*

st 335 Deutschland – Wandel und Bestand. Eine Bilanz nach hundert Jahren. Herausgegeben von Edgar Joseph Feuchtwanger
206 Seiten
Die Beiträge von Walter Jens und R. H. Thomas beschäftigen sich mit der Situation des deutschen Intellektuellen. Der Beitrag von W. Abendroth hat das Zweite Kaiserreich und die deutsche Sozialdemokratie vor 1914 zum Thema. F. L. Carsten, K. Sontheimer und M. Broszat wenden sich in ihren Vorträgen den Problemen der Weimarer Zeit und den sozialen wie den psychologischen Hintergründen des Nazismus zu. Schließlich untersuchen drei Beiträge das Deutschland der Zeit nach dem Zweiten Weltkrieg: A. Grosser die Kontinuität und Diskontinuität der Bundesrepublik. P. C. Ludz die Deutsche Demokratische Republik und Th. Sommer die Fragen der Sicherheit Deutschlands im geteilten Europa.

st 336 Hans Erich Nossack, Das kennt man. Erzählung
190 Seiten
»Nossack erreicht und verwirklicht, was er anstrebt, die bohrende Sachlichkeit der Darstellung, die herausfordernde Nüchternheit der Diktion, die geradezu brüskierende Selbstverständlichkeit des Tonfalls, die Intensität des scheinbar Beiläufigen, der Kleinigkeiten, der heimlichen Untertöne.«   *Marcel Reich-Ranicki*

st 337 H. C. Artmann, Unter der Bedeckung eines Hutes. Montagen und Sequenzen
110 Seiten
»Die Attraktion, die die Worte unter der kupplerischen Aufsicht Artmanns untereinander entwickeln, die Sinnlichkeit ihrer Konstellation, das Arrangement der Sprach-Körper, bedeutet für den Leser, daß Artmanns Dichtung höchste Lust am Text hervorruft: Die Erotik überträgt sich gewissermaßen.«

Jörg Drews, Süddeutsche Zeitung

st 338 Franz Fühmann, Erfahrungen und Widersprüche. Versuche über Literatur
224 Seiten
Die hier versammelten Essays sind Texte der Selbst-

verständigung, Werkstattberichte im Medium literatur-
theoretischer Auseinandersetzung. Sie geben in einer
ständigen Praxisnähe, die aber die Anstrengung des Begriffs nicht scheut, über das ästhetische Selbstverständnis
eines hervorragenden Schriftstellers der DDR Auskunft
und erhellen in Würdigung und Kritik die derzeitige
Situation der Literatur.

st 339 Walter Kappacher, Morgen. Roman
128 Seiten
»Kappachers Arbeitsprogramm ist das echte Roman-
Arbeitsprogramm: die Prüfung einer Lebensart. Nicht
die Darstellung einer Lebensart, sondern die Antwort
auf eine Lebensart. Unsere Lebensart hat jetzt einen
ernsthaften Feind mehr. Und die Literatur einen eben-
solchen Schriftsteller.« *Martin Walser*

st 340 Basis. Jahrbuch für deutsche Gegenwartsliteratur.
Band 6
Herausgegeben von Reinhold Grimm und Jost Hermand
244 Seiten
Basis setzt sich in Form von Essays, Interviews und
Rezensionen mit der deutschsprachigen Gegenwartslite-
ratur auseinander. *Aus dem Inhalt:* Geschichte und
Drama. Ein Gespräch mit Heiner Müller; R. Grimm,
Enzensberger, Kuba und *La Cubana*; H.-O. Riethus/
G. Voigt, Was darf die Dokumentarsatire?; R. Möhr-
mann, Der neue Parvenü. Aufsteigermentalität in Martin
Walsers *Ehen in Philippsburg*; J. Hermand, Blumiges
und Unverblümtes. Zur Problematik des literarischen
Bettgesprächs; u. a.

st 341 Materialien zur lateinamerikanischen Literatur
Herausgegeben von Mechtild Strausfeld
400 Seiten
Der Band enthält Aufsätze über Adolfo Bioy Casares,
Alejo Carpentier, Juan Rulfo, Augusto Roa Bastos, Juan
Carlos Onetti, Julio Cortázar, Carlos Fuentes, Mario
Vargas Llosa, Manuel Puig und Manuel Scorza. Bio-
bibliographische Angaben zu den Autoren sowie eine
Liste der wichtigsten Sekundärliteratur und Porträtfotos
vervollständigen den Band.

st 342 Mario Vargas Llosa, Das grüne Haus. Roman
Deutsch von Wolfgang A. Luchting
448 Seiten
Der Autor erzählt, wie hochherzige Nonnen Urwald-
mädchen einfangen, um sie zu christianisieren. Am kon-
kreten Schicksal Bonifacias verdeutlicht er deren »neues«
Leben: Dienerin bei den Garnisonoffizieren, schließlich
Prostituierte. Eine zweite Geschichte berichtet von der
Ausbeutung der Indianer bei der Kautschukgewinnung,
den Gesetzen des Dschungels, den Repressalien der Regierung bei Auflehnung und Streik. Das dritte Hand-
lungsmotiv ist eine grüngestrichene Hütte, das städtische
Bordell, Schnittpunkt der Schicksale, Zeiten und Reali-
täten, ein Haus von nahezu mythischer Vergangenheit
und Bedeutung.

st 343 Carlos Fuentes, Nichts als das Leben. Roman
Deutsch von Christa Wegen
320 Seiten
Thema des Romans ist die Geschichte des korrumpierten
Revolutionärs. Artemio Cruz erinnert sich siebzigjährig
auf dem Sterbelager an die Stationen seines Lebens.
Fazit nach dem Sinn des Gewesenen: »Nichts hat den
Wert des Lebens: Das Leben hat keinen Wert!«
»Bei Fuentes gibt es keine Metaphysik der Sprache: es
gibt verbale Erotik, Gewalt und Entzücken, Begegnung
und Explosion. Der Brennkolben und die Rakete.«
Octavio Paz

st 344 Manuel Puig, Verraten von Rita Hayworth.
Roman
304 Seiten
In den dreißiger und vierziger Jahren bietet die Schein-
welt der amerikanischen Movie-Pictures für die Bewohner der argentinischen Provinz die einzige Ausflucht aus
dem tristen Alltag. Puig, der Ironiker, hat sich keiner
neuen literarischen Strömung Lateinamerikas verpflichtet, sondern bedient sich der Sprache des von ihm denun-
zierten Mediums: des Filmdialogs, der Comic Strips,
der Fernsehspots.

st 346 Der Cimarrón. Die Lebensgeschichte eines ent-
flohenen Negersklaven aus Cuba, von ihm selbst er-

zählt. Nach Tonbandaufnahmen herausgegeben von Miguel Barnet
Aus dem Spanischen übersetzt von Hildegard Baumgart
Nachwort von Heinz Rudolf Sonntag und Alfredo Chacón
272 Seiten
»Dieses Buch«, schrieb Lévi-Strauss, »eröffnet eine völlig neue Gattung der ethnologischen Literatur. Ihr Kennzeichen: eine Vertrautheit mit der Wirklichkeit der Eingeborenen, die weit über alles früher Versuchte hinausgeht.«

st 348 Hermann Lenz, Die Augen eines Dieners. Roman
224 Seiten
Wasik kehrt aus dem Ersten Weltkrieg zurück und ist wie zuvor Diener auf Schloß Schoeneben, als wäre alles beim alten geblieben. Unzufriedene und Gescheiterte beginnen mit ihrem Zerstörungswerk, das später, als Wasik fünfzig Jahre alt ist, triumphiert. Jetzt verliert er seine Stellung. Die Frau seines Herrn hilft ihm, denn diese Frau und ihr Sohn, den Wasik seit seiner Geburt kennt, sowie ein adliger Gutsbesitzer, stehen auf seiner Seite und gehören zu den ihm Gleichgesinnten. Trotzdem weiß er, der unverwundbar zu sein scheint, daß er sich letztlich nur auf sich selbst verlassen kann und daß sein eigener Bezirk ein Zentrum ist, dessen Strahlungskraft ihn stärkt.

st 350 Hermann Broch, Die Verzauberung. Roman
Kommentierte Werkausgabe Band 3
Herausgegeben von Paul Michael Lützeler
418 Seiten
1935, knapp zwei Jahre nach der Machtergreifung der Nationalsozialisten, entstand dieser Roman. Broch geht es darum, den psychischen, massenpsychologischen sowie politischen Ursachen und Mechanismen nachzuspüren, die zu faschistischen Systemen in Europa führten. Der Roman gehört zu den bedeutendsten antifaschistischen Dichtungen der dreißiger Jahre.

st 351 Gertrud von le Fort, Die Tochter Jephthas und andere Erzählungen
314 Seiten
Anläßlich des 100. Geburtstags von Gertrud von le Fort will diese Auswahl aus den erzählenden Werken erneut

auf die Dichterin aufmerksam machen, die in den großen
Traditionszusammenhang der nachklassischen deutschen
Epik gehört. Die Probleme ihrer eigenen Zeit gestaltet
sie in Novellen und Erzählungen, die in der Mehrzahl
um historische Probleme kreisen.

st 352 Tilmann Moser, Lehrjahre auf der Couch. Bruch-
stücke meiner Psychoanalyse
Mit einem Nachwort
244 Seiten
Moser schreibt so unzensiert, wie es das Prinzip der
Psychoanalyse erfordert. Sein Bericht ist ein Stück psy-
choanalytischer Forschung: die Untersuchung einer Neu-
rose und der Versuch ihrer Heilung aus der Sicht des
Erkrankten.
»Fest steht, dieses Buch wird Furore machen, es wird
ungeteilte Bewunderung und heftige Ablehnung erfahren, und wenn sich die Emotionen gelegt haben, wird
es auf den Lehrplänen für Analytiker zu finden sein.«
Dieter Baier

st 353 H. H. Stuckenschmidt, Maurice Ravel. Variatio-
nen über Person und Werk
Mit einem chronologisch-systematischen Verzeichnis der
musikalischen Werke von Maurice Ravel und einem bi-
bliographischen Anhang von Walter Labhart
382 Seiten
Stuckenschmidt untersucht in seinem Buch über Ravel
die Erscheinung des Komponisten aus Herkunft, Milieu
und körperlich-seelischer Anlage heraus. Dabei spürte
er Ravels Briefen und seiner kritisch-literarischen Pro-
duktion nach, suchte die Wohnungen in Paris und Mont-
fort-L'Amaury auf und las die erhaltenen Manuskripte.
Baskische, französische und schweizerische Landschaften
geben den Hintergrund für ein Leben, das aus der Belle
Epoque in die Zeit zwischen den Weltkriegen führt.
Männer wie Gabriel Fauré und Erik Satie, Léon-Paul
Fargue und Sergej Diaghilew, Claude Debussy und Igor
Strawinsky, Frauen wie Misia Sert und Colette begleiten
diese bizarre, in tragischer Lähmung der geistigen Kräfte
endende Laufbahn.

st 355 Rilke heute. Beziehungen und Wirkungen
Zweiter Band
194 Seiten
Eine Einschätzung jenseits von überhöhter Preisung und
abschätziger Kritik versuchte bereits der Band *Rilke heute* (st 290) zu geben, der aus Anlaß des 100. Geburtstags von Rilke einen Querschnitt durch die Rilke-For-
schung gab. *Rilke heute,* Zweiter Band, sammelt Beiträge führender Rilke-Forscher aus dem deutschen und
angelsächsischen Universitätsbereich zu literarhistorischen
und rezeptionsästhetischen Fragen.

st 356 Stanisław Lem, Nacht und Schimmel. Erzählungen
Aus dem Polnischen von I. Zimmermann-Göllheim
Phantastische Bibliothek Band 1
292 Seiten
Nacht und Schimmel bietet einen Querschnitt durch Lems
Schaffen der letzten 15 Jahre und zeigt die Vielfalt
seiner Ideen und Stilmodalitäten. Den Höhepunkt bildet
die Geschichte »Tagebuch«. Sie ist ein kybernetisch-philo-
sophischer Exkurs, der den Leser zutiefst verunsichert,
da er eine das anthropozentrische Denken verwundende
und völlig originale Deutung von Mensch und Gott
darstellt.

st 357 H. P. Lovecraft, Das Ding auf der Schwelle. Un-
heimliche Geschichten
Deutsch von Rudolf Hermstein
Mit einem Nachwort von Kalju Kirde
Phantastische Bibliothek Band 2
212 Seiten
»Lovecrafts Geistergeschichten konzentrieren sich ohne
Ausnahme auf einen Prozeß des Grauens, der sich in
einer Sphäre des Verwesenden, des Zerfallenden ab-
spielt: in Stadtvierteln, die von den meisten Menschen
gemieden werden, in abgeschiedenen Einöden, die seit
Generationen verflucht sind . . . Wenn das Grauen, das
sich meist unsichtbar im Verborgenen aufhält, einmal
sichtbar wird, fallen die Zeugen des Unbeschreiblichen
in Ohnmacht oder tragen Schaden an Leib und Seele
davon.«

Frankfurter Rundschau

st 358 Herbert W. Franke, Ypsilon minus
Mit einem Nachwort von Franz Rottensteiner
Phantastische Bibliothek Band 3
168 Seiten
Wie bei allen Science-fiction-Stoffen von H. W. Franke
geht es um prinzipiell mögliche Entwicklungen, um
solche, die sich verwirklichen könnten, wenn man den
Dingen ihren Lauf ließe. Zunächst wird der Leser von
den geschilderten Ereignissen gefangen sein, vom verzweifelten Kampf gegen Reglementierung und Entper-
sönlichung vor der phantastisch-abstrusen Kulisse einer
Automatenwelt. Erst nachher wird er merken, daß ein
beachtlicher Teil davon längst zur Realität unserer täg-
lichen Umwelt geworden ist.

st 360 Hermann Hesse, Kleine Freuden. Verstreute und
kurze Prosa aus dem Nachlaß
Herausgegeben und mit einem Nachwort von Volker
Michels
391 Seiten
Der unerwartete Erfolg der ersten Sammlung von Hesses
betrachtender und erzählender Kurzprosa aus dem Nachlaß, die 1973 unter dem Titel *Die Kunst des Müßiggangs* (st 100) erschien, war Anlaß, einen weiteren Band
mit Texten zusammenzustellen, die Hesse zu seinen Lebzeiten in keiner Buchausgabe gesammelt hat und die
folglich auch in der Werkausgabe fehlen. Die meisten
dieser Stücke sind als »Feuilletons« in zahlreichen deutschen, schweizerischen und österreichischen Zeitungen
und Zeitschriften erstmals gedruckt worden.

st 361 Helmuth Plessner, Die Frage nach der Conditio
humana. Aufsätze zur philosophischen Anthropologie
198 Seiten
Plessner stellt die Frage, welches die »vor-menschlichen«
Bedingungen sind, die menschliche Existenz, bevor sie
sich in historisch je variabler Form zu entfalten vermag,
entscheidend prägen. Zwar ist der Mensch ungebunden
insofern, als er sich geschichtlich immer wieder »anders«
realisiert; aber seinen Realisierungsmöglichkeiten liegen
anthropologische Konstanten zugrunde, die ihn spezifisch
festlegen. Indem Plessner Grundmodalitäten menschlichen Handelns untersucht, stellt er zugleich die Frage

nach Möglichkeit und Grenzen geschichtlicher Veränderungen.

st 362 Wolfgang Hildesheimer, Theaterstücke. Über das absurde Theater
186 Seiten
Dieser Band vereinigt die folgende Theaterstücke: *Pastorale* (1958, Neufassung 1965), *Die Verspätung* (1961), *Nachtstück* (1962) und bringt am Schluß die Rede *Über das absurde Theater* (1960), die heute zum Pflichtpensum auch vieler Theaterseminare nicht nur in Deutschland gehört.
»Die Arbeiten Wolfgang Hildesheimers bezeichnen ... den deutschen Zweig jener ›engagierten‹ Literatur, die im Absurden das Tragische aufspüren will.«
Claus Henning Bachmann

st 363 Wolfgang Hildesheimer, Hörspiele
158 Seiten
Inhalt: *Das Opfer Helena* (1955), *Herrn Walsers Raben* (1960), *Unter der Erde* (1962), *Monolog* (1964)
»Hildesheimers Rundfunkdichtungen zeugen von der gleichen skurrilen Phantastik und der gleichen zeitbezüglichen Ironie, die auch den Geschichten des Autors ihr ganz eigentümliches Gepräge geben.«
Kieler Nachrichten

st 374 Vision und Politik. Die Tagebücher Theodor Herzls
Auswahl und Nachwort von Gisela Brude-Firnau
344 Seiten
Herzls Tagebücher sind historischer Kommentar und intensive Selbstaussage. In seltener Synthese ergänzen sich hier Literatur und Politik, Gedanke und Handlung. Die Tagebücher zeigen, daß Herzls Forderung eines ethisch fundierten Staates, der Toleranz und jüdisch-arabische Koexistenz ermöglicht, die einzige Alternative war gegenüber der vorausgeahnten Apokalypse. Abgeschlossen wird der Band durch ein ausführliches Nachwort, das die historische und literarische Bedeutung der Tagebücher kommentiert, die Dreyfus-Legende widerlegt und für die erneute Beachtung Herzls als Schriftsteller plädiert.

Alphabetisches Gesamtverzeichnis der suhrkamp taschenbücher

Achternbusch, Alexander-
schlacht 61
– Happy oder Der Tag wird
kommen 262
Adorno, Erziehung zur
Mündigkeit 11
– Studien zum autoritären
Charakter 107
– Versuch, das ›Endspiel‹ zu
verstehen 72
– Zur Dialektik des Engage-
ments 134
– Versuch über Wagner 177
Aitmatow, Der weiße Dampfer 51
Alfvén, M 70 – Die Menschheit
der siebziger Jahre 34
– Atome, Mensch und
Universum 139
Allerleirauh 19
Alsheimer, Vietnamesische
Lehrjahre 73
Ardenne, Ein glückliches Leben
für Technik und Forschung 310
Arendt, Die verborgene Tradi-
tion 303
Artmann, Grünverschlossene
Botschaft 82
– How much, schatzi? 136
– The Best of H. C. Artmann 275
– Unter der Bedeckung eines
Hutes 337
von Baeyer, Angst 118
Bahlow, Deutsches Namen-
lexikon 65
Barnet (Hrsg.), Der Cimarrón 346
Basis 5, Jahrbuch für deutsche
Gegenwartsliteratur 276
Basis 6, Jahrbuch für deutsche
Gegenwartsliteratur 340
Beaucamp, Das Dilemma der
Avantgarde 329
Becker, Jürgen, Eine Zeit ohne
Wörter 20
Becker, Jurek, Irreführung der
Behörden 271

Beckett, Warten auf Godot
(dreisprachig) 1
– Watt 46
– Endspiel (dreisprachig) 171
– Das letzte Band (dreisprachig)
200
– Molloy 229
– Glückliche Tage. Dreisprachig
248
Das Werk von Samuel Beckett.
Berliner Colloquium 225
Materialien zu Becketts »Godot«
104
Materialien zu Becketts Roma-
nen 315
Benjamin, Über Haschisch 21
– Ursprung des deutschen
Trauerspiels 69
– Der Stratege im Literatur-
kampf 176
Zur Aktualität Walter Benjamins
150
Bernhard, Das Kalkwerk 128
– Frost 47
– Gehen 5
– Der Kulterer 306
– Salzburger Stücke 257
Bingel, Lied für Zement 287
Blackwood, Das leere Haus 30
Bloch, Naturrecht und mensch-
liche Würde 49
– Subjekt–Objekt 12
– Vorlesungen zur Philosophie
der Renaissance 75
– Atheismus im Christentum
144
Bond, Die See 160
– Bingo 283
Braun, Stücke 1 198
Brecht, Geschichten vom Herrn
Keuner 16
– Schriften zur Gesellschaft 199
– Frühe Stücke 201
– Gedichte 251
Brecht in Augsburg 297

Bertolt Brechts Dreigroschen-
buch 87
Broch, Barbara 151
– Die Schuldlosen 209
– Schriften zur Literatur 1 246
– Schriften zur Literatur 2 247
– Der Tod des Vergil 296
– Die Verzauberung 350
Materialien zu Der Tod des
Vergil 317
Broszat, 200 Jahre deutsche
Polenpolitik 74
Buono, Zur Prosa Brechts.
Aufsätze 88
Butor, Paris–Rom oder Die
Modifikation 89
Celan, Mohn und Gedächtnis 231
– Von Schwelle zu Schwelle 301
Chomsky, Indochina und die
amerikanische Krise 32
– Kambodscha Laos Nord-
vietnam 103
– Über Erkenntnis und Freiheit
91
Condrau, Angst und Schuld als
Grundprobleme in der Psycho-
therapie 305
Conrady, Literatur und Germa-
nistik als Herausforderung 214
Cortázar, Das Feuer aller Feuer
298
Dedecius, Überall ist Polen 195
Der andere Hölderlin. Materia-
lien zum »Hölderlin«-Stück
von Peter Weiss 42
Der Friede und die Unruhe-
stifter 145
Döblin, Materialien zu »Alexan-
derplatz« 268
Dolto, Der Fall Dominique 140
Döring, Perspektiven einer
Architektur 109
Duddington, Baupläne der
Pflanzen 45
Duke, Akupunktur 180
Duras, Hiroshima mon amour
112
Durzak, Gespräche über den
Roman 318

Ehrenburg, Das bewegte Leben
des Lasik Roitschwantz 307
Eich, Fünfzehn Hörspiele 120
Eliot, Die Dramen 191
Zur Aktualität T. S. Eliots 222
Enzensberger, Gedichte 1955–
1970 4
Eschenburg, Über Autorität 178
Ewald, Innere Medizin in Stich-
worten I 97
– Innere Medizin in Stich-
worten II 98
Ewen, Bertolt Brecht 141
Fallada/Dorst, Kleiner Mann –
was nun? 127
Feuchtwanger (Hrsg.), Deutsch-
land – Wandel u. Bestand 335
Fischer, Von Grillparzer zu
Kafka 284
Fleißer, Eine Zierde für den
Verein 294
Fletcher, Die Kunst des Samuel
Beckett 72
Franke, Ypsilon minus 358
Freisprüche. Revolutionäre vor
Gericht 111
Fries, Der Weg nach
Oobliadooh 255
Frijling-Schreuder, Wer sind
das – Kinder? 119
Frisch, Dienstbüchlein 205
– Stiller 105
– Stücke 1 70
– Stücke 2 81
– Wilhelm Tell für die Schule 2
– Mein Name sei Gantenbein
286
– Andorra 277
Frischmuth, Amoralische
Kinderklapper 224
Fromm/Suzuki/de Martino,
Zen-Buddhismus und Psycho-
analyse 37
Fuchs, Todesbilder in der mo-
dernen Gesellschaft 102
Fuentes, Nichts als das Leben
343
Fühmann, Erfahrungen und Wi-
dersprüche 338

García Lorca, Über Dichtung und Theater 196

Gibson, Lorcas Tod 197

Glozer, Kunstkritiken 193

Goldstein, A. Freud, Solnit, Jenseits des Kindeswohls 212

Goma, Ostinato 138

Gorkij, Unzeitgemäße Gedanken über Kultur u. Revolution 210

Grossmann, Ossietzky. Ein deutscher Patriot 83

Habermas, Theorie und Praxis 9

– Kultur und Kritik 125

Habermas/Henrich, Zwei Reden 202

Hammel, Unsere Zukunft – die Stadt 59

Handke, Chronik der laufenden Ereignisse 3

– Der kurze Brief 172

– Die Angst des Tormanns beim Elfmeter 27

– Ich bin ein Bewohner des Elfenbeinturms 56

– Stücke 1 43

– Stücke 2 101

– Wunschloses Unglück 146

– Die Unvernünftigen sterben aus 168

– Als das Wünschen noch geholfen hat 208

– Falsche Bewegung 258

Heilbroner, Die Zukunft der Menschheit 280

Heller, Thomas Mann 243

– Nirgends wird Welt sein als innen 288

Hellman, Eine unfertige Frau 292

Henle, Der neue Nahe Osten 24

Hentig, Magier oder Magister? 207

– Die Sache und die Demokratie 245

Hermlin, Lektüre 1960–1971 215

Hesse, Glasperlenspiel 79

– Klein und Wagner 116

– Die Kunst des Müßiggangs 100

– Lektüre für Minuten 7

– Unterm Rad 52

– Peter Camenzind 161

– Der Steppenwolf 175

– Siddhartha 182

– Demian 206

– Ausgewählte Briefe 211

– Die Nürnberger Reise 227

– Lektüre für Minuten. Neue Folge 240

– Eine Literaturgeschichte in Rezensionen 252

– Die Märchen 291

– Narziß und Goldmund 274

– Eine Werkgeschichte von Siegfried Unseld 143

Materialien zu Hesses »Glasperlenspiel« 1 80

Materialien zu Hesses »Glasperlenspiel« 2 108

Materialien zu Hesses »Steppenwolf« 53

Materialien zu Hesses »Siddhartha« 1 129

Materialien zu Hesses »Siddhartha« 2 282

Hildesheimer, Paradies der falschen Vögel 295

Hobsbawm, Die Banditen 66

Hofmann (Hrsg.), Schwangerschaftsunterbrechung 238

Höllerer, Die Elephantenuhr 266

Hortleder, Fußball 170

Horváth, Der ewige Spießer 131

– Ein Kind unserer Zeit 99

– Jugend ohne Gott 17

– Leben und Werk in Dokumenten und Bildern 67

– Sladek 163

– Die stille Revolution 254

Hudelot, Der Lange Marsch 54

Jakir, Kindheit in Gefangenschaft 152

Johnson, Mutmaßungen über Jakob 147

– Das dritte Buch über Achim 169

– Eine Reise nach Klagenfurt 235

– Berliner Sachen 249

– Zwei Ansichten 326

Jonke, Im Inland und im Ausland auch 156
Joyce, Ausgewählte Briefe 253
Joyce, Stanislaus, Meines Bruders Hüter 273
Kappacher, Morgen 339
Kästner, Offener Brief an die Königin von Griechenland. Beschreibungen, Bewunderungen 106
– Der Hund in der Sonne 270
Kardiner/Preble, Wegbereiter der modernen Anthropologie 165
Kasack, Fälschungen 264
Kaschnitz, Steht noch dahin 57
Katharina II. in ihren Memoiren 25
Kluge, Lebensläufe. Anwesenheitsliste für eine Beerdigung 186
Koch, Anton, Symbiose – Partnerschaft fürs Leben 304
Koch, Werner, See-Leben I 132
Koeppen, Das Treibhaus 78
– Nach Rußland und anderswohin 115
– Romanisches Café 71
– Der Tod in Rom 241
Koestler, Der Yogi und der Kommissar 158
– Die Wurzeln des Zufalls 181
Kolleritsch, Die grüne Seite 323
Kracauer, Die Angestellten 13
– Kino 126
Kraus, Magie der Sprache 204
Kroetz, Stücke 259
Krolow, Ein Gedicht entsteht 95
Kücker, Architektur zwischen Kunst und Konsum 309
Kühn, N 93
– Siam-Siam 187
Lagercrantz, China-Report 8
Lander, Ein Sommer in der Woche der Itke K. 155
Laxness, Islandglocke 228
le Fort, Die Tochter Jephthas und andere Erzählungen 351

Lem, Solaris 226
– Die Jagd 302
– Transfer 324
– Nacht und Schimmel 356
Lenz, Hermann, Die Augen eines Dieners 348
Lepenies, Melancholie und Gesellschaft 63
Lévi-Strauss, Rasse und Geschichte 62
– Strukturale Anthropologie 15
Lidz, Das menschliche Leben 162
Lovecraft, Cthulhu 29
– Berge des Wahnsinns 220
– Das Ding auf der Schwelle 357
Mächler, Das Leben Robert Walsers 321
Malson, Die wilden Kinder 55
Martinson, Die Nesseln blühen 279
– Der Weg hinaus 281
Mayer, Georg Büchner und seine Zeit 58
McHale, Der ökologische Kontext 90
Melchinger, Geschichte des politischen Theaters 153, 154
Meyer, Eine entfernte Ähnlichkeit 242
Miłosz, Verführtes Denken 278
Minder, Dichter in der Gesellschaft 33
Mitscherlich, Massenpsychologie ohne Ressentiment 76
– Thesen zur Stadt der Zukunft 10
– Toleranz – Überprüfung eines Begriffs 213
Mitscherlich (Hrsg.), Bis hierher und nicht weiter 239
Moser, Lehrjahre auf der Couch 352
Muschg, Liebesgeschichten 164
– Albissers Grund 334
– Im Sommer des Hasen 263
Myrdal, Politisches Manifest 40

Nachtigall, Völkerkunde 184
Nizon, Canto 319
Norén, Die Bienenväter 117
Nossack, Spirale 50
– Der jüngere Bruder 133
– Die gestohlene Melodie 219
– Um es kurz zu machen 255
– Das kennt man 336
Nossal, Antikörper und
   Immunität 44
Olvedi, LSD-Report 38
Penzoldts schönste Erzählungen
   216
– Die Kunst das Leben zu
   lieben 267
Plenzdorf, Die Legende von
   Paul & Paula 173
– Die neuen Leiden des jungen
   W. 300
Plessner, Diesseits der
   Utopie 148
Portmann, Biologie und Geist
   124
Prangel (Hrsg.), Materialien zu
   Döblins »Alexanderplatz«
   268
Psychoanalyse und Justiz 167
Puig, Verraten von Rita
   Hayworth 344
Raddatz, Traditionen und
   Tendenzen 269
Rathscheck, Konfliktstoff
   Arzneimittel 189
Regler, Das Ohr des Malchus
   293
Reik, Der eigene und der
   fremde Gott 221
Reiwald, Die Gesellschaft und
   ihre Verbrecher 130
Riedel, Die Kontrolle des
   Luftverkehrs 203
Riesman, Wohlstand wofür? 113
– Wohlstand für wen? 114
Rilke, Material. zu »Malte« 174
– Materialien zu »Cornet« 190
– Rilke heute 290
– Rilke heute 2 355
Rosei, Landstriche 232
– Wege 311

Roth, die autobiographie des
   albert einstein. Künstel. Der
   Wille zur Krankheit 230
– Der große Horizont 327
Russell, Autobiographie I 22
– Autobiographie II 84
– Autobiographie III 192
Salis, Rilkes Schweizer Jahre 289
Sames, Die Zukunft der Metalle
   157
Sarraute, Zeitalter des Miß-
   trauens 223
Schickel, Große Mauer, Große
   Methode 314
Schultz (Hrsg.), Wer ist das
   eigentlich – Gott? 135
– Der Friede und die Unruhe-
   stifter 145
– Politik ohne Gewalt? 330
Shaw, Die Aussichten des
   Christentums 18
– Der Sozialismus und die
   Natur des Menschen 121
– Der Aufstand gegen die Ehe
   328
Simpson, Biologie und Mensch 36
Sperr, Bayrische Trilogie 28
Steiner, In Blaubarts Burg 77
– Sprache und Schweigen 123
Sternberger, Panorama oder
   Ansichten vom 19. Jahr-
   nundert 179
– Gerechtigkeit für das 19. Jahr-
   hundert 244
– Heinrich Heine und die Ab-
   schaffung der Sünde 308
Stierlin, Adolf Hitler 236
– Das Tun des Einen ist das
   Tun des Anderen 313
Strausfeld (Hrsg.), Materialien
   zur lateinamerikanischen Lite-
   ratur 341
Stuckenschmidt, Schöpfer der
   neuen Musik 183
– Maurice Ravel 353
Suyin, Die Morgenflut 234
Swoboda, Die Qualität des
   Lebens 188
Szabó, I. Moses 22 142

Terkel, Der Große Krach 23

Unseld, Hermann Hesse. Eine Werkgeschichte 143
– Begegnungen mit Hermann Hesse 218

Unseld (Hrsg.), Wie, warum und zu welchem Ende wurde ich Literaturhistoriker? 60
– Bertolt Brechts Dreigroschenbuch 87
– Zur Aktualität Walter Benjamins 150
– Mein erstes Lese-Erlebnis 250
– Peter Suhrkamp 260

Unterbrochene Schulstunde. Schriftsteller und Schule 48

Vargas Llosa, Das grüne Haus 342

Waggerl, Brot 299

Waley, Lebensweisheit im Alten China 217

Walser, Das Einhorn 159
– Der Sturz 322
– Gesammelte Stücke 6
– Halbzeit 94

Walser, Robert, Der »Räuber«-Roman 320

Weber-Kellermann, Die deutsche Familie 185

Über Kurt Weill 237

Weill, Ausgewählte Schriften 285

Weiss, Das Duell 41
– Rekonvaleszenz 31

Materialien zu Weiss' »Hölderlin« 42

Wendt, Moderne Dramaturgie 149

Wer ist das eigentlich – Gott? 135

Werner, Wortelemente lat.-griech. Fachausdrücke in den biolog. Wissenschaften 64

Werner, Vom Waisenhaus ins Zuchthaus 35

Wilson, Auf dem Weg zum Finnischen Bahnhof 194

Wittgenstein, Philosophische Untersuchungen 14

Wolf, Punkt ist Punkt 122

Zivilmacht Europa – Supermacht oder Partner? 137